SCIENCE & RELIGION

알리스터 맥그래스의
과학과 종교

알리스터 맥그래스 지음 / 조계광 옮김

개정증보판
3rd Edition

SCIENCE & RELIGION: A New Introduction, 3rd Edition
by Alister E. McGrath

ⓒ 2020 Alister E. McGrath
This third editon originally published in English as *SCIENCE & RELIGION*
by John Wiley & Sons, Ltd, Chichester, West Sussex, UK

All rights reserved. Authorised translation from the English language edition published by John Wiley & Sons Limited. Responsibility for the accuracy of the translation rests solely with Word of Life Press and is not the responsibility of John Wiley & Sons Limited. No part of this book may be reproduced in any form without the written permission of the original copyright holder, John Wiley & Sons Limited. License arranged through rMaeng2, Seoul, Republic of Korea.

This Korean Translation edition ⓒ 2022 by Word of Life Press, Seoul, Korea

이 한국어판의 저작권은 알맹2를 통하여 John Wiley & Sons Limited와 독점 계약한 생명의말씀사에 있습니다. 신저작권법에 의하여 한국 내에서 보호받는 저작물이므로 무단 전재와 무단 복제를 금합니다.

본서는 『SCIENCE & RELIGION』의 세 번째 개정판을 번역·출간한 것으로, 이전 판은 도서출판 린에서 동명으로 번역·출간된 바 있습니다. 세 번째 개정판인 본서는 이전 판과 구성 및 내용에 차이가 있음을 밝힙니다.

과학과 종교
ⓒ 생명의말씀사 2023

2023년 1월 20일 1판 1쇄 발행

펴낸이 | 김창영
펴낸곳 | 생명의말씀사

등록 | 1962. 1. 10. No.300-1962-1
주소 | 서울시 종로구 경희궁1길 6(03176)
전화 | 02)738-6555(본사) · 02)3159-7979(영업)
팩스 | 02)739-3824(본사) · 080-022-8585(영업)

기획편집 | 유영란
디자인 | 박소정, 김혜진
인쇄 | 영진문원
제본 | 보경문화사

ISBN 978-89-04-04060-5 (03230)

저작권자의 허락없이 이 책의 일부 또는 전체를
무단 복제, 전재, 발췌하면 저작권법에 의해 처벌을 받습니다.

SCIENCE & RELIGION

알리스터 맥그래스의
과학과 종교

contents

개정 증보판 서문 · 9

chapter 1 과학과 종교의 관계를 모색하다 · 12

과학과 종교를 연구하는 이유
체스보드: 과학과 종교의 다양성
종교와 과학의 관계에 관한 이언 바버의 네 가지 모델
    1. 갈등
    2. 독립
    3. 대화
    4. 통합
과학과 종교의 관계를 그리기 위한 네 가지 방법
    1. 과학과 종교는 실재에 대해 서로 다른 관점을 제시한다
    2. 과학과 종교는 실재의 다른 차원을 탐구한다
    3. 과학과 종교는 실재에 대한 독특한 지도를 제시한다
    4. 두 종류의 책: 실재에 이르는 보완적인 두 가지 접근방식

chapter 2 논의의 출발점 · 42
: 몇 가지 획기적인 역사적 사건

역사를 연구하는 이유
    과학과 종교의 '전쟁'이라는 신념의 기원
    과학과 종교에 관한 '본질주의의 오류'
    과학과 종교에 관한 그릇된 통념을 제거하기
    성경 해석의 중요성
중세 종합의 출현
코페르니쿠스와 갈릴레이와 태양계
뉴턴: 기계론적 우주관과 이신론
다윈과 인류의 생물학적 기원
'빅뱅': 우주의 기원에 관한 새로운 통찰

chapter 3 **과학철학과 종교** · 102
: 과학철학은 종교적인 논의들과 어떤 관련이 있는가?

   사실과 허구: 실재론과 도구론
      실재론
      관념론
      도구주의
      실재론에 관한 논쟁과 신학
   설명, 존재론, 인식론: 연구방법과 실재에 관한 탐구
      '설명'에 관한 사례연구: 낸시 머피의 '비환원적 물리주의'
      무엇을 설명한다는 것은 어떤 의미인가?
      설명에 대한 존재적, 인식적 접근방식
      종교와 설명
      종교의 설명에 관한 필립 클레이턴의 견해
      무엇이 최상의 설명인지 어떻게 결정할 수 있는가?
      '발견의 논리'와 '정당화의 논리'
      최상의 설명을 도출하는 추론법
      사례연구: 다윈과 자연선택
      이론 선택과 종교
   검증주의: 논리 실증주의
   반증주의: 카를 포퍼
   과학이론의 변화: 토머스 쿤

contents

chapter 4 종교철학과 과학 · 164
: 종교철학은 과학적 통찰력을 어떻게 활용하는가?

과학, 종교 그리고 신 존재 증명
신의 존재에 관한 전통적인 철학적 논증
　토마스 아퀴나스의 '다섯 가지 길'
　칼람 논증
　사례연구: 윌리엄 페일리의 생물학적 설계 논증
'증명'의 모호성: 과학과 신학의 정당화 과정
세상에서 이루어지는 하나님의 행위
　이신론: 하나님은 자연법칙을 통해 행하신다
　토미즘: 하나님은 이차 원인들을 통해 행하신다
　과정신학: 하나님은 설득을 통해 행하신다
　양자론: 하나님은 '불확정성'을 통해 행하신다
기적과 자연법칙
　데이비드 흄의 기적 비판
　기적에 관한 키스 워드의 견해
　기적에 관한 볼프하르트 판넨베르크의 견해
반(反)자연신학? 신의 존재에 대한 진화론적 반론
자연신학: 하나님이 우주에 대한 '최상의 설명'인가?
거대 질문: 창조와 자연의 균일성

chapter 5 모형과 비유 · 238
: 과학과 종교는 보이지 않는 실재를 어떻게 시각화하는가?

자연과학의 모형 사용
기체의 분자운동 모형
상보성: 파동과 입자로서의 빛

유비적 추론: 갈릴레이와 달의 산들
과학적 모형의 비평적인 활용: 다윈의 자연선택설
기독교 신학에서의 모형과 비유 사용
    토마스 아퀴나스의 '존재의 유비'
    이언 램지의 '신적 경륜' 모형
    모형과 유비의 신학적 적용에 관한 아서 피콕의 견해
    신학적 비유에 관한 샐리 맥페이그의 견해
    종교적인 모형의 비평적 사용: 창조
    종교적인 모형의 비평적 활용: 속죄론
모형과 신비: 현실 표현의 한계
과학과 종교의 모형에 관한 이언 바버의 견해

chapter 6   오늘날의 몇 가지 중요한 논쟁 · 296

    도덕철학: 자연과학이 도덕적 가치를 확립할 수 있는가?
        진화와 윤리: 다윈주의와 도덕성에 관한 논의
        신경과학과 윤리: 도덕에 관한 샘 해리스의 견해
    과학철학: 실재는 과학이 밝혀낼 수 있는 것에만 국한되는가?
    종교철학: 다윈주의 세상에서의 신정론
    신학: 트랜스휴머니즘, '하나님의 형상', 그리고 인간의 정체성
    수학: 과학과 하나님의 언어
    물리학: '인류원리'는 종교적인 의미를 지니는가?
    진화 생물학: 자연의 '설계'를 논할 수 있을까?
    종교 심리학: 종교란 무엇인가?
    종교 인지과학: 종교는 '자연적'인가?
    결론

더 깊은 이해를 위한 참고문헌 · 368
이 책을 닫기 전에 _임준섭 · 394

Science & Religion

개정 증보판
서문

    과학과 종교에 관한 연구는 인류 문화에서 가장 중요하면서도 상이한 두 세력을 다룬다. '하나님'과 '물리학', '영성'과 '과학', '인간의 본성'과 '운명의 거대한 신비' 등을 다룬 책과 다큐멘터리가 폭증하는 것을 보면, 이 주제에 대한 관심이 얼마나 높아지고 있는지 명백히 알 수 있다. 많은 대학교와 신학교가 과학과 종교를 다루는 과목을 개설했으며, 수강생들이 이 과정에 대거 몰려들고 있다. 이 책은 이 분야의 입문서로 흥미로운 주제들과 논쟁들을 들여다보는 창을 제공한다.

    이 책은 2014년부터 2019년까지 옥스퍼드대에서 학생들을 상대로 했던 강의를 기반으로 한다. 이 책의 목적은 그 강의의 내용을 보다 흥미롭고 쉽게 전개함으로써 독자들이 관련 주제를 좀 더 깊이 탐구하도록 고무하는 데 있다. 다시 말해, 독자들이 자연과학이나 신학에 관한 상세한 지식이 없을 것이라는 전제에서 이 매혹적인 분야를 소개하는 것이 이 책의 목적이다. 그러기에 독자들이 이미 무엇을 아는지 불필요하게 추측하려 애쓰지 않았고, 종교와 자연과학에 관련된 중요한 주제와 쟁점들을 주의 깊게 파헤치고 설명하는 데 주력했다.

내가 과학과 종교 분야에 처음 관심을 기울이기 시작한 것은 1970년대 초였다. 옥스퍼드대에 입학해 처음 연구를 시작한 학문이 화학이었고, 양자론을 전공한 뒤에는 같은 대학교에서 분자생물학 박사학위를 취득했다. 그 후 옥스퍼드대와 케임브리지대에서 신학을 공부하면서 특히 16세기와 19세기 과학과 종교의 역사적 상호 관계를 중점적으로 탐구했다. 두 분야를 연관시킨 나의 경험이 동일한 관심을 지닌 다른 사람들에게 조금이나마 도움이 되기를 바란다.

이 책은 독자들의 반응을 토대로 초판과 재판을 새롭게 개정 증보한 것이다. 이 분야에서 가장 중요한 문제들에 관한 이해를 돕는 데 보다 유용하도록 그 구조와 내용을 대폭 개정 증보했다. 독자들이 이 책을 읽고 기탄없이 의견과 비판을 이야기해 준다면, 본 저자는 매우 기쁠 것이다. 그런 의견과 비판은 앞으로 또 새로운 개정판을 만드는 데 틀림없이 큰 도움이 될 것이기 때문이다.

2019년 9월 옥스퍼드에서
알리스터 맥그래스

Science & Religion

Science & Religion

chapter 1

과학과 종교의
관계를 모색하다

Science & Religion

chapter 1

과학과 종교의
관계를 모색하다

　종교와 과학은 오늘날 문화와 지성을 대표하는 가장 중요하고도 흥미로운 두 세력이다. 이 책은 '과학과 종교'라는 학문 분야를 소개하며, 이 두 대화 상대가 서로에게서 무엇을 배울 수 있고, 어떤 점에서 이견을 보이는지 탐구하는 데 초점을 맞췄다.

　르네상스시대 주요 사상가들은 '하나님이 주신 두 권의 책'이라는 비유를 들어, 과학과 종교적 신앙을 통해 현실을 조명하는 과정을 시각적으로 묘사했다. 당시 많은 사람들은 '자연이라는 책'과 '성경책'을 나란히 곁에 두고 읽으면서, 양쪽에서 얻은 정보로 그 둘을 더욱 풍요롭게 만드는 것이 중요하고 또 가능하다고 믿었다. 19세기 말 과학과 종교의 영원한 전쟁이라는 개념이 등장하면서 많은 사람이 그런 접근방식을 의문시하게 되었다. 이후 '전쟁'이라는 거대담론을 불신하는 학문적 경향이 생겨나고, 이 경향이 21세기 초에 절정에 달하면서, 이제는 과학과 종교의 대화를 회복하고 재형성하는 방법을 찾는 데 새로운 관심이 집중되고 있다.

알베르트 아인슈타인(Albert Einstein)은 말했다. "종교 없는 과학은 절름발이이고, 과학 없는 종교는 맹신이다."

과학과 종교를 연구하는 이유

사람들은 왜 과학과 종교의 관계를 연구하는 데 매력을 느낄까? 학제적 접근법은 어느 한쪽하고만 대화할 때보다 더 우리의 세계와 인류에 대해 풍성하고 장엄한 모습을 보여주기 때문이다. 과학이든 종교든 혼자서는 실재(reality)에 관한 완전한 설명을 제시할 수 없다. 과학은 우리가 세상에 관해 제기하는 모든 질문에 대답하지 못한다. 종교도 마찬가지다. 그러나 이 둘을 합치면 어느 한 분야의 관점에만 치우친 사람들과 달리 실재를 입체적으로 바라볼 수 있다.

스페인 철학자 호세 오르테가 이 가세트(José Ortega y Gasset)는 인간이 충만한 삶을 살려면, 실재에 관해 과학이 제공하는 부분적인 설명 이상의 것이 필요하다고 주장했다. 큰 그림, 다시 말해 '우주에 대한 통합적 개념'이 필요하다. 오르테가는 삶의 철학, 곧 진정으로 중요한 문제들에 대한 사고방식은 그것이 무엇이 되었든, 과학이 틀려서가 아니라 그 방법론이 너무나 특수하고 제한적이기 때문에 결국은 과학의 영역을 넘어설 수밖에 없다고 지적했다.

> 과학의 진리는 예측이 정확하고 확실하다는 특성이 있다. 그러나 과학은 그런 훌륭한 특성을 갖추느라 궁극적이고 결정적인 문제들을 부차적인 관심의 차원에만 머무르게 한다는 위험을 감수한다.[1]

---

[1] José Ortega y Gasset, 'El origen deportivo del estado.' *Citius, Altius, Fortius*, 9, no. 1-4 (1967): 259-276; 인용된 부분은 pp. 259-260에 있음.

알베르트 아인슈타인도 자연과학의 장점과 한계에 관해 비슷한 말을 하면서, 새로운 이해를 추구하기 위해 지적인 경계선을 넘나드는 지성적 시너지 혹은 대화의 가능성을 열었다.

> 과학적 방법은 사실들이 어떻게 서로 연관되어 있고, 또 어떻게 영향을 주고받는지에 관한 문제만을 가르쳐 줄 수 있다.…… 그러나 '무엇이 무엇인가?'에 관한 지식은 '무엇이 어떻게 되어야 하는가?'에 관한 문제로 들어가는 문을 열어주지 못하는 것도 사실이다. 전자는 '사실'에 관해 가장 명확하고 온전한 지식을 제공하지만, 그것으로부터 무엇을 우리 인간의 열망의 목표로 삼아야 하는지, 그에 대한 대답을 추론해 낼 수는 없다.[2]

종교와 자연과학의 상호작용에 관한 연구는, 과학과 종교 사이의 '전쟁' 모델에서 계속 영향을 받고 있다. 이로 인해 일부 과학자들과 종교인들은 서로 필사의 사투를 벌일 수밖에 없다고 생각하게 되었다. 그들은 과학과 종교가 서로 전쟁 중이고, 둘 중 하나가 근절될 때까지 이 전쟁은 계속될 것이라고 믿는다. 이 견해는 특히 피터 앳킨스(Peter Atkins, 1940년 출생)나 리처드 도킨스(Richard Dawkins, 1941년 출생)와 같은 독단적인 무신론 과학자들과 관련이 있지만, 종교인 중에도 더러 확인된다. 예를 들어, 일부 근본주의 그리스도인과 이슬람교도는 과학을 신앙에 대한 위협으로 간주한다. 이를 보여주는 한 가지 좋은 사례가 진화론에 대한 보수주의 개신교인들의 비판에서 발견된다. 이들은 진화론이 성경의 창조기사에 관한 자신들의 해석을 훼손한다고 생각한다.

과학과 종교 사이의 '전쟁' 모델이 어디서 기원하는지는 나중에 자세히 살펴볼 것이다. 이 모델은 여전히 문화적으로 상당한 영향력을 발휘하지만, 과학

---

2) Albert Einstein, *Ideas and Opinions*. New York: Crown Publishers, 1954, pp. 41-42.

사 연구가들은 이것을 신뢰하거나 옹호할 만한 개념으로 생각하지 않는다. 역사학자들은 이 개념을 더 이상 진지하게 취급하지 않는다. 과학과 종교 사이에 긴장이 존재하는 것은 사실이지만, 이 둘의 관계는 그보다 훨씬 더 복잡하다. 오히려 과학은 종교적인 질문을 묵살하거나 무의미한 것으로 간주하기보다 새롭게 제기하는 것처럼 보인다. 자연과학이 그 자신의 한계를 넘어 스스로는 대답할 수 없는 질문을 스스로 제기한다는 인식이 점차 커지고 있다.

천문학자 로버트 재스트로(Robert Jastrow)는 우주의 기원에 관한 과학의 탐구를 이야기하며, 어떻게 현대 과학이 여러 세대 전 종교사상가들이 제기한 것과 정확히 똑같은 질문을 하게 되는지 주목했다.

> 이는 또 다른 측정이나 이론을 찾는 문제, 연구를 1년이나 10년을 더 하는 문제가 아니다. 현재로서는 과학이 창조의 신비를 감싼 휘장을 거둘 수 없을 것처럼 보인다. 이런 결말은 이성의 힘을 믿으며 살아온 과학자에게는 마치 악몽과도 같다. 그는 무지의 산들을 꾸준히 정복해왔고, 이제 가장 높은 봉우리를 정복하는 일만 남았다. 그가 마지막 바위를 딛고 올라서는 순간, 그를 맞아한 것은 이미 오래전부터 그곳에 앉아 있던 한 무리의 신학자였다.[3]

이 책에서 살펴보겠지만, 과학과 종교는 삶의 중요한 문제들에 관해 의미 있는 대화를 나눌 수 있다. 그러나 '대화'라는 용어는 편안하고 무비판적인 의사소통으로 이해되기 쉽다. 그런 대화에서는 종종 아무 근거 없이 좋은 것이 좋다는 식으로 개념들을 무작정 주고받게 된다. 이 책은 그런 대화를 지지하지 않는다. 생산적인 대화가 이루어지려면, 관련된 학문 분야들의 권위와 한계를 면밀하게 파고들어 때로는 서로에게 위협이 될 수도 있는 건전하고 도전

---

3) Robert Jastrow, *God and the Astronomers*. New York: Norton, 1978, pp. 115-116.

적인 문제 제기를 해야 한다. 이 대화에는 많은 사람이 '인식론적 미덕(epistemic virtue)'이라 일컫는 가치가 담겨야 한다. 자세히 말해, 참여자가 상대방의 견해를 진지하게 받아들여 그것의 장점과 약점을 파악함과 동시에 서로에게 기꺼이 배우려는 마음으로 자신의 한계와 취약성을 솔직하게 인정해야 한다.

과학과 종교 사이의 대화는 서로에게서 무엇을, 어떤 식으로, 어느 정도까지 배울 수 있는지 묻는 것에서부터 출발한다. 과학과 종교의 문화적 중요성을 고려할 때 이 둘의 관계를 탐구하는 것은 서로를 더욱 풍성하게 할 수도 있고, 갈등을 유발할 수도 있다. 양쪽 모두 위험 부담이 있겠지만, 그럼에도 매우 가치 있는 시도가 아닐 수 없다. 왜일까? 대략 세 가지 이유에서다.

1. 과학이든 종교든 혼자서는 실재에 대한 온전한 설명을 제시할 수 없다. 물론 양쪽 진영 모두에는 자신의 분야를 통해 우주의 본질과 삶의 의미에 관한 모든 질문에 답할 수 있는 웅대한 비전이 주어진다고 주장하는 사람들이 있다. 리처드 도킨스의 '보편적 다윈주의'라는 개념이 대표적인 경우다. 그러나 그 동료들은 이 견해가 그들을 대표한다고 생각하지 않는다. 작고한 스티븐 제이 굴드(Stephen Jay Gould) 같은 저술가들이 발전시킨 '겹치지 않는 교도권'이라는 개념도 마찬가지다. 이 개념은 과학과 종교가 확실하게 구분된 영역, 즉 각자의 고유한 권한을 지닌 영역 안에 있기 때문에 서로 겹치거나 교차하지 않는다고 주장한다. 따라서 대화는 필요하지도, 가능하지도 않다.

그러나 이보다는 과학과 종교가 각자 독특한 영역에서 작용하면서 종종 비슷한 질문들을 다루지만 서로 다른 방식으로 답을 찾는다고 생각하는 편이 좋을 듯하다. 과학이 종교를 대체했다고 선언하는 과학자들도 있고(최근의 '과학적 무신론'), 종교가 과학을 대체했다고 주장하는 종교인들도 있다(현대 미국의 '창조론'). 그러나 이들은 단지 가능성 있는 양극단에 지나지 않는다. 대다수 사람들은 과학이 세상에 관한 우리의 의문을 모두 해결하지도, 해결할 수도 없다고 생각한다. 그러기는 종교도 마찬가지다. 그러나 이 둘을 한데 합치면 한 분야의 관점에만 치우친 사람들과는 달리 실재를 입체적으로 바라볼 수 있다. 과학과 종교의 대화는 상대의 독특한 특징, 장점, 한계를 이해하도록 도울 뿐 아니라, 종교나 과학이 서로의 도움 없이 제공할 수 있는 수준보다 더 깊은 현실 이해를 가능하게 한다.

2. 과학과 종교는 모두 사물을 이해하는 데 관심이 있다. 기독교를 비롯해 많은 종교가 인간의 상황을 변화시키는 것을 목표로 삼는다. 그러나 또한 대부분의 종교는 세상과 인간에 대한 설명을 제시하는 것과 관련이 있다. "왜 사물은 이런 방식으로 존재하는가? 우리가 관찰하는 것을 어떻게 설명할 수 있는가? 우리의 관찰과 경험을 해석해줄 '더 큰 무엇'이 있는가?" 과학과 종교의 설명은 동일한 관찰결과를 다룰 때에도 대개 서로 다른 형태를 취한다. 너무 단순화하면 위험하겠지만, 과학은 '어떻게?'라고 묻고, 종교는 '왜?'라고 묻는다고 할 수 있다. 과학은 메커니즘(사물의 작용원리와 구조)을 밝히는 데 주력하고, 종교는 의미의 문제를 탐구하는 데 중점을 둔다.

이 두 가지 접근방식을 상호 경쟁적이거나 양립 불가능한 것으로 생각할 필요는 없다. 둘은 서로 다른 차원에서 작동한다. 어떤 과학자들은 과학으로 현상이 일어나는 이치에 대한 이해 그 이상을 탐구할 수 없다고 주장하지만, 또 다른 과학자들은 카를 포퍼(Karl Popper)가 '궁극적인 질문들'이라고 일컬은 것들(예를 들면, 삶의 의미)에 대답할 필요가 있다고 생각한다. 이 문제를 가장 영향력 있게 다룬 논의 가운데 하나가 사회 심리학자 로이 바우마이스터(Roy Baumeister)의 고전 『인생의 의미(Meanings of Life, 1993)』에서 발견된다. 그는 의미에 관한 인간의 탐구가 인간의 기본적인 욕구(목적, 효율성, 자존감)에 초점을 맞춘다고 여겼다. "나는 왜 여기에 있는가? 내가 변화를 일으킬 수 있을까? 나는 진정 중요한 존재인가?" 과학이 이런 질문에 대답할 '정보'를 제공할 수는 있겠지만, '결정적인 답변'을 제시하지는 못한다.

3. 최근 과학계 내에는 과학적 탐구를 통해 제기된 보다 광범위한 문제들에 대한 답을 과학만으로는 제시하기가 역부족이라는 인식이 크게 고조되었다. 윤리적인 문제들이 대표적인 사례이다. 과학이 과연 무엇이 옳고 그른지 결정할 수 있을까? 많은 과학자들은 과학이 근본적으로 무도덕하다고 단정 짓는다. 과학적 방법에는 도덕적 질문이 적용되지 않는다고 말이다.

과학자들이 도덕적인 문제에 무관심하다는 뜻은 아니다. 여기에서의 요점은 대다수 과학자들이 과학이 도덕적 가치를 창출하거나 확증할 수 없다고 믿는다는 것이다. 이에 대해서는 나중에 좀 더 자세히 살펴볼 생각이다. 예를 들어, 스티븐 제이 굴드는 자신의 중요한 논문 "무도덕적인 자연(Nonmoral Nature)"에서 이렇게 말했다.

> 우리가 보편적인 선을 분별하지 못하는 이유는 통찰력이나 창의력이 없어서가 아니라, 자연에는 인간의 용어로 표현된 도덕적 메시지가 내포되어 있지 않기 때문이다. 도덕은 철학자, 신학자, 인문학자를 비롯해 사유하는 인간 모두를 위한 주제다. 도덕적인 대답은 자연을 통해 수동적으로 주어지지도 않고, 과학적 자료를 통해 얻을 수도 없다. 사실로서의 세상은 우리가 선과 악을 행할 수 있는 능력을 이용해 어떻게 세상을 가장 윤리적인 방식으로 바꾸거나 보존할 수 있는지 가르쳐주지 않는다.[4]

이런 입장들로 인해 대화적 접근방식에 대한 관심이 높아졌다. 이제 자연과학자들은 그들의 접근방식을 윤리적, 심미적, 영적으로 향상시키도록 돕거나 고무하는 부가적인 접근방식을 통해 세상에 대한 과학의 이해를 보완하는

---

4) Stephen Jay Gould, 'Nonmoral Nature.' *Natural History*, 91 (1982): 19-26.

데 더 이상 망설이지 않는 듯하다. 과학의 탐구를 통해 제기되지만 아직 답을 구하지 못한 문제들, 예를 들어 생명공학의 윤리에 관한 논의에서 종종 제기되지만 과학이 대답할 수 없는 중요한 질문들, "인간의 인격이 언제 형성되는가?"나 "무엇이 생명의 본질을 구성하는가?"와 같은 문제들을 다루도록 도와주는 중요한 대화 상대자로 종교가 점점 더 크게 인정을 받고 있다.

체스보드: 과학과 종교의 다양성

과학과 종교의 통합적 탐구에 대해 우려를 표하는 사람들이 많다. "그것은 개념적인 통합인가, 아니면 '과학과 종교'라는 느슨한 체계 아래 마구잡이로 전개되는 연관성 없는 논쟁과 논의를 편의상 한데 묶어 놓을 따름인가?" 그들의 우려는 정당하다. 과학과 종교가 매우 다양할 뿐 아니라, 둘의 가능한 상호작용 방식도 각양각색일 수 있음을 고려한다면, 그런 의문을 갖는 것은 너무나도 당연한 일이다.

'과학'이라는 용어는 화학, 생물학, 심리학과 같은 다양한 과학 분야의 근거가 되거나 그 안에 포함된 전반적인 경험적, 이론적 연구활동을 가리키는 의미로 종종 사용된다. 그러나 개개의 과학은 각자 자기만의 독특한 연구방법과 역사 및 해석과 적용을 관장하는 전문가 집단을 갖추고 있다. 따라서 '과학'이라는 일반적인 용어를 무비판적으로 사용하면, 자연과학의 지형을 평평하게 만들어 개별 과학의 독특성을 그르게 평가하는 잘못을 저지르기 쉽다.

한편, '종교'는 범주가 명확하지 않기 때문에 엄격하게 정의하기가 어렵다. 종교에 대한 일치된 경험적 정의가 확립되지 않은 까닭에 종교 심리학을 비롯한 다른 경험적 접근방식으로 종교적 사고와 행위를 연구하는 학자들은 거듭해서 좌절을 겪고는 한다. 종교를 신이나 신들을 믿는 신앙이란 관점에서 정의하면, 중요한 세계 종교 가운데 하나인 불교가 배제된다. 종교는 경험적인 개념이 아니라 사회적으로 구축된 개념이다. 이슬람교, 유대교, 불교와 같은 개별 '종교들'이 존재하는 것은 분명하지만, 그렇다고 해서 각 종교가 개별적인 방식으로 나타내는 '종교'의 보편적인 본질이 존재한다는 의미는 아니다.

세계의 다양한 종교적 전통들을 단순히 한 가지 주제에서 파생된 다각적인 변형이라 간주하는 것은 심각한 오해의 소지가 있다. 예를 들어, 캐나다 출신의 이슬람교 연구가 윌프레드 캔트웰 스미스(Wilfred Cantwell Smith)는 종교들이 '종교'라는 용어나 그 근원적인 범주 안에서 나타나는 공통적인 본질적 특성을 가지지 않는다고 주장했다. 그는 오히려 현대 서구 학자들이 '종교'라는 개념을 창안해 다양한 현상에 적용함으로써 마치 '종교'라는 근원적이고 보편적인 개념이 존재하는 듯한 그릇된 인식을 조장했다고 지적했다.

아울러 세계 종교들 간의 명확한 차이는 물론, 기독교와 같은 개별 종교의 전통 안에서도 상당한 변화와 차이가 있음을 이해하는 것도 중요하다. 찰스 다윈(Charles Darwin)의 '자연선택설'에 관한 보수주의 개신교와 자유주의 가톨릭의 견해는 큰 차이가 있을 수 있다. 과연 그런 견해들 가운데 하나만을 '기독교의 견해', 곧 하나의 종교 안에 있는 규범적인 견해로 인정해야 할까? 아니면 하나의 종교적 전통 안에 다양한 견해가 존재한다고 인정해야 할까? 종교 전통들의 사상을 획일화하거나 인위적으로 만든 틀에 억지로 짜 맞추려고 하기보다는 그런 전통들과 그 안에서 이루어지는 사상운동들의 완전성을 존중하는 것이 아마도 가장 지혜로운 태도일 것이다. 현대 불교나 기독교나 이슬람교나 유대교는 매우 복합적인 성격을 띠고 있기 때문에 그 안에서 벌어지는 논쟁이나 다양성을 인정하지 않고 일반화를 시도한다면 지성적인 위험을 자초하게 된다.

그러나 과학과 종교라는 분야를 다룰 때 가장 분명한 어려움은 그 범위가 너무 넓어서 무의미하고 무익한 논의로 전락할 위험이 크다는 것이다. 과연 어떤 과학과 어떤 종교를 취할 것인가? 만일 '과학과 종교'라는 분야가 모든 과학과 모든 종교를 포함한다면, 그 분야가 너무나도 다양하고 복잡하기 때문에 일관성 있게 다루기가 불가능할 것이다.

나는 이 점을 옥스퍼드대 학생들과 논의하면서 체스보드의 비유를 사용하면 좋겠다는 생각이 들었다. 체스보드에는 많은 공간(64개)이 그려져 있지만, 말이 그것들을 모두 점유하지는 않는다. 종교와 과학이라는 분야는 최소한 이론상으로는 불교와 심리학의 관계나 이슬람교와 생물학의 관계와 같은 방대한 지성적 가능성을 제공한다. 그러나 그런 가능성 전부가 지성적인 관심을 사로잡는 것은 아니다. 연구가들과 학자들과 관심 있는 독자들이 빼곡히 들어찬 공간도 있고, 거의 텅 빈 공간도 있다. 이 분야에서 사람들의 관심이 가장 많이 집중되는 주제는 다음 두 가지다.

- 자연과학과 신 존재 증명
- 다원주의가 종교적 신앙에 대해 갖는 의미

그러나 지성적인 관심을 기울일 만한 이유가 분명한데도 연구가 충분하게 이루어지지 않는 영역들도 있다. 기독교와 과학의 연관성은 '과학과 종교'라는 분야에서 논의가 가장 폭넓게 이루어지는 주제다. 사람들이 빼곡히 들어찬 체스보드의 공간 가운데는 이 종교적 전통이 포함되어 있다. 그들은 특히 서구 과학혁명의 기원이 기독교와 어떤 관련을 맺고 있는지와 같은 역사적 문제에 많은 관심을 기울인다.

체스보드 비유는 과학과 종교라는 방대한 분야를 시각화시켜 그 안에서 주된 논의가 이루어지는 공간을 식별하도록 돕는다. 이 책이 교재로 사용되도록 의도되었다는 점을 고려하면, 이 분야에서 이루어지는 학문적 활동과 이 분야에 대한 대중적 관심에 관한 내용을 분명하게 명시하는 것이 중요할 것이다. 이 책은 체스보드의 가장 밀집된 공간들을 다룸과 동시에, 합리적이고 지성적인 관심을 기울일 만한 이유가 충분한데도 아직 그런 관심을 받지 못하는 다른 공간들이 존재한다는 것을 기꺼이 인정한다.

종교와 과학의 관계에 관한 이언 바버의 네 가지 모델

과학과 종교의 일반적인 관계를 어떻게 이해해야 할까? 어떤 모델을 이용해 이 둘의 가능한 관계를 살펴볼 수 있을까? 과학과 종교의 관계에 관한 가장 영향력 있는 접근방식은 이 분야의 개척자 가운데 한 사람인 이언 바버(Ian G. Barbour, 1923-2013)의 유형론이다. 1966년, 바버의 획기적인 저서 『과학과 종교의 쟁점들(Issues in Science and Religion)』이 출판된 이래로 과학과 종교라는 분야는 본격적으로 하나의 연구영역으로 자리 잡기 시작했다. 바버는 1923년 10월 5일에 중국 베이징에서 태어났다. 그는 처음에는 물리학을 연구했고, 1950년에 시카고대에서 박사학위를 취득했다. 그는 미시간주에 있는 캘러머주대 물리학 교수로 임명되어 교직에 첫발을 들여놓았지만, 종교에 관한 관심이 매우 강했기 때문에 예일대에서 신학을 공부하기 시작해 1956년에 신학사 학위를 취득했다. 그 후, 미네소타주 노스필드에 있는 칼턴대학에서 종교학 학과장과 물리학 교수로 일하는 등(1955-1981), 오랫동안 다양한 역할을 담당하다가 같은 대학의 '과학, 기술, 사회론(Science, Technology and Society, 사회와 정치와 문화 및 과학과 기술이 서로에게 미치는 영향을 탐구하는 연구 분야—역주)' 교수직을 역임하고(1981-1986), 2013년에 작고했다.

과학과 종교의 관계에 대한 바버의 독보적인 관심은 1960년대에 발전되었는데, 그 결과 그를 유명하게 만든 『과학과 종교의 쟁점들』을 펴내기에 이르렀다. 이 책에는 과학과 종교라는 두 영역을 가르쳤던 그의 경험이 반영되어 있다. 그는 학자로서 활동하면서 줄곧 이 분야에 대한 관심을 유지했다. 바버는 1970년대에 윤리학과 공공정책 및 기술에 관련된 프로그램을 통해 일련의 종교적 문제들을 찾아 다룸으로써 자신의 관심사를 더욱 발전시켰다. 『과학과 종교의 쟁점들』은 명쾌한 논리를 바탕으로 한 권위 있는 학술서로 널리 인정받아 많은 사람에게 이 분야와 연관된 흥미로운 문제들을 소개하는 역할을 했다. 그때부터 바버는 과학과 종교의 상호관계에 관한 문제를 다룬 책들을 연속해서 저술하거나 편집했다[가장 주목할 만한 책은 1989년 애버딘대에서 한 기포드 강연을 토대로 펴낸 『과학시대의 종교(Religion in an Age of Science)』이다]. 그는 이 분야의 일인자로 널리 알려져 1993년에 미국종교학회(American Academy of Religion)로부터 공로를 인정받았다. 바버는 과학과 종교의 대화를 촉진한 노력을 인정받아 1999년에 종교 분야의 발전을 이룬 사람에게 수여하는 템플턴상을 받았다.

바버는 이 독특한 연구 분야의 등장을 촉진하는 데 지대한 역할을 했을 뿐 아니라 과학과 종교의 관계에 관한 영향력 있는 유형론을 만든 것을 포함해 그 역학 관계를 형성하는 데 상당한 개인적인 영향력을 미쳤다. '과학과 종교의 관계 방식'에 관한 바버의 유형론은 1988년에 처음 모습을 드러냈고, 몇 가지 분명한 약점에도 불구하고 지금까지 널리 이용되어왔다. 바버의 네 가지 관계 모델은 갈등, 독립, 대화, 통합으로 이루어져 있다. 추가적인 탐구가 필요한 몇 가지 문제를 살펴보기 전에 먼저 바버의 네 가지 모델을 간단히 설명하면 다음과 같다.

1. 갈등 (Conflict)

역사적으로 과학과 종교는 '갈등' 또는 '전쟁' 관계에 있다는 것이 가장 주목할 만한 해석 중 하나였다. 이 강력한 대립 모델은 학문적인 차원에서는 그 영향력이 상당히 줄어들긴 했지만, 대중적인 차원에서는 아직도 여전히 많은 영향력을 발휘하고 있다. "식민지시대 미국에 만연했던 과학과 종교의 전쟁이라는 개념은 주로 틀에 박힌 사고를 일삼는 역사가들의 생각을 통해 지금까지 전해오고 있다[론 넘버스(Ron Numbers)]."

이 영향력 있는 모델은 19세기 후반에 출판된 두 권의 책, 존 윌리엄 드레이퍼(John William Draper)가 쓴 『종교와 과학의 갈등사(History of the Conflict between Religion and Science, 1874)』와 앤드루 딕슨 화이트(Andrew Dickson White)가 쓴 『과학과 기독교 신학의 전쟁사(History of the Warfare of Science with Theology in Christendom, 1896)』를 통해 제시되었다. 20세기 말, 이 접근법을 채택한 가장 대표적인 인물로는 리처드 도킨스가 있다. 그는 "신앙은 천연두만큼이나 세상에서 가장 큰 악 가운데 하나이지만 근절하기는 더 어렵다."라고 말했다. 도킨스는 과학과 종교가 서로를 완강하게 거부한다고 본다.

그러나 이 모델은 반(反)종교적인 과학자들에게만 국한되지 않는다. 기독교와 이슬람교 내의 보수적인 종교 집단들 가운데도 이런 생각이 만연하다. 그들은 생물학적 진화라는 개념을 종종 맹렬하게 공격한다. 창조론자 헨리 모리스(Henry M. Morris, 1918-2006)는 『하나님을 대적하는 오랜 전쟁(The Long War against God, 1989)』이란 책에서 현대 진화론을 강도 높게 비판했다. 한 보수주의 침례교 목회자는 그 책을 추천하는 글에서 "현대 진화론은 하나님을 대적해 사탄이 오랫동안 벌여온 전쟁의 연속일 뿐이다."라고 말했다. 모리스는 심지어 진화론이라는 개념으로 하나님을 보좌 위에서 끌어내리려고 하는 사탄의 모습을 상상해 보라고 촉구하기까지 했다.

그러나 전통적으로 이 범주에 속하거나 그렇다고 여겨지는 많은 역사적 사건들은 다른 방식으로 해석될 여지가 많다. 예를 들어, 17세기의 갈릴레이 논쟁은 그동안 '과학과 종교의 대립'을 보여주는 고전적인 사례로 간주되어 왔지만, 지금은 그보다는 훨씬 더 복잡하고 미묘한 문제로 인식된다. 그와 비슷하게 다윈의 진화론도 대중 매체를 통해 반종교적인 의도와 특성을 띤 것으로 종종 제시되지만, 정작 다윈 자신은 절대로 그렇지 않다고 굳게 확신했다. 성공회 신학자 오브리 무어(Aubrey Moore)는 1889년에 "다윈주의는 적으로 위장한 채 친구의 일을 했다."라고 말했다. 과학과 종교가 대립하는 관계인가 하는 문제는 대부분 복잡한 해석 문제에 기반을 두는데, 간단한 대답과 그럴듯한 표어를 원하는 사람들로 인해 곁길로 빠졌다.

더욱 중요한 것은 갈등 모델이 독특한 서구적 사고방식에 기안한다는 인식이 확대되고 있다는 사실이다. 서구적 사고방식은 서구 나라들(특히 미국)의 특정한 역사와 암묵적인 문화 규범에 근거한다. 연구가들은 인도와 같은 비서구 문화권에서는 과학과 종교의 관계를 매우 다른 방식(훨씬 더 긍정적인 방식)으로 이해한다는 사실에 주목한다. 최근의 조사에 따르면, 북아메리카와 서구 유럽의 과학자들 사이에서는 바버가 '독립 관계'로 일컬은 일반적 접근방식이 지배적인데 반해, 아시아의 과학자들 사이에서는 보다 협력적이거나 대화적인 접근방식이 지배적이라고 드러난다.

일부 서구 문화 해석자들은 '전쟁' 모델을 표준으로 간주하지만, 사실은 그렇지 않다. 이는 단지 다양한 가능성의 범위 안에 있는 하나의 선택지일 뿐이다. 이 모델이 영향력을 떨치게 된 것은 과학이나 종교의 본질과 관련이 있기 때문이 아니라 일련의 역사적 상황으로 인한 결과이다. 더욱이 '갈등' 모델은 주로 학교에서 진화론을 가르치는 문제나 유전자 변형 치료와 같은 문제 등에서 매우 구체적인 논쟁을 통해 인기를 누리고 있을 뿐이다.

2. 독립 (Independence)

다윈의 논쟁은 '전쟁', 혹은 '갈등' 모델에 대한 불신을 야기했다. 우선 이 모델은 역사적으로 문제의 소지가 있어 보였다. 그리고 시간이 흐름에 따라 근거 없이 '갈등'을 일으켜 과학이나 종교에 해를 입히는 일을 막아야 한다는 생각이 점차 고조되었다. 그 결과 많은 사람이 두 분야가 서로 완전히 독립되어 있다고 주장하기에 이르렀다. 이 모델은 과학과 종교가 각각 그 자체로 독특한 규칙과 언어를 지닌다고, 다시 말해 이 둘은 독립적이고 자율적인 연구 분야이자 영역이라고 주장한다. 과학은 종교적 신념을 간섭할 이유가 없으며,

종교도 과학의 연구를 간섭할 이유가 없다.

이런 접근방식이 미국 국립과학원(American National Academy of Science)의 1981년 정책 강령에서 발견된다. 여기서는 "종교와 과학은 서로 분리되고 상호 배타적인 사고 영역으로, 이 둘을 동일한 맥락에서 다루려는 시도는 과학이론과 종교적 신앙에 대한 그릇된 오해를 불러일으킨다."라고 선언했다. 스티븐 제이 굴드의 '겹치지 않는 교도권'이라는 원리도 이 입장을 견지한다. 그는 과학과 종교의 방법론과 영역이 다르다는 것을 인정하고, 서로를 존중해야 한다고 주장했다.

> 나는 두 영역 사이의 존중, 아니 사랑의 협약인 '겹치지 않는 교도권'이라는 해결책을 전심으로 믿는다. 이는 단순한 외교적 자세가 아니라 도덕적이고 지성적인 근거를 갖춘 원칙에 입각한 입장이며, 양면성을 지닌다. 과학의 교도권 아래 있는 사실적 결론의 본질을 종교가 결정할 수 없다면, 과학도 세상의 경험적인 구조에 관한 우월적인 지식을 앞세워 도덕적 진리에 대해 더 뛰어난 통찰력을 지녔다고 주장할 수 없다. 이런 상호 겸손은 다양한 욕구가 존재하는 세상에서 중요한 실용적 결과를 가져온다.[5]

미국 신학자 랭던 길키(Langdon Gilkey, 1919-2004)는 이 접근방식을 약간 변형시켰다. 그는 1959년에 펴낸 『천지의 창조주(Maker of Heaven and Earth)』라는 책에서 신학과 자연과학은 실재에 접근하는 방식이 서로 다르며, 독립적이라고 주장했다. 자연과학은 '어떻게?'라고 질문하고, 신학은 '왜?'라고 질문한다. 다시 말해, 전자는 이차적인 원인(자연의 영역에서 이루어지는 상호작용)을 다루고, 신학은 일차적인 원인(자연의 기원과 궁극적인 목적)을 다룬다.

---

[5] Stephen Jay Gould, 'Nonmoral Nature.' *Natural History*, 91 (1982): 19-26.

이러한 '독립' 모델이 많은 과학자와 신학자들에게 호소력을 지니는 이유는, 각기 자신의 영역에서 자신의 교도권을 상대방에게 강요하지 않으면서, 자기가 좋아하는 것을 믿고 생각할 자유를 제공하기 때문이다. 그러나 이언 바버가 지적한 대로, 이 접근방식은 실재를 파편화하는 필연적인 결과를 초래한다. "우리는 삶을 명확하게 나누어 구별된 파편들로 경험하지 않는다. 우리는 먼저 전체로, 또 상호 연관된 상태로 삶을 경험한 후에 그것의 다양한 측면들을 연구하기 위해 특정 학문을 발전시킨다." 다시 말해서, 개개의 영역들은 어느 정도 서로 겹치거나 서로 연관될 수밖에 없기 때문에 완전히 따로 구별될 수 없다.

3. 대화 (Dialogue)

과학과 종교의 관계를 이해하기 위한 세 번째 방식은 대화를 통해 서로의 이해를 증진시키는 것이다. 교황 요한 바오로 2세(John Paul II)는 1998년에 "교회와 과학계는 서로 영향을 주고받을 수밖에 없다. 독립은 불가능하다."라고 말했다. 그렇다면 어떤 형태의 상호작용이 이루어질 수 있을까? 어떻게 서로를 보완할 수 있을까? 요한 바오로 2세의 대답은 분명했다. "과학은 종교의 오류와 미신을 제거할 수 있고, 종교는 과학을 우상 숭배와 거짓 절대자들로부터 구할 수 있다. 서로를 더 넓은 세상으로, 곧 과학과 종교가 함께 번영하는 세상으로 이끌 수 있다."

이런 입장은 미국의 과학자들과 가톨릭 주교들이 모인 '대화 그룹'을 통해 더욱 발전되었다. 그들은 "과학과 종교는 생명공학과 같은 새로 생긴 복합적인 주제들에 관해 보완적인 통찰을 제공할 수 있다."고 선언했다. 이 말에는 과학적 방법의 무도덕적 특성으로 인한 자연과학의 도덕적 한계 때문에 다른 자료들을 근거로 과학의 논의를 보완할 필요가 있다는 인식이 깔려있다. 이 문제는 나중에 좀 더 자세히 살펴볼 생각이다.

이런 '대화' 모델은 참여 분야의 독특한 특성을 존중하면서, 공유하는 전제와 가설들을 탐구한다. 이언 바버는 가능한 접근방식 중 이 모델에 가장 만족했는데, 이는 존 폴킹혼(John Polkinghorne)이 최근에 발표한 글에서도 발견된다. 그는 과학과 종교라는 두 영역 사이에 존재하는 일련의 중요한 유사점들을 지적했다. 과학과 종교는 둘 다 "특정한 이론에 근거한" 자료들을 다룬다는 점에서 최소한 어느 정도의 개인적인 판단이 개입될 수밖에 없다. 예를 들어 "우주는 합리적이고 온전하며 일관성과 질서가 있다."와 같은 '신뢰를 기반한' 가설로 통칭되는 것들을 가진다. 알리스터 맥그래스의 책 『실재에 대한 우리의 비전 풍요롭게 하기(Enriching Our Vision of Reality, 2016)』도 이와 비슷한 입장을 따르는데, 이 책의 목적은 특히 실재를 탐구하고 기술하는 방법의 문제와 관련해 자연과학과 깊이 있는 대화를 나눔으로써 기독교 신학의 지성적 엄밀함을 증진하는 것이다.

4. 통합(Integration)

과학과 종교의 상호 관계를 이해하기 위한 네 번째 접근방식은 영국 신학자 찰스 레이번(Charles Raven, 1885-1964)의 글에서 찾아볼 수 있다. 그는 『자연 종교와 기독교 신학(Natural Religion and Christian Theology, 1953)』에서 종교든 과학이든 지식탐구의 모든 측면에는 동일한 기본방식을 적용해야 한다고 주장했다. "원자의 구조나 동물의 진화를 탐구하든, 역사나 신자의 종교 체험을 탐구하든 주요 과정은 동일하다." 레이번은 우주를 '영적' 요소와 '물리적' 요소로 나누려는 시도를 강력하게 거부하면서, 우리는 "나눌 수 없는 하나의 우주를 다루는 하나의 이야기"를 말해야 한다고 주장했다. 바버도 이 접근방식에 크게 공감하며, 과정사상(process thought)이 이런 통합의 과정을 촉진한다고 간주했다. 진화를 하나님이 선호하신 창조 양식으로 해석한 아서 피콕(Arthur Peacocke)의 후기 저술에서도 이와 비슷한 입장이 발견된다.

아울러, 바버가 이 네 가지 접근방식을 지적 탐구 여정의 단계로 제시하려 했음을 기억하는 것도 중요하다. 이는 마치 존 번연(John Bunyan)의 『천로역정 (The Pilgrim's Progress)』을 상기시키는데, 지성적인 여행자는 '갈등 씨'를 만나는 것으로 시작해 '독립 씨'와 장난삼아 짧게 불만족스러운 대화를 나눈 후 마침내 '대화 씨'나 '통합 씨'와 같은 만족스러운 안식처를 발견한다. 바버는 '갈등'과 '독립' 모델은 틀렸고, '대화'와 '통합' 모델이 옳다고 주장했다. 그러나 가능한 한 치우치지 않고 믿을 만한 설명을 찾으려고 애쓰는 사람들은 이 점에서 바버의 전제가 약간 불안정하다고 느끼고, 그보다 덜 규범적인 접근방식은 없는지 궁금해할 것이 틀림없다.

그렇다면 이런 단순한 분류법은 어떤 문제를 야기할까? 가장 명백한 문제는 역사의 복잡성을 바르게 다루기 어렵다는 것이다. 제프리 캔터(Geoffrey Cantor) 와 크리스 케니(Chris Kenny)는 바버의 견해를 신중하게 비판하면서 역사를 돌아보면 간단하게 분류할 수 없는 복잡한 요인들이 발견된다고 지적했다. 바버의 네 가지 분류가 유익한 이유는 단순하기 때문이지만, 단순성은 장점인 동시에 단점이 될 수 있다.

더욱이 이런 접근방식은 개념들을 통합하는 방법과 관련해 순전히 지성적인 접근만을 시도하는 문제를 안고 있다. 사회문화적 요인들은 어떻게 할 것인가? 이 요인들은 과거든 현재든, 과학과 종교의 상호작용이 실제로 어떻게 이루어지는지 이해하려는 노력에 중대한 영향을 미친다. 과학과 종교의 상호작용을 순전히 지성적으로 접근하는 것에서 벗어나, 상호작용에 훨씬 더 미묘한 차이를 부여하는 상징적, 사회적 차원을 고려하는 것이 최근의 학문적 추세다.

나아가, 역사적 상황은 종종 면밀한 고찰을 요구한다. 갈릴레이 논쟁과 같은 과학과 종교의 대립과 갈등은 신앙과 과학 사이의 근본적인 긴장 관계보다는 교황의 정치, 교권 다툼, 개인적인 문제들과 더 많은 관련이 있는 것으로 종종 드러난다. 과학사 연구가들은 과학과 종교의 상호작용이 주로 특정 역사적 상황에 의해 결정되며, 연관된 주제들은 부차적인 문제일 뿐임을 밝혀냈다. 이론적으로든 역사적으로든, 과학과 종교의 관계에 대한 보편적인 패러다임은 존재하지 않는다. 19세기 말에 나타난, 진화론에 대한 기독교의 태도는 이 점을 분명히 보여준다. 지리학자이자 사상연구가인 데이비드 리빙스턴(David Livingstone)은 상황이 매우 다른 두 곳(북아일랜드 벨파스트와 뉴저지주 프린스턴)에서 다윈주의를 수용하는 과정을 다룬 획기적인 연구를 통해, 각 지역의 현안과 구성원 개인의 기질이 결과를 결정하는 데 신학이나 과학의 근본적인 원리들보다 더 큰 영향을 미칠 때가 많음을 입증해 보였다.

바버가 제시한 분석틀은 그 한계에도 불구하고 과학과 종교 분야를 다루는 유익한 수단으로 활용된다. 특히 가능한 접근방식을 제시한다는 점에서 유익한데, 그렇다고 이를 엄격한 분석의 기준으로 삼아 과도하게 적용해서는 안 된다. 정확하고 세부적인 지도라기보다는 지형의 윤곽을 묘사한 약도처럼 생각하는 편이 좋을 듯하다. 테드 피터스(Ted Peters)를 포함해 이 분야에서 일하는 몇몇 사람들은 이 약도를 좀 더 확장해 열 가지 모델을 제시했다. 그 가운데 네 가지는 과학과 종교의 전쟁을 당연시하고, 나머지 여섯 가지는 휴전이나 동반 관계의 가능성을 모색한다. 피터스는 이를 다음과 같이 설명한다.

> 처음 네 가지, (1) 과학주의, (2) 과학 제국주의, (3) 신학적 권위주의, (4) 진화론 논쟁은 갈등 또는 전쟁을 당연시한다. 나머지 여섯 가지, (5) 두 종류의 책, (3) 두 종류의 언어(분리와 독립), (7) 윤리적 동맹, (8) 창의적인 상호작용을 지향하는 대화, (9) 자연주의, (10) 자연신학은 휴전이나 동반자 관계를 모색한다.[6]

---

6) Ted Peters, 'Science and Religion: Ten Models of War, Truce, and Partnership.' *Theology and Science*, 16, no. 1 (2018): 11-53.

과학과 종교의 관계를 그리기 위한 네 가지 방법

복잡한 관계는 상상력을 발휘해 시각적으로 나타내는 것이 가장 효과적일 때가 많다. 유추와 비유는 학문의 한계를 조사하고, 복잡한 구조를 표시하고, 가능한 관계를 모색하는 데 도움을 준다. 이번 단락에서는 과학과 종교의 관계를 머릿속으로 그려보기 위한 네 가지 방법을 제시하려 한다. 처음 세 가지는 특정 종교와 전혀 무관하고, 마지막 네 번째 방법은 기독교적인 전제에 근거한다. 네 번째 방법은 신학의 핵심 전제들을 공유하지 않는 사람에게는 큰 도움이 되지 않을지 모르지만, 신학적 사고를 하는 사람에게는 많은 유익을 줄 것이다. 이제 과학과 종교의 관계를 상상하거나 머릿속에 그리기 위한 네 가지 방법을 살펴보자. 이 방법들은 어떤 모델이라기보다, 가능한 관계를 시각화하는 데 도움이 되는 렌즈나 틀에 가깝다.

1. 과학과 종교는 실재에 대해 서로 다른 관점을 제시한다

첫 번째 제언은 과학과 종교가 복잡한 실재에 대해 다른 관점을 제시한다는 것이다. 나는 이 접근법을 과학과 종교의 대화를 주창한 주요 인물 가운데 하나인 찰스 콜슨(Charles A. Coulson)의 글을 중심으로 살펴볼 생각이다. 콜슨은 옥스퍼드대 이론화학 교수이자 『과학과 기독교 신앙(Science and Christian Belief, 1955)』의 저자이다. 그의 책은 자연과학과 기독교의 관계를 심도 있게 설명하고 있다.

등산 애호가였던 콜슨은 스코틀랜드의 벤네비스산에 빗대어 자신의 방법을 설명했다. 그는 그 산 주위를 걷는다고 상상하며, 각도에 따라 산이 어떻게 보일지 생각해 보라고 했다. 벤네비스산은 남쪽에서 바라보면 "풀로 덮인 거대한 경사지"처럼 보이고, 북쪽에서 보면 "험준한 바위 부벽"처럼 보인다. 그 산을 정기적으로 찾는 사람들은 각기 다른 관점으로 산을 바라보는 것에 익숙하다. "각 사람이 산을 본다. 각 사람이 무언가를 확실히 보고 이해할 수 있는 말로 산과 마주친 경험을 묘사한다. 모두 자신의 특별한 목적에 적합한 표현을 생각해낸다." 벤네비스산의 복잡한 구조는 한 각도에서만 보아서는 온전히 묘사할 수 없다. "동일한 실재에 대한 다양한 견해들은 서로 다르게 보이지만 모두 타당하다." 이를 완전하게 설명하려면 서로 다른 관점들을 종합해 하나의 통합된 그림으로 나타내야 한다. 전체는 그런 다양한 관점들의 총화다.

이것은 매우 간단한 유추로, 과학과 신앙의 관계에 쉽게 적용할 수 있다. 콜슨의 통찰의 핵심은 "다양한 설명이 이루어지는 이유는 관점이 다양하기 때문이다."라는 것이다. 과학자, 시인, 신학자는 제각기 독특한 관점으로 우리가 경험하는 복잡한 실재를 바라본다. 그들은 각자 자신의 독특한 언어와 표현을 사용해 자기가 보는 것을 묘사한다. 이것이 콜슨이 전체적이고 누적되고 통합된 그림이 필요하다고 생각하는 이유다. 과학과 종교는 각자 자신의 관점을 제시한다. 둘의 관점은 타당하지만, 그 자체만으로는 불완전하다.

실재에 대한 인간의 경험은 복잡하다. 그 실재를 파악하는 데는 과학과 종교의 접근방식이 둘 다 필요하다. "두 세계는 보이는 대로 적절하게 묘사되더라도 실상은 하나다. 하나 이상의 관점으로 세상을 볼 수 없거나 보지 않으려고 애쓰는 사람만이 자신의 묘사가 배타적 권위를 지닌다고 주장한다." 콜슨은 오직 자신의 통찰만이 진리라고 주장하는 과학자들과 신학자들이 존재한다고 지적했다. 그는 그들의 통찰은 부분적이기 때문에 한데 합쳐야만 좀 더 온전하고, 믿을 만한 설명이 이루어진다고 강조했다.[7]

이것은 유익한 방법이지만 실재를 좀 단조롭게 설명하는 경향이 있다. 많은 사람이 실재는 다층적 구조로 이루어져 있으며, 개개의 층을 그 특성에 맞게 독특한 방식으로 탐구해야 할 필요가 있다고 주장한다. 이것이 두 번째 방법이 필요한 이유다.

---

7) C. A. Coulson, *Christianity in an Age of Science*. London: Oxford University Press, 1953, pp. 19-21.

2. 과학과 종교는 실재의 다른 차원을 탐구한다

이론물리학자 베르너 하이젠베르크(Werner Heisenberg)는 '유일한 과학적 방법'은 존재하지 않는다고 강조한 영향력 있는 과학자 가운데 한 사람이다. 개개의 과학 분야는 각자의 연구과제와 탐구영역에 적합한 연구방법을 개발한다. "우리가 관찰한 것은 자연 자체가 아니라 우리의 탐구방법에 의해 드러난 자연이라는 점을 기억해야 한다." 하이젠베르크의 요점은 과학이 다양한 연구방법을 요구하기에 실재를 바라보는 관점이나 통찰이 그만큼 다양해지며, 따라서 어떤 식으로든 통합해야만 자연을 전체적으로 가장 잘 나타낼 수 있다는 것이다.

하이젠베르크는 자연세계와 인간 경험의 복잡성을 둘 다 인식하고, 다양한 접근방식과 지성적인 결과를 인정하는 설명을 제시했다. 그는 예술과 종교를 자신의 전체적인 접근방식에 포함시켰고, 그것들을 자연과학과 구별함과 동시에 그 문화적 정당성과 지성적 독특성을 기꺼이 인정했다.[8] 예술과 과학과 종교는 서로 다른 방법을 통해 나타난 결과이며, 다양한 탐구방식을 요구하는 인간의 실재 경험을 묘사하는 조각들이다.

이런 틀은 과학과 종교에서 비롯된 독특한 '지적 생산물'을 인정하게 하는 중요한 가능성을 제공한다. 과학과 종교를 혼동하거나 혼합하려는 시도를 피하고, 둘의 차이를 존중할 뿐 아니라 거기에서 비롯된 서로 다른 차원의 지식들을 통합할 가능성이 열린다. 이 책의 여러 곳에서 거듭 언급한 대로, 자연과학은 주로 사물이 기능하는 방식을 이해하는 데 초점을 맞추고, 종교는 그것들의 의미를 밝히는 데 초점을 맞춘다. 이 둘은 인간 존재의 서로 다른 차원에 관여하지만, 통합하면 인간의 독특한 본질을 좀 더 온전하고 풍성하게 이해할 수 있다.

---

8) Werner Heisenberg, *Physik und Philosophie*, Stuttgart: Hirzel, 2007, p. 85.

3. 과학과 종교는 실재에 대한 독특한 지도를 제시한다

세 번째 방법은 자연과학과 다른 학문 사이의 관계를 자주 고찰했던 영국 철학자 메리 미즐리(Mary Midgley)의 글에서 발견된다. 미즐리는 인간의 삶과 관련된 가장 중요한 문제들을 다룰 때는 서로 다른 다양한 개념적 도구 상자를 함께 사용해야만 인간 존재를 온전하게 묘사할 수 있다고 주장했다. 한 가지 탐구방법으로는 세상의 측면들 가운데 한 부분만을 나타낼 수 있을 뿐이다. 자연과학의 탐구방법에만, 혹은 물리학과 같은 특정 과학분야에만 치중하면, 미즐리가 말한 대로 "의미에 관한 관점이 기괴하다 싶을 정도로 제한적인 성격"을 띨 수밖에 없다.

따라서 미즐리는 실재에 대한 "여러 가지 지도"가 필요하다고 주장한다. 한 가지 접근방식으로는 자연세계를 옳게 평하기에 부적합하다. 자연세계를 특화된 한 가지 관점으로 축소하지 않고 적절하게 나타내려면 복잡한 실재를 들여다볼 수 있는 "다양한 창"이 필요하다. 미국이나 유럽과 같은 동일한 지역의 지도를 여러 장 제공하는 지도책을 생각해 보라. 하나의 지역을 보여주는 데 그렇게 많은 지도가 필요한 이유는 무엇일까? 미즐리의 대답은 간단하다. 서로 다른 지도들이 같은 지역에 관한 서로 다른 정보를 제공하기 때문이다.[9]

유럽의 지리 지도는 그곳의 지형적 특성을 보여주고, 정치 지도는 국가의 경계선을 보여준다. 미즐리의 요점은 개개의 지도가 특정한 질문에 답할 목적으로 만들어졌다는 것이다. 이곳에서는 어떤 언어를 말할까? 이 지역은 누가 다스릴까? 개개의 지도는 한 지역에 관한 특정한 질문들에 답함으로써 그곳에 대한 이해를 돕는다. 우리의 세계를 포괄적으로 이해하려면 다양한 정보를 통합할 방법을 찾아야 한다. 개개의 정보를 한데 겹쳐 놓으면 그것들을 온전히 통합할 수 있다. 하나의 지도만으로는 우리가 알고 싶은 것을 모두 알 수

---

9) Mary Midgley, *Wisdom, Information, and Wonder: What Is Knowledge For?* London: Routledge, 1995, p. 199.

없다. 하나의 지도는 더 큰 그림의 일부를 이해하는 데 도움이 될 뿐이다. 온전한 그림을 보려면 다양한 지도가 필요하다. 개개의 지도는 서로 다른 질문에 대답한다. 그 질문들은 나름대로 다 중요하다. 과학은 한 가지 차원에서 우리의 세계를 묘사한다. 곧 세계가 어떻게 기능하는지를 설명한다. 종교는 또 다른 차원에서 우리의 세계를 묘사한다. 곧 세계가 어떤 의미를 지니는지를 설명한다.

4. 두 종류의 책: 실재에 이르는 보완적인 두 가지 접근방식

이제 자연과학과 기독교의 관계를 시각화하는 마지막 방법을 생각해보자. 유럽의 르네상스시대에 생겨난 이 방법은 과학이 종교적인 사고 체계와 어떻게 조화를 이루는지 보여줌으로써 과학의 발흥에 크게 기여했다. "하나님이 주신 두 권의 책"이라는 비유는 '자연'과 '기독교의 성경'이 모두 해석이 필요한, 동일한 저자의 책이라고 상상하게 한다. 이 비유는 자연과학과 기독교 신학이 한편으로는 각각의 특성을 유지하면서, 다른 한편으로는 서로 긍정적인 상호작용을 할 수 있음을 보여주는 용도로 널리 활용되었다. 이 주장에 따르면, 둘 다 하나님이 쓰신 책이다. 둘 다 다른 방법, 다른 내용으로 하나님을 드러낸다. 이 두 권의 책은 따로 읽을 수도 있고, 서로 조명하며 함께 읽을 수도 있다.

이 비유는 과학의 태동기(약 1500년부터 1750년까지)에 몇 가지 중요한 역할을 했다. 존 칼빈(John Calvin)은 그리스도인이 기독교 신앙의 '큰 그림'을 보도록 돕고자 『기독교 강요(Institutes of the Christian Religion, 1559)』를 썼다. 그는 여기서 "두 권의 책"의 유사점과 차이점을 인정하고, 자연과학과 신학의 대화를 권장했다. 그는 "세계의 질서와 모든 피조물 가운데 분명하게 드러난 하나님에 관한 지식은 말씀을 통해 더욱 분명하고 친숙하게 설명된다."라고 말했다. 벨직 신앙고백(Belgic Confession)과 같은 개혁주의 신앙고백도 우주가 우리 앞에 "아름다운 책"처럼 펼쳐져 있다고 말하며, 이는 "보이지 않는 하나님을 우리에게 나타내기 위한" 목적을 지녔다고 진술한다. 칼빈은 성경이 좀 더 신뢰성 있는 근거를 가지고 하나님에 관한 지식을 명확하게 밝혀 증대시킨다고 확신했다.[10]

'하나님이 주신 두 권의 책'이라는 비유는 세상을 창조하신 하나님이 성경이 증언하는 하나님이시라는 신념에 근거한다. 이런 근본적인 전제가 없으면 '두 권의 책'은 어떤 식으로든 서로 아무런 연관성을 지니지 못한다. 그 둘의 연관성은 성경에 계시된 창조주 하나님을 믿는 기독교 신학의 신념을 토대로 한다. '두 권의 책'이라는 기독교의 비유는 인간 지식의 다양한 요소를 하나로 통합하는 것을 문화적인 미덕이자 영적 의무로 생각하고 힘써 추구하도록 장려했다. 흔히 알려진 대로, 자연에 대한 진지한 과학적 탐구가 창조주 하나님의 지혜와 아름다움에 관한 신자의 이해를 풍요롭게 한다는 것이 그런 노력을 기울이게 된 동기 가운데 하나였다.

'하나님이 주신 두 권의 책'이라는 비유는, 자연세계와 기독교 신앙은 독특성을 지니고 있으므로 무분별하게 뒤섞거나 융합해서는 안 된다고 강조한다. 이 둘은 각각 주제가 독특하고, 탐구방법과 표현방식과 체계화된 방식이 다르다. 그러나 이 두 권의 책은 서로 연관되며, 서로를 풍요롭게 한다. 이 독특한 두 분야는 서로를 조명하며, 자연의 의미에 관한 이해를 증진시킨다. 하나님이 이 두 권의 책을 만든 저자이시라는 신학적 통찰에 근거한 이 비유는 비록 제한적이기는 하나 과학과 기독교의 의미 있는 대화의 가능성을 보여준다.

이번 장에서는 과학과 종교의 상호작용에 관한 획기적인 역사적 사건을 몇 가지 살펴보았다. 다음 장에서는 그런 사건들을 좀 더 자세히 살펴봄으로써 앞으로 이 책에서 이루어질 논의를 위한 배경을 설정할 생각이다.

---

10) John Calvin, *Institutes of the Christian Religion*, I.x.1.

이해를 돕는 용어 설명

과학과 종교 Science and Religion **분야**

철학과 신학의 계속된 논쟁 주제인 과학과 종교의 관계를 다루는 학제간 연구 분야를 말한다. "종교와 과학은 얼마나 양립할 수 있는가? 종교적 신념은 과학에 도움이 되는가, 혹은 불가피하게 과학적 탐구에 장애물이 되는가?"와 같은 질문에 답하는 것을 목표로 하며 두 분야 간 역사적, 현대적 상호 작용을 연구하고 상호 관계에 대한 철학적 분석을 제공한다. (참고. 스탠퍼드철학백과사전)

학제적 접근법 interdisciplinary

두 개 이상의 전문 분야에 걸친 학문상의 영역 및 그와 같은 영역의 연구에 관여하는 제학문의 협동 · 협업 관계를 말한다. (참고. 두산백과)

보편적 다윈주의 universal Darwinism

다윈주의 이론을 지구상 생물학적 진화의 원래 영역을 넘어 심리학, 언어학, 경제학, 문화, 의학, 컴퓨터, 과학, 물리학을 포함한 다양한 다른 영역에까지 확장하는 다양한 접근 방식을 말한다. (참고. 위키백과)

과학적 무신론 scientific atheism

마르크스-레닌주의 무신론으로도 알려져 있다. 자연에서 인류의 위치에 대한 변증법적 유물론적 이해에 기초하며, 이데올로기적 전제를 뒷받침하기 위해 과학적 비평을 통해 종교의 기원과 종교를 설명한다. (참고. 위키백과)

과정사상 process thought

실재란, 전통적인 형이상학이 말하듯 고정적인 것이 아니라 역동적인 과정이라고 보는 사상이다. 변화와 발전을 갖는 형이상학적 실재를 밝히는 것을 철학적 설명의 주요 초점으로 삼는다. (참고. 위키백과, 스탠퍼드철학백과)

Science & Religion

Science & Religion

chapter 2

논의의 출발점

: 몇 가지 획기적인 역사적 사건

Science & Religion

chapter 2

논의의 출발점
: 몇 가지 획기적인 역사적 사건

  많은 사람들이 과학과 종교의 관계를 연구하려는 이유는 무엇일까? 이 연구가 "어떻게 하면 선한 삶을 살 수 있을까? 어떻게 하면 이 수수께끼와 같은 우주에서 의미 있게 살 수 있을까?"와 같은 오늘날의 '중요한 문제들'과 밀접한 관련이 있기 때문이다. 이 분야에 대한 관심이 그토록 뜨거운 이유는 현시대와 직접적으로 관련된 논쟁들이 포함되어 있기 때문이다. 그러나 과학과 종교라는 분야를 처음 탐구하는 사람들 대다수가 이 분야와 관련된 많은 책들이 과거의 논의와 논쟁을 중점적으로 다루는 것을 발견하고는 당혹스러워한다.

  오늘날의 상황과 별로 관련이 없어 보이는 과거의 논쟁들을 왜 살펴보아야 하는가? 오늘날에도 중요한 논의가 그토록 많은데 왜 굳이 과거를 돌아보아야 하는가? 많은 과학자들은 과학의 발전속도가 너무나도 빨라 과거의 개념들이 금세 시대착오적인 것이 되고, 연구논문들이 20년도 채 되지 못해 구닥다리가 된다고 지적한다. 따라서 역사를 연구하는 것은 현실 세계에서 벗어나 우리와 하등 관련이 없는 딴 세상으로 들어가는 것처럼 보인다.

그러나 과학과 종교의 관계를 이해하려면 최소한 네 가지 중요한 역사적 지표, 즉 16세기와 17세기 초에 벌어진 천문학 논쟁, 17세기 말과 18세기에 대두된 뉴턴주의 세계관, 19세기 진화론 논쟁, 그리고 우주의 기원에 관한 20세기의 논의에 관해 알아야 한다. 이 지표들을 통해 제기된 쟁점들이 오늘날의 논쟁들 가운데 거듭 발견되고 있다. 이 쟁점들이 계속해서 던지는 구체적인 질문들(종종 성경 해석과 관련된)로부터 과학과 신앙의 관계에 대한 현대의 논의들이 나타난다. 과거의 논쟁들이 현재의 논쟁들 주변을 계속 맴돌고 있다.

이번 장의 목적은 그런 역사적 지표들을 소개하면서 그것을 통해 제기된 주요 쟁점들과 그것이 우리 시대에 어떤 의미가 있는지 살펴보는 것이다. '과학과 종교'라는 주제를 다루는 문헌들은 이 네 가지 논의를 예외 없이 다루기에 우리는 그 기본개념들과 여기서 발전된 내용들을 숙지해야 한다. 이것이 이 논의들을 이른바 '중세 종합(medieval synthesis)'이라는 개념과 함께 이 책의 앞부분에서 다루는 이유다. 오늘날, 많은 학자들은 '중세 종합'이라는 개념이 자연과학의 발흥을 위한 근본적인 지성적 배경을 제공했다고 생각한다.

그러나 그런 논의들을 살펴볼 필요성을 느끼지만 굳이 번거로움을 감수하면서까지 역사를 되돌아볼 이유가 무엇이냐고 묻고 싶은 독자들이 많을 것이다. 따라서 네 가지 지표를 본격적으로 다루기 전에 잠시 과학과 종교의 상호작용에 관한 역사를 살펴보는 것이 좋겠다.

역사를 연구하는 이유

21세기에 과학과 종교에 관련된 논제들을 다루면서 과거를 돌아보는 것이 무슨 필요가 있을까? 오늘날에도 중요하고 흥미로운 지성적 관심사들이 헤아릴 수 없이 많은데 굳이 먼 과거의 논쟁들을 살펴봐야 할 이유가 무엇일까? 이는 매우 정당한 문제 제기이다. 우리는 여기에 신중히 대답할 필요가 있다.

오늘날 과학과 종교의 관계에 관한 논의는, 복잡한 역사적 사건들을 잘못 이해하여 그릇 설명된 과거의 논쟁들로 인해 문제가 되기도 한다. 예를 들어 갈릴레이와 교회의 갈등은, 제도적으로 '구교를 방어하려는 세력'과 '과학에 대한 아리스토텔레스적 접근방식을 지지하는 정치적 세력'(특히 파두아대를 중심으로 한)에 의해 매우 복잡하게 전개되었다. 현대 학자들은 과학과 기독교가 필사의 사투를 벌인 양 묘사하기 좋아하는 사람들의 의도 속에 숨겨진 권력의 역학관계와 문화적 안건을 드러내며, 이러한 많은 논쟁에 관한 대중적이고 역사적인 설명을 해체하는 데 성공했다.

1990년대 이후로 과학과 종교에 관한 중요하고도 영향력 있는 역사적 연구가 연이어 발표되었다. 옥스퍼드대 교수 존 헤들리 브룩(John Hedley Brooke)은 특히 19세기를 중점적으로 다룬 과학사에 관한 진지한 연구를 통해 "과거의 과학과 종교는 극도로 복잡하고 다채로운 관계를 맺고 있었기 때문에 일반적인 논의로는 다루기가 어렵다."라고 주장했다.[1] 브룩의 분석은 대중적으로는 더디게 발전해 나갔지만, 학계에서는 폭넓은 공감을 불러일으켰다. 보다 최근에 피터 해리슨(Peter Harrison)은 "과학과 종교의 역사적 관계에 관한 연구는 단순한 유형으로 정리되지 않는다."라고 지적했다.[2] 앞으로 살펴보겠지만, 과학과 종교의 역사적 관계는 '갈등' 모델과 같은 단일 신화로 설명될 수 없다는 뜻이다. 그러나 한 일반적인 경향을 발견할 수 있는데, 역사의 대부분에서 종교가 과학적 탐구를 촉진시켰다고 해리슨은 말한다.

지난 30년에 걸친 역사적 연구를 통해 과학과 종교의 관계를 이해하는 특권화된 방식이나 '올바른' 방식이란 존재하지 않으며, 단지 다양한 가능성이 존재한다는 사실이 드러났다. 이 주제에 관심을 기울인 사람들이 표준이라고 제

---

[1] John Hedley Brooke, *Science and Religion: Some Historical Perspectives*, Cambridge: Cambridge University Press, 1991, p. 6.
[2] Peter Harrison, 'Introduction,' in *The Cambridge Companion to Science and Religion*, Peter Harrison 편집, Cambridge: Cambridge University Press, 2010, pp. 1-18.

시한 몇 가지 가능성들이 있을 뿐이다. '과학'과 '종교'의 본질에만 집중하는 경향 때문에, 우리는 역사적 문화적 맥락이 기독교와 자연과학의 관계를 형성하는 데 중요한 영향을 미쳤다는 사실을 간과하고 말았다.

이제부터 과학과 종교의 상호작용에 관한 과거의 역사를 잠시 살펴볼 생각이다. 이는 둘의 현재 관계를 이해하는 데 도움을 줄 것이다. 이 문제의 중요성을 이해하려면 먼저 과학과 종교가 영원한 적이라는 통념, 곧 과학과 종교의 상호작용을 '전쟁'으로 규정한 신념이 어디에서부터 기원했는지를 살펴보아야 한다. 이런 신념은 지금도 대중의 생각 속에 깊이 뿌리박혀 있다.

과학과 종교의 '전쟁'이라는 신념의 기원

과학과 종교의 관계는 항상 복잡했다. 극도로 부정확한 이 '전쟁' 모델, 곧 과학과 종교가 항상 필사의 사투를 벌인다는 견해와 같이 이 관계를 간단하게 한마디로 규정할 수 있는 '거대담론'은 존재하지 않는다. 이미 잘 알려진 대로, 과학혁명을 거치면서 전통적인 종교적 관점과 혁신적인 과학적 이론은 서로 충돌하기도 하고, 협력하기도 했다.

이 복잡한 상황을 구체적으로 살펴보려면, 기독교의 창조교리를 잠시 생각해 보아야 한다. 이 교리는 초기 근대 유럽의 지적 세계를 형성했을 뿐 아니라, 창조주의 지혜를 드러내는 규칙적이고 질서 있는 우주를 사람들에게 소개했다. 창조된 질서를 깊이 연구하는 것은 '하나님의 생각'을 더욱 깊이 이해하는 수단으로 간주되었다. 즉 과학적 탐구를 위한 노력의 배후에는 긍정적인 종교적 동기가 숨어 있었다. 그러나 전통적인 창조교리는 긴장을 일으키기도 했다. 인간의 기원에 관한 찰스 다윈의 이론이 19세기 후반에 우위를 점하기 시작하자 그런 현상은 특히 더욱 두드러졌다. 다윈의 이론은 창세기 서두에 기록된 말씀을 액면 그대로 받아들이는 것에 대한 의문을 제기하는 듯 보였다. 그로 인해 촉발된 긴장은 지금까지 계속되고 있다.

아울러, 과학이 모든 종류의 기득권과 권력 집단에 도전을 제기하는 체제 전복적인 성격을 띤다는 점을 이해하는 것도 중요하다. 물리학자 프리먼 다이슨(Freeman Dyson)은 『과학은 반역이다(The Scientist as Rebel)』라는 중요한 저서에서 "지배적인 지역 문화가 강요하는 제한에 저항하는" 역할을 과학자들이 맡아왔다고 지적했다.

이는 과학과 문화의 상호작용에 관한 역사를 통해 구체적으로 입증된다. 아랍의 수학자이자 천문학자인 오마르 하이얌(Omar Khayyam, 1048-1122)은 과학을 이슬람의 지적 규제에 대한 저항으로 인식했다. 19세기 일본의 과학자들은 과학을 일본 문화의 봉건주의적 잔재를 청산하는 수단으로 간주했다. 20세기의 위대한 인도 물리학자들은 과학을 당시 인도를 지배하던 영국의 제국주의는 물론, 힌두교의 강력한 운명론적 교리에 맞서는 강력한 지성의 힘으로 이해했다. 서구 유럽에서 과학의 발전은 정치적, 사회적, 종교적 요소들을 포함한 당시 문화와 정면 대결의 양상을 띠었다. 서구 사회는 기독교의 지배를 받아왔기 때문에 과학과 서구 문화의 충돌은 종종 과학과 기독교의 대립으로 여겨졌다. 그러나 사실은 과학적 혁신과 문화적 전통주의의 충돌이었다.

과학과 종교의 관계에 대해 표준이 되는 거대담론이 없다는 사실이 이렇듯 확실한데도, 한 '이야기'가 우위를 점해왔다. 그 이야기는 명백한 증거를 통해 불확실성이 입증되었는데도 대중매체에서 계속해서 회자되는 견해들과 문화적 태도(즉 '전쟁' 모델)를 형성하는 데 영향을 미쳤다. 과학사 연구가 토머스 딕슨(Thomas Dixon)은 과학과 종교의 '전쟁'이라는 통념을 1700년대 계몽주의 합리주의자들이 창안했고, 1800년대 후반 빅토리아시대 사상가들이 전파했으며, 오늘날의 과학적 무신론자들과 서구 대중문화 속에서 우위를 다투는 많은 영향력 있는 목소리들이 옹호하는 이기적인 개념으로 규정했다.[3] 콜린 러셀

---

3) Thomas Dixon, *Science and Religion: A Very Short Introduction*, Oxford: Oxford University Press, 2008, p. 9.

(Colin Russell)과 같은 과학사 연구가들은 '과학과 종교의 관계는 단순하며 그 둘의 개념과 방법은 항구적이고 필연적인 대립 관계에 있다'는 개념을 철저하게 논박했다.

> 지난 몇 세기에 걸친 과학과 종교의 관계가 지속적인 깊은 적의로 점철되어 왔다는 통념은…… 역사적으로 부정확할 뿐 아니라 너무나도 우스꽝스럽게 희화된 개념이다. 그런 개념이 과연 조금이라도 존중받을 만한 가치를 지니고 있다면 그 이유를 상세하게 설명하는 것이 필요할 듯하다.[4]

역사적 탐구는 이 통념이 실제로 신뢰성이 매우 희박할 뿐 아니라, 그것이 문화적 영향력을 확보하게 된 데에는 다양한 사회적 요인들이 작용했다는 사실을 여실히 드러냈다. 18세기 영국에서는 종교와 과학의 협력을 통해 주목할 만한 상승효과가 나타났다. 아이작 뉴턴(Isaac Newton)의 '천체역학'은 하나님을 조화로운 우주의 창조주로 받아들인 기독교의 견해를 확증하지는 않더라도 그것과 조금도 모순되지 않는 이론으로 널리 인정받았다. 과학적 이해와 연구를 발전시키기 위해 설립된 런던왕립학회(Royal Society of London) 회원들 가운데는 종교심이 강한 사람들이 많았다. 그들은 과학적 발전에 대한 자신들의 헌신을 종교적인 헌신으로 간주했다. 1831년에 설립된 영국과학진흥협회(The British Association for the Advancement of Science)도 과학적 탐구와 표현의 자유를 매우 중요하게 생각했지만, 종교에 대해 긍정적인 태도를 지니기는 마찬가지였다. 1831년부터 1865년까지는 마흔 명이나 되는 성공회 목회자들이 영국과학진흥협회의 다양한 분야를 관장했다(그러나 1866년부터 1900년까지는 과학계 내에서 새로운 전문성이 대두되면서 그 인원이 셋으로 줄어들었다).

---

[4] Colin A. Russell, 'The Conflict Metaphor and its Social Origins.' *Science and Christian Belief*, 1 (1989): 3-26.

그러나 19세기 후반에 접어들면서 모든 상황이 바뀌었다. 19세기 후반에 벌어진 종교(특히 기독교)와 자연과학의 일반적인 대립 양상은 미국인이 펴낸 두 권의 책, 존 윌리엄 드레이퍼의 『종교와 과학의 갈등사(1874)』와 앤드루 딕슨 화이트의 『과학과 기독교 신학의 전쟁사(1896)』에 의해 결정되었다. 이 두 권은 과학과 종교를 둘러싼 '문화 전쟁'을 촉발시켰고, 그것은 곧바로 미국 문화의 독특한 특징으로 자리 잡았다. 이 두 권이 찰스 다윈의 『종의 기원(Origin of Species, 1859)』이 출판된 후에 나타났다는 사실을 기억하는 것이 중요하다. 다윈의 책이 출판되고 얼마 지나지 않아 '전쟁'이라는 개념이 생겨났지만, 이따금 제기되는 주장과는 달리 이는 다윈의 책에 대한 직접적인 반응 때문이 아니었다.

오늘날의 역사가들이 지적하듯이, 화이트와 드레이퍼가 열렬히 주장했던 과학과 종교의 고질적인 갈등이라는 개념은 사회적으로 결정되었으며, 성직자들과 교회 제도에 대한 적개심이라는 어두운 그림자 속에서 만들어졌다. 과학과 종교의 상호 관계는 이 둘의 특유한 사상이 아닌, 주변의 사회적 상황에 더 큰 영향을 받았다. 과학과 종교의 항구적인 대결이라는 신념이 생겨난 이유는 빅토리아시대 말에 사회적 압력과 긴장이 조성되었기 때문이다.

'갈등' 모델이 출현한 배후에서 우리는 한 가지 중요한 사회적 변화를 찾아낼 수 있다. 사회적 관점에서 보면, 특정한 사회 집단들이 저마다의 구체적인 목적과 이익을 추구하기 위해 과학적 지식을 옹호했던 것을 알 수 있다. 19세기 영국 사회에서는 성직자와 전문 과학자들이라는 두 개의 특정 집단의 경쟁이 차츰 치열해졌다. 19세기 초에는 '과학적인 성직자'라는 사회적 관념이 확고하게 확립된 가운데 성직자들이 학식 높은 지식인으로 널리 인정되었다. 그러나 전문 과학자들의 출현으로 인해 19세기 후반에는 우위 다툼, 곧 누가 문화적 주도권을 잡을 것인지를 다투는 싸움이 시작되었다. 즉 '갈등' 모델은 새롭게 출현한 전문적인 지식인 집단이 그때까지 명예의 자리를 차지했던 집단을 밀어내려는 빅토리아시대의 특정한 상황 속에서 형성되었다.

'갈등' 모델은 이처럼 전문적인 과학자들이 비전문가들과 자신을 구별하기 원했던 시기에, 그리고 학술 문화의 변화로 교회 및 기존 체제로부터 독립성을 입증해야 했던 시기에 부상했다. 학문적 자유는 교회와의 단절을 요구했다. 이는 19세기 후반에 교회를 '학문과 과학 발전의 적'으로, 자연과학은 '그 강력한 옹호자'로 묘사하게 한 작은 발걸음이었다. 그리고 자연히 갈릴레이 논쟁과 같은 초기 사건들을 과학과 종교의 전쟁이라는 지배적인 패러다임에 비추어 바라보고 해석하는 결과로 이어졌다.

과학과 종교가 항구적인 갈등 관계에 놓여 있다는 개념에는 특정한 시대의 관심사와 현안이 반영되어 있다. 그러나 그 시대는 이미 지나갔고 당시의 현안은 중심에서 밀려났기에, 이제는 더 많은 정보를 근거로 상황을 보다 객관적으로 평가할 수 있게 되었다. 역사적 연구는 과학과 종교의 관계와 관련해 심각한 문제를 지닌 견해가 어떻게 기원했는지 설명하고, 그 신뢰성을 옳게 평가할 수 있도록 도와준다. 우리는 역사적 연구를 통해 그런 견해를 극복하고, 좀 더 많은 정보들을 근거로 이 독특한 두 개 분야의 상호작용에 관한 긍정적인 접근방식을 확립할 수 있다.

과학과 종교에 관한 '본질주의의 오류'

어떤 저자들은 과학과 기독교 또는 다른 종교들의 관계가 적어도 근본적인 측면에서는 두 분야의 본질적 특성에 의해 항구적으로 정의된다고 본다. 다시 말해, 과학과 종교는 관습에 의해 형성되기보다 각기 지닌 고유한 정체성을 바탕으로 각각 '구체화(reified)'된다는 것이다. 그들에 따르면, 일단 이 두 분야의 본질적 특성을 파악하면 그 상호 관계를 사실대로 추론할 수 있다. 그러나 이 견해는 '과학'과 '종교'라는 두 용어가 역사적 상황에 따라 의미가 달랐다는 점을 간과하고 있다. 두 용어의 개념은 유동적이었기 때문에 정확하게 정의하기가 불가능하다. 피터 해리슨은 과학과 종교의 개념에 대한 그런 식의 구체화는 비교적 최근에 이루어진 일이라고 설득력 있게 논증하면서 그것을 다시 해체해야 한다고 주장했다. 해리슨은 역사 속에 나타나는 미묘한 차이를 좀 더 분명하게 파악할 때 "오늘날 우리가 '과학'과 '종교'로 일컫는 실체들의 관계를 변경하는 데" 도움을 얻을 것이라고 말했다.[5] 언어 분석을 통해 우리는 두 분야의 문제적 본질이 두 분야를 가둔 언어에서 발생하는 것을 알 수 있다.

과학과 종교에 관한 본질주의적 관점, 또는 이 둘을 구체화하려는 경향은 특히 시카고대 유전학자 제리 코인(Jerry Coyne)과 같이 대놓고 종교를 적대시하는 저술가들에게서 발견된다.

> 종교와 과학은 일종의 전쟁을, 곧 이해를 위한 전쟁을, 우리가 사실로 받아들이는 것들에 관해 충분한 근거를 확보하고 있는지에 관한 전쟁을 벌이고 있다.…… 나는 이것이 더 큰 전쟁, 곧 합리성과 미신과의 전쟁 중에 벌어지는 하나의 전투에 불과하다고 생각한다. 종교는 미신의 한 종류일 뿐 아니라(어떤 이들은 점성술, 초자연적 현상, 동종 요법, 영적 치유를 믿는 신념도 여기에 포함시킨다), 가장 해롭고 보편적인 형태의 미신이다.[6]

그러나 본질주의의 오류는 '전쟁' 모델을 옹호하는 자들에게만 국한되지 않는다. 과학과 종교가 본질적으로 서로 협력 관계를 맺고 있다고 주장하는 사람들의 글에서도 더러 발견된다.

과학과 종교의 상호작용에 관한 본질주의적 설명의 근저에는 이 두 용어가 항구적이고 본질적이고 고정된 무언가를 나타낸다는 전제가 깔려있다. 즉, 과학과 종교의 상호 관계는 문화 역사 속에서 발생된 우연적인 요소에 영향을

---

5) Peter Harrison, *The Territories of Science and Religion*. Chicago: University of Chicago Press, 2015, p. 19.
6) Jerry A. Coyne, *Faith vs. Fact: Why Science and Religion are Incompatible*. New York: Viking, 2015, p. xii.

받지 않으며, 두 분야의 본질적인 요소를 통해서만 결정된다는 뜻이다. 그러나 과학과 종교에 변하지 않는 고정된 속성을 부여하려는 경향은 일련의 엄격한 역사적 연구를 통해 성공적으로 퇴치되었다. 1500년 이후부터는 과학과 종교의 상호 관계에 관한 이해가 다양했을 뿐 아니라, 때로는 일관성 없이 상당히 복잡하게 전개되었다는 사실이 밝혀졌다. 어떤 한 가지 설명이나 '거대담론'을 이 관계에 적용할 수 없는 이유는, 지금까지 이어진 이 둘의 복잡한 관계 속에는 그때그때의 지배적인 사회, 정치, 경제, 문화적 요인들이 반영되어 있기 때문이다.

역사적 연구를 통해 드러난 '본질주의적' 접근방식의 난점은 크게 세 가지로 정리할 수 있다.

1. 이 접근방식은 '과학'과 '종교'를 본질적으로 불변하는, 고정된 객체로 다루고, 그 관계가 서로의 특성을 통해 항구적으로 정의된다고 믿는다.
2. 이 접근방식은 위에서 살펴본 이유를 근거로, 둘의 관계를 19세기에 유행한 '전쟁' 모델을 통해 보편적으로 정의할 수 있다고 믿는다.
3. 이 접근방식은 특히 중세 말에 나타난, 제도로서의 기독교 교회와 신학의 사상적 차이를 옳게 구별하지 못할 뿐 아니라, 신학의 사상과는 아무런 관련이 없는 이유를 근거로 제도적 교회의 정치적 결정이 이루어졌다는 점을 인식하지 못한다. 중세 말 특정한 교회 당국자들의 행위를 근거로 기독교 신학의 사상을 비판하려는 시도는 이 두 실체 사이에 (실제로 존재하지 않았던) 단순하고 단조롭고 직접적인 관계가 존재한다는 억측에서 기인한 것이다.

과학과 종교에 관한 그릇된 통념을 제거하기

과학과 종교에 관한 고정 관념들이 서구 문화 속에 널리 퍼져 있다. 그런 관념들은 대개 역사를 그릇 이해하거나 잘못 해석하는 데서 비롯할 때가 많다.

역사적 연구는 대중 매체를 통해 종종 기정사실로 취급되는 과학과 종교의 관계에 관한 부정적인 인식을 제거함으로써 그 둘의 대화를 위한 물꼬를 터준다. 갈릴레오 갈릴레이(Galileo Galilei)의 태양계에 관한 견해가 대표적이다. 갈릴레이 사건은 과학과 종교의 항구적인 싸움을 입증하는 사례로 종종 묘사된다. 그러나 사실은 그보다 훨씬 더 복잡한 성격을 띤 사건이었다.

갈릴레이와 지동설은 처음에는 가톨릭교회의 환영을 받았다. 갈릴레이는 교황의 총신 조반니 치암폴리(Giovanni Ciampoli)와 친밀하게 지냈는데 그 덕분에 그가 늦게까지 교회 내에서 좋은 평판을 유지했다는 것이 일반적인 견해다. 그런데 1632년 봄에 치암폴리가 교황의 신임을 잃었다. 갈릴레이는 자신의 입지가 크게 약화되어 치명적인 위험에 빠질 수도 있겠다는 생각이 들었다. 결국 치암폴리의 보호막이 사라지자, 갈릴레이는 그의 평판을 깎아내리려는 사람들의 공격에 여지없이 노출되고 말았다. 안타깝게도 갈릴레이와 그의 이론은 교황과 관련된 정치 상황 및 당시 교계의 큰 갈등 속으로 얽혀들었다.

진지한 역사적 연구를 통해 극복될 수 있는, 과학과 종교의 고정관념에 관한 두 번째 사례는 1860년 6월 30일 옥스퍼드에서 개최된 그 유명한 영국과학진흥협회의 모임과 관련이 있다. 과학과 종교가 영원한 숙적이라는 통념은 이때의 모임을 근거로 종종 정당화되곤 한다. 여기서 옥스퍼드 주교 새뮤얼 윌버포스(Samuel Wilberforce)와 토머스 헉슬리(Thomas H. Huxley)는 다윈의 진화론을 둘러싸고 논쟁을 벌였다. 그로부터 한 세대가 지나자 이 모임은 '과학과 종교의 전쟁'을 보여주는 상징적인 고전적 사례가 되었다. 그러나 이후 역사가들이 훨씬 더 풍부한 정보를 바탕으로 이 모임에 대해 균형 있는 설명을 제시해준 덕분에 이제는 당시의 일을 새롭게 바라볼 수 있다.

헉슬리가 진화론을 반대한 종교인을 물리치고 승리를 거두었다는 일반적인 견해는, 제도화된 종교를 거부했던 사람들이 1890년대에 만들어낸 그릇된 통념으로 드러났다. 최근 역사수정주의자들은 그 중요성에 대한 과장되고 부정확한 설명에 의문을 제기하고, 새로운 정보를 토대로 당시의 논쟁을 재구성함으로써 우리가 활용할 수 있는 역사적 설명에 더 잘 부합하는 설명을 했다.

당시 영국과학진흥협회는 1860년에 옥스퍼드에서 모이기로 예정되어 있었다. 찰스 다윈의 『종의 기원』이 1년 전에 출판되었기에 1860년 모임에서 이것이 토의의 주제가 되기란 매우 자연스러웠다. 다윈은 마침 건강이 좋지 않아서 모임에 직접 참석할 수가 없었고, 그 대신 젊은 나이의 헉슬리가 초청되었다. 옥스퍼드의 주교 새뮤얼 윌버포스도 강사로 초청되었다. 그는 과거에 영국과학진흥협회의 부회장을 역임했고, 다윈의 사상과 책들에 정통한 사람으로 알려져 있었다. 그는 옥스퍼드의 주교였지만 당시에는 성공회를 대표하는 자격으로 참석한 것은 아니었다.

윌버포스는 자신의 강연에서 영국과학진흥협회의 논의대상은 종교가 아닌 과학이라는 점을 강조하면서 다윈의 저서에 언급된 주요 주제들에 관해 말하기 시작했다. 그는 그 모임이 있던 달, 「쿼털리 리뷰(The Quarterly Review)」에 다윈의 『종의 기원』에 대한 자세한 논평을 게재했는데, "계시를 통해 주어진 것으로 보이는 가르침과 모순된다는 이유로, 자연에 관한 어떤 사실이나 주장된 사실, 또는 그것으로부터 논리적으로 연역해낸 추론을 거부하는 사람들에게 동조할 생각이 없다."라고 분명하게 잘라 말했다.

과거에 출판된 다윈의 많은 전기들에서 무비판적으로 자주 언급된 속설에 따르면, 윌버포스가 다윈의 진화론은 인간이 원숭이의 후손이라는 의미를 함축한다고 지적하면서 이를 비웃었다고 한다. 윌버포스가 헉슬리에게 "할아버지 쪽 원숭이와 할머니 쪽 원숭이 중 어느 쪽 후손으로 태어났다고 생각하고 싶소?"라고 묻자 헉슬리는 즉각 그를 비판했고 형세를 역전시켜 그가 무지하고 교만한 성직자라는 것을 입증해 보였다고 한다. 이런 속설은 1970년에도 회자되었는데, 심지어 영국방송협회(BBC)조차 "젊고 잘생긴 영웅적인 헉슬리"가 심술궂고 비열한 윌버포스를 제압했다며 이를 기정사실화했다.

윌버포스를 악마처럼 희화한 이 견해는 1898년에 「맥밀런스 매거진(Macmillan's Magazine)」에 실린 이저벨라 시지윅(Isabella Sidgewick)의 개인적인 기억에 주로 근거한다. 이 특이한 설명은 그로부터 거의 40년 전, 그러니까 당시 모임이 이루어졌던 무렵 출판되었거나 회자된 대부분의 이야기와 일치하지 않는다. 이런 사실은 시지윅의 기억의 신뢰성에 적지 않은 의문을 제기한다. 모임이 있은 직후 「애서니엄(Athenaeum)」에 실린 논평을 보면, 당시 여론의 흐름을 짐작할 수 있는 내용이 발견된다. 그 논평은 윌버포스와 헉슬리가 "서로 호적수임을 알아보고, 만족할 때까지 공격과 반격을 주고받으면서 각자 자신의 친구들을 즐겁게 했다."라고 말했다.

윌버포스가 옥스퍼드의 주교라는 사실 때문에 많은 사람이 당시 논쟁의 핵심은 종교였으며 그가 종교적인 관점에서 다윈을 적대시했을 것이라고 결론지었다. 그러나 역사적 증거는 그런 해석을 지지하지 않는다. 논쟁의 초점은 다윈의 이론이 지닌 과학적 가치를 평가하는 것이었고, 윌버포스는 성공회의 주교가 아닌 '영국과학진흥협회'의 전임 부회장 자격으로 모임에 참석했다. 그는 토론의 주제에 관한 정보를 충분히 숙지하고 있었다. 다윈도 자신의 책을 평가한 윌버포스의 글을 읽고 나서 "굉장히 훌륭하다. 노련한 솜씨로 억측에 가까운 부분들을 골라내 모든 난점을 잘 지적했다. 나를 아주 깜짝 놀라게 했다."라고 말했다.[7]

사실, 윌버포스는 다윈의 자연선택설에 관해 몇 가지 합리적인 과학적 우려를 표명했다. 그는 먼저 화석의 기록이 과거의 과도기적 변화의 형태를 나타내지 않는다고 지적했다. 그가 더욱 우려를 표한 부분은, 다윈이 '자연선택'이라는 가설을 세운 과정이다. 다윈은 품종개량에서 행해지는 인위선택에서 이 가설을 유추해냈다. 물론 품종개량자가 번식과정을 통제함으로써 새로운 특

---

7) Charles Darwin이 1860년 7월에 Joseph Hooker에게 쓴 편지 중에서, Francis Darwin 엮음. *The Life and Letters of Charles Darwin* (3 vols). London: John Murray, 1887, vol. 2, p. 234.

성을 지닌 비둘기를 길러낼 수 있다. 그러나 그런 비둘기를 야생에 풀어 놓으면 그 새끼들은 곧 본래의 형태로 되돌아간다. 이는 증거를 통해 확인된 사실로, 새로운 특성은 불안정하고 지속적이지 못하다[스코틀랜드 지질학자 찰스 라이엘(Charles Lyell)도 장 바티스트 라마르크(Jean Baptiste Lamarck)의 초창기 진화론을 평가하며 이와 비슷한 의문을 제기했다].

다윈의『종의 기원』을 신중하고 통찰력 있게 평가한 윌버포스의 서평을 살펴보면, 그가 종교적인 문제를 부각시킬 의도가 없었다는 것을 분명히 알 수 있다. 그의 논점은 종교적인 분규나 논쟁이 아닌 진화론에 관한 과학적 관심이었다. 물론, 그렇다고 해서 그가 다윈의 사상과 관련해 종교적인 관심이 전혀 없었다는 뜻은 아니다. 많은 사람들이 인간과 인간의 동물 조상을 연관시키는 개념이 함축된 다윈의 이론을 쉽게 납득하지 못했다. 이 연관된 개념은『종의 기원』에 암시되어 있는데,『인간의 유래(The Descent of Man, 1871)』가 발표된 후 좀 더 명확하게 설명되었다. 그러나 그런 우려가 곧 진화론을 무작정 거부한다는 뜻은 아니었다. 오히려 다윈의 새로운 이론과 관련해 과학적이면서도 종교적이며 윤리적인 관점에서 좀 더 깊이 탐구해야 할 질문들이 존재한다는 인식을 드러낸 것이었다.[8]

예일대 역사학자 프랭크 터너(Frank Turner)는 빅토리아시대에 불거진 과학과 종교의 '갈등'을 현상이 아닌 부수적 현상으로 간주하는 것이 최선이라는 중요한 의견을 제시했다. 이 '갈등'은 자연과학이 체계화되고 실행되던 중요한 사회적 변화와 맞물리며 발생한 것이다. 19세기 초 영국의 성직자들은 자연사와 생명과학을 연구하는 일에 앞장섰다. 그러나 그들의 비전문적인 접근방식은 전문성이라는 새로운 기준에 의해 차츰 밀려났다. 새롭게 등장한 전문 과학자들이 보기에 옥스퍼드의 성직자들은 과거를 대표하는 과학자들이었다. 윌버

---

[8] 'Wilberforce's review of The Origin of Species', In *The Quarterly Review*, 108 (July 1860): p. 225-264 참조.

포스와 헉슬리의 논쟁은 세간의 속설이 암시하는 것과는 달리 무신론과 유신론의 논쟁이 아니었다. 그것은 과학의 위치를 사뭇 다른 시각으로 바라보았던 두 명의 개인, 곧 과학에 관심이 있는 성직자라는 미숙한 옛 과학자와 성공회 밖에 있는 새로운 전문 과학자 사이에서 벌어진 논쟁이었다.

성경 해석의 중요성

마지막으로, 과학과 종교의 역사 속에서 자주 되풀이되는 한 가지 문제를 살펴볼 필요가 있다. 바로 성경 해석의 중요성이라는 문제다.

최근, 피터 해리슨은 성경이 17세기 개신교 진영에서 과학혁명을 촉진하는 중요한 역할을 했다고 강조했다. 그는 개신교 종교 개혁을 통해 성경을 새로운 시각으로 읽게 된 것이 자연과학의 발흥을 촉진하는 데 핵심적인 역할을 했다고 말했다.

> 성경, 즉 성경의 내용 및 성경으로 인해 발생한 논쟁들, 다방면에서 인정받는 성경의 권위, 가장 중요하게는 개신교 신자들이 성경을 읽었던 새로운 방식 등이 17세기 자연과학의 발흥에 핵심적인 역할을 했다.[9]

해리슨은 창세기의 창조기사와 같은 성경의 특정 구절이 어떻게 과학적 탐구를 재가하고 장려하는 방식으로 읽혔는지 지적했다.

그리스도인들이 지난 이천여 년 동안 성경을 어떻게 해석해 왔는지 살펴보면, 다양한 해석방법과 규칙이 사용된 것을 알 수 있다. 그 방법과 규칙은 시간이 지나면서 달라졌다. 과학과 종교의 갈등이라는 개념은, 지배적인 성경 해석방법과 과학 발전이 충돌을 일으키는 듯 보일 때 종종 발생했다. 그때마

---

9) Peter Harrison, *The Bible, Protestantism and the Rise of Natural Science*, Cambridge: Cambridge University Press, 1998, pp. 4-5.

다 기존의 성경 해석방법은 도전을 받거나 새롭게 교정되었다. 이 문제의 중요성을 분명하게 보여주는 사례를 두 가지 소개하면 다음과 같다.

코페르니쿠스 논쟁의 초점은 지구가 태양을 도는지(지동설), 아니면 태양이 지구를 도는지(천동설)에 있었다. 성경의 어떤 구절은 지구가 고정되어 있고 태양이 도는 것처럼 말하는 듯 보인다. 예를 들어, 태양이 정지했다고 말하는 여호수아서 10장 12절이나 세상이 굳게 서서 "흔들리지 않는다"라고 말하는 시편 96편 10절이다. 이 구절들의 명백한 의미, 곧 문자적인 의미는 지구 중심설을 증언하는 것처럼 보인다. 그러나 과연 그것이 이 구절들에 의도된 의미였을까? 혹시 형이상학적인 의미가 전혀 함축되지 않은 단순한 관습적 표현 방식은 아니었을까?

이와 비슷하게 다윈에 관한 논쟁도 창세기의 창조기사를 어떻게 이해해야 할 것인지 중요한 질문을 제기했다. 창세기의 창조기사는 우주와 인간이 약 6,000년 전에 기원했다고 가르치는 문자적인 기록일까? 천지 창조를 좀 더 확장된 시각으로 바라보며 해석해야 하지는 않을까? 다윈주의는 창세기의 창조기사를 문자적으로 해석하는 방식과 충돌을 일으켰다. 문자적인 해석방식은 18세기 초 이후, 영어를 사용하는 개신교 진영 내에서 줄곧 발전하여 그런 구절을 읽는 자연스럽고 규범적인 방식으로 인정되었다. 다윈주의는 이 해석방식을 문제시했다.

그러나 이따금 제기되는 주장과 달리, 과학의 발전이 전통적인 성경 해석방식에 항상 이의를 제기했다고 생각해서는 안 된다. 창조에 대한 전통적인 기독교의 견해는 우주가 무에서 생겨났다는 것이다. 그런데 서구의 과학 전통은 아리스토텔레스 시대부터 1940년대에 이르기까지 우주 자체를 영원하거나 불변하는 것으로 다루는 경향이 있었다. 우주가 시간적 시작점이 있다는 개념은 터무니없는 것으로 간주되었다. 그러나 지난 50년 동안 새롭게 제기된 '표준우주모형' 이론은 우주가 영원한 것이 아니라 어느 한순간에 시작되었다는 개념을 토대로 한다. 이 점에서 기독교의 전통적인 성경 해석과 현대 우주론이 서로 공감대를 형성한다.

이제부터는 과학과 종교의 복잡한 관계를 보여주는 획기적인 역사적 사건 네 가지를 살펴볼 생각이다. 먼저 중세시대 때 서구 유럽에서 자연과학에 우호적인 지성적 상황이 조성된 과정을 간단히 살펴보고 나서, 16세기와 17세기 초에 니콜라우스 코페르니쿠스(Nicholas Copernicus)와 갈릴레이를 통해 이루어진 천문학의 발전을 비롯해 18세기 뉴턴의 세계관, 19세기 찰스 다윈의 자연선택설을 좀 더 상세하게 순서대로 살펴보자. 이 획기적인 사건들은 과학과 종교를 논의할 때 자주 언급되는 것들이다.

중세 종합의 출현

16세기와 17세기에 이루어진 과학혁명은 중세시대로부터 전혀 긍정적인 영향을 받지 못했다는 식의 주장이 종종 제기된다. 과거에 이루어진 과학사 연구에서 쉽게 접할 수 있는 이 견해는, 최근 미국의 중세 과학사 연구가인 에드워드 그랜트(Edward Grant)와 같은 중세 지성사 전문가들로부터 많은 비판을 받고 있다. 이들은 과학혁명의 기원이 중세시대까지 거슬러 올라간다고 지적한다. 그랜트는 중세시대에 자연과학이 진지한 학문 분야로 발전할 수 있는 지성적 환경이 조성되었을 뿐 아니라, 그런 발전에 중요한 영향을 미친 것으로 입증되는 개념들과 방법들이 출현했다고 주장했다.

중세시대에 자연과학이 발흥할 수 있었던 상황을 조성한 요인으로 간주되는 중요한 발전은 크게 세 가지다. 첫째, 그리스-아라비안 전통에서 비롯한 일련의 과학 문서들이 중세시대에 서구 유럽의 학계 공용어인 라틴어로 번역되었다. 아리스토텔레스의 원전은 물론, 그의 저서들을 주해한 아랍 학자들의 책이 서구 사상가들에게 전해졌다. 아리스토텔레스의 재발견은 중세의 신학과 철학에 큰 영향을 미쳤다. 예를 들어, 토마스 아퀴나스(Thomas Aquinas)의 철학적, 신학적 사색을 자극하는 기폭제가 되었다. 아리스토텔레스의 저서들을 비롯해 여러 문서들이 자연과학의 문제들을 인식하게 하는 촉매 역할을 한 것으로 드러났다. 그런 문서들이 없었더라도 자연과학은 얼마든지 발전했을 것이라고 주장할 수는 있겠지만, 만일 그랬더라면 과학의 발전은 본래보다 더 늦게 이루어졌을 것이 틀림없다.

그러나 아리스토텔레스가 자연과학의 발전에 항상 긍정적인 영향을 미친 것은 아니었다. 아리스토텔레스에 따르면, 우주는 항상 존재했기 때문에 창조와 관련된 종교적인 언어를 사용하는 것은 아무런 의미가 없었다. 갈릴레이는 특히 파두아대에서 큰 영향력을 발휘했던 아리스토텔레스의 사상 가운데 일부를 논박해야 했다. 예를 들어, 아리스토텔레스는 달이 완벽하게 매끄러운 표면을 지닌 구체라고 주장했지만, 갈릴레이는 망원경으로 관찰한 후 달이 산과 분화구로 뒤덮인 거친 표면을 지녔다고 말했다. 당시에 아리스토텔레스의 과학적 교설은 1572년에 카시오페이아자리에서 출현한 '새로운 별'(지금은 초신성으로 불린다)로 인해 이미 의문시되던 상황이었다. 종종 '타이코 초신성(Tycho's Supernova)'으로 불리는 이 현상은 우주의 불변성을 역설한 아리스토텔레스의 교설과 모순된다고 인정받았다(이 별이 그렇게 불리는 이유는 타이코 브라헤(Tycho Brahe)가 그 위치와 차츰 달라지는 광도를 상세하게 관찰했기 때문이다).

둘째, 중세시대에 서구 유럽의 유명한 대학들이 설립되었다. 이 대학들은 자연과학의 발전에 막대한 기여를 한 것으로 드러났다. 전형적인 중세 대학에서 학문적 자격을 취득하기 바라는 사람들을 위해 논리학, 자연철학, 기하학, 음악, 대수학, 천문학과 같은 학과들이 개설되었다. 중세 대학의 학과과정에 자연철학이 도입됨으로써 상당히 많은 과학적 쟁점들이 고등 교육의 현장에서 일상적으로 다루어졌다. 전형적인 중세 대학은 네 개의 학부, 곧 교양학부를 비롯해 '고등과정'으로 분류되는 신학부, 법학부, 의학부로 구성되었다. 교양학부는 좀 더 발전된 연구를 위한 기초를 다지는 과정으로 간주되었고, 그런 기초과정에 '자연철학'이 포함되었다.

셋째, 자연세계를 연구하는 것이 신학적으로 합법적인 활동이라고 확신했던 '신학자 겸 자연철학자들'이 (주로 대학 내에서) 출현했다. 아리스토텔레스는 이방 철학자인 까닭에 그리스도인들에게는 제한적 가치를 지닌 인물로 널리 간주되었지만, 그럼에도 불구하고 자연세계를 더 깊이 이해함으로써 세상을 창조하신 하나님에 관해 더 많이 알 수 있는 디딤돌 역할을 한다고 믿겨졌다. 로버트 그로스테스트(Robert Grosseteste), 니콜 오렘(Nicolas Oresme), 랑겐슈타인의 헨리(Henry of Langenstein)와 같은 중세 자연과학계의 거장들 가운데 자연질서의 탐구와 신앙 사이에 아무런 모순이 없다고 믿었던 활동적인 신학자들이 많다. 그런 식으로 '자연철학'에 대한 관심이 차츰 증폭된 덕분에 서구 유럽에서 자연과학이 발흥하는 기틀이 마련되었다.

이제 과학과 종교를 논의할 때 자주 거론되는 중요하고도 결정적인 역사적 사건 네 가지를 살펴볼 생각이다. 이 사건들은 이 둘의 관계에 대한 논의를 뒷받침하는 배경으로 설정될 때가 많다. 먼저 16세기와 17세기 초에 코페르니쿠스와 갈릴레이를 중심으로 전개된 천문학 논쟁에서부터 시작해 보자.

코페르니쿠스와 갈릴레이와 태양계

오스트리아의 정신분석학자 지그문트 프로이트(Sigmund Freud)는 인류가 현대에 접어들면서 세 가지 '자기애적 상처(narcissistic wounds)'를 입었고, 그것들은 모두 인간의 자존심에 상처를 입혔다고 말했다. 프로이트에 따르면, 첫 번째 상처는 인간이 우주의 중심이 아니라는 점을 일깨워준 코페르니쿠스 혁명을 통해 생겨났다. 두 번째 상처는 인간이 지구에서조차 독특한 위치를 점유하지 않는다는 점을 일깨워준 다윈주의를 통해 생겨났고, 세 번째 상처는 인간이 자신의 제한된 영역조차 통제하지 못한다는 점을 일깨워준 프로이트 자신의 관찰결과를 통해 생겨났다. 프로이트에 따르면, 이 세 가지 혁신은 제각각 앞선 혁신을 통해 야기된 고통과 상처를 차례로 증대시키면서 인간의 지위와 중요성을 철저하게 재평가하도록 이끌었다. 프로이트의 견해에 함축된 종교적 의미는 나중에 좀 더 자세히 살펴보기로 하고, 지금은 첫 번째 상처인 코페르니쿠스 혁명을 살펴봄으로써 설명을 시작하는 것이 적절할 듯하다.

모든 시대는 제각기 그 세계관을 떠받치는 확고한 신념들이 있다. 중세시대도 예외가 아니다. 중세시대의 세계관을 구성하는 중요한 요소 가운데 하나는 태양을 비롯해 달과 다른 천체들이 지구 주위를 돌고 있다는 신념이었다. 이런 '지구 중심적인 우주론'은 자명한 사실로 인정받았고, 성경은 이 신념을 토대로 해석되었다. 많은 성경 구절을 해석하는 데 지구 중심적 가설이 적용되었다. 때로는 심지어 이것을 억지로 꿰맞추는 일까지 벌어졌다. 지금 통용되는 대다수 언어들 가운데서도 이런 지구 중심적 세계관의 흔적이 여전히 발견된다. 예를 들어, 현대 영어에서 "오전 7시 33분에 해가 떠올랐다."라는 문장은 태양이 지구를 돌고 있다는 폐기된 과학적 신념을 반영하고 있는데도 불구하고 아무런 문제 없이 받아들여진다. 천동설의 진위가 일상생활에 별다른 영향을 미치지 못하기에 굳이 이의를 제기할 필요를 느끼지 못하는 것이다.

중세 초기에 가장 널리 인정되었던 우주론은 2세기 이집트의 알렉산드리아에서 천문학자로 활동했던 클라우디우스 프톨레마이오스(Claudius Ptolemy)가 고안한 것이었다. 그는 『알마게스트(*Amalgest*)』에 달과 행성들에 관한 기존의 개념들을 정리해서 싣고, 다음과 같은 가설들을 근거로 이를 이해할 수 있다고 주장했다.

1. 지구는 우주의 중심이다.
2. 모든 천체는 원을 그리며 지구 주위를 돈다.

3. 천체의 회전은 원의 형태를 취하며, 그 원을 중심으로 또 다른 원을 그리며 움직인다. 본래 그리스 천문학자 히파르코스(Hipparchus)가 창안한 이 핵심 개념은 원운동 위에 원운동이 또 이루어진다는 주전원(epicycle)의 개념을 토대로 한다.

행성과 항성들의 운행에 관해 차츰 더 상세하고 정확한 관찰이 이루어지면서 이 이론의 신빙성을 의심하는 사람들이 나타나기 시작했다. 처음에는 주전원을 추가함으로써 모순을 일시적으로 해결할 수 있었다. 그러던 중 15세기 말이 되자 이 체계는 너무나도 복잡하고 비실제적으로 변해 거의 무너지기 직전에 이르렀다. 그러나 그것을 대체할 방법을 찾기가 어려웠다.

마침내 16세기가 되자 천동설이 폐기되고, 태양이 중심에 있으며 지구가 다른 행성들과 같이 그 주위를 돈다는 지동설이 부상했다. 이런 사고의 변화는 대개 '코페르니쿠스적 혁명'으로 일컬어지지만, 실제로 개신교를 믿는 북유럽에서 이 이론이 받아들여지게 된 데에는 코페르니쿠스 외에도 타이코 브라헤와 요하네스 케플러(Johann Kepler)의 영향이 주요했다.

17세기 초에 케플러의 상세한 책이 모습을 드러낼 때까지 지동설은 빛을 보지 못하고 인정받기를 기다려야 했다. 하지만 1543년 5월에 코페르니쿠스의 『천체의 회전에 관해(On the Revolutions of the Heavenly Bodies)』라는 책이 출판되었을 때는 세상이 약간 떠들썩하기도 했다. 코페르니쿠스는 행성들이 일정한 속도로 동심원을 그리며 태양 주위를 회전한다고 주장했다. 그는 지구가 태양 주위를 돌면서 자체적으로 회전한다고도 말했다. 항성과 행성들의 명백한 운행은 지구의 공전과 자전이 합쳐져 생겨나는 현상으로 설명되었다. 이 이론은 갈수록 복잡해지는 프톨레마이오스의 이론에 비하면 매우 단순하면서도 간결했지만, 당시에 알려진 관찰자료와 정확하게 일치하지는 않았다. 이론에 무언가 오류가 있는 것이 분명해 보였다. 결국에는 행성들이 태양 주위를 돈다는 코페르니쿠스의 생각이 아니라, 그것들이 항상 일정한 속도로 원을 그리며 태양 주위를 돈다는 가설에 문제가 있는 것으로 드러났다.

덴마크 연구가 타이코 브라헤(1546-1601)는 코펜하겐 근처에 있는 섬의 관측소를 근거지로 삼아 1576년부터 1592년까지 행성의 운행을 정밀하게 관측했다. 이 관측자료는 케플러가 태양계의 형태에 관한 수정안을 만드는 토대가 되었다. 케플러는 덴마크의 프레데릭 2세(Frederick II)가 사망한 후 타이코가 어쩔 수 없이 보헤미아로 거처를 옮겨야 했던 무렵에 그의 조수로 일했다.

독일 천문학자 요하네스 케플러(1571-1630)는 화성의 운행을 관측하는 데 초점을 맞추었다. 행성들이 원을 그리며 태양 주위를 돈다는 코페르니쿠스의 천체이론으로는 관측된 화성의 운행을 설명할 방법이 없었다. 1609년, 케플러는 화성의 운행과 관련된 일반법칙 두 가지를 발견했다고 발표했다. 첫째는 화성이 태양을 두 초점 중 하나로 삼아 타원을 그리며 회전한다는 것이었고, 둘째는 화성과 태양을 연결하는 선분이 같은 시간에 같은 면적을 쓸고 지나간다는 것이었다. 그는 1619년에는 이 두 법칙을 다른 행성들에까지 확대 적용해 행성의 공전주기(행성이 태양 주위를 완전하게 한 바퀴 도는 데 걸리는 시간)의 제곱은 태양과 행성의 평균 거리의 세제곱에 정비례한다는 세 번째 법칙을 찾아냈다.

케플러의 이론은 코페르니쿠스의 이론을 상당 부분 수정한 것이다. 코페르니쿠스의 혁신적인 이론은 개념이 단순하고 간결했지만, 행성의 궤도가 원을 그리며 일정한 속도로 움직인다는 그릇된 가설 때문에 관측자료를 만족스럽게 설명하지 못했다. 흥미롭게도 이 가설은 유클리드 기하학(Euclidian geometry)에서 유래한 것으로 보인다. 코페르니쿠스는 실제로 그리스의 고전적인 사고방식에서 온전히 벗어나지 못했다. 원은 완전한 기하학적 형태이지만, 타원은 왜곡된 형태다. 자연이 왜 왜곡된 기하학적 형태를 사용하겠는가?

앞서 살펴본 대로, 종종 '천동설'로 일컬어지는 옛 천체이론은 중세시대의 신학자들 사이에서 널리 받아들여졌다. 그들은 지구 중심적 관점으로 성경을 읽는 데 익숙했기 때문에 새로운 접근방식을 수용하기가 어려웠다. 코페르니쿠스의 이론을 옹호했던 초기의 책들은 두 가지 문제를 다루어야 했다[예를 들어, 레티쿠스(G. J. Rheticus)의 『성경과 지구의 운행에 관한 논고(Treatise on Holy Scripture and the Motion of the Earth)』는 코페르니쿠스의 이론과 성경의 관계를 솔직하게 다룬 가장 초창기의 책으로 널리 인정받았다].

첫째는 지구와 다른 행성들이 태양 주위를 돈다는 결론을 뒷받침하는 관찰 증거들을 설명하는 것이었고, 둘째는 그런 관점이 성경과 조화를 이룬다는 점을 입증하는 것이었다. 위에서 말한 대로, 관찰 증거는 코페르니쿠스의 이론을 수정한 케플러의 이론을 통해서만 온전하게 설명될 수 있었다. 그러나 이 이론의 신학적 측면은 어떻게 다루어야 할까? 지구 중심적 우주관을 완전히 포기하도록 요구하는 이 이론을 어떻게 받아들여야 할까?

지동설의 출현으로 인해 신학자들은 일부 성경 구절을 해석하는 방식을 재점검할 수밖에 없었다. 기독교의 전통적인 성경 해석방법은 크게 세 가지였는데, 잠시 이 세 가지 방법을 살펴보고, 그것들이 과학과 종교의 대화에 어떤 영향을 미치는지 생각해 보자.

1. 성경 구절을 있는 그대로 해석해야 한다는 문자적(literal) 해석방법이다. 예를 들어, 창세기 1장을 문자적으로 해석하면 창조 사역이 24시간을 하루로 계산해 총 6일 동안 이루어진 셈이 된다.
2. 성경에는 문자적으로 해석하기에 적절하지 않은 방식으로 기록된 본문들이 있다고 강조하는 비문자적, 풍유적(allegorical) 해석방법이다. 중세시대 신학자들은 성경 해석과 관련해 세 가지 비문자적 의미를 인정했다. 르네상스시대에 접어들면서는 문자적 의미와 풍유적 의미만을 구별하는 좀 더 단순한 견해가 출현했다. 흥미롭게도, 창세기의 처음 몇 장은 지구의 기원에 관한 문자적, 역사적 의미가 아닌 시적, 풍유적 의미를 지닌 것으로 이해되었다.

3. '적응(accommodation, 하나님이 인간의 이해력에 맞추어 말씀하셨다는 성경 이해방법—편집자 주)'의 개념에 근거한 해석방법이다. 이것은 성경 해석과 자연과학의 상호작용과 관련해 가장 중요한 성경 해석방법에 해당한다. 이 해석방법은 계시가 문화적, 인류학적으로 조건화된 방식과 형태로 주어졌기 때문에 거기에 맞춰 성경을 적절하게 해석하는 것이 필요하다고 가르친다. 이 방법은 먼저는 유대교 내에서, 나중에는 기독교 내에서 오랫동안 사용된 전통을 지니고 있을 뿐 아니라 특히 교부시대에 상당한 영향력을 발휘했다. 그러나 이 방법은 16세기에 이르러서야 비로소 온전한 발전을 이루었다. 이 해석방법은 창세기의 처음 몇 장이 그 당시 사람들의 문화적 상황에 적합한 언어와 표현을 사용했다고 주장한다. 따라서 이를 문자적으로 해석하면 안 되고, 본래의 독자들의 상황에 구체적으로 적용되거나 '적응된' 형태와 용어로 표현된 핵심 사상을 추출해 오늘날의 독자들에게 맞게 해석해야 한다.

세 번째 해석방법은 16세기와 17세기에 이루어진 신학과 천문학의 관계를 다룬 논쟁에서 특별히 중요한 의미를 지녔다. 저명한 개신교 신학자 존 칼빈(1509–1564)은 두 가지 면에서 자연과학이 올바른 평가를 받아 발전을 이루는 데 긍정적으로 이바지했다. 첫째, 그는 하나님의 지혜를 더욱 깊이 이해하는 방편으로 자연에 관한 과학적 연구를 적극적으로 권장했다. 둘째, 그는 성경의 일부 본문은 (위에서 설명한) 하나님의 '적응'이라는 관점에서 해석해야 한다고 주장했다. 그의 첫 번째 공헌은 창조의 질서를 강조한 것과 구체적으로 관련된다. 물리적인 세계와 인간의 육체는 모두 하나님의 지혜와 성품을 증언한다. 따라서 칼빈은 천문학과 의학 연구를 장려했다. 이 두 학문은 신학보다 자연세계를 더 깊이 탐구할 수 있기 때문에 창조의 질서와 창조주의 지혜를 보여주는 증거를 더 많이 찾아낼 수 있다. 이렇듯 칼빈은 자연에 관한 과학적 탐구를 지지해줄 새로운 종교적 동기를 부여했다.

칼빈의 두 번째 공헌은 자연과학의 발전을 가로막는 큰 걸림돌이었던 성경 문자주의를 제거한 것이었다. 그는 성경은 예수 그리스도에 관한 지식에 일차적으로 관심을 기울인다고 지적했다. 성경은 천문학이나 지리학이나 생물학 교과서가 아니다. 성경을 해석할 때는 하나님이 인간의 마음과 생각이 지닌 능력에 적합하게 '적응해 주신다'는 점을 기억해야 한다. 계시가 주어지려면 하나님이 우리의 수준에 자신을 맞추셔야 한다. 다시 말해, 계시란 하나님이 우리의 한정된 능력에 적합한 방식으로 자신을 낮추어 '적응하시는 것'을 가리킨다. 어머니가 허리를 숙여 아이를 붙잡는 것처럼, 하나님도 우리의 수준에 맞게 자기를 낮추신다. 계시는 신적 겸손의 행위다.

이 두 개념이 17세기 과학의 이론적 발전에 미친 영향은 매우 컸다. 예를 들어, 영국의 저술가 에드워드 라이트(Edward Wright)는 성경은 물리학을 다루지 않으며, "유모가 어린아이들을 대하듯 일반인의 이해와 화법에 적합하게 적응된" 표현방식을 사용한다고 주장함으로써 성경 문자주의를 주장하는 사람들에 맞서 코페르니쿠스의 지동설을 옹호했다. 이 두 가지 논증 모두 칼빈에게서 유래한 것이다. 그런 점에서 그는 자연과학의 발흥에 중요한 공헌을 했다고 평가될 수 있다.

17세기 초, 가톨릭을 믿는 이탈리아에서 지동설을 둘러싸고 새로운 논쟁이 불거졌다. 그 논쟁은 갈릴레오 갈릴레이(1564-1642)의 견해와 관련이 있었다. 그로 인해 가톨릭교회는 결국 갈릴레이를 단죄했다. 지금은 이 사건을 일부 교회 관료들이 저지른 명백한 판단 오류로 간주하고 있다. 갈릴레오 갈릴레이는 태양계에 관한 코페르니쿠스의 이론을 앞장서서 옹호했다. 교황의 총신이었던 조반니 치암폴리가 그를 높이 존중한 덕분에 그의 견해는 처음에는 고위 성직자들 사이에서 공감을 얻었다. 그러나 치암폴리가 권세를 잃자 갈릴레이도 고위 성직자들의 지지를 잃었고, 결국에는 그의 적들이 그를 단죄하는 결과로 이어졌다.

갈릴레이를 둘러싼 논쟁은 과학과 종교, 자유주의와 권위주의의 대결을 뜻하는 의미로 종종 묘사되지만, 실질적인 쟁점은 성경의 정확한 해석과 관련이 있다. 과거에는 역사가들이 이 논쟁과 관련된 신학적(더욱 정확하게는 해석학적) 문제를 다루지 않은 까닭에 논쟁의 핵심을 옳게 파악하기 어려웠다. 아울러 이 특별한 논쟁에 관심을 기울였던 학자들 다수가, 혼란했던 시기에 벌어진 성경 해석에 관한 논쟁의 복잡성을 정확하게 파악하지 못한 과학자들 또는 과학사 연구가들이었다는 것도 다른 이유가 될 수 있다. 분명히 말하지만, 갈릴레이와 그의 비판자들이 벌인 논쟁의 실질적인 쟁점은 특정한 성경 구절을 어떻게 해석해야 하는지에 관한 문제에 있었다. 앞으로 살펴보겠지만, '적응'의 문제가 이 논쟁에서 매우 중요한 비중을 차지했다. 이 문제를 옳게 파악하려면 1615년에 출판된 한 가지 중요한 자료를 살펴보아야 한다. 가르멜수도회(the Carmelite) 수도사 파올로 안토니오 포스카리니(Paolo Antonio Foscarini)는 『피타고라스학파와 코페르니쿠스의 견해에 관한 서신(Letter on the Opinion of the Pythagoreans and Copernicus)』에서 지동설이 성경과 모순되지 않는다고 주장했다. 포스카리니는 자신의 분석을 통해 성경 해석의 새로운 원칙을 제시하지 않았다. 오히려 그는 전통적인 성경 해석의 원칙을 설명하고, 적용했다.

> 성경이 다른 식으로 설명하면 적절하지도 않고 적합해 보이지도 않는 것을 하나님이나 다른 어떤 피조물과 연관시켰을 때는 다음 방법들 가운데 한두 가지를 택해 설명하고 해석해야 한다. 첫째, 그런 경우는 은유나 비교나 유사의 의미일 수 있다. 둘째, 그것은 우리의 생각과 판단과 이해와 지식에 적합한 방식을 따른 것일 수 있다. 셋째, 그것은 일반적인 화법과 통속적인 견해에 적합한 방식을 따른 것일 수 있다.[10]

---

10) Richard J. Blackwell, *Galileo, Bellarmine and the Bible*. Notre Dame, IN: University of Notre Dame Press, 1991, pp. 94-95.

포스카리니가 말한 두 번째와 세 번째 방법은 우리가 앞에서 살펴본 세 번째 성경 해석방법, 즉 '적응'의 개념에 근거한 방법에 해당한다. 지금까지 살펴본 대로 이 성경 해석방법은 기독교시대 초창기부터 활용된 것이기 때문에 논란의 소지가 없다.

포스카리니가 이룬 새로운 혁신은 그가 채택한 성경 해석방법이 아닌 그 방법을 적용한 성경 구절과 관련이 있다. 포스카리니는 그 당시까지 많은 사람이 문자적으로 해석해온 성경 구절들을 적응의 방식으로 해석해야 한다고 주장했다. 다시 말해, 지구는 고정되어 있고 태양이 움직이는 듯 암시하는 성경 구절들에 이 해석방법을 적용했다. 포스카리니는 이렇게 주장했다.

> 성경은 우리의 사고양식과 상황에 적합한 방식으로 우리에게 말한다. 그런 이유로 이 본문들은 우리와 연관된 방식으로 나타나는데, 인간의 보편적이고 통속적인 사고양식을 반영해, 즉 지구는 고정되어 있으며 태양이 그 주위를 도는 것처럼 표현되었다. 이처럼 성경은 보편적이고 통속적인 방식으로 말함으로써 우리를 돕는다. 우리의 관점에서 보면, 지구가 중심에 확고히 자리를 잡고 있고, 태양은 그 주위를 도는 것처럼 보이기 때문이다.[11]

갈릴레이도 코페르니쿠스의 이론을 갈수록 더욱 신뢰했기 때문에 포스카리니와 비슷한 성경 해석방법을 채택했다.

갈릴레이의 비판자들은 그의 주장과 모순되는 성경 구절들이 있다고 주장했다. 예를 들어, 여호수아서 10장 12절을 거론하며 태양이 여호수아의 명령에 멈추어 섰다고 말했다. 이것이 태양이 지구 주위를 돈다는 것을 입증하는 확실한 증거가 아니고 무엇인가? 갈릴레이는 『대공 부인 크리스티나께 드리

---

[11] Richard J. Blackwell, *Galileo, Bellarmine and the Bible*, Notre Dame, IN: University of Notre Dame Press, 1991, p. 95.

는 서신(Letter to the Grand Countess Christina)』에서 그것은 흔한 표현방식일 뿐이라고 논박했다. 여호수아는 복잡한 천체역학 체제를 알지 못했을 것이므로 '적응된' 화법을 사용할 수밖에 없었다는 것이 그의 논지였다.

한편, 성경 해석방법에 관한 문제는 갈릴레이와 그의 비판자들에게만 중요했던 것이 아니다. 이는 개신교 종교 개혁의 결과로 16세기 말에 불거진 중요한 신학적 논쟁 가운데 하나로 크게 부각되었다. 갈릴레이의 성경 해석이 공식적으로 단죄된 배후에 이런 갈등 상황이 놓여 있었다. 그를 단죄했던 근거는 두 가지였다. 첫째, 성경은 "용어의 고유한 의미대로" 해석해야 한다는 것이다. 포스카리니가 채택한 '적응'의 방법은 거부되고, 좀 더 문자적인 방식이 선호되었다. 앞서 강조한 대로, 이 두 가지 방법 모두 합법적인 것으로 인정받아 기독교 신학에서 오랫동안 사용되었다. 논쟁은 문제가 되는 성경 구절을 해석할 때 어떤 방법이 적절한지에 집중되었다.

둘째, 성경은 "교황 성하들과 학식 있는 신학자들의 공통된 이해와 해석방법에 따라" 해석해야 한다는 것이다. 다시 말해 과거의 유력한 인물들 가운데 포스카리니의 해석방법을 채택한 사람이 아무도 없었기 때문에 이를 새로운 것으로 간주해 없애버려야 한다는 주장이었다. 그 결과, 포스카리니와 갈릴레이의 견해는 역사상 전례가 없는 새로운 사상으로 간주되어 거부되고 말았다.

이 가운데 두 번째 요점은 매우 중요하기 때문에 좀 더 자세하게 살펴볼 필요가 있다. 개신교와 가톨릭교회는 17세기를 지나면서 개신교가 혁신인지, 아니면 참된 기독교의 회복인지를 둘러싸고 오랫동안 격한 논쟁을 벌여왔다. 이 논쟁은 30년 전쟁(1618-1648)으로 인해 더욱 뜨겁게 달아올랐다. 가톨릭 전통의 불변성은 가톨릭교회가 개신교를 논박하기 위한 근거로 내세운 핵심 개념이었다. 가장 막강한 가톨릭 변증가 가운데 한 사람이었던 자크베니뉴 보쉬에(Jacques-Bénigne Bossuet, 1627-1704)는 1688년에 이렇게 말했다.

교회의 가르침은 항상 동일하다.…… 복음은 이전과 조금도 다르지 않다. 따라서 누가 언제라도 과거에는 신앙에 속하지 않았던 것이 신앙에 포함된다고 주장한다면, 그것은 항상 정통주의와는 다른 교리를 전하는 이단일 수밖에 없다. 거짓 교리는 어렵지 않게 알 수 있기 때문에 굳이 그것에 대해 왈가왈부할 필요가 없다. 거짓 교리는 새로운 것이기 때문에 언제든 모습을 드러내면 즉각 알아차릴 수 있다.[12]

이와 동일한 논리가 17세기 초에 널리 이용되었고, 포스카리니에 대한 공식적인 비판을 통해 구체적으로 분명하게 나타났다. 그가 제시한 해석방법은 전례가 없다는 이유 하나만으로 그릇된 방법으로 간주되었다.

이처럼 성경 해석에 관한 비판적인 논쟁은 매우 복잡한 배경을 지닌다. 당시 신학적 논쟁이 심각하게 한쪽으로 치우친 이유는, 팽팽한 대립과 정치적 계산이 깔린 분위기 속에서 혹시나 새로운 접근방식을 용인하면 간접적으로나마 개신교의 합법성을 인정하게 될지도 모른다는 우려 때문이었다. 중요한 문제에 관한 가톨릭교회의 가르침이 어느 하나라도 '변경된다면' 개신교의 핵심적인 가르침, 곧 가톨릭교회가 그때까지 '새로운 것'으로 간주해 거부했던 가르침을 정통교리로 인정하라는 요구가 봇물처럼 터져 나올 가능성이 컸다.

따라서 갈릴레이의 견해는 저항에 부딪힐 수밖에 없었다. 그는 신학적인 혁신을 몰고 올 것처럼 보였다. 특정한 성경 구절에 관한 갈릴레이의 해석을 타당한 것으로 용인할 경우, 개신교에 대한 가톨릭의 핵심적인 비판, 즉 개신교는 특정한 성경 구절에 새로운 해석방법을 적용했기 때문에 오류일 수밖에 없다는 비판이 성립되기 어려웠다. 안타깝게도, 갈릴레이의 견해가 거부되는 것은 시간문제일 뿐이었다. 이 간단한 분석을 통해 갈릴레이 논쟁의 배후에는

---

12) Owen Chadwick, *From Bossuet to Newman: The Idea of Doctrinal Development*. Cambridge: Cambridge University Press, 1957, p. 20.

성경 해석과 교리적 전통을 둘러싸고 개신교와 가톨릭교회 사이에서 벌어진 복잡한 갈등이 놓여 있었음을 분명하게 알 수 있다. 갈릴레이는 논쟁의 십자포화와 암류에 걸려드는 불운을 겪어야 했다.

이번 단락에서는 지구가 우주의 중심이 아니라는 자각이 싹트면서 과학과 신학의 사상에 어떤 영향을 미쳤는지 살펴보았다. 다음 단락에서는 우주가 광대하고 복잡하고 규칙적인 기계와 같다는 새로운 인식이 과학적으로나 종교적으로 어떤 의미를 지니는지 살펴보려 한다. 이제 아이작 뉴턴의 업적과 기계론적 세계관(mechanistic worldview)에 대해 잠시 생각해 보자.

뉴턴: 기계론적 우주관과 이신론

학자들은 종종 17세기에 서구 유럽을 휩쓴 '과학혁명'에 대해 이야기하지만, 그것이 언제 시작했는지는 정확히 말하기 어렵다. 앞 단락에서 살펴본 대로, 코페르니쿠스와 갈릴레이의 연구에서 기원했다고 주장하는 사람들도 있고, 그보다 훨씬 더 일찍 시작했다면서 중세 대학들의 사고 경향이나 르네상스의 새로운 학문적 태도를 가리키는 사람들도 있다.

어떤 사람들은 철학의 근본적인 변화가 과학혁명을 뒷받침했다고 말하기도 한다. 프랜시스 베이컨(Francis Bacon, 1561-1626)은 지식이 세상에 대한 경험으로부터 시작한다고 주장했다. 과학지식은 현상에 관한 관찰에서부터 시작하고, 그다음에는 관찰결과를 설명하는 일반원리를 도출하려는 시도가 이루어진다. 당시 새롭게 등장한 자연철학에는, 이론은 '현상을 보존'해야 한다는 아리스토텔레스의 가르침이 내재되어 있었다. 그러나 아이작 뉴턴(1642-1727)이 과학혁명을 공고히 하는 데 중추적인 역할을 했다는 것이 공통된 의견이다. 이번 단락에서는 그의 업적 가운데 몇 가지와 그것들에 함축된 종교적 의미를 살펴볼 생각이다.

앞에서 말한 대로, 지동설의 출현으로 천체 기하학의 문제 가운데 일부가 명확하게 밝혀졌지만, 천체역학과 관련된 문제는 아직 해결되지 않았다. 케플러는 행성의 공전주기의 제곱이 행성과 태양의 평균 거리의 세제곱에 정비례한다는 법칙을 확립했다. 그러나 이 법칙의 근거는 무엇인가? 더 깊은 의미가 함축되어 있지는 않을까? 지구와 달과 행성들의 운행을 좀 더 근본적인 원리를 근거로 설명할 수 있지는 않을까? 뉴턴의 천재성은, 지구상 물체운동을 지배하는 원리에 기초해 케플러의 행성운동 법칙을 설명할 수 있다고 입증한 것이다. 태양계의 천체역학에 관한 뉴턴의 탐구는 영국 시인 알렉산더 포프(Alexander Pope, 1688-1744)가 다음과 같은 시를 써서 기릴 정도로 인상적이었다.

자연과 자연법칙이 어둠 속에 숨어 있었네.
하나님이 '뉴턴이 있으라' 말씀하시니 모두 환하게 드러났네.
(창 1:3 참조-역주)

뉴턴은 종교적 신념에 맞서 합리성과 우주적 질서를 옹호했던 사람, 곧 여전히 미신에 휩싸여 있던 사회의 한복판에서 과학적 정설의 횃불을 쳐든 사람으로 묘사된다. 그러나 실제 사정은 그보다는 좀 더 복잡했다. 20세기에 접어들어 비로소 발견된 자료들을 살펴보면, 그가 거의 병적인 외로움에 시달리며 정신착란에 가까운 증세를 보였고, 연금술에 심취했으며, 이단사상에 매료되기도 했던 것을 알 수 있다. 뉴턴은 자신의 발견을 통해 근대 세계의 시작을 알렸지만, 정작 그 자신은 옛 세계에 속해 있었다. 그러나 그는 그런 많은 약점에도 불구하고 과학은 물론, 종교와 관련해서도 역사상 가장 중요한 인물 가운데 하나로 인정된다.

뉴턴이 행성의 운동법칙을 입증한 방법을 설명하자면, 먼저 지구상의 물체운동을 관장하는 기본법칙을 확립한 후 그와 동일한 법칙을 행성들의 운행에 적용한 것으로 보면 된다. 뉴턴이 사과가 땅에 떨어지는 것을 보았다는 유명한 일화를 생각해 보라. 뉴턴은 사과를 땅에 떨어뜨린 그 힘이 태양과 행성들 사이에서도 똑같이 작용하고 있을 것이라 추론했다. 지구와 사과 사이에서 작용하는 중력이 태양과 행성 또는 지구와 달 사이에서도 똑같이 작용한다고 말이다.

뉴턴은 처음에는 지구상의 물체운동을 관장하는 법칙들을 발견하는 데 집중했고, 그 결과 세 가지 운동법칙을 발견했다.

1. 모든 물체는 외부에서 힘이 가해지지 않는 한 자신의 운동 상태를 계속해서 유지하려고 한다.
2. 힘의 크기는 물체의 질량과 가속도를 곱한 것이다.
3. 모든 행위에는 그와 반대되는 똑같은 힘의 반작용이 뒤따른다.

이 세 가지 운동법칙을 통해 지구에서 일어나는 운동과 관련된 일반원리들이 확립되었다. 뉴턴이 이룬 혁신은 이 법칙들을 물체역학은 물론, 천체역학에도 똑같이 적용할 수 있다는 깨달음에 있다. 그는 1666년에 행성이론에 관한 연구를 시작했고, 자신의 운동법칙을 출발점으로 삼아 행성운동에 관한 케플러의 세 가지 법칙을 다루었다. 만일 행성과 태양 사이에 힘이 존재하고 그것이 태양을 향한다면 케플러의 제2법칙을 입증하기가 그렇게 어렵지 않았다. 또한, 행성과 태양 사이에 존재하는 힘이 그 둘의 거리의 제곱에 반비례한다면 제1법칙도 설명이 가능했다. 이 힘은 나중에 '만유인력의 법칙'으로 명명된 원리에 근거해 수학적으로 계산할 수 있었다.

질량이 각각 m과 m'인 두 개의 물체 P와 P'은 F라는 힘으로 서로를 끌어당긴다.

그 공식은 다음과 같다.

$F = Gmm'/d^2$

d는 두 물체 간의 거리를, G는 중력상수를 각각 나타낸다.
(뉴턴은 케플러의 법칙들을 설명하기 위해 G의 정확한 값을 밝혀낼 필요는 없었다.)

뉴턴은 지구 주위를 도는 달의 궤도에 운동법칙을 적용했다. 그는 사과를 땅에 떨어뜨린 힘이 달이 궤도를 유지하며 지구 주위를 돌게 하며, 그 힘이 달과 지구의 거리의 제곱에 반비례한다는 가설을 근거로, 달이 궤도를 도는 시간을 계산할 수 있었다. 그 계산은 대략 10퍼센트의 오차가 있는 것으로 드러났다. 그런 오차가 발생한 이유는 지구와 달의 거리를 잘못 산정했기 때문이다. 뉴턴은 당시에 일반적으로 통용되던 추정값을 사용했다. 1672년에 프랑스 천문학자 장 피카르(Jean Picard)가 좀 더 정확한 값을 사용하자 이론과 관찰 결과가 일치하는 것으로 드러났다.

뉴턴의 이론은 질량, 공간, 시간이라는 기본개념에 근거했다. 이 개념들은 측정과 분석이 가능할 뿐 아니라 수학적으로 표시할 수 있다. 지금은 뉴턴이 강조했던 질량보다 운동량(질량과 속도의 결과물)에 대한 관심이 더 크지만, 이 기본개념들은 여전히 고전 물리학에서 중요한 비중을 차지한다. 뉴턴은 이 세 가지 기본개념을 토대로 가속도와 힘과 운동량과 속도의 개념을 정확하게 발전시킬 수 있었다.

뉴턴이 언제, 어떤 식으로 그런 결론에 도달했는지를 역사적으로 정확하게 분석해서 상세하게 설명하기에는 이 지면이 부족하다. 중요한 사실은 뉴턴이 방대한 관측자료를 일련의 보편적인 원리에 근거해 설명할 수 있었다는 것이다. 뉴턴이 물체역학과 천체역학을 설명하는 데 성공을 거두자 우주를 일정한 법칙에 따라 움직이는 거대한 기계로 생각할 수 있다는 개념이 신속하게 발전했다. 이 개념이 종종 '기계론적 세계관'으로 일컬어지는 이유는 자연이 일정한 법칙에 따라 움직이는 기계라는 가설에 근거해 자연의 작동방식을 설명하기 때문이다.

이 개념의 종교적 함의는 분명하다. 세상이 기계라는 개념은 곧바로 '설계'라는 개념을 떠올리게 했다. 뉴턴 자신도 그런 해석을 지지했다. 후대 저술가들은 기계론적 세계관이 우주가 독립적으로 스스로를 유지해 나간다는 의미를 내포하기 때문에 신의 존재를 필요로 하지 않는다고 지적했지만, 1690년대에는 그런 견해가 널리 통용되지 않았다. 뉴턴의 이론을 활용한 가장 대표적인 사례를 꼽는다면, 자연세계의 복잡성을 시계 설계에 빗댄 윌리엄 페일리(William Paley, 1743-1805)의 글일 것이다. 자연세계와 시계 모두 목적과 설계의 개념을 내포하고 있기에 창조자의 존재를 암시한다. 이처럼, 뉴턴의 연구는 처음에는 하나님의 존재를 확증하는 확실한 증거로 인식되었다.

뉴턴이 세계의 규칙성을 강조함으로써 하나님을 묘사하고 이해하는 방식이 크게 발전하는 길이 열렸다. 전통적으로 기독교 신학과 도상학(iconography)은 성경의 묘사를 따라 하나님을 왕이나 목자로 표현했다. 그러나 17세기 과학혁명은 많은 사람의 상상력을 사로잡아 하나님에 대한 새로운 이미지를 떠올리게 했고, 그로 인해 하나님이 시계공으로 묘사되기 시작했다. 특히 천체라는 기계와 유사하기로 지목된 시계가 있었는데, 바로 슈트라스부르 대성당의 시계였다. 1574년에 복원된 이 시계는 시간에 관한 정보, 행성들의 위치, 달의 위상을 비롯해 여러 가지 천문학적 정보를 일련의 지침반과 다양한 시각적 효과를 이용해 구체적으로 나타냈다.

그러나 오래지 않아 천체역학과 종교는 서로 충돌을 일으키기 시작했다. 천체역학은, 만물을 통치하고 유지하시는 하나님 없이 스스로 작동해 나가는 기계와 같은 세계를 제시하는 듯했다. 하나님을 '시계공'에 빗댄 것도 하나님의 역할을 완전히 배제한 채 우주를 순전히 자연적인 관점에서 이해하려는 시도로 간주되기에 이르렀다. 그 결과, 대개 '이신론'으로 불리는 중요한 종교운동이 일어나는 분위기가 마련되었다.

대다수 학자들은 뉴턴이 강조한 자연의 규칙성이 이신론의 발흥을 촉진한 요인 중 하나라고 본다. '신'을 뜻하는 라틴어 '데우스(deus)'에서 유래한 '이신론(deism)'이라는 용어는 하나님을 창조주로는 인정하지만, 그분이 피조세계에 계속해서 관여하거나 특별히 임재하신다는 것을 부인하는 견해를 가리킨다. 이 견해는 하나님이 세상의 일에 계속해서 개입하신다고 주장하는 '유신론(theism)'과 대조된다[이 용어는 '신'을 뜻하는 헬라어 '데오스(theos)'에서 유래했다].

'이신론'이라는 용어는 이른바 '이성의 시대'로 불리는 17세기 말과 18세기 초에 활동했던 영국 사상가들을 가리키는 의미로 종종 사용된다. 존 릴런드(John Leland)는 『주요 이신론 저술가들(The Principal Deistic Writers, 1757)』이라는 책에서 처베리의 허버트 남작(Lord Herbert of Cherbury), 토머스 홉스(Thomas Hobbes), 데이비드 흄(David Hume)과 같은 다수의 저술가들에게 '이신론자'라는 새로운 용어를 적용했다. 그러나 이들이 자신을 그렇게 인정했는지는 불확실하다. 그들의 종교적 견해를 자세히 살펴보면, 계시의 필요성과 같은 몇 가지 전통적인 기독교의 개념들을 회의적인 시각으로 보았다는 것을 제외하고는 서로 공통점이 거의 없다. 아무튼, 뉴턴의 세계관은 자연법칙에 의해 지배되는 질서정연한 세계를 창조하신 하나님의 지혜에 초점을 맞추게 했다. 그리고 이신론자들은 여기서 그들의 견해를 옹호하고 발전시켜 나갈 고도로 정교한 방법을 발견했다.

현대 학자들은 이신론을 체계적인 지성 운동으로 간주할 수 있는지에 대해 의미 있는 질문들을 제기한다. 그것이 자연질서의 규칙성을 강조함으로써 하나님이 세상의 창조주이시라는 점만을 부각시킨 미약한 형태의 기독교라는 점은 분명해 보인다. 존 로크(John Locke)는 『인간 오성론(Essay Concerning Human Understanding, 1690)』에서 신에 대한 개념을 발전시켰는데, 이는 상당한 시간이 지나 이신론의 특징이 되었다. 그는 "이성은, 가장 강력하고 가장 뛰어난 지식을 지닌 영원한 존재가 존재한다는 이 확실하고 명백한 진리를 우리에게 일깨워 준다."라고 말했다. 이런 존재의 속성은 인간의 이성이 신의 속성으로 적합하다고 인식할 만하다. 로크는 어떠한 도덕적, 이성적 속성이 신에게 적합할지 살펴본 후 "우리는 이 모든 속성에 무한의 개념을 적용해 크게 확장하고 합체해서 신이라는 복합 개념을 만들었다."라고 주장했다. 간단히 말해, 신이라는 개념은 인간의 합리적이고 도덕적인 속성들을 무한으로 투사시켜 만든 것이라는 뜻이다. 그러나 이신론을 비판하는 사람들은 이신론이 하나님을 한갓 시계공으로 축소했다고 지적했다. 시계공과 같은 하나님은 세상을 시계 태엽 감듯이 감아놓고, 아무 관여도 하지 않은 채 저절로 작동하도록 놔둔다. 하나님이 일정한 법칙에 따라 움직이는 규칙적인 우주를 만들었기 때문에 그것을 작동하는 데는 특별한 신적 행위가 전혀 필요하지 않다.

여기서 우리는 기계론적 세계관의 발흥이 어떻게 종교적 함의를 지닌 과학적 발흥으로 간주하게 되는지 살펴보려 한다. 뉴턴의 기계론적 우주관은 특별한 방식으로 신에 관해 생각하도록 유도했을 뿐 아니라, 더욱 중요하게는 특정한 종교적 신앙을 갖거나 성경과 같은 경전을 공부하지 않아도 신을 얼마든지 알고 연구할 수 있다는 의미를 지닌다. 즉 우주의 규칙적인 체계를 토대로 그것을 창조한 존재의 지혜를 밝혀내는 자연 종교의 발전이 가능해진 것이다.

이런 식의 논증이 매튜 틴들(Matthew Tindal)의 『창조만큼 오래된 기독교(Christianity as Old as Creation, 1730)』에서 발견된다. 그는 기독교가 "자연 종교의 번안물"에 지나지 않는다고 주장했다. 하나님은 정의, 합리성, 지혜와 같은 인간의 공인된 개념들을 확대한 것에 불과하다. 이런 보편 종교는 시대나 장소와 상관없이 항상 유효하지만, 기독교는 그리스도 이전에 살았던 사람들이 접근할 수 없는 신적 계시라는 개념에 의존한다.

영국의 이신론 사상은 볼테르(Voltaire)의 『철학 편지(Philosophical Letters)』와 같이 개인적으로 이신론을 잘 알고 그것에 공감하는 사람들의 저서를 통해 유럽(특히 독일)으로 퍼져나갔다. 계몽주의 합리론은 영국 이신론의 꽃봉오리가 마침내 활짝 핀 단계로 종종 간주된다. 그러나 우리의 목적은 뉴턴의 세계관과 이신론의 명백한 상호 관계를 살피는 데 있다. 앞서 말한 대로, 이신론은 뉴턴의 기계론적 세계관이 우세를 점하면서 차츰 지성적인 인정을 받기에 이르렀다.

세계의 역학에서 하나님이 배제되었지만, 생물학적 영역에서는 여전히 신적 설계와 활동의 징후가 발견된다고 주장하는 사람들도 많았다. 그것이 곧 신적 설계의 증거가 아니겠는가? 그런 주장을 펼친 가장 영향력 있는 사람 가운데 하나는 존 레이(John Ray, 1627-1705)다. 그는 『창조의 작품들을 통해 드러난 하나님의 지혜(Wisdom of God Manifested in the Works of Creation, 1691)』에서 식물과 동물을 비롯해 창조질서의 규칙성과 아름다움이 창조주의 지혜를 보여준다고 주장했다. 여기에서 꼭 말해두고 싶은 것은 레이가 고정적인(static) 창조관을 가졌다는 것이다. 그는 "창조의 작품들"이라는 문구를 "하나님이 처음에 창조하셨으며, 또 그것들이 처음에 창조된 상태와 조건 그대로 오늘날까지 보존하신 작품들"이라는 의미로 사용했다.

특히 생물학적 측면에서 하나님이 자연세계의 설계자이자 창조주이시라는 개념을 활용한 가장 유명한 인물은 칼라일의 부제장 윌리엄 페일리였다. 그는 하나님을 산업혁명 시기의 기계 발명가에 비유했다. 하나님은 세상의 복잡한 체계를 직접 창조하셨다. 페일리는 하나님이 세상을 지금과 같은 완성된 형태로 건설하셨다는 당시의 견해를 받아들였다(페일리 자신은 '설계했다'라는 표현을 더 좋아했다). 시계를 미완성인 채로 놓아두는 시계공은 없다. 그것은 시계의 목적에 부합하지 않는다. 페일리는 현 세상의 물리적, 생물학적 체계가 창조주의 지혜를 보여주는 확실한 증거라고 주장했다. 페일리의 『자연신학, 또는 자연의 세계에서 수집한 신의 존재와 속성들을 나타내는 증거들(Natural Theology; or Evidences *of the Existence and Attributes of the Deity, Collected from the Appearances of Nature*, 1802)』은 19세기 초반에 영국의 대중적인 종교사상에 깊은 영향을 미쳤다. 다윈도 그 책을 읽은 것으로 알려져 있다. 페일리는 뉴턴이 발견한 자연의 규칙성에 깊은 감명을 받았다. 이는 우주를 이해할 수 있는 규칙적인 원리에 따라 작동하는 복잡한 기계로 간주하게 했다. 자연은 '설계된' 것, 곧 확실한 목적을 갖고 건설되었다고 생각될 만한 일련의 생물학적 구조로 이루어졌다.

페일리는 "황야에 놓인 시계"라는 유명한 비유를 들어 설계라는 개념에는 설계자와 제작자가 전제된다고 강조했다. "시계에 존재하는 설계의 흔적과 그 드러난 의도가 자연의 작품에도 똑같이 존재한다." 페일리는 단지 차이가 있다면 자연이 시계보다 훨씬 더 큰 규모로 설계의 흔적을 드러내는 것뿐이라고 주장했다(페일리의 견해는 나중에 좀 더 자세히 살펴볼 생각이다). 그는 극도로 복잡한 구조를 지닌 자연의 기계적인 체계(인간의 안구나 심장과 같은)를 묘사하는 능력이 매우 탁월했다. 그러나 그의 논증도 존 레이처럼 고정적인 세계관을 의존했기 때문에 다윈주의의 핵심을 구성하는 역학적 세계관에 대응하기 어려웠다.

이제 19세기 다윈주의 논쟁을 다룰 때가 된 듯하다. 이 논쟁은 전통적인 종교 신념들에 심원한 영향을 미친 새로운 과학적 논쟁의 장을 열었다.

다윈과 인류의 생물학적 기원

다윈의 『종의 기원(1859)』이 출판된 일은 19세기 과학의 획기적인 사건이었다. 1831년 12월 27일, 왕립 해군함 '비글(Beagle)호'는 영국 남쪽에 있는 플리머스 항구를 떠나 거의 5년에 걸친 항해를 시작했다. 비글호의 임무는 남아메리카의 남쪽 해안을 탐사한 후 세계를 일주하는 것이었다. 그 작은 배에는 찰스 다윈(1809-1882)이라는 박물학자가 타고 있었다. 다윈은 긴 항해 기간에 남아메리카, 특히 갈라파고스제도와 티에라델푸에고에 서식하는 동식물의 생태를 관찰했다. 그는 관찰결과를 설명해야 했지만, 기존의 이론들로는 만족스러운 설명을 하기가 어려웠다. 그는 『종의 기원』의 서두에서 자신이 해결하기로 결심한 수수께끼를 언급했다.

> 박물학자로서 비글호에 탑승한 나는 남아메리카에 서식하는 생물체들의 분포와 그 대륙에 서식하는 과거와 현재의 동물들의 지질학적 관계를 통해 발견된 사실들에 큰 감명을 받았다. 가장 위대한 철학자 가운데 한 사람이 일컬은 대로, 이 책의 뒤에서 다루게 될 이런 사실들은 신비 중의 신비인 종의 기원을 밝혀줄 실마리를 제공하는 것처럼 보였다.[13]

19세기 초 종교계와 학계에서 가장 폭넓은 지지를 받은 종의 기원에 관한 가장 대중적인 설명 가운데 하나는 하나님이 만물을 지금의 모습대로 창조하셨다는 것이다. 이 견해가 지지를 받았던 이유는 앞 단락에서 살펴본 윌리엄 페일리의 영향 때문이었다. 하나님은 인간의 안구와 같이 굉장히 복잡한 구조를 설계하고 만든 신성한 시계공으로 간주되었다.

다윈도 페일리의 견해를 알고 있었고, 처음에는 그것을 설득력 있게 받아들였다. 그러나 비글호를 타고 관찰한 결과, 몇 가지 의구심이 생겨났다. 다윈은 집에 돌아오자마자 자신과 다른 사람들이 관찰한 것들을 좀 더 만족스럽게 설명할 방법을 찾기 시작했다. 1842년경 다윈은 이미 자연선택을 통한 진화의 기본개념을 발견한 듯하지만 아직 발표할 단계가 아니었다. 그런 혁신적인 이론을 발표하려면 그것을 뒷받침할 광범위한 관찰 증거가 필요했다.

다윈은 기존의 설명이 지닌 문제점과 결함을 극복하려면 특별히 자연세계의 네 가지 특징을 면밀하게 살펴볼 필요가 있다고 생각했다.

---

13) Charles Darwin, *On the Origin of the Species by Means of Natural Selection*, London: John Murray, 1859, p. 1.

1. 어떤 생물체의 형태는 그 자체의 구체적인 필요에 적합하게 적응하는 듯 보였다. 페일리의 이론은 하나님이 피조물의 필요를 염두에 두고 개별적으로 설계하셨다고 주장했다. 다윈은 그런 설명이 차츰 엉성하게 느껴졌다.
2. 어떤 종들은 완전히 자취를 감춰 멸종한 것으로 알려졌다. 이는 다윈 이전에도 이미 알려진 사실이었고, 성경의 노아 이야기에 나오는 '세계적인 대홍수'와 같은 '재난설'에 근거해 설명되었다.
3. 비글호를 타고 항해하며 연구한 결과, 다윈은 생물체의 형태가 세계 전역에 지리적으로 고르지 않게 분포되어 있다는 확신을 얻었다. 다윈은 특히 섬에 서식하는 개체군의 특색에 깊은 인상을 받았다.
4. 뚜렷하거나 명백한 기능이 없는 (때로 '흔적 기관'으로 불리기도 하는) '퇴화 기관'을 소유한 생물체들이 많다. 예를 들면, 포유동물 수컷의 젖꼭지, 뱀의 퇴화된 골반과 뒷다리 흔적, 날지 못하는 새들의 날개가 대표적인 사례다. 종들의 개별적 설계의 중요성을 강조하는 페일리의 이론으로 어떻게 이런 것들을 설명할 수 있을까? 하나님이 불필요한 것들을 설계하신 이유가 무엇일까?

물론 페일리의 이론으로도 자연세계의 이런 측면들을 모두 설명할 수 있었다. 그러나 어설프고 부자연스러워 보였다. 모순과 난점이 누적되면서, 본래는 비교적 적절하고 간결해 보였던 이론이 무너지기 시작했다. 더 나은 설명이 필요했다. 다윈은 생물학적 진화를 뒷받침하는 풍부한 증거를 제시했고, '자연선택'이라는 효과적인 이론을 제안했다.

자연선택이라는 다윈의 혁신적인 이론은 종의 기원에 관한 오랜 탐구과정에서 비롯된 결정체였다. 다윈의 이론을 가능하게 한 연구서 가운데 특별히 주의를 기울여야 할 책은 찰스 라이엘(Charles Lyell)의 『지질학 원리(*Principles of Geology*, 1830)』다. 지구의 역사는 창조 이후부터 일련의 대격변을 거쳐 왔다는 것이 당시에 널리 인정받은 대중적인 견해였다. 라이엘은 자연세계 안에서 활동하고 있는 힘이 과거에서부터 지금까지 장구한 세월을 거치면서 똑같이 활동해 왔다는 '동일과정설[uniformitarianism, 이 용어는 제임스 허턴(James Hutton)이 1795년에 만들었다]'을 주장했다. 다윈의 진화론도 그와 비슷하게 지금 새로운 종의 동물이나 식물의 발달을 주관하는 힘이 과거로부터 매우 오랜 세월 계속 작용해 왔다는 가설에 근거한다.

다윈의 이론에 맞서는 가장 중요한 경쟁이론의 주창자는 '린나이우스(Linnaeus)'라는 라틴어 이름으로 더 잘 알려진 18세기의 스웨덴 식물학자 칼 폰 린네(Carl von Linné, 1707-1778)다. 그는 '종의 영속성(fixity of species)'을 주장했다. 다시 말해, 자연세계에서 지금 관찰할 수 있는 종들은 모두 과거에도 똑같았고, 앞으로도 똑같으리라는 것이다. 종을 상세하게 분류한 린나이우스의 이론을 접한 독자들은 자연이 처음부터 지금의 형태로 고정되어 있었다는 인상을 받지 않을 수 없었다. 이 이론은 창세기의 창조기사에 관한 전통적이고 대중적인 이해와 잘 맞아떨어졌을 뿐 아니라, 오늘날의 식물계는 본래 창조된 형태와 비슷하다고 주장했다. 개개의 종은 하나님을 통해 제각기 독특하게 창조되었고, 불변하는 속성을 부여받았다.

조르주 뷔퐁(Georges Buffon)과 다른 사람들이 지적한 대로, 이 이론의 가장 큰 난제는 멸종한 종들이 존재했었다는 화석상의 증거였다. 다시 말해, 지금 지구상에서 확인할 수 없는 동식물의 잔존물이 보존된 화석들이 발견된 것이다. 이런 사실은 종의 영속성이라는 가설과 모순되지 않는가? 만일 과거의 종이 사라졌다면 그것을 대신할 새로운 종이 나타나야 하지 않을까? 종들의 불규칙한 지리학적 분포와 같은 다른 문제들도 '특수 창조설(the theory of special creation)'을 어렵게 만들었다.

다윈은 『종의 기원』에서 종의 진화가 이루어진 방식을 설명하는 데 가장 적합한 이론 체계는 '자연선택'이라고 말하며, 그 이유와 그것을 이해하는 방법을 신중하게 설명했다. 그는 자연 안에서 '자연선택'의 과정을 식별할 수 있다고 주장했는데, 이는 마치 가축 사육자들이 사용하는 '인위선택'의 과정과 비슷했다. 『종의 기원』의 첫 장은 농업인들이 가정용 동식물을 사육하거나 재배하는 방식에서 비롯된 '개량적 변이'를 다루었다. 다윈은 농업인들이 선택적 재배나 사육을 통해 바람직한 특성을 띤 동물이나 식물을 길러내는 방식에 주목했다. 그런 번식과정을 통해 대를 거치면서 변이가 일어나고, 품종 개량가들은 이를 이용해 특별한 가치가 있다고 보이는 유전적 형질을 만들어낸다. '자연선택'은 '인위선택', 즉 '개량적 선택'과 비슷한 과정이 일어난다는 주장이다. 이처럼 '개량적 변이'가 '자연적 변이'의 유사 형태로 제시되었다.

다윈의 자연선택설은 '진보'나 '목적'이라는 개념 없이도 자연의 '지향성'을 논할 수 있다고 암시한다. 그러나 '자연선택'이라는 표현이 논란을 불러왔다. 다윈의 일부 비판자들이 보기에는 이 표현이 자연 스스로가 어떤 진화적 결과를 능동적으로나 의도적으로 원하고 결정할 수 있다는 의미를 내포한 듯 보였다. 물론, 그는 그런 의도가 없었다. 그는 단지 '인위선택'과 비슷한 과정이 자연에서도 일어나고 있는 듯하다고 말하려 했을 뿐이다. 다윈은 철저히 박물학자로서 진화과정을 제시했을 뿐, 자연이 결과를 스스로 선택한다고 말하지 않았다. 사실 다윈의 이론이 갖는 가장 중요한 함의 한 가지는, 자연 안에 의도나 목적이 담겨 있다는 개념을 어떤 형태로든 유지하기가 매우 어렵다는 것이다. 토머스 헉슬리는 자연선택이라는 다윈의 이론이 (목적론의 개념 자체는 아니더라도 최소한) 전통적인 목적론의 개념만큼은 위태롭게 만든다고 강조했다.

따지고 보면, 다윈의 이론에는 약점과 미진한 부분이 많았다. 예를 들어, 그의 이론에 따르면 종의 분화가 일어나야 했지만 당시에는 그것을 입증할 증거가 거의 없었다. 다윈 자신도 『종의 기원』의 많은 부분을 자신의 이론이 안고 있는 난제들을 열거하는 데 할애했다. 그는 특히 "지질학적 기록이 불완전한" 까닭에 중간종(intermediate species)의 존재에 관해 거의 아무것도 알 수가 없고, 안구와 같이 특별한 개별 장기가 "고도로 완전하고 복잡한" 기능을 갖추게 된 이유를 짐작하기 어렵다고 말했다. 그렇지만 그는 자신의 접근방법이 분명히 더 나은 설명을 제시하기 때문에 그런 난제들쯤은 충분히 용납될 수 있다고 확신했다. 다윈은 비록 해결해야 할 모든 문제를 적절하게 처리하지 못했지만, 자신의 이론이 이용할 수 있는 설명 가운데 가장 낫다고 자신했다.

> 독자들은 많은 난제를 떠올렸을 것이다. 그 가운데는 나도 너무 어려워 지금까지 종잡기조차 어려운 것들도 있다. 그러나 내가 판단할 때는 명백한 사실들이 더 많다. 그런 사실들 가운데 내 이론에 결정적인 타격을 줄 만한 것은 아무것도 없다.[14]

『종의 기원』과 『인간의 유래』에 제시된 다윈의 이론들은 인류를 포함한 모든 종이 길고 복잡한 생물학적 진화의 결과물이라고 주장한다. 여기에 함축된 종교적 의미는 분명하다. 전통적인 기독교 사상에 따르면, 인간은 '하나님의 형상'을 부여받은 유일한 피조물로서 다른 모든 피조물과 구별되는 창조 사역의 절정에 해당한다. 그와 대조적으로 다윈의 이론은 인간의 본성이 오랜 시간에 걸쳐 서서히 형성되었을 뿐 아니라, 기원과 발달의 관점에서 본다면 인간과 다른 동물 사이에 근본적인 생물학적 차이가 존재하지 않는다고 암시한다.

그렇다면 다윈의 이론은 어떤 종교적인 쟁점들을 제기했을까? 위에서 언급한 역사적인 설명을 통해 분명히 알 수 있듯이, 종의 기원에 관한 다윈의 이론은 생물학적 질서가 고정적이라는 견해에 심각한 의문을 제기했다. 앞 단락에서 살펴본 대로, 이 고정적인 세계관은 생물학적 영역의 복잡성을 근거로 하나님의 존재를 입증하려 했던 페일리의 논증을 뒷받침하는 토대였다. 최근에 페일리를 비판한 비평가들 가운데 가장 유명한 사람은 옥스퍼드대 동물학자

---

14) Charles Darwin, *On the Origin of the Species by Means of Natural Selection*. London: John Murray, 1859, p. 171.

인 리처드 도킨스다. 그는 하나님이 세상을 창조했다거나 설계했다는 개념이 다윈의 이론을 통해 제거되었으며, 자연선택이라는 눈먼 힘으로 모든 것을 설명할 수 있다고 주장했다. 도킨스는 『눈먼 시계공(Blind Watchmaker, 1987)』에서 페일리의 견해는 무너졌으며, 다윈의 이론, 특히 신다윈주의의 종합을 통해 수정된 다윈의 견해가 더 우월한 설명을 제시한다고 잘라 말했다. 그는 고정적인 세계관에 근거한 페일리의 이론이 다윈의 이론에 의해 폐기되었다고 주장했다.

도킨스는 능수능란한 언변으로 페일리의 업적을 너그럽게 평가하면서, 그가 "생명이라는 기계의 부품들을 해부해 경건한 태도로 아름답게 묘사한 것"에 감사했다. 그는 페일리를 그토록 강하게 매료시켜 깊은 감명을 준 생물학적 "시계"에 대한 경이감을 조금도 경시하지 않으면서 페일리가 "열정적인 순수함"과 "당시에 가장 탁월했던 생물학적 지식을 토대로" 하나님의 존재를 입증하려고 했지만, 실제로는 "할 말을 잃게 만드는 완전한 오류"였다고 주장했다. "자연 속에 존재하는 시계공은 물리적 현상이라는 눈먼 힘뿐이다."[15] 도킨스는 페일리를 그 시대의 전형적인 인물로 생각했다. 그가 다윈 이전의 역사적 상황 속에서 살았다는 점을 고려하면 그의 이론을 충분히 이해할 수 있지만, 지금은 그런 이론에 동의할 사람이 아무도 없다고 말했다. 페일리는 시대에 뒤떨어졌다.

다윈주의의 발흥으로 제기된 가장 분명한 종교적 쟁점 가운데 하나는 바로 100년이 넘도록 영국 학자들과 일반인들의 종교사상에서 큰 역할을 했던 하나님의 존재에 관한 논증이 훼손된 것이다. 물론 그 논증을 좀 더 적절한 형태로 다시 진술하는 것은 그리 어렵지 않았다. 19세기 후반에 많은 기독교 저술가들이 진화를 하나님이 사용하시는 섭리의 수단으로 간주할 수 있다고 강조

---

15) Richard Dawkins, *The Blind Watchmaker: Why the Evidence of Evolution Reveals a Universe without Design*. New York: W. W. Norton, 1986, p. 5.

하면서 새로운 발전이 이루어졌다. 이는 창조가 단회적 사건이 아닌 장기적 과정이라는 뜻이다.

또 하나의 종교적 쟁점은 성경 해석과 관련이 있었다. 과학과 종교에 관한 논쟁은 대부분 성경 해석의 문제를 야기했다. 예를 들어 코페르니쿠스 논쟁은 성경이 천동설을 적극적으로 권장했는지, 아니면 단지 그런 식으로 너무 오래 해석되다 보니 그런 개념이 널리 확산된 것은 아닌지와 같은 문제를 제기했다. 다윈주의 논쟁과 관련해서도 그와 비슷한 문제가 제기되었다.

다윈주의는 특히 창세기를 문자대로 이해하려는 그리스도인들의 경각심을 크게 자극했다. 영국과 미국의 개신교 학자들은 좀 더 정밀한 해석방법을 제안했지만, 19세기 초 그 두 나라의 일반 개신교 신자들은 대부분 성경을 문자대로 읽는 습관에 깊이 물들어 있었다. 창세기의 창조기사에 관한 좀 더 정교한 해석방법에도 불구하고, 대중들은 성경을 '상식적'으로 접근해 세상과 인류가 엿새 동안 창조되었다는 신념을 널리 받아들였다. 다윈주의는 기존의 성경 해석방법은 물론, 창세기의 상식적인 이해에까지 중요한 도전을 제기했다. 창세기의 창조기사에 등장하는 '엿새'를 문자적으로 이해해 하루를 24시간으로 계산해야 할까, 아니면 일정하지 않은 시간을 가리키는 의미로 받아들여야 할까? 또한 창조기사에 언급된 사건들이 방대한 시간을 두고 일어났다고 이해하는 것이 옳을까, 아니면 역사적, 문화적으로 조절된(고대 바벨론 신화가 반영된) 이야기, 그러므로 생명과 인간의 기원에 관한 과학적 설명으로 받아들여서는 안 될 이야기로 해석해야 옳을까? 논쟁은 많고, 오늘날까지 계속되고 있다.

다윈의 이론이 전통적인 기독교 신학에 제기한 세 번째 쟁점은 인간의 지위와 관련이 있다. 그리스도인 대부분은 인간을 창조 사역의 절정으로 생각한다. 전통적인 해석에 따르면, 인간은 하나님의 형상으로 창조되었기 때문에 다른 피조물과 구별된다. 인간은 전체의 한 부분으로 창조질서 안에 속하지만, 하나님과 독특한 관계를 맺고 있기 때문에 다른 모든 것보다 우월하다. 그러나 다윈의 『종의 기원』은 암묵적으로, 『인간의 유래』는 명시적으로 이런 견해에 도전을 제기했다. 인간도 자연의 질서 안에서 장구한 세월을 거치면서 생겨났다는 것이다.

다윈이 염려한 진화론의 한 측면이 있다면, 바로 이 견해가 인간의 지위와 정체성에 미치는 영향이었다. 다윈은 출판된 모든 『종의 기원』에서 자신이 제안한 자연선택설은 어떤 영구적이거나 보편적인 전진적 발달법칙을 내표하지 않는다고 일관되게 진술했다. 게다가 그는 진화가 "완전을 향한 내재적이고 필연적인 경향"을 나타낸다는 라마르크의 이론을 분명하게 거부했다. 따라서 인간은 (진화과정의 관찰자가 아닌 참여자로 이해되기 때문에) 어떤 의미에서도 진화의 '목표'나 '정점'이라고 말할 수 없다는 논리적 결론이 도출되었다.

이것은 다윈이나 그의 동시대 사람들이 쉽게 받아들일 수 있는 개념이 아니었다. 다윈은 『인간의 유래』의 결론부에서 인간을 높여 칭송하면서도 인간의 '비천한' 생물학적 기원을 강조했다. "인간은 그 모든 고귀한 속성에도 불구하고…… 여전히 육체 안에 자신의 비천한 기원을 보여주는 지울 수 없는 흔적을 지니고 있다."[16]

대다수 다윈주의자들은 인간을 동물이자 진화과정의 일부로 인정하는 것이 진화론적 세계관의 당연한 결론이라고 주장한다. 다윈주의는 인간의 지위를 절대화하려는 가설들, 곧 '종차별주의(speciesism)'를 조장하는 이론들을 비판한다. 다소 부담스럽게 느껴지는 이 특별한 용어는 리처드 라이더(Richard Ryder)가 처음 도입했고, 현재 프린스턴대 생명 윤리학 교수이자 오스트레일리아 출신의 윤리학자인 피터 싱어(Peter Singer, 1946년 출생)를 통해 널리 퍼졌다. 종교적 이유로든 비종교적 이유로든, 자연 속에서 인간이 특권화된 지위를 차지한다는 가설을 정당화하고 그것을 토대로 확립한 정치이론과 윤리이론이 많다. 이런

---

16) Charles Darwin, *The Descent of Man*, London: John Murray, 1871, p. 405.

점에서 다윈주의는 전통적인 종교의 영역을 넘어서까지 상당히 까다로운 문제를 제기한다.

그렇다면 그리스도인들은 자연선택이라는 다윈의 이론에 어떻게 반응했을까? 다윈의 『종의 기원』이 출판된 이후 약 1세기 반 동안 나타난 반응은 최소한 네 가지로 요약된다.

1. **젊은 지구 창조론**: 창세기를 '상식적으로' 읽어야 한다는 견해로서, 1800년 이전에 출판된 대중 서적이나 일부 학술서에서 종종 발견되었다. 이 견해에 따르면, 지구는 6,000년에서 10,000년 전에 기본적인 형태로 창조되었다. 젊은 지구 창조론자들은 일반적으로 에덴동산 이전에는 어떤 종류의 생명체도 없었고, 인간의 타락 이전에는 죽음도 없었다고 창세기의 처음 두 장을 이해한다. 이들은 대부분 '날'로 번역된 히브리어 '욤(yom)'이 24시간을 가리키며, 창세기의 창조기사에 언급된 기간(즉 엿새)에 모든 생명체가 한꺼번에 창조되었다고 주장한다. 그보다 훨씬 더 많은 시간이 걸렸고, 멸종된 종들도 있다는 것을 보여주는 화석의 증거들은 노아의 홍수 이후의 것으로 종종 이해된다. 이 견해는 창조가 144시간 만에 이루어졌고, 온 세상에 홍수가 일어났다는 식으로 묘사될 때가 많다. 아마도 가장 유명한 젊은 지구 창조론자는 창조연구회(the Institute for Creation Research)의 설립자 헨리 모리스(1918-2006)일 것이다. 이 기관은 미국의 교회와 학교에서 진화론 사상을 논박하는 중요한 대변자 역할을 했다.

2. **오랜 지구 창조론**: 오랜 역사를 지닌 이 견해는 주로 보수주의 개신교 진영에서 지지를 받아왔다. 이 견해는 지구의 나이가 매우 많다는 것에 특별한 반감을 느끼지 않으며, '젊은 지구 창조론'을 최소한 두 가지 점에서 수정해야 한다고 주장한다. 첫째, 히브리어 '욤(yom)'은 영어의 'while'과 비슷한 의미로, '한정되지 않은 시간의 길이', 곧 문맥에 따라 구체성이 결정되는 '막

연한 시간'을 가리킨다고 해석해야 한다. 이는 창세기의 창조기사에 언급된 '날'을 24시간이라는 특정한 기간이 아닌 오랜 기간으로 해석해야 한다는 뜻이다. 둘째, 창세기 1장 1절과 1장 2절 사이에는 시간상의 큰 간격이 있을 수 있다. 다시 말해, 창세기의 창조기사는 연속적인 의미가 아니라 최초의 원시적인 창조 행위가 있고 나서 상당한 시간이 흐른 뒤에 지구상에 생명체가 나타났다는 의미로 이해해야 한다. 이 견해는 1909년에 처음 출판된 유명한 『스코필드 관주 성경(Schofield Reference Bible)』을 통해 옹호되었지만, 그 기원은 19세기 초 스코틀랜드 목회자 토머스 차머스(Thomas Chalmers, 1780-1847)와 같은 저술가들에게까지 거슬러 올라간다.

3. **지적 설계론:** 최근 미국에서 상당한 영향력을 발휘한 이 견해는 지구의 생물권이 '단순화할 수 없는 복잡성'을 띠고 있기에 지적 설계라는 개념 외에 다른 방법으로는 그 기원과 발전과정을 설명하기가 불가능하다고 주장한다. 지적 설계론은 생물학적 진화를 부인하지는 않지만, 목적론적 관점에서 진화에 아무런 목적이 없다는 다윈주의를 강도 높게 비판한다. 다윈주의는 설명하기 어려운 심각한 난관에 부딪힐 수밖에 없으며, 오직 개개의 종들을 의도적으로 설계했다는 개념을 통해서만 그 어려움을 적절히 설명할 수 있다고 역설한다. 그러나 지적 설계론을 비판하는 사람들은 그런 난관에 과장된 측면이 있다고 지적하며, 앞으로 더 나은 이론이 확립되면 해결되리라고 대답한다. 지적 설계론은 하나님을 지적 설계자로 직접 내세우지는 않지만(아마도 정치적 이유 때문인 듯하다), 그 밑바탕에는 본질적으로 그런 가설이 전제되어 있다. 『다윈의 블랙박스(Darwin's Black Box)』의 저자 마이클 비히(Michael Behe, 1952년 출생)와 『지적 설계: 과학과 신학을 잇는 다리(Intelligent Design: The Bridge between Science and Theology)』의 저자 윌리엄 뎀스키(William A. Dembski, 1960년 출생) 등이 지적 설계론의 대표적인 주창자로 손꼽힌다. 두 사람은 시애틀에 있는 디스커버리연구소(the Discovery Institute)의 특별 회원이다.

4. **진화론적 유신론:** 마지막 접근방식은 하나님이 진화를 수단으로 사용해 무기물로 생명체를 만들어 다양한 생물들을 창조하셨다고 주장한다. 다윈주의는 진화의 과정이 무작위적으로 이루어진 것처럼 말하지만, 진화론적 유신론은 하나님이 그 과정을 주도하셨다고 주장한다. 진화론적 유신론자 가운데는 복잡성의 단계를 '생물체의 체계 내에서(아마도 양자의 단계에서부터) 하나님의 사역이 이루어진 것'으로 설명해야 한다고 주장하는 사람들도 있고, 하워드 반 틸(Howard van Till)처럼 "완전한 진화 능력을 부여한 창조"를 주장하는 사람들도 있다. 반 틸은 "스스로의 힘으로 새로운 형태에 도달할 능력이 없는 원재료에 하나님이 이따금 개입해서 새로운 형태를 부여하시는 것"이 아니라 "스스로를 조직하거나 변화시켜 다양한 물리적 구조와 생명의 형태를 띨 수 있는 능력을 온전히 갖춘 피조물을 창조하셨다."라는 말로 하나님의 창조 행위의 특성을 묘사하는 것이 가장 좋다고 주장했다. 이런 접근방식을 약간 다르게 변형시킨 이론들이 아서 피콕(1924-2006)과 같은 사람들의 글에서 발견된다.

물론 위의 견해들은 비판의 여지가 있다. 예를 들어, 생물학철학자 프란시스코 아얄라(Francisco Ayala, 1934년 출생)와 같은 저술가들은 생물학적 진화를 용인하면서도 얼마든지 '창조론'이나 '지적 설계론'을 그 본래의 취지대로 이해할 수 있다고 지적했고('생물학철학'이란 생물학이나 생명공학과 관련된 윤리적, 철학적 문제를 다루는 철학의 한 분야를 가리킨다-역주), 또 다른 사람들은 '진화론적 유신론'은 하나님이 만물의 창조주이심을 믿지 않는다는 의미로 해석될 수 있다고 지적했다. 사실, 진화론적 유신론은 창조를 과거에 일어난 단회적 사건이라기보다 '사건인 동시에 과정'으로 이해해야 한다고 주장한다.

빅뱅: 우주의 기원에 관한 새로운 통찰

우주의 기원은 현대 과학적 분석과 논쟁의 가장 흥미로운 영역 가운데 하나이다. 이 논쟁에는 명백히 종교적 차원이 있는데, 영국의 저명한 전파 천문학자 버나드 로벨(Bernard Lovell, 1913-2012)은 우주의 기원에 관한 논의가 필연적으로 근본적인 종교적 문제를 야기한다고 생각했던 많은 사람 가운데 하나였다. 좀 더 최근에는 물리학자 폴 데이비스(Paul Davies)가 특히 『현대 물리학이 발견한 창조주(God and the New Physics)』라는 책을 통해 "새로운 물리학"이 하나님을 생각하는 방식에 어떤 영향을 미칠지 논함으로써 세인의 관심을 끌었다.

1차 세계대전 이전에는 '우주가 영원하다'는 과학적 합의가 이루어졌다는 사실을 이해하는 것이 중요하다. 이는 중세 유럽에서 자연과학이 발전하는 데 적지 않은 영향을 미쳤던 고대 그리스의 위대한 철학자 아리스토텔레스의 견해다. 아리스토텔레스는 '현상을 보존할 필요성'과 같은 경험적 방법의 몇 가지 측면을 강조했고, 이는 자연과학의 발흥에 매우 긍정적인 영향을 미쳤다. 그러나 아리스토텔레스가 과학적 발전을 저해한 비경험적 견해를 많이 주장했다는 사실이 간과될 때가 많다. 예를 들어 그는 태양이나 달과 같은 천체들이 완벽한 몸체를 지녔다고 생각했지만, 17세기 초에 갈릴레이가 망원경으로 관측한 결과를 근거로 태양의 흑점과 달의 분화구의 존재가 발견되었고, 아리스토텔레스의 견해는 의문시되었다.

우주가 영원하다는 아리스토텔레스의 견해는 고대 그리스로마시대 후기와 중세시대의 사상계를 지배했다. 초기 기독교 저술가들은 이러한 부분에서 아리스토텔레스의 견해에 도전을 제기했다. 예를 들어, 5세기 초에 히포의 아우구스티누스(Augustine of Hippo)는 하나님이 한순간에 만물을 창조하셨다고 주장했다. 또 창조된 질서는 고정적이지 않을 뿐 아니라, 발전의 능력을 부여받았으며, 우주는 완성된 최종 형태가 아닌, 시간이 지나면서 하나님이 의도하신 대로 변화되어 나간다. 토마스 아퀴나스의 견해도 그와 비슷했다. 그는 아리스토텔레스의 견해에 동의하지 않는다는 사실을 분명히 했다. 아퀴나스는 아리스토텔레스의 방법론을 많이 활용했지만, 이 문제와 관련해서는 의견을 달리했다.

우주의 영원성에 관한 과학적 합의는 19세기 말경에도 여전히 계속되었는데, 어느 누가 보더라도 아리스토텔레스의 견해를 되풀이한 듯한 견해가 또다시 등장했다. 스웨덴의 물리학자이자 노벨상 수상자인 스반테 아레니우스(Svante August Arrhenius)는 베스트셀러였던 『형성 중인 세계(Worlds in the Making, 1908)』에서 현대 과학을 통해 시작이나 끝이 없이 저절로 계속되는 무한한 우주의 실체가 밝혀졌다고 선언했다. "우주는 본질적으로 항상 현상태를 유지한다. 물질, 에너지, 생명은 공간 안에서 그 형태와 위치만 변할 뿐이다."[17] 물질과 에너지는 우주 안에서 위치는 재조정될 수 있지만, 전체적인 체계는 항상 변하지 않는다.

이 견해는 특히 지적 영역에서 1950년대까지 그 영향력을 폭넓게 유지했다. 1948년, 무신론 철학자 버트런드 러셀(Bertrand Russell)은 우주가 신의 개념과 같은 다른 설명을 요구하지 않는다고 주장했다. 우주는 항상 존재했기 때문에 그런 엄연한 사실을 설명할 필요가 조금도 없다. 그러나 우주가 시작이 있는 것처럼 보인다는 것, 곧 오늘날 '빅뱅(big bang)'으로 알려진 개념이 등장하면서 이 견해는 크게 의문시되기 시작했다.

'빅뱅' 이론은 알베르트 아인슈타인(1879-1955)이 제기한 일반상대성이론에서 기원했다고 주장할 수 있다. 아인슈타인의 이론은 고정적인 우주라는 개념에 관한 과학적 합의가 이루어졌던 상황에서 제기되었다. 아인슈타인이 상대성 효과를 설명하기 위해 도출한 방정식들은 중력과 중력 평형의 관점에서 해석되었다. 그러나 러시아 기상학자 알렉산드르 프리드만(Alexander Friedman,

---

17) Svante Arrhenius, *Worlds in the Making: The Evolution of the Universe*, New York: Harper, 1908, p. xiv.

1888-1925)은 자신이 도출한 방정식의 해답이 다소 다른 모델을 가리킨다는 것을 깨달았다. 만일 우주가 모든 지점에서 균일한 밀도를 유지하며 팽창하고 있다면, 우주는 과거 어느 시점에 무한한 밀도와 온도와 곡률을 가진 반경 '0'의 초기 상태에서 팽창했을 것이다. 그 방정식에 대한 다른 해법은 우주의 팽창과 수축의 순환을 암시했는데, 이 분석은 무시되었다. 아마도 과학계에서 합의된 관점에 일치하지 않았기 때문인 듯하다.

천문학자들은 1900년과 1931년 사이에 자신들의 우주관에 획기적인 세 가지 변화가 일어난 것을 목격했다. 첫째, 공인된 항성계의 크기가 열 배나 증가했다. 둘째, 에드윈 허블(Edwin Hubble, 1883-1953)의 연구를 통해 우리은하 말고도 또 다른 은하계가 존재한다는 사실이 드러났다. 셋째, 다른 은하계들의 움직임을 관찰한 결과, 우주가 계속해서 팽창되고 있다는 사실이 밝혀졌다. 우주의 팽창은 우주가 초밀도의 초기 상태에서 팽창되었다는 개념, 곧 우주에 시작이 있다는 개념을 함축하고 있었기에 당시에는 받아들이기 힘들었다.

일부 천문학자들은 그런 개념에 우주의 기원에 관한 종교적 의미가 함축되어 있음을 의식하고 그것을 거부했다. 1948년에 프레드 호일(Fred Hoyle)은 우주가 비록 팽창하더라도 시작은 없었다고 주장하는 '정상(steady state)우주론'을 발전시켰다. 물질은 우주의 확장으로 인해 발생한 공백을 메우기 위해 계속해서 생성되지만, '빅뱅'이 일어날 필요는 없다. '빅뱅'은 호일이 우주의 시작이 있다는 개념을 비웃기 위해 만들어낸 용어였다.

그러던 중 1960년대에 '우주배경복사'가 발견되면서 우주의 기원에 관한 견해가 결정적으로 달라지기 시작했다. 1965년, 아노 펜지어스(Arno Penzias)와 로버트 윌슨(Robert Wilson)이 뉴저지의 벨연구소(Bell Laboratories)에서 실험용 마이크로파 안테나로 연구를 진행하던 중 이상한 난제에 부딪혔다. 무선 안테나를 어느 방향으로 돌려놓아도 '슈슈'하는 원하지 않은 성가신 배경 소음이 들렸다. 펜지어스와 윌슨은 그 소음을 간단히 무시해버릴 수가 없었다. 처음에는 비둘기들이 안테나 위에 둥지를 튼 까닭에 잡음이 생긴 것으로 생각했다. 그러나 거추장스러운 새들을 강제로 내쫓은 후에도 소음은 여전히 사라지지 않았다.

그 성가신 배경 소음의 정체가 드러나는 것은 시간문제였다. 그것은 바로 1948년에 랠프 앨퍼(Ralph Alpher)와 로버트 허먼(Robert Herman)이 제기한 원시적인 우주 폭발, 곧 '빅뱅'의 '잔광(afterglow)'으로 밝혀졌다. 이 배경복사는 다른 증거들과 함께 우주가 시작이 있다는 개념을 지지하는 중요한 실마리를 제공함으로써 호일의 '정상우주론'에 심각한 문제를 제기했다.

그 후로 '표준우주모형' 이론의 기본요소들이 명확하게 드러나 과학계에서 널리 받아들여졌다. 이 이론에는 아직 논쟁의 중요한 부분이 남아 있지만, 1990년대 이후로 더욱 발전을 거듭해 '표준우주모형', 또는 '람다-시디엠(Lambda-CDM) 모형'으로 확립되었다. 비록 경험적 검증의 한계를 벗어난 일부 가설들을 포함하고 있지만, 현재로서는 관찰된 증거들과 가장 잘 일치하는 것으로 널리 인정받고 있다.

'표준우주모형' 이론은 우주가 138억 년 전에 시작했고, 그 후로 계속 팽창하며 식어가고 있다고 주장한다(그러나 이 수치는 람다-시디엠 모형이 정밀하게 수정되면 언제라도 바뀔 수 있다). 이 이론을 뒷받침하는 가장 중요한 증거 가운데 두 가지는 우주 마이크로파 배경복사와 '빅뱅'의 직접적인 여파로 합성된 (수소, 중수소, 헬륨과 같은) 경핵(light nucleus)이 상대적으로 풍부하다는 사실이다. 여기에는 우주의 기원이 특이한 사건일 수밖에 없다는, 곧 두 번 다시 되풀이될 수 없을 뿐 아니라 일부 사람들이 과학적 방법의 특징이라고 주장하는 정확한 실험적 분석을 적용하기 어려운 독특한 사건일 수밖에 없다는 의미가 내포되어 있다.

이는 '창조'라는 종교적 언어에 관한 생각에 엄청난 변화를 불러일으킨 획기적인 발전이었다. 무신론 옹호자들은 종종 과학을 통해 지난 한 세기 동안 신앙의 신빙성이 크게 훼손되었다고 말했다. 이 말은 한편으로는 사실일 수 있지만, 다른 한편으로는 크게 잘못되었다. '표준우주모형' 이론은 기독교의 창조론과 너무나도 잘 어울린다.

호일의 '정상우주론'은 창조의 가능성을 완전히 배제하는 듯 보였기 때문에 1960년대 초에 무신론자들의 애호를 받았다. 1967년에 스티븐 와인버그(Steven Weinberg)는 매사추세츠공과대에서 강연하면서 "정상우주론이 철학적으로 가장 매혹적인 이론이 이유는 창세기의 창조기사와 조금도 일치하지 않기 때문이다."라고 말했다. 그러나 그는 나중에는 "안타깝게도 정상우주론이 실험을 통해 모순으로 드러났다."라는 말로 호일의 이론이 이제는 틀린 것처럼 보인다고 인정했다.[18]

나중에 살펴보겠지만, 우주가 시작이 있다는 인식이 싹트면서 기독교의 창조기사에 관한 관심이 새롭게 고조되었고, 우주의 기원에 관한 과학적 진술과 창조기사가 어떤 관련을 맺고 있는지 이목이 집중되었다. 과학이 발전하면서 신학은 계속 퇴보할 수밖에 없다는 생각이 터무니없는 억측으로 드러났다! 1차 세계대전 이전만 해도 과학과 종교의 긍정적이고 건설적인 대화 가능성은 생각조차 할 수 없는 일이었다. 그러나 우주에 생명체가 출현하려면 자연의 기본물리상수가 '미세조정'되어야 한다는 인식이 싹튼 덕분에 좀 더 풍부하고 세밀한 대화가 가능해졌다. 뒤에서 살펴보겠지만, '인류원리'에 관한 논증은 매우 흥미로울 뿐 아니라 해결될 가능성이 없다.

이번 장에서는 16세기, 18세기, 19세기, 20세기에 불거진 네 가지 논쟁과 논의에 초점을 맞춰 과학과 종교의 관계를 논하는 데 필요한 몇 가지 중요한 역사적 배경을 살펴보았다. 이런 논쟁과 논의는 과학과 종교의 일반적인 관계는 물론, 그 관계의 구체적인 측면들을 다룬 최근의 논의를 고무할 뿐 아니라

---

18) F. J. Tipler, C. J. S. Clarke, and G. F. R. Ellis, 'Singularities and Horizons - A Review Article,' in *General Relativity and Gravitation: One Hundred Years after the Birth of Albert Einstein*, A. Held 편집. New York: Plenum Press, 1980, pp. 97-206; 와인버그의 말을 인용한 것은 p. 110에 있다.

필요한 정보를 계속해서 공급하고 있다. 물론 관심을 기울일 가치가 있는 다른 논의들도 많다. 그 가운데 일부는 6장에서 다루기로 하고, 지금부터는 신학적 의미를 지닌 과학철학의 주요 논쟁 가운데 몇 가지를 살펴보려고 한다. 이것이 다음 장에서 다룰 주제다.

이해를 돕는 용어 설명

과학혁명 scientific revolution

H. 버터필드가 처음 사용한 용어로, 좁은 의미로는 17세기 유럽에서 갈릴레이, 뉴턴 등에 의해 고전 역학이 확립됨에 따라 일어난 자연적, 세계적 변혁을 말한다. 넓은 의미로는 쿤에 의해 보편화되었는데, 부정할 수 없는 새로운 과학적 발견이 나타나 기존 패러다임에 위기가 생겨 결국 전환이 일어나는 현상을 가리킨다. (참고. 두산백과)

천체역학 celestial mechanics

물리학에 적용되던 역학의 원리를 천문학에 응용해 천체, 주로 태양계 내의 행성, 위성, 달, 혜성 등의 운동을 연구하는 천문학의 한 분야를 말한다. (참고. 두산백과)

본질주의 essentialism

사물이 그 정체성을 결정짓는 근본적이고 고유한 속성을 지닌다는 관점이다. 모든 사물은 '이념' 또는 '형태'와 같은 '본질'을 가진다고 주장한 플라톤의 관념론이 그 사례이다. 비본질주의는 실재를 이해하는 데 그런 '본질'의 필요성을 부정한다. (참고. 위키백과)

표준우주모형 standard cosmological model

빅뱅 우주론의 표준 모형으로 자주 언급되며, 람다-시디엠(Lambda-CDM) 모형이라고도 불린다. 우주의 주요 구성 요소를 다음의 세 가지, 곧 암흑 에너지와 관련해 람다(그리스어 $\varLambda$)로 표시되는 우주상수, 가설적 존재인 차가운 암흑 물질(약칭 CDM), 그리고 일반 물질로 본다. (참고. 위키백과)

일반상대성이론 general theory of relativity

1916년 아인슈타인이 특수상대성이론을 확장해 가속도를 가진 임의의 좌표계에서도 상대성이 성립하도록 체계화한 이론이다. 특수상대성이론에 등가원리와 리만공간의 기하학적 구조에 대한 중력이론을 합한 것이다. 시공간은 상대성을 띠며, 물체의 존재에 의해 영향을 받는다는 내용을 포함한다. (참고. 두산백과)

우주배경복사 cosmic background radiation

어느 특정한 천체로부터 오는 것이 아니라, 우주공간에 충만된 전파의 배경을 이루며 모든 방향에서 같은 강도로 들어오는 전파를 말한다. 우주의 팽창이 빅뱅에서 시작되었다는 우주론에 의해 예언되었다. (참고. 두산백과)

기본물리상수 fundamental constants

어떤 보편적인 무차원 상수를 지칭하는 용어이다. 가장 잘 알려진 예로는 대략적인 값이 1/137.036인 미세구조상수 a가 있다. 이 용어의 올바른 사용은 현재 다른 근원에서 도출할 수 없는 무차원 보편물리상수로 제한되어야 하지만, 빛의 속도 c, 플랑크상수 h, 중력상수 G와 같은 특정 보편적인 차원의 물리상수를 가리키는 데 사용되기도 한다. (참고. 위키백과)

미세조정 fine tuning universe

우주에 생명이 존재하기 위해서는 특정 물리학의 기본상수들이 매우 좁은 범위 내에 존재해야 하며, 여러 기본상수들이 조금이라도 지금의 값과 달랐다면 우주는 물질을 만들어내거나, 천체 구조를 발달시키거나, 다양한 원자가 존재하거나, 현재 우리가 생각하는 개념의 생명이 존재하기 어려울 것이라는 입장이다. (참고. 위키백과)

인류원리 anthropic

인간을 비롯한 생명체들은 많은 우주 중 적합한 조건을 갖춘 곳에서만 존재 가능하며, 생명체 존재를 위한 조건을 통해 다양한 물리적 법칙들을 설명할 수 있다는 원리이다. (참고. 두산백과)

Science & Religion

chapter 3

과학철학과 종교

: 과학철학은 종교적인 논의들과
어떤 관련이 있는가?

Science & Religion

chapter 3

과학철학과 종교

: 과학철학은 종교적인 논의들과
어떤 관련이 있는가?

　과학철학은 일반적으로 자연과학과 관련이 있거나 그것을 통해 야기된 철학적 문제들을 다루는 학문이다. 그런 문제들 중에는 "자연법칙이란 무엇인가? 어떤 자료를 이용해 진정한 원인과 우연적인 규칙성을 구별할 수 있는가? 가설이 받아들여지려면 어떤 증거가 필요한가? 과학자들 스스로도 부정확한 측면이 있어 수정이 필요하다고 생각되는 모형들과 이론들을 사용하는 이유는 무엇일까?"와 같은 질문들이 포함된다.

　그중에는 철학의 전통적인 주제들과 겹치는 것들도 있다. 그래서 어느 한도까지 과학철학을 고유한 학문 분야로 인정할 것인지 문제가 제기되기도 한다. 이는 이른바 '자연법칙'들을 생각하면 쉽게 이해할 수 있다. 자연법칙이란 자연 안에 존재하는 것처럼 보이는 규칙성이나 질서를 나타내려는 시도이다. 그런데 이 '규칙성'은 자연 안에 실제로 존재하는 것일까, 아니면 인간의 정신이 자연에 인위적으로 부여한 것일까? '법칙처럼 보이는 이것'은 자연 안에서 발견되는 것일까, 아니면 자연에 투사된 것일까?

관찰된 사실에 일정한 유형을 만들어 부여하려는 인간 정신의 경향성에 관한 논쟁(이 논쟁은 특히 18세기 말에 데이비드 흄을 통해 더욱 치열하게 전개되었다)은 일반적인 철학의 관심사이지만, 자연과학과 관련해 특별한 의미를 지닌다.

다른 철학적 논의는 자연과학과 좀 더 구체적으로 관련된다. 예를 들어, 어떤 실험을 했더니 특정한 형태의 소립자가 존재하는 것 같은 징후가 발견되었다. 이 소립자는 그 자체로는 관측할 수가 없지만, 그 체계의 다른 측면들의 작동방식을 살펴보니 거기에 포함된 것처럼 보인다. 관찰되지 않고 가설적으로만 존재하는 이 소립자를 어떻게 규정해야 할까? 그것이 실제로 '존재한다고' 말할 수 있을까? 어떤 사람들은 '진정으로 존재하는 것'은 실험적 관찰뿐이라고 생각한다. 이론상의 소립자는 현상을 설명하는 데 도움을 주는 '유익한 허구'일 뿐이다. 그러나 어떤 사람들은 과학적 이론들이 통하는 이유는 현상을 있는 그대로 묘사하기 때문이라고 주장한다. 바꾸어 말하면, 일종의 실재론이 자연과학이 성공을 거둔 이유를 가장 잘 설명해준다는 것이다.

과학철학과 관련된 많은 문제가 종교적, 신학적 사색과 관련이 있을 뿐 아니라, 과학과 신학을 잇는 개념적이고 방법론적인 연결 고리를 제공한다. 무엇을 설명한다는 것이 어떤 의미인지, 현실이 인간의 정신을 자유롭게 구성하는지, 현실에 대한 가능한 설명들을 평가할 때 어떤 기준을 적용할 것인지와 같이 과학적 논의와 신학적 논의는 많은 면에서 명백히 유사하다.

이번 장에서는 과학철학의 주요 주제들 가운데 몇 가지를 살펴보고, 그것들이 종교적인 문제들을 다룰 때 어떤 의미를 지니는지 생각해볼 예정이다. 아울러, 4장에서는 종교철학이 자연과학에서 비롯된 통찰력을 어떻게 활용하는지 살펴보는 데 초점을 맞추려 한다.

그러면 과학이론들이 실제로 우주의 본질을 묘사하는지, 아니면 단순히 우주 안에서 일어나는 현상을 예측하는 데 도움을 주는 유용한 허구인지 논의하는 것부터 시작해 보자.

사실과 허구: 실재론과 도구론

'실재론(realism)'이라는 용어는 일반적으로 외적인 현실이 실제로 존재하고, 인간의 정신은 그것을 기술하거나 표현할 수 있다고 생각하는 철학사상들을 가리킨다. 그런데 실재론은 왜 자연과학에 그토록 영향을 미쳤을까? 과학이론이 실제로 세상을 묘사한다는 믿음 덕분에 자연과학이 성공할 수 있었다고 말하는 사람이 많다. "과학적 실재론(scientific realism)과 거기서 나온 이론들이 옳지 않다면, 관찰된 세상이 왜 옳은지에 대해 기적 혹은 무지성 말고는 그 사실을 설명할 방법이 없을 것이다[마이클 데빗(Michael Devitt)]."[1]

이 접근방식은 과학이 사물을 있는 그대로 묘사한다는 것이야말로 가장 단순하고도 설득력 있게 과학이론이 통하는 이유를 설명한다고 믿는다. 만일 자연과학이 주장하는 이론들이 틀렸다면, 자연과학의 엄청난 경험적 성공들은 완전히 우연의 일치였다고 볼 수밖에 없다. 물리학자이자 신학자인 존 폴킹혼은 이렇게 말했다.

> 과학이 진정한 실재를 엄밀하게 파악하고 있다는 것이 곧 과학의 성공을 자연스럽고 설득력 있게 설명하는 길이다. 과학적 노력의 진정한 목적은 물질세계의 구조를 이해하는 것이다. 그런 이해는 완전하지는 않지만, 항상 향상될 가능성을 지닌다. 그런 이해는 사물을 있는 그대로 묘사하는 용어들로 표현된다.[2]

자연과학의 성공은, 많은 사람들로 그것이 어떤 식으로든 사물의 실체를 밝혀냈다거나 우주의 구조에 관한 근본적인 무언가를 확보했다고 생각하게 한

---

1) Michael Devitt, *Realism and Truth, 2nd ed. Princeton*, NJ: Princeton University Press, 1997, p. 114.
2) John Polkinghorne, *One World: The Interaction of Science and Theology*. Princeton: Princeton University Press, 1986, p. 22.

다. 이것은 매우 중요한 지점인데, 하나님은 자존하신다고 (인간 정신이 하나님을 만든 것이 아니라) 주장하는 신학자들이 과연 자연과학과 관련된 실재론에서 무엇을 얻을 수 있을지 질문을 던지기 때문이다. 이 문제를 탐구하는 것이 이 단락의 목표이다. 그러면 먼저 실재론의 본질을 살펴본 후 그 대안들에 관해 잠시 생각해 보기로 하자.

실재론(Realism)

'실재론'은 비록 부분적일지라도 인간의 정신이 객관적으로 마주하고 이해하고 표현할 수 있는 실제 세계가 인간의 정신 외부에 존재한다고 주장하는 다양한 철학사상을 가리킨다. 실재론이 신빙성을 얻는 방법은, 실재론의 관점에 기초해 이를 가장 잘 설명한다고 여겨지는 관찰된 행동 유형을 실험방법을 통해 성공적으로 밝히는 것이다. 과학철학자 마이클 레드헤드(Michael Redhead)는 이렇게 말했다.

> 물리학자들이 말하고 생각하는 방식에 있어 그들의 연구에 대한 비사색적이고 직관적인 태도를 볼 때, 그들은 실체를 실재론자처럼 다루는 경향이 있다. 그들이 실체라고 하는 것과 그 정확한 특성 및 상호관계에 대해 가정을 하는 동안 그들은 자신이 하려는 일이, 그리고 어느 정도 성공적으로 하려고 노력하는 그 일이 '실재를 다루는 일'이라고 여긴다.[3]

이처럼 과학적 실재론은 최소한 부분적으로는 '경험적인' 논제에 해당한다. 다시 말해, 과학적 실재론은 반복적인 관찰과 실험을 통해 실제 세계에 직접 참여함으로써 개연성과 확실한 증거를 확보한다. 과학적 실재론이 세상이 어

---

3) Michael Redhead, *From Physics to Metaphysics*. Cambridge: Cambridge University Press, 1995, p. 9.

떻다거나 어떠해야 한다는 식의 형이상학적인 주장을 펼치는 것으로 간주해서는 안 된다. 그보다는 집중적이면서도 제한된 주장을 펼쳐 특정한 과학적 방법이 실질적으로 큰 효과를 나타내는 이유를 설명하는 데 중점을 둔다.

힐러리 퍼트넘(Hilary Putnam)을 비롯한 여러 철학자들이 주장한 대로, 실재론은 "과학의 성공을 기적으로 여기지 않으면서" 과학적 이론들과 개념들을 설명할 수 있는 유일한 방법이다. 만일 과학적 이론이 다루는 이론적인 대상이 실제로 존재하지 않고, 이론들 자체가 실제 세계를 최소한 대략적으로라도 옳게 설명하지 않는다면, 적용과 예측의 관점에서 과학이 거둔 성공은 기적이 될 수밖에 없다. 과학의 성공을 근거로 들어 실재론을 지지하는 논증을 간략하게 요약하자면 다음과 같다.

1. 자연과학의 성공은 너무나도 거대해 우연이나 기적으로 설명할 수 없다.
2. 과학의 성공을 가장 잘 설명할 수 있는 방법은 과학적 이론들이 실재를 참되게, 또는 거의 참되게 설명한다고 인정하는 것이다.
3. 이처럼 과학적 실재론은 과학의 성공을 통해 정당화된다.

앞에서 살펴본 대로, 실재론은 다양한 철학사상을 가리킨다. 과학과 종교의 대화와 관련해 특별히 관심을 사로잡은 실재론의 한 형태는 일반적으로 '비판적 실재론(critical realism)'으로 알려져 있다. 인식의 주체인 인간 편에서의 아무런 사색 없이 실재가 인간의 정신에 직접 영향을 미친다고 주장하는 '소박 실재론(naïve realism)'과 인간의 정신이 수학 공식이나 '정신 모형(mental model)'과 같은 가용한 도구를 사용해 실재를 최대한 표현하고 수용하려 시도한다는 '비판적 실재론'은 종종 서로 구별된다. 아울러 이 두 가지 형태의 실재론은, 인간의 정신이 외부 세계와 아무런 관계 없이 자유롭게 개념들을 구성한다고 주장하는 '비실재론(non-realism)'이나 '반실재론(anti-realism)'과 대조된다.

'비판적 실재론'의 주요 특징은 인간의 정신이 인식의 과정에서 능동적인 역할을 한다고 인정하는 것이다. 인간의 정신은 외부 세계에 관한 지식을 수동적으로 받아들이지 않고, 종종 '스키마(schema)'로 불리는 '심적 지도(mental maps)'를 사용해 능동적으로 지식을 구성한다. 이는 종교 심리학자 윌리엄 제임스(William James, 1842-1910)가 1878년에 제시한 이론으로, 지금까지 널리 받아들여져 왔다.

> 인식아(knower)는 진리의 동인(actor)이고, 한편으로는 공동 작인(co-efficient)이며, 다른 한편으로는 자신이 생성을 도운 진리를 선언한다. 심적 관심, 가설, 가정은 (세상을 크게 변화시키는) 인간 행위의 근거가 된다면, 그것들이 선언한 진리를 생성하는 데 도움을 준다.[4]

좀 더 최근에는 신약학자 N. T. 라이트(N. T. Wright, 1948년 출생)가 이런 접근 방식에 관한 유익한 설명을 제시했다.

> '인식(knowing)'의 과정을 설명하는 한 가지 방법은, 알려진(known) 사물의 실재를 인식아(knower)와 다른 것으로 인정할 뿐 아니라(실재론), 인식아와 알려진 사물 사이에서 이루어지는 적절한 대화나 논의를 통해 조금씩 앞으로 나아가는 것만이 그 실재에 접근하는 유일한 길임을 온전히 인정하는 것이다.[5]

이런 통찰은 관찰자와 독립된 세상이 존재한다는 개념에 아무런 이의를 제기하지 않는다. 오히려 인식아가 인식의 과정에 참여한다는 것을 인정할 뿐

---

4) William James, *Essays in Radical Empiricism*. Cambridge, MA: Harvard University Press, 1976, p. 21.
5) N. T. Wright, *The New Testament and the People of God*. London: SPCK, 1992, p. 35.

아니라 그런 참여가 세상에 관한 실재론적 관점을 통해 어떤 식으로든 표현되어야 한다고 주장한다.

그렇다면 실재론의 대안들은 무엇일까? 관념론과 도구주의가 가장 중요한 대안으로 종종 언급된다. 지금부터 이것들을 잠시 살펴볼 생각이다.

관념론(Idealism)

관념론은 세상에 물리적인 실재들이 존재한다고 인정하지만, 물체 자체의 본질이 아닌 오직 그것들이 우리에게 보여주는 모습이나 우리를 통해 경험되는 것만을 알 수 있다고 주장한다. 이런 접근방식을 제시한 가장 대표적인 사상가는 독일의 관념론자 임마누엘 칸트(Immanuel Kant, 1724-1804)다. 그는 우리가 물(物) 자체가 아닌 현상이나 표상을 다룰 뿐이라고 주장했다. 이처럼 칸트는 관찰된 세상('현상')과 '물 그 자체'를 구별하면서 후자는 결코 직접적으로 알 수 없다고 역설했다. 관념론자들은 질서를 부여하는 인간 정신의 활동을 통해 사물들이 우리에게 나타나 보이는 방식만을 알 수 있을 뿐, 정신과 독립된 실재들에 관해서는 아무것도 알 수 없다고 주장한다.

특히 이 견해는 종종 '현상주의(phenomenalism)'로 불리는 접근방식을 통해 강력하게 표현된다. 현상주의는 정신 외적인 실재들을 직접 알 수는 없고, 오직 '현상'이나 '표상'을 통해서만 그것을 알 수 있다고 주장한다. 이런 견해는 자연과학 내에서 찾아보기가 비교적 드물지만, 저명한 물리학자 에른스트 마흐(Ernst Mach)를 비롯해 여러 중요한 학자들의 지지를 받았다. 마흐는 자연과학이 감각을 통해 직접 인식되는 것에 관여한다고 생각했다. 과학은 단지 명백하게 드러난 '현상들의 상호 의존 관계'만을 탐구한다. 이런 이유로 마흐는 원자 가설에 대해 매우 부정적인 견해를 피력하며, 원자는 관찰될 수 없는 유용한 허구이거나 이론적인 개념일 뿐이라고 주장했다. 곧 원자는 '실제(real)'가 아닌 관찰된 다양한 현상들의 관계를 이해하도록 돕는 유용한 허구적 개념일 뿐이다. 가장 중요한 것은 '현상을 보존하는 것'(아리스토텔레스가 처음 사용한 표현)인데, 이는 이론의 반영보다 실험적 관찰이 우위에 있다고 강조한다. 즉 새롭고 예상하지 못한 부가적인 관찰결과를 얼마나 예측할 수 있느냐가 아니라, 기존의 관찰결과를 얼마나 수용할 수 있느냐로 이론이 판단된다는 뜻이다.

여기서 지난 2세기 동안에 발전된 가장 중요한 과학이론 두 가지, 곧 찰스 다윈의 자연선택에 의한 진화이론과 알베르트 아인슈타인의 일반상대성이론을 살펴보는 것이 유익할 듯하다. 두 이론 모두 관찰된 결과를 설명하는 데 큰 성공을 거두었다. 다윈은 자신의 이론으로는 새로운 관찰결과를 예측하지도 못하고 예측할 수도 없다고 분명히 인식했지만, 아인슈타인은 자신의 이론이 정확하다면 기대했던 새로운 관찰결과를 확인할 수 있다고 생각했다. 그 대표적인 사례는 '중력 렌즈 효과'로, 태양의 중력 때문에 시간과 공간이 구부러져 뉴턴의 역학으로 예측했던 것보다 빛이 더 크게 휘는 현상을 말한다.

그러나 칸트의 철학사상에 영향을 받은 것이 확실한 마흐는, 현상 세계에서 '물 그 자체'의 세계로 이동하는 것이 불가능하다고 주장했다. 우리는 경험의 세계를 뛰어넘을 수 없다. 그럼에도 마흐는, 하나의 관찰결과와 또 다른 관찰결과를 잇는 다리 역할을 하는 '보조 개념들'을 기꺼이 허용할 준비가 되어 있었다. 단 그것들이 실제로 존재하는 것은 아니라는 조건 아래서만 말이다. 그것들은 "우리의 상상과 이해 속에만 존재하는" "생각의 산물들"이었다.

마흐의 논의에서 발견되는 이런 논점은 상당히 중요할 뿐 아니라 '가설적 실재', '이론적 용어', '관찰 불가능한 것들'과 같은 전문적인 어구와 함께 종종 논의된다. 근본적인 쟁점은 어떤 것을 꼭 보아야만 존재한다고 주장할 수 있느냐는 것이다. 자연과학은 실험적인 관찰결과를 보고하는 일에만 관여해야 한다고 생각했던 마흐는 '원자'의 경우처럼 관찰을 통해 암시적으로 드러난 '관찰되지 않은 실재'나 '이론적인 실재'를 실질적이며 객관적인 존재로 옹호하는 것은 과학의 임무가 아니라고 강조했다.

마흐의 견해는 많은 도전을 받았고, 마침내 알베르트 아인슈타인을 통해 논박되었다. 아인슈타인은 1905년에 발표한 주목할 만한 논문 한 곳에서 '브라운 운동(brownian motion, 미립자들이 용액 안에 떠 있을 때 가만히 있지 않고, 불규칙하게 마구 움직이는 현상)'으로 알려진 기이한 현상을 설명했다. 아인슈타인은 미립자들이 불규칙하게 마구 움직이는 이유는 그것들이 부유하는 용액의 분자운동 때문이라는 견해를 취했다. 그의 이론적인 분석을 통해, 원자나 분자를 직접 눈으로 확인할 수는 없지만 용액 속에 떠 있는 미립자들의 속성으로부터 그 존재를 추론할 수 있다는 사실이 확실하게 드러났다. 이것은 뉴턴의 중력이론과 매우 흡사하다. 뉴턴은 관찰할 수 있는 현상을 토대로 합법적인 과학적 추론의 과정을 거쳐 관찰 불가능한 실재인 중력의 존재를 찾아냈다. 원자도 눈에 보이지 않지만 그 존재를 추론할 수 있었다. 그러나 추론의 과정은 매우 힘들었고, 경험적 확증을 요구하는 또 다른 가설들을 발생시켰다.

도구주의 (Instrumentalism)

도구주의는 과학적 개념들과 이론들은 단지 유용한 도구일 뿐이며, 그것이 참인지 거짓인지, 또는 현실을 얼마나 정확하게 묘사하는지가 아닌 얼마나 효율적으로 현상들의 상호 관계를 밝히고 예측하는지에 따라 그 가치를 평가받을 수 있다고 주장한다. 그것들은 관찰 불가능한 실재를 참되게 묘사하는 것이 아니라, 단지 관찰결과를 체계화하는 유용한 도구일 뿐이다. 과학적 이론은 관찰된 자료들을 통해 예측된 결과를 도출하는 규칙이나 원리, 또는 일종의 계측기와 같은 역할을 한다고 이해하는 것이 가장 좋다.

'기체의 분자운동 모형'에 관한 에른스트 네이글(Ernest Nagel)의 설명을 살펴보면 도구주의의 뚜렷한 특징을 분명하게 확인할 수 있다. 이 모형은 기체의 분자들을 당구공처럼 탄력이 없는 구형 물체로 간주하는데, 네이글은 이런 접근방식은 관찰결과의 의미를 밝히는 데 유용한 도구일 뿐이라고 주장한다.

기체가 빠르게 움직이는 분자들의 체계라는 이론은 관찰되었거나 관찰할 수 있는 실재를 묘사한 것이 아니다. 이 이론은 특정한 목적을 위해 기체의 압력과 온도와 같은 관찰 가능한 실재들을 상징적으로 나타내는 방식을 기술한 일종의 규칙에 해당한다. 이 이론은 무엇보다도 기체에 관한 특정한 경험적 자료들이 언제, 어떻게 공급되고 통합되어 그런 설명이 확립되었는지를 보여줌으로써 정해진 도수까지 기체의 온도를 높이는 데 필요한 열량을 계산하도록 도와준다(즉 우리는 기체의 구체적인 온도를 측정할 수 있다).[6]

이처럼 과학적 개념이 자연세계를 관찰한 결과에 근거하는 것은 분명하지만, 그렇다고 관찰 사실과 동일시되거나 그 정도로 축소될 수 없다. 스티븐 툴민(Stephen Toulmin)도 과학자는 전자(electron)와 같은 물체의 '존재'나 '실체'를 언급하기보다, 그런 표현들이 참된 실재를 가리키지 않음을 인식해야 한다고 주장했다. 과학이론은 심화연구를 촉진시키거나 향후 체계의 작동방식을 예측한다는 관점에서 어떻게 관찰결과를 체계화하는지와 관련이 있다.

바스 반 프라센(Bas van Fraassen)은 좀 더 최근에 구조주의의 개념들을 일부 포함해 '구성적 경험론(constructive empiricism)'이라는 이론을 제시했다. 그는 세상의 모습을 있는 그대로 정확하게 묘사하는 것이 과학의 목표라고 주장하는 실재론과 그가 주장하는 '구성적 경험론'을 구별했다. 구성적 경험론에서 한 이론을 수용한다는 것은 그 이론이 주장하는 '진리'가 아니라 그 이론이 관계된 현상을 적절히 보존한다는 신념을 수용하는 것이다.

경험주의자가 된다는 것은 실제적이고 관찰 가능한 현상들을 넘어서는 것이 존재한다는 신념을 거부하는 것이며, 자연에 어떤 객관적인 양상은 없다고

---

[6] Ernest Nagel, *The Structure of Science: Problems in the Logic of Scientific Explanation*. London: Routledge and Kegan Paul, 1979, p. 129.

인정하는 것이다. 경험주의자는 과학이란 오직 실제적이고 관찰 가능한 경험적 세계에 대한 진실을 탐구하는 것이라고 여긴다.…… 경험주의는 비(非)실제적이고 관찰 불가능한 실재에 관한 진리를 근거로, 관찰 가능한 자연의 과정에 존재하는 규칙성을 설명하는 것은 과학적 탐구과제가 아니라고 간주하여 단호히 거부한다.[7]

따라서 전자와 같은 이론적인 실재나 '자연법칙'에 관해 말하는 것은 과학적 논의에 부당하고 불필요한 형이상학적 요소를 도입하는 것이다.

그러나 역사적으로 과학에 관한 도구주의적 이해는 시간이 지나면서 종종 실재론적 이해로 변형되었다. 태양계에 관한 코페르니쿠스와 케플러의 이론이 대표적이다. 처음에는 과학자와 비과학자를 막론하고 많은 사람이 코페르니쿠스의 지동설을 계측 도구로 이해했다. 그들은 코페르니쿠스의 이론을 '실제적인' 것으로 간주하기에는 너무나도 많은 문제가 있다고 생각했다. 안드레아스 오지안더(Andreas Osiander)는 코페르니쿠스의 『천체의 회전에 관해(1543)』에 덧붙인 유명한 머리글에서 그의 이론이 천문학적인 계측에 유익하게 사용할 수 있는 훌륭한 가설일 뿐, 실제 세계와 꼭 들어맞는 것은 아니라고 말했다. 코페르니쿠스는 관찰결과와 일치하는 유용한 수학적 모형을 제시했을 뿐이다. 그의 이론이 '현상을 잘 나타낸' 것은 사실이지만, 그렇다고 해서 독자들이 지동설을 꼭 받아들여야 할 필요는 없었다.

천문학자의 임무는 신중하고 능숙한 관찰을 통해 천체 운행의 역사를 확립하고 나서, 그런 운행의 원인이나 그와 관련된 가설을 생각하고 고안하는 것이다. 그는 지금으로서는 어떤 식으로든 진리에 도달할 수 없기 때문에 그런

---

[7] Bas C. van Fraassen, *The Scientific Image*. Oxford: Oxford University Press, 1980, pp. 202-203.

가설들은 단지 기하학의 원리를 토대로 과거와 미래의 천체 운행을 정확하게 계산할 수 있게끔 도와줄 뿐이다. 이 책의 저자는 이 두 가지 임무를 훌륭하게 수행했다. 이 가설들은 사실일 필요도 없고, 심지어는 개연성을 지닐 필요조차 없기 때문에 관찰된 결과와 일치하는 계산법만 제공한다면, 그것으로 충분하다.[8]

그러나 지동설과 관련된 관찰 증거가 차츰 늘어나면서 도구주의적인 접근방식이 실재론으로 미묘하게 바뀌었다. 갈릴레이와 뉴턴을 통한 물리학의 발전, 망원경의 발명을 통해 이루어진 새로운 관찰자료들로 인해 지동설이 도구주의적이 아닌 실재론적으로 해석되기 시작했다. 지동설은 단지 태양계에 관한 편리한 생각이나 수학적 계산을 가능하게 하는 유용한 규칙이 아니라, 있는 그대로의 사실이었다. 태양계는 실제로 태양을 중심으로 한 체계였다.

실재론에 관한 논쟁과 신학

이런 논쟁들이 신학과 무슨 관련이 있을까? 아마도 가장 중요한 지점은 과학 철학에서 확인되는 이론들이 신학에서도 비슷하게 나타난다는 사실이다. 비실재론을 주장한 대표적인 인물은 급진적인 종교철학자 돈 커핏(Don Cupitt)이다. 그는 "객관적이고 영원한 진리라는 개념을 버리고, 모든 진리를 인간이 즉흥적으로 만들어낸 것으로 간주해야 한다."라고 주장했다. 우리는 실재에 반응한다기보다 우리가 실재로 간주하기로 택한 것을 창안할 뿐이다. 실재는 우리가 반응하는 무언가가 아니라 우리가 구축한 무언가이다. "우리는 모든 세계관을 구축하고 모든 이론을 만든다. …… 우리가 그것들을 의존하는 것이 아니라 그것들이 우리에게 의존한다."[9]

---

8) Nicolas Copernicus, *de revolutionibus orbium coelestium libri vi*. Nuremberg, 1543, praefatio.
9) Don Cupitt, *Only Human*. London: SCM Press, 1985, p. 9.

그런데 자연과학을 연구하는 신학자들은 실재론적으로 신학에 접근했을 때의 장점을 선호하는 경향이 있다. 예를 들어, 스코틀랜드 신학자 토머스 토렌스(Thomas F. Torrance)는 엄격한 형태의 신학적 실재론을 확립한 후, 신학은 실재적 사실을 설명한다고 주장했다. 이언 바버, 아서 피콕, 존 폴킹혼은 인식의 과정에서 인식아가 능동적인 역할을 한다는 윌리엄 제임스의 이론에 근거한 비판적 실재론의 형태를 채택했다. 폴킹혼은 1996년 예일대에서 개최된 테리 강좌에서 '비판적 실재론'을 상당히 상세하게 진술했는데, 자신이 단순한 실재론자가 아닌 비판적 실재론자인 이유를 분명하게 밝혔다.

> 나는 과학의 진보가 단지 물리적 세계를 능숙하게 다루는 능력만이 아니라 과학의 실제적인 본질에 관한 지식을 얻는 능력과 관계가 있다고 생각한다. 한 마디로 나는 실재론자다. 물론 그런 지식은 매우 부분적이고, 언제라도 교정될 수 있다. 우리가 얻는 것은 절대적 진리가 아닌 사실과 같은 진리다. 우리의 방법론은 경험으로부터 엄밀하게 추론하는 것이 아닌, 경험을 창의적으로 해석하는 것이다. 따라서 나는 비판적 실재론자다.[10]

여기에서 주목할 것은, 과학의 과제는 수동적 관찰이 아닌 세상을 능동적으로 해석하는 것이라는 폴킹혼의 인식이다. 그는 "이론과 행위는 과학적 사고 안에서 떼려야 뗄 수 없는 관계를 맺고 있다."라는 깨달음의 중요성을 강조했다. 그러므로 과학적 '사실들'은 의식적으로든 무의식적으로든 이미 해석된 것으로 간주해야 한다. "이론과 실험은 필연적으로 계속해서 저절로 순환하면서 상호 관계를 맺을 수밖에 없다."[11]

---

10) John Polkinghorne, *Belief in God in an Age of Science*. New Haven, CT: Yale University Press, 1998, p. 104.
11) John Polkinghorne, *Belief in God in an Age of Science*. New Haven, CT: Yale University Press, 1998, pp. 105-106.

알리스터 맥그래스(1953년 출생)는 사회과학자 로이 바스카(Roy Bhaskar)의 실재를 계층화한 통찰을 근거로 약간 다른 형태의 비판적 실재론을 발전시켰다. 실재의 계층화란 과학을 비롯해 모든 학문은 그 자체의 독특한 특성에 따라 실재를 설명해야 할 고유한 의무가 있다고 강조한다. 맥그래스는 『인간 이성의 영역들(Territories of Human Reason)』에서 신학을 비롯한 다양한 학문과 과학이 어떻게 구체적인 연구대상을 염두에 두고 그 나름의 독특한 연구방법을 개발했는지 탐구했다.

이 점은 매우 중요하기 때문에 좀 더 살펴볼 필요가 있다. 하나의 '과학적 방법'이 존재할까? 아니면 개개의 자연과학이 각자의 구체적인 탐구영역에 근거해 그 나름의 독특한 접근방식을 개발해야 할까? 만일 그렇다면, 이것은 신학과 관련해 어떤 의미를 지닐까?

설명, 존재론, 인식론: 연구방법과 실재에 관한 탐구

모든 학문은 본질적으로 동일한 방법을 사용해 실재를 탐구하는가? 아니면 구체적인 탐구영역에 맞게 개발한 방법을 사용하는가?

어떤 저술가들은 '과학적 방법(scientific method)'이라는 단수형 표현을 사용해 자연과학이 모두 본질적으로 똑같은 연구방법을 사용한다고 암시한다. 이런 접근방식은 옥스퍼드대 물리학자로서 과학의 대중화에 앞장선 피터 앳킨스의 글에서 발견된다. 그는 독특한 '과학적 방법'을 사용해 전례 없이 확실한 방식으로 모든 것을 탐구할 수 있다고 주장했다. 그러나 그의 접근방식은 개별적인 과학들의 독특한 특성과 목표를 옳게 설명하지 못했고, 결과적으로 그것들을 모두 하나의 '단일 과학'으로 축소시켜 저마다의 고유한 정체성과 역사와 탐구 목표를 간과하는 잘못을 저질렀다. 유일한 '과학적 방법'이라는 개념은 오랜 역사 연구와 자연과학의 성과를 통해 그 가치를 차츰 상실해 왔다. 이제는 구체적인 탐구 목표에 따라 다양한 방법이 개발되어 활용되고 있다. 천문학, 생화학, 심리학 모두 자연과학에 해당하지만, 각자의 탐구영역에 다른 연구수단을 적용하고 있다.

앞서 언급한 대로, 베르너 하이젠베르크는 "우리가 관찰하는 것이 자연 자체가 아닌 우리의 탐구방법을 통해 밝혀진 자연이라는 점을 기억할 필요가 있다."라고 말했다.[12] 아무런 수정 없이 모든 과학에 적용할 수 있는 일반화된 과학적 방법은 존재하지 않는다. 어떤 자연과학이든 그 안에서 발견되는 특별한 접근방식의 배후에는 일정한 일반원리들이 놓여 있다고 말할 수는 있지만, 탐구대상의 특성이 그 접근방식을 결정하기 마련이다. 개개의 과학은 제각기 서로 다른 대상을 다루기 때문에 대상의 독특한 특성에 따라 그것에 반응할 의무가 있다. 특정한 연구대상에 적절한 방법을 모든 연구대상에 무작정 적용할 수는 없다. 개개의 과학은 저마다 자신의 연구대상의 특성에 적절할 것이라고 믿는 방법과 절차를 발전시킨다. 그러나 개개의 연구방법은 단지 더 큰 대상의 일부만을 탐구해 밝힐 뿐이다. 그 결과는 정확하고 믿을 만하겠지만 완전하지는 않다.

자연과학이 다양한 방법과 합리적인 판단기준을 채택한다는 생각은 과학 현장에서 폭넓은 지지를 받고 있다. 생물학자 스티븐 로즈(Steven Rose)는 자신의 분야에서 세상을 연결하고 설명해야 하는 과학적 과제를 돌아보면서, 이를 위해서는 다양한 방법이 필요하다고 언급했다. 그는 "모든 생물학자가 그렇듯이 나도 유물론자로서 우리가 존재론적 단일체에 해당하는 세상에 살고 있다는 견해를 지지한다. 그러나 나는 또한 인식론적 다원주의를 받아들여야 한다."라고 말했다.[13] 우리는 모든 인식 활동을 '하나의 근본적인 방법'으로 축소

---

12) Werner Heisenberg, *Physik und Philosophie*, Stuttgart: Hirzel, 2007, p. 85.
13) Steven Rose, 'The Biology of the Future and the Future of Biology,' in *Explanations: Styles of Explanation in Science*, John Cornwell 편집, Oxford: Oxford University Press, 2004, pp. 125-142; 인용된 부분은 pp. 128-129에 있음.

시킬 수 없다. 오히려 우리는 특정한 과제와 상황에 적합한 개념적인 도구 상자를 사용해 우리의 세상을 가능한 한 완벽하게 설명하려고 노력해야 한다.

로즈는 "다섯 명의 생물학자 비유"를 들어 자신의 요점을 설명했다. 제각기 생물학의 한 부분을 담당한 학자들이 개구리 한 마리가 연못에 뛰어드는 모습을 목격하고는, 각자 자기 분야의 관점에서 관찰 사실을 설명했다. 생리학자는 뇌에서 발생한 욕구가 개구리의 다리 근육을 자극했다고 설명했고, 생화학자는 섬유상 단백질의 속성 때문이에 개구리가 뛰었다는 보완 설명을 내놓았다. 발달 생물학자는 개구리의 뛰는 능력을 거론하면서 신경계와 근육을 움직인 생물학적 과정을 지적했고, 동물 행동학자는 숨어 있는 포식자인 뱀을 피하기 위해 개구리가 뛴 것이라고 말했으며, 진화 생물학자는 뱀을 발견하고 피할 수 있었던 개구리의 조상들만이 자연선택의 과정을 통해 생존해 번식할 수 있었을 것이라는 설명을 덧붙였다. 로즈의 요점은 간단하다. 다섯 가지 설명은 모두 온전한 설명의 한 부분이라는 것이다. 다섯 명의 학자가 모두 옳다. 그들은 서로 다른 연구방법을 적용해 전체의 부분들을 밝혀냈다. 그들 중 자신의 방법만으로 전체를 온전하게 밝힌 사람은 아무도 없다.

로즈의 비유는 관점의 다양성을 인정함으로써 통합된 이론적 설명을 발전시켜 나가는 과정에서 고려해야 할 문제들을 발견하도록 돕는다. 다섯 가지 접근방식은 제각기 개구리가 뛰는 동작에 관한 특정한 관점을 제공한다. 이 관점들에는 그 학문들의 독특한 방법과 주안점이 반영되어 있다. 이것들을 '허구'라거나 현상에 대한 도구적 설명으로 간주할 필요는 없다.

이 학문들 사이에서 다양한 방법론이 전개된다. 물리학, 진화 생물학, 심리학은 각자의 표현방식과 방법과 절차를 활용해 독특한 방식으로 자연을 탐구한다. 자연과학은 저마다 자신의 탐구대상에 적합하거나 적절한 방법과 표현방식을 발전시킨다. 대상이 복잡할수록 더 많은 차원의 설명이 요구된다. 인간의 육체가 대표적인 경우다. 인간의 육체를 대상으로 해부학, 생리학, 심리학 등 다양한 차원의 탐구가 이루어질 수 있다. 제각기 전체의 한 측면을 밝혀 낼 뿐, 혼자서 완전한 설명을 제시할 수는 없다.

그렇다면 과학적 방법이 학문에 따라 다를 수 있다는 개념은 신학과 관련해 어떤 의미를 지닐까? 1930년대 스위스 개신교 신학자 칼 바르트(Karl Barth)는 기독교 신학의 독특한 자료와 판단기준과 방법을 인정해야 한다고 역설했다. 신학도 다른 학문들처럼 자신만의 자료와 판단기준에 의존한다. 그러나 독일 철학자 하인리히 숄츠(Heinrich Scholz)는 신학도 다른 모든 학문들과 똑같은 판단기준을 근거해야 한다고 주장했다. 숄츠는 모든 연구 분야에 적용되는 단 하나의 합리적인 방법이 존재한다는 계몽주의 사상에 영향을 받았다. 바르트에 따르면, 기독교 신학이 '과학적인' 이유는 보편적이라고 추정되는 방법을 따라서가 아니라, 탐구대상에 적절한 방법을 따르기 때문이다.

토머스 토렌스는 자연과학을 폭넓게 활용해 자신의 신학적 입장을 개진하고, 신학적 방법의 독특성을 확언했던 신학자였다. 이런 입장은 탐구대상과 탐구방법의 관점에서 기독교 신학의 독특성을 강조했던 토렌스의 『신학적 과학(Theological Science, 1969)』이라는 책에서 가장 잘 확인할 수 있다.

> 신학은 하나님에 관한 지식을 추구하는 독특한 과학으로, 오직 그 자체의 용어로만, 그리고 우리의 존재 속에 그것이 알려지며 창조되는 실제적 상태에서만 이해되는 대상의 독특성으로 인해 다른 과학들과 구별된다.[14]

토렌스에 따르면, 기독교 신학과 자연과학 모두 자기 밖에 있는 실재에 반응하며, 자신이 이해해야 할 실재에 의해 형성된다. 과학을 비롯해 모든 학문은 '대상의 독특한 특성에 따라' 실재를 설명해야 할 의무가 있다. 존 폴킹혼도

---

14) Thomas F. Torrance, *Theological Science*. London: Oxford University Press, 1969, p. 281

이와 비슷한 입장을 개진했는데, 그는 "보편적인 인식론은 존재하지 않는다. 실재들은 단지 그 독특한 특성에 적합한 방법을 통해서만 알 수 있다."라고 말했다.[15]

토렌스는 과학자든 신학자든 "주어진 대상의 특성에 따라 사고해야 할" 의무가 있다고 생각했다.[16] 이는 탐구과정에서 탐구해야 할 대상의 목소리를 들어야 한다는 뜻이다. 과학의 독특한 특징은 탐구대상에 적절한 방식을 사용해 실재를 정확하고 객관적으로 설명하는 것이다. 따라서 신학과 자연과학 모두 철학의 첫 번째 원리에 근거한 '선험적' 사색이 아닌, '주어진 대상'에 반응하는 '후험적' 활동으로 이해해야 한다. 자연과학의 경우는 '주어진 대상'이 자연세계이고, 신학적 과학의 경우는 그리스도 안에 나타난 하나님의 자기 계시이다.

'설명'에 관한 사례연구: 낸시 머피의 '비환원적 물리주의'

그리스도인들은 인간의 본성을 어떻게 이해할까? 기독교 인간론의 본질적인 특성은 무엇일까? 미국 철학자 낸시 머피(Nancey Murphy)는 (자신이 만든 개념인) "인간의 '존재론적 구성 요소'에 관한 논쟁"에 크게 기여했다. 중세시대에 분명히 진술된 대로, 이 물음에 대한 전통적인 기독교의 답변은 '육체'와 '영혼(anima)'을 구별하는 것이다. 인간은 이 영적 실재를 소유한 이유로 다른 모든 생물과 무생물로부터 구별된다. 이 개념은 성경적 근거를 지니기 때문에 정확한 사실이라는 주장이 제기되었다. 예를 들어, 신약성경은 일반적으로 '육체와 영혼'을 언급하고, 때로는 '몸, 영, 혼'을 언급하기도 한다. 중세의 저술가들은 '육체'는 인간의 물리적이고 물질적인 부분을 가리키는 의미로, '영혼'은 육체 안에 거하는 비물질적인 영원한 영적 실재로 각각 이해했다.

---

15) John Polkinghorne, *Belief in God in an Age of Science*. New Haven, CT: Yale University Press, 1998, pp. 105-106.
16) Thomas F. Torrance, *Theology in Reconstruction*. London: SCM Press, 1965, p. 9.

여기에서 좀 더 논의해야 할 두 가지 물음이 제기된다. 첫째는 "성경의 인간론적 진술을 꼭 그렇게만 해석해야 하는가?"이다. 20세기 많은 학자들이 비물질적인 영혼의 개념이 성경적 개념이 아닌 헬라적 개념이라고 지적했다. 인간에 관한 히브리적 개념은 다각적인 양상과 측면을 지닌 단일한 실재, 곧 불가분의 심신일체(心身一體)였다. 구약성경은 인간을 '육신을 입은 영혼이 아닌, 생기를 부여받은 육체'로 간주했다[휠러 로빈슨(H. Wheeler Robinson)].[17] 둘째는 "'영혼'과 같은 개념이 설 자리를 없애는 현대 신경과학은 전통적인 견해에 어떤 도전을 제기하는가?"이다. 성경 해석의 최근 동향과 신경과학의 발전을 고려하면 인간의 본성을 어떻게 이해해야 할까?

머피는 이 두 질문, 특히 두 번째 질문을 파고들었다. 그녀는 영국 신학자 제임스 던(James D. G. Dunn)의 견해를 좇아 성경 저자들은 육체, 영, 혼, 정신과 같은 인간의 형이상학적인 구성 요소를 나열하는 데 관심을 기울이지 않았다고 주장했다. 그들의 우선적인 관심은 관계, 특히 하나님과의 인격적인 관계에 있었다. 머피는 영적이거나 비물질적인 구성 요소를 전제하지 않는, 인간에 대한 '물리주의적' 설명의 필요성을 강조했다. 예를 들어, 그녀는 인간 존재의 측면들을 묘사한 성경 용어들이 헬라의 철학적 관점에서 해석되었고, 결국에는 인간의 구성 요소를 가리키는 의미로 축소되기에 이르렀다고 옳게 지적했다. 머피는 주요 철학에서 이루어지는 '물리주의'에 관한 좀 더 폭넓은 논의를 토대로 이 문제들을 살폈다. 그런 논의에서는 정신적 인과관계나 의식적 사건들에 관한 물리주의적 접근방식이 기본적인 입장으로 다루어졌다.

그렇다면 이는 인간의 본성에 관한 환원주의적 설명으로 이어지는가? 머피는 인간에 대한 순수한 물리주의적 설명을 받아들이기 주저하는 사람들이 많고, 또 그런 설명이 우리가 특히 중요하게 여기는 인간적 삶의 측면들의 존재

---

17) H. Wheeler Robinson, 'Hebrew Psychology,' in *The People and the Book*, A. S. Peake 엮음. Oxford: Clarendon Press, 1925, p. 362.

나 의미나 가치를 부인하는 것처럼 보일 때가 많다는 점에서 이 질문을 신중하게 생각해야 한다고 지적했다. 인간의 본성에 관한 환원주의적 설명은 인간의 존엄성과 신학적 위치에 관한 전통적인 신념과 관심사를 의문시하는 것처럼 보인다. 따라서 머피는 '환원주의'라는 용어가 지닌 다양한 의미를 아래와 같이 구별했다.

1. '방법론적 환원주의'는 대상을 부분으로 나눠 면밀하게 조사하고 분석하는 연구전략이다.
2. '존재론적 환원주의'는 낮은 수준의 실재로부터 더 높은 수준의 실재를 도출하기 위해 새로운 종류의 형이상학적 '구성 요소들'을 덧붙일 필요가 없다는 견해이다. 예를 들어, 이 견해는 앙리 베르그송(Henri Bergson, 1859-1941)과 한스 드리슈(Hans Driesch, 1867-1941)의 견해를 거부한다. 이들은 각자 무생물로부터 생명체를 산출(産出)하기 위해서는 부가적인 '생명력'이나 '활력'이 필요하다고 주장했다.
3. '인과적 환원주의'는 하나의 체계를 구성하는 요소들[궁극적으로, 아원자적 물리학(subatomic physics)이 연구하는 요소들]의 행동양식이 차원이 높은 모든 실재의 행동양식을 결정짓는다는 견해를 가리킨다. 만일 모든 위계적 인과관계가 상향적이라는 명제가 사실이라면, 위계적으로 상위에 속하는 과학과 관련된 법칙들은 물리학의 법칙으로 축소되어야 한다.

머피는 존재론적 환원주의를 받아들이고, 인과적 환원주의와 환원적 물질주의를 '거부'한다는 뜻에서 '비환원적 물리주의'라는 문구를 사용했다. 머피의 입장에는 인간이 불가분의 심신 일체라는 성경적 개념을 회복하는 것이 포함되는데, 이는 현대 신경과학의 견해와 분명하게 일치한다. 그러나 머피의 가장 중요한 업적은 '비환원적 물리주의'가 비판자들이 예상할 수도 있는 환원주의의 함정을 어떻게 피하는지 보여준 것이다. 여기에서 '수반(supervenience)'과 '하향식 인과관계'(또는 '전체와 부분의 인과관계')라는 두 가지 개념이 발생한다.

'수반'이라는 개념은 정신적 특성과 물리적 특성의 관계를 묘사하기 위해 1970년에 도널드 데이비드슨(Donald Davidson, 1917-2003)이 도입했다. 관념이나 생각과 같은 것이 전혀 존재하지 않는다는 것은 받아들이기 어려운 주장이기 때문에 물리주의자들은 종종 관념과 생각이 물질적인 대상에 '수반한다'고 말했다(정신적 속성이 물리적 속성과 존재론적으로 연계되어 있다는 개념-역주). 머피는 상위 질서에 속하는 체계의 행동양식이 하위 질서에 속하는 요소들의 행동양식에 의해 완전히 결정되지는 않더라도, 강하게 영향을 받는다는 점을 보여주기 위해 이 개념을 채택했다. 따라서 자유나 인간의 정신 또는 의지는 물리적인 특성과 상황으로 인해 없어지지 않는다.

또한, 머피는 환원주의를 극복하기 위해 '하향식 인과관계'라는 개념을 내세웠다. 아서 피콕과 존 폴킹혼과 같이 과학과 종교 분야를 다루는 다른 저술가들도 이 접근방식의 중요성에 주목했다. 이 접근방식은 기계적 인과론에 이의를 제기한다. 기계적 인과론은 하위 체계가 상위 속성들을 결정하기 때문에 하위 체계를 통해 상위 체계를 간단히 '설명할 수 있다'는 주장이다. 그러면 물리학으로 의식을 설명할 수도 있지만, 이는 쉽게 논박된다. 비록 하위 체계가 결정권을 갖는다고 하더라도 전체적인 체계는 개개의 요소들이 모두 통합됨으로써 형성된다. 생물학적 진화가 대표적인 경우다. 자연선택의 과정에서 유기체와 환경의 관계가 중요한 역할을 한다. 이 역할은 기계적인 '상향식 인과관계'를 근거로 예측하기가 불가능하다.

무엇을 설명한다는 것은 어떤 의미인가?

인간은 사물을 이해하기 원한다. 즉 자연이라는 복잡한 구조에서 유형을 찾아내고, 주위에서 일어나는 일을 설명하고, 삶의 의미를 성찰하기 원한다. 어떤 일이 일어났다는 사실이나 어떤 것이 존재한다는 사실을 아는 것과 그것이 일어난 이유나 존재하는 이유를 이해하는 것은 별개의 문제다. 무엇을 아는 것과 무엇이 일어난 이유를 이해하는 것은 큰 차이가 있다. 과학과 종교 모두 관찰한 것을 이해하기 원한다. 둘 다 관찰된 사실을 '가장 잘 설명하기 위해' 경험의 모호성을 극복하려고 노력한다. 물론, 과학이나 종교가 그런 해석으로 축소될 수 있다는 말은 결코 아니다. 단지 과학과 종교가 모두 설명적 차원을 포함한다는 뜻이다.

인간은 분명 우리가 사는 세계를 설명하는 일을 중요하게 생각한다. 비록 불완전할지라도, 왜 특정한 사건이 일어나며 왜 그런 식으로 일어나는지, 이 세상 사건들과 그 영향력 사이의 상호 연관성을 설명하기를 중요하게 여긴다. 세상 안에서 관찰되는 것들과 우리 안에서 이루어지는 경험을 합리적으로 설명할 수 있다는 신념은 보편적인 인간의 직관적 지식일 것이다. 그런 설명을 발견하는 일, 즉 사물을 이해하는 일은 현실을 다루는 인간 행위의 한 필수적 측면이다.

자연과학은 우리가 우주 안에서 관찰한 것을 증거에 근거해 설명하는 학문으로 널리 알려져 있다. 과학은 자연의 이해 가능한(intelligibility) 기본속성을 밝혀내는 학문으로, 자연세계의 사건과 실재의 배후에 있는 구조와 유형을 찾아내는 것을 목표로 한다. 이를 아래와 같이 요약한 과학철학자 피터 디어(Peter Dear)의 말은 과학계 내에서 폭넓은 동의를 얻을 것이다.

> 자연철학의 특징은 이해 가능성을 강조하는 것이다. 과학철학은 자연현상들을 파악해 논리적으로 통합하고, 옳게 보이거나 의미를 지닌 것처럼 보이는 개념들과 가설들을 근거로 자연스러워 보이는 견해를 제시하려고 시도한다.[18]

---

18) Peter R. Dear, *The Intelligibility of Nature: How Science Makes Sense of the World*. Chicago: University of Chicago Press, 2006, p. 173.

어떤 사람들은 자연의 이해 가능성 자체가 설명을 요구한다고 주장한다. 인간의 정신이 우주의 심오한 합리성을 포착하는 것은 어째서인가? 그럴 만한 좋은 이유가 없어 보이는데도 말이다. 예를 들어, 위대한 독일의 물리학자 막스 플랑크(Max Planck)는 "우리 자신이 자연의 일부이며, 또한 우리가 해결하려고 노력하는 비밀의 일부이기 때문에" "과학은 자연의 궁극적인 비밀을 알아낼 수 없다."라고 말했다.[19]

존 폴킹혼은 이 점을 좀 더 발전시켜, 인간이 우주를 이해하는 능력을 지닌 이유를 파악하는 데 있어 필요한 지성적인 틀을 기독교가 제공한다고 주장했다. "신학은 창조주의 생각이 세상의 놀라운 질서를 만들어낸 원천이라는 이해를 토대로 이 발견을 이해하도록 돕는다."[20] 신학은 좀 더 깊고 넓은 이해 가능성의 범위 안에 과학적 통찰을 위치시키고, 현실에 대한 객관적이고 주관적인 설명을 통합하는 틀을 제공한다. 우리는 과학을 "하나님이 제공하신 좀 더 깊고 넓은 이해 가능성의 범주 안에서 살펴볼 필요가 있다."

관찰결과에 대해 과학적 설명을 제시하는 것이 무슨 의미인지 이해하려는 시도는 일찍이 르네상스시대부터 시작되었지만, 그것이 진지한 철학적 논제로 부상한 것은 19세기 초, 특히 영국 철학자 윌리엄 휴얼(William Whewell, 1794-1866)의 글을 통해서였다. 휴얼은 『귀납적 과학의 철학(Philosophy of the Inductive Sciences)』에서 과학자가 일련의 관찰결과를 이해하려고 노력할 때 어떤 일을 하는지 설명했다. 그는 관찰결과에는 자신이 "무의식적인 추론"으로 일컬은 것이 포함된다고 말했다. 이것은 우리가 일련의 개념들을 토대로 관찰한 결과를 무의식적 혹은 자동적으로 해석하려는 경향이 있다는 뜻이다. 휴얼은 우리가 관찰과정에 무엇인가를 더한다고 지적했다. 다시 말해, 우리는 경험적 관찰결과들에 조직적 원리를 '덧붙여' 그것들이 서로 연관되어 보이게 만들 수

---

19) Max Planck, *Where Is Science Going?* New York: W.W. Norton, 1932, p. 173.
20) John Polkinghorne, *Theology in the Context of Science*, London: SPCK, 2008, p. xx.

있다. 줄로 진주들을 꿰어 목걸이를 만드는 것처럼, 하나의 좋은 이론을 통해 서로 무관해 보이는 관찰결과들을 '종합(colligate)'할 수 있다. 휴얼은 이론을 통해 "현상들을 하나로 묶는 진정한 통합의 끈"을 확인하고 밝힐 수 있다고 말했다.[21] 이처럼 이론은 경험적 관찰결과들의 상호 연관성을 파악할 수 있는 사고 체계를 첨가함으로써 그것들을 설명하는 기능을 한다.

설명에 대한 존재적, 인식적 접근방식

20세기 말에 과학적 설명에 관한 두 가지 중요한 접근방식이 제기되었다. 지금은 일반적으로 '존재적(ontic)' 방식과 '인식적(epistemic)' 방식으로 일컬어지는 접근방식이다. 이 두 방식의 차이를 구별한 사람은 과학철학자 웨슬리 새먼(Wesley Salmon)이다. 그에 따르면 설명에 대한 존재적 접근방식에는 설명의 대상인 현상들이 일어나는 구조와 과정을 세상 안에서 밝혀내는 것이 포함된다. 인식적 접근방식은 현상들을 어떤 정보성 맥락 안에 둠으로써 이해 가능하고, 예측 가능하고, 인식 가능하게 하는 것이 설명이라고 주장한다. 결국 경험적 관찰들을 체계화하고 그것들을 일관된 모형에 맞추는 어떤 정신적 틀을 우리가 만들거나 형성한다는 것이다. 이처럼 새먼은 설명의 근거를 관찰자 외부에서, 곧 자연의 구조 안에서 찾는 존재적 방식과, 설명을 인간 정신이 개념적 구조에 근거해 형성한 인간의 인식적 성취로 보는 인식적 방식을 대조했다. 사실 설명에 관한 접근방식 가운데는 존재적 요소와 인식적 요소가 혼합된 경우가 많다. 그럼에도 이 두 가지 방식을 구분하는 것은 여러모로 유익한 측면이 있다.

가장 단순한 존재적 방식은 인과적 설명이다. A가 B를 일으키는 원인이라면 A로 B를 설명할 수 있다. 새먼은 과학적 설명에 대한 이러한 접근방식은

---

21) William Whewell, *Philosophy of the Inductive Sciences* (2 vols). London: John W. Parker, 1847, vol. 2, p. 46.

"기본적인 인과성이 세상을 이해하는 열쇠를 쥐고 있다."라는 가설에 근거한다고 지적했다.[22] 인과적 과정과 인과법칙은 세상이 작동하는 방식을 보여준다. 어떤 현상이 일어나는 이유를 이해하려면, 이 작동방식을 통해 그 현상이 어떻게 야기되는지 살펴봐야 한다. 따라서 사건을 설명하는 것은 인과적 역사에 관한 정보를 제공하는 것을 의미한다. 여기에서 사건의 원인이 다양할 수 있음을 기억하는 것이 중요하다. 예를 들어, 사과가 땅에 떨어지는 이유만 해도 중력 때문에, 가지가 썩어서, 우연히 가지 위에 내려앉은 새 때문에 등 다양한 원인이 있을 수 있다. 인과적 연결고리에는 다양한 요인이 포함되기에 어떤 사건에 한 가지 이유만을 적용하기 어렵다.

한편, 인식적 방식은 과학이 세상에 관한 통합된 그림을 제공함으로써 설명이 성립된다는 신념에 근거한다. 과학적 설명은 다양한 현상에 대한 통합적 설명을 제시한다. 한 가지 현상을 이해하려면, 그것이 통합된 전체 안에서 다른 현상들과 어떻게 일치하는지 살핀 후, 겉으로 드러나는 다양한 현상들 밑에 있는 근본적인 통일성을 식별해야 한다. 필립 키처(Philip Kitcher)는 자연 속에서 설명의 토대가 되는 공통된 유형을 식별하는 것이 중요하다고 강조한 많은 과학철학자 가운데 하나다.

> 현상들을 이해하는 것은 단순히 '근본적으로 이해할 수 없는 것'을 줄여나가는 일이 아니다. 언뜻 서로 다르게 보이는 상황들 속에서 연관성, 곧 공통된 유형을 발견하는 것이다.[23]

---

22) Wesley C. Salmon, *Scientific Explanation and the Causal Structure of the World*, Princeton, NJ: Princeton University Press, 1984, p. 260.
23) Philip Kitcher, 'Explanatory Unification and the Causal Structure of the World,' in *Scientific Explanation*, P. Kitcher and W. Salmon 편집, Minneapolis: University of Minnesota Press, 1989, pp. 410-505; 인용된 부분은 p. 432에 있음.

많은 사람이, 사물의 근본적인 질서를 이해하는 존재론에서 설명적 능력의 근본적인 원천을 찾는다. 인식적 방식은 그 개념적인 틀이 세상의 구조와 일치하거나 그 안에 근거한다고 생각될 때 가장 잘 작동한다. 이런 이유로 많은 과학철학자들이 설명의 과정에는 축소할 수 없는 존재적 요소가 포함되어 있다고 주장한다. 프랑스 과학철학자 피에르 뒤엠(Pierre Duhem, 1861-1916)은 무엇을 설명한다는 것은 "휘장처럼 덮고 있는 외관을 벗겨내 적나라한 현실을 직접 보는 것"을 의미한다고 주장했다.[24] 설명은 개별적인 요소들을 알고 이해할 수 있는 '큰 그림'을 발견하는 것, 곧 사건이나 관찰결과를 더 큰 상황 속에 위치시키는 것을 의미한다.

그렇다면 무엇이 관찰결과를 가장 잘 설명하는 과학적 이론인지 어떻게 결정할 수 있을까? 관찰결과를 다양한 방식으로 설명할 수 있다는 것이 오랫동안 인정받은 사실이다. 이는 자연히 "가능한 설명 가운데 무엇이 가장 신빙성이 있는지 어떤 판단기준을 근거로 결정할 수 있을까?"라는 문제를 제기한다. 다음 단락에서는 과학이론의 선택이라는 복잡한 문제를 잠시 살펴볼 생각이다. 그러나 이 문제를 본격적으로 다루기 전에, 종교가 설명적 기능을 지니는지에 관한 문제를 간단히 살펴보기로 하자.

종교와 설명

종교는 무엇을 설명하는가? 앨빈 플랜팅거(Alvin Plantinga)는 설명 가능성은 기독교의 일차적인 관심사가 아니라고 말한 종교철학자 가운데 하나다.

> 유신론적 신앙은 설명을 등한시한다고 가정해 보자. 그러나 그것이 과연 신앙을 깎아내릴 이유나, 인식적 수준이 낮다고 말할 근거가 되는가? 유신론적 신

---

[24] Pierre Duhem, *La théorie physique: son object, sa structure*, 2nd ed. Paris: Rivière, 1914, pp. 3-4.

앙이 본래 설명적 가설로 제시된 것이 아니라면, 그것이 실제로 설명을 등한시한다고 해서 과연 비난할 이유가 되는가?[25]

이와 비슷하게 종교철학자 드위 필립스(Dewi Z. Phillips, 1934-2006)도 하나님을 믿는 신앙의 설명적 측면을 중요하게 여기지 않았다. 종교는 설명을 요구하거나 제시하지 않는다. 필립스는 철학자 루드비히 비트겐슈타인(Ludwig Wittgenstein)과 같이 신앙의 설명적 기능을 무시했다. 그러나 다른 사람들은 종교가 설명적 기능, 즉 이해를 촉구하는 기능을 수행하며, 또 그것이 신앙의 호소력과 작용방식을 이해하는 데 필수적인 역할을 한다고 주장한다. 철학자 키스 얀델(Keith Yandell)은 이런 입장을 대표하는 인물이다.

> 종교는 세상과 그 안에서 인간이 차지하는 위치에 관한 해석을 제시하고, 그 해석을 고려해 당위적 삶의 근거를 밝히고, 그런 해석과 삶의 방식을 의식과 제도와 관습을 통해 표현하는 개념적 체계에 해당한다.[26]

리처드 스윈번(Richard Swinburne)도 신이야말로 자연세계에서 관찰된 현상들의 복잡한 유형을 가장 잘 설명할 수 있는 근거라고 주장했다. "나는 과학이 설명하는 것을 설명하기 위해 신을 가정한다. 나는 과학이 설명을 제시한다는 것을 부인하지 않지만, 과학이 설명을 제시하는 이유를 설명하기 위해 신을 가정한다."[27] 그는 신이라는 존재는 세상에서 관찰된 것들을 통해 추론할 수 있다고 주장했다. 일단 신의 개념을 받아들이면, 우리 주위에서 경험하는 것들을 설명할 근거를 발견할 수 있다.

---

25) Alvin Plantinga, *Warranted Christian Belief*. Oxford: Oxford University Press, 2000, p. 370.
26) Keith E. Yandell, *Philosophy of Religion: A Contemporary Introduction*. New York: Routledge, 1999, p. 16.
27) Richard Swinburne, *Is There a God?* Oxford: Oxford University Press, 1996, p. 68.

물리학자이자 신학자인 존 폴킹혼은 종교는 과학이 제기하는 '거대 질문(metaquestion)'을 다루는 특별한 역할을 하지만, 과학이 말할 수 있는 것 이상을 제시한다고 주장했다. 물리적인 우주가 우리가 식별할 수 있는 유형과 구조를 통해 우리에게 합리적으로 명료하게 인식되는 이유는 무엇일까? 순수 수학자들이 제안하는 가장 아름다운 형태들 가운데 일부가 실제로 물리적인 세계의 구조 안에서 발견되는 이유는 무엇일까? 우주의 근본적인 구조를 그토록 정확하게 묘사한 모형을 만들어내는 수학자들의 능력을 어떻게 설명해야 할까? 과학은 우주의 합리적인 명료성을 즐겁게 활용하지만, 우주가 그런 속성을 지니는 이유를 설명하지는 못한다. 기독교는 기적이나 우연한 일로 간주될 수밖에 없는 것을 설명하는 유신론적 틀을 제공한다.

토마스 아퀴나스는 세계를 이해하는 인간의 능력과 하나님의 존재 사이에 명백한 연관성이 있다고 주장했다. 하나님은 설명적 동인(動因)으로 간주될 수 있다. 그분의 존재와 본성은 세계의 질서나 선이나 미에 관한 인식과 같이 세상에서 이루어지는 경험의 다양한 측면을 설명하는 근거가 된다. 버트런드 러셀과 프레드릭 코플스턴(Frederick Copleston)이 1948년에 벌인 유명한 논쟁에서 러셀은 우주를 설명할 필요가 없다고 주장했다. 우주는 그냥 존재하는 것이기에 그 존재의 엄연한 사실에 다른 무언가를 더할 수 없다는 논리였다. 그러나 아퀴나스는 세상이 존재하는 이유와 그런 독특한 특징을 지니는 이유를 설명하려고 노력하는 것이 합리적이라는 견해를 피력했다. 우리는 우주를 자기 외에 다른 무엇, 곧 하나님과의 관계라는 관점에서 설명할 필요가 있다. 철학자 토머스 네이글(Thomas Nagel)도 비슷한 입장을 견지했다. 그에 따르면, 제한된 설명은 "어떤 현실을 포함하거나 발생시킨 더 큰 현실의 특징들을 가리키므로" 우주의 존재는 과학적 법칙들보다 더 큰 설명적 상황을 요구한다.[28]

---

28) Thomas Nagel, 'Why Is There Anything?' in *Secular Philosophy and the Religious Temperament: Essays, 2002-2008*. Oxford: Oxford University Press, 2009, pp. 27-32; 인용된 부분은 p. 28에 있음.

아퀴나스는 "다섯 가지 신 존재 증명" 가운데 두 번째 증명에서 기본적으로 인과성에 근거한 설명을 제시했다. 그 논증은 네 단계로 구분된다.

1. 우리를 둘러싼 모든 것에는 작용인(efficient cause)의 질서가 있다.
2. 그러나 무엇도 자기 자신의 작용인일 수 없으며, 그럴 수 있다고 기대할 수도 없다.
3. 작용인이 무한히 계속되는 것은 불가능하다.
4. 따라서 최초의 작용인(prima causa efficiens)이 있어야 하며, 우리는 그를 '하나님'이라 부른다.

아퀴나스는 이 논증이 세상에서 관찰되고 경험되는 것에 대한 인과적 설명을 제공한다고 보았다. 아퀴나스의 논증은 그것이 설정된 상황 자체가 존재적 설명방식과 인식적 설명방식의 개념적 통합 형태를 전제한다. 이런 면에서 그의 접근방식은 인식적이라기보다는 존재적 접근방식에 가깝다. 물론, 그가 『신학대전(Summa Theologiae)』을 저술할 당시에는 아직 이런 개념이 형성되지 않은 상태였다.

이런 접근방식은 현대의 많은 철학자들을 통해 더욱 발전되었다. 이들은 특별한 우연적 존재들이 존재하는 이유를 설명할 궁극적인 근거가 되는 초월적인 존재가 반드시 존재해야 한다고 주장한다. 일반적으로 유신론(특별하게는 기독교)이 현실에 대한 궁극적인 설명을 가능하게 하는 이론적인 틀을 명확히 한다고 언급된다. 어떤 사람들은 세상의 존재와 성격을 설명하는 이 논의의 수용력에 근거해 이 논의를 그런 초월적인 존재가 실재한다는 것으로 발전시키자고 주장했고, 다시 기독교의 하나님과 연관시키려 했다. 어떤 사람들은 이 수용력을 그런 신이 존재한다는 지표로 삼아, 신에 대한 기독교의 이해가 지니는 설명적 역량을 입증할 접근방식을 발전시켰다. 그런데 설명에 관한 이런 특정한 접근방식은 대단히 중요한 질문을 던지는데, 즉 "우리의 세상에 대한 순전히 자연주의적이거나 유물론적인 해석이 어떻게 물리적이고 화학적인 법칙들을 통해 그 법칙들을 발견할 능력과 그 법칙들이 지배하는 우주를 이해할 능력이 있는 인간과 같은 의식적인 존재의 출현을 설명할 수 있는가?" 하는 것이다.

지금까지 설명에 관한 일반적인 유신론적 접근방식에 관해 살펴보았다. 그렇다면 기독교적 접근방식은 어떨까? 종종 언급되는 대로, 르네상스시대의 유명한 과학자들 가운데는 신학이 세상을 이해하는 상상력의 틀을 제공한다고 생각했던 사람들이 많았다. 많은 신학자들은, 인간이 '하나님의 형상'을 지녔다는 개념이 피조세계에서 하나님을 발견하는 능력이나 성향 같은 중요한 인식론적 결과들을 불러온다고 생각했다. 윌리엄 휴얼의 귀납적 과학적 방법은, 우리가 과학을 체계화하기 위해 사용하는 '근본 개념들'과 하나님이 물리적 우주를 창조할 때 사용하신 개념들이 비슷하다는 신념을 반영했다. 하나님은 이런 개념들(또는 그 '씨앗들')을 내재해 인간의 정신을 창조하셨으므로 "인간은 이 세상과 합치할 수 있고 합치해야 한다."[29]

이와 매우 흡사한 견해가 일찍이 천문학자 요하네스 케플러를 통해 좀 더 수학적인 형태로 제시되었다. 케플러는 『세상의 조화(Harmonies of the World, 1619)』에서 인간이 '하나님의 형상'으로 창조되었다는 신학적 '기정사실'로 인해, 우리는 수학적으로 사고하고 그런 식으로 창조된 질서의 구조를 이해하려는 성향을 지니게 되었다고 주장했다.

기하학은 태초부터, 심지어는 태초 이전부터 신적 사고의 일부였다(왜냐하면, 하나님에게서 나온 것은 무엇이든 다 그분 안에 있는 것일 테니까). 따라서 하나님은 기하학을

---

29) William Whewell, *On the Philosophy of Discovery*. London: Parker, 1860, p. 359.

세상 창조의 원형으로 이용하셨고, 그분의 형상으로 창조된 인간에게도 그것이 전이되었다.[30]

케플러의 연구는 많은 점에서, 특히 세계의 본질에 대한 과학적 성찰에 있어 화음이라는 음악적 개념을 사용한 마지막 주요 과학적 연구였다는 점에서 상당히 흥미롭다.

종교의 설명에 관한 필립 클레이턴의 견해

클레어몬트신학교의 신학 교수이자 클레어몬트대학원 철학과 종교 교수로 재직 중인 미국의 종교철학자이자 과학철학자 필립 클레이턴(Philip Clayton)은 과학과 종교의 설명방식과 규칙의 관계를 신중하게 생각했다. 처음 출판된 클레이턴의 주요 저서는 과학과 종교의 설명을 다룬 연구서였다. 『설명—물리학에서부터 신학까지: 합리성과 종교에 관한 에세이(Explanation from Physics to Theology: An Essay in Rationality and Religion, 1986)』는 '설명'이란 개념을 종교적으로 의미 있게 고정한 강력한 사례를 만들었다고 널리 알려져 있다.

클레이턴은 당시에 종교철학 내에 만연했던 경향, 즉 종교를 설명적 능력이 결여된 것으로 취급하는 경향을 논박했다. 이런 경향은 특히 루드비히 비트겐슈타인(1889-1951)의 글에서 발견되는데, 그는 제임스 프레이저(James Frazer)의 『황금 가지(Golden Bough)』를 신랄하게 비판해 종교철학에 상당한 영향을 미친 것으로 유명하다. '설명 없는 종교'라는 개념을 주창한 대표적인 사례로는 앞서 언급한 드위 필립스의 글에 잘 나타나 있다.

클레이턴은 '설명'이라는 용어를 적절히 정의한다면, 종교적 신념 체계는 얼마든지 설명적 능력을 지닌다고 말하며 이런 도전에 대응했다. 당시만 해도 설

---

[30] Johann Kepler, *Gesammelte Werke* (22 vols). Munich: C. H. Beck, 1937-1983, vol. 6, p. 233.

명은 여전히 일차적으로 인과적 용어로 이해되었다. 예를 들어, 과학철학자 웨슬리 새먼은 "과학적 설명을 제시한다는 것은 사건들과 통계적인 규칙성이 세상의 인과적 관계망에 어떻게 잘 들어맞는지 보여주는 것을 의미한다."라고 말했다. 그러나 클레이턴은 설명의 인과적 개념들이 논리적 일관성이 있는 또 다른 개념들로 대체되고 있다고 옳게 지적했다. 다시 말해, '설명'이란 관찰결과를 최대한 수용한다고 입증된 지성적 틀을 제공하는 것이라고 이해할 수 있다. 설명에 관한 클레이턴의 접근방식은 그가 "최상의 설명을 도출하는 추론"이란 개념이 신학적으로 중요한 의미를 지닌다고 강조한 사실에 잘 반영된다. '최상의 설명'이 꼭 인과적 설명에 의존하는 것은 아니다. 여기서 제기되는 중요한 질문은 "관찰결과에 관한 가능한 설명 가운데 무엇이 가장 '적합'한가?"이다.

클레이턴은 종교적 설명은 개인이 자신의 경험을 이해하는 방식에 우선적으로 초점을 맞출 때가 많다는 점에 주의하면서, 종교적 직관은 특별히 '종교적' 경험으로 일컬어지는 영역에만 국한되지 않는다고 지적했다. 종교적 설명은 경험 전체를 이해하는 능력을 지닌다. 신자든 신비주의자든 만물이 합치되며 세상은 근본적으로 일관성을 지닌다고 여긴다.

무엇이 최상의 설명인지 어떻게 결정할 수 있는가?

최근 과학철학 내에서 '최상의 설명을 도출하는 추론'이라는 개념에 관한 관심이 증폭되고 있다. 이런 현상은 과학적 방법에 관한 과거의 실증주의적 견해를 결정적으로 배척하기 시작했다는 의미를 지닌다. 실증주의적 견해는 지금도 과학과 종교의 관계를 논의한 대중적인 서적들 가운데서 이따금 발견되는데, 과학이 증거와 추론을 통해 자신의 이론을 뒷받침할 절대적으로 확실한 증거를 제시할 수 있고, 또 제시해야 한다고 주장한다. 리처드 도킨스의 글에서 많이 발견되는 이 실증주의적 접근방식은 이제 매우 심각한 문제를 지닌 것으로 드러났다. 이를 기억하는 것이 중요한데, 과학적 자료들은 다양한 방식으로 해석될 수 있으며, 각각은 모두 어느 정도 증거가 되는 뒷받침을 갖고 있다. 그런데 실증주의는 올바른 생각을 지닌 관찰자라면 누구나 동의하지 않을 수 없는 단 하나의 해석만이 존재한다고 주장하는 경향이 있다. 그렇지만 실제로는 다양한 해석이 존재하기 때문에 어떻게 최상의 설명을 찾아내느냐 하는 문제가 크게 중요해졌다.

관심을 끄는 또 하나의 문제는 관찰결과와 이론이 뒤섞여 있다는 것이다. 예를 들어, 현재 추산된 우주의 나이는 138억 년이다. 그러나 역사를 연대순으로 계속해서 지켜본 자료가 없는데 그런 사실을 어떻게 알 수 있을까? 1919년에는 우주의 나이가 불명확하다거나 무한하다고 생각했던 과학자들이 대다수였고, 1929년에는 초기에 측정된 '허블상수'를 토대로 20억 년으로 추정되었으며, 지금은 138억 년으로 계산된다. 현재 추산된 우주의 나이는 '람다-시디엠 모형'으로 알려진 이론의 전제와 조건을 적용해 해석한 관찰 자료에 근거한다. 관찰 자료 자체는 우주의 나이에 관해 직접적인 정보를 전혀 제공하지 않는다. 그것들을 해석하려면 이론적인 틀이 필요하다.

여기서 요점은 과학은 우주의 나이를 직접 알아낼 수 없으며, 람다-시디엠 모형으로 관찰자료를 해석해 우주의 나이를 추정할 뿐이라는 사실이다. 멀어져 가는 은하계들의 속도와 거리는 직접 관찰할 수 없고, 다만 적색 편이와 같은 부가적인 물리이론들의 전제와 조건에 근거해 추론할 수밖에 없다. 람다-시디엠 모형도 다른 모든 과학적 모형들처럼 잠정적인 이론이기 때문에 시간이 지나면서 변화와 수정이 필요할 수 있다. 그러나 그런 변화가 언제 일어날지, 또 그로 인해 우주의 나이를 추정하는 데 어떤 영향이 미칠는지는 예측하기 어렵다.

이런 문제들을 살펴보려면, 새로운 이론을 형성하는 것과 그 이론들을 시험하는 것의 차이를 생각할 필요가 있다. 이 차이는 '발견의 논리'와 '정당화의 논리'를 대조하는 것으로 종종 표현된다.

'발견의 논리'와 '정당화의 논리'

새로운 이론들은 어떻게 형성되는가? 예를 들어, 찰스 다윈은 어떻게 자연선택을 통한 진화라는 개념을 생각하게 되었을까? 또 독일의 유기화학자 아우구스트 케쿨레(August Kekulé)는 어떻게 벤젠의 분자 구조가 순환구조를 이루고 있다는 사실을 발견했을까? 1890년, 케쿨레는 집에서 불을 쬐며 졸고 있는데 갑자기 생각이 떠올랐다고 대답했다. 그는 뱀이 자신의 꼬리를 쫓는 모습을 비몽사몽 간에 보고서 벤젠이 원형구조를 이루고 있다는 암시를 받았다고 말했다. 그는 벤젠이 그런 구조를 지녔다고 가정한 다음에, 다시 실험적 증거를 토대로 그 점을 점검했고, 마침내 만족스러운 설명에 도달했다고 결론지었다.

케쿨레가 벤젠이 순환구조를 이룬다는 개념을 생각해낸 방식은 오늘날 '발견의 논리'를 보여주는 고전적인 사례로 여겨진다. 생각해볼 가설들을 설정하는 과정을 가리키는 이 논리는, 가용한 증거들과 예측들을 근거로 그런 가설들을 점검하는 '정당화의 논리'와 구별된다. '발견의 논리'는 상상력과 창의력의 발로로서 다른 사람들이 미처 발견하지 못한 연관성을 찾아내는 활동을 가리키고, '정당화의 논리'는 새로운 이론을 엄격한 실험을 거쳐 합리적으로 비판하고 확인하는 활동을 가리킨다. 이론을 도출한 방식은 그것의 옳고 그름을 결정하는 데 궁극적인 영향을 미치지 못한다. 정말 중요한 것은 이론이 기존의 증거들을 설명할 수 있고, 더 나아가서는 알려지지 않은 새로운 발견을 예측할 수 있느냐는 것이다.

일찍부터 이런 식으로 '발견의 논리'에 접근하려 했던 시도가 하버드대의 저명한 천문학자의 아들이자 과학자였던 미국의 실용주의 철학자 찰스 퍼스(Charles Peirce, 1839–1914)에게서 발견된다. 그는 과학적 사고를 다음과 같은 '귀추적 추론(abductive inference)'의 형태로 묘사할 수 있다고 생각했다.

1. C라는 뜻밖의 사실이 관찰된다.
2. 그런데 만약 A가 사실이라면, C도 당연히 사실이 된다.
3. 그렇다면 A가 사실인지 검토할 필요가 있다.

그렇다면 C를 설명하는 A라는 가설은 어떻게 형성되는 것일까? 퍼스는 과학자들이 실제로 연구하는 방식을 관찰해보면, 그가 "영감"과 "상상력"으로 묘사한 과정을 비롯해 다양한 방식으로 이론과 가설들이 형성되는 것을 알 수 있다고 주장했다. 케쿨레가 벤젠이 순환구조를 이룬다는 것을 상상해낸 방식이 '발견의 논리'에 대한 퍼스의 설명과 잘 들어맞는다.

이와 비슷한 접근방식이, 과학적 진보라는 주제를 다룬 미국의 과학철학자 핸슨(N. R. Hanson, 1924-1967)에게서 발견된다. 핸슨은 그가 "과학적 발견의 논리"라고 지칭한 것에는 세 가지 공통된 특성이 있다고 주장했다.

1. 기존의 사고방식으로는 '변칙'으로 여길 수밖에 없는 '놀랍거나 기이한 현상들'이 관찰된다. 그런 '놀라움'을 느끼는 이유는 관찰결과가 기존의 이론적 설명과 충돌을 일으키기 때문이다.
2. 그러나 만일 특정한 가설 H가 사실이라면 그런 현상들이 더는 놀랍게 느껴지지 않을 것이다. 그런 관찰결과들은 H를 근거로 충분히 예상할 수 있고, H는 결국 그것들을 설명하는 기능을 할 것이다.
3. 그러므로 H가 옳은지 숙고할 이유가 충분하다.

핸슨도 퍼스처럼 놀랍거나 기이한 관찰결과를 과학적 발견의 근본적인 동력으로 간주했다. 그리고 바로 거기에서 "그런 관찰결과를 놀라운 것이 아닌 예측 가능한 것으로 만들어줄 이론적 관점이 존재하는가?"라는 물음이 제기된다.

이를 뒷받침하는 좋은 사례가 태양계의 행성 가운데 하나인 수성과 관련된 당혹스러운 관찰결과에 관한 아인슈타인의 설명에서 발견된다. 그 관찰결과는 뉴턴의 역학과 같은 기존의 이론으로는 설명할 수 없었다. 수성의 근일점(행성이 태양과 가장 가까워지는 지점)이 미세하지만 관찰 가능한 정도로 매년 달라지는 것이 관찰되었다. 1859년에 프랑스 수학자 위르뱅 르 베리에(Urbain Le Verrier)가 만일 수성의 질량의 절반 정도 되는 행성이 태양에서 수성보다 더 가까운 위치에 존재한다면 설명이 가능할 것이라고 주장했는데, 이 현상을 설명할 명백한 증거는 어디에도 없었다. 르 베리에는 이 가상의 행성을 '불카누스(Vulcan)'로 명명했다. 그러나 1860년대에 이 행성을 관찰했다는 거짓 보고가 몇 차례 나돌았을 뿐, 실제로 발견된 적은 한 번도 없었다.

1915년 11월, 아인슈타인은 수성의 근일점이 달라지는 이유를 자신의 새로운 일반상대성이론을 통해 정확하고 설득력 있게 설명할 수 있다고 선언했다. 그는 수성이 태양의 거대한 질량에 영향을 받은 중력장을 통과할 때 그런 현상이 생겨난다고 설명했다. 다른 행성들에서도 동일한 현상이 관측될 수 있지만, 수성이 태양과 가장 가까운 행성이기 때문에 가장 두드러져 보인다는 설명이었다.

아인슈타인의 일반상대성이론은 그때까지 알려진 당혹스러운 관찰결과를 설명하는 새로운 이론적 틀을 제공했다. 더욱이 그는 1910년대의 장비들로는 발견이 거의 불가능하겠지만 다른 모든 행성에서도 그런 현상이 관측될 것이라고 예측하기까지 했다. 그의 이론은 새로운 예측을 가능하게 했다. 그 가운데 가장 주목할 만한 것은 태양의 중력 때문에 시간과 공간이 구부러져 빛마저 휘게 만드는 '중력 렌즈 효과'였다. 뉴턴의 역학도 중력에 의해 빛이 어느 정도 휠 것이라고 예측했지만, 아인슈타인의 이론은 시공간의 왜곡으로 이를 더욱 확실하게 보완했다. 결국, 중력으로 인해 빛이 휘는 현상은 1919년의 개기 일식을 통해 확인되었고, 아인슈타인의 이론은 사실로 확증되었다.

최상의 설명을 도출하는 추론법

일반적으로 '최상의 설명을 도출하는 추론법'으로 알려진 접근방식은 일련의 관찰된 결과들에 대해 다양한 설명이 제시될 수 있다는 점을 인정하고, 그 가운데서 최상의 설명을 가려내 정당화하는 판단기준을 찾아낼 수 있다는 개념에 근거한다. 그러나 최상의 이론이 참된 이론이 아닐 수도 있다. 그것은 역사의 특정한 순간에만 통하는 최상의 이론일 수 있다. 그렇다면 무엇이 판단기준이 될 수 있을까? 지금까지 과학철학자들을 통해 이론이나 설명을 평가하는 다양한 방식이 제시되었는데, 그 가운데 가장 널리 활용되는 판단기준은 크게 세 가지다.

1. **단순성**: 중세 후기 철학자 오컴(William of Ockham)은 불필요한 가설들을 자제하라고 권고했다. "오컴의 면도날", 또는 "절약의 원리"로 종종 불리는 이 원리는 매우 유익하다. 가장 단순한 이론이 최상일 때가 많다. 행성들이 원을 그리며 일정한 속도로 태양 주위를 도는 모습을 상상하게 한 코페르니쿠스의 태양계 이론은 정교하고 단순했다. 그러나 나중에 요하네스 케플러가 증명해 보인 대로, 행성들은 수학적으로 단순한 원보다는 좀 더 복잡한 타원의 형태를 그리며 태양 주위를 돌았기 때문에 좀 더 복잡한 수학적 설명이 요구되었다. 행성들이 태양 주위를 도는 속도 또한 제각기 달랐다. 한편, 단순성이 수학적으로 복잡하지 않고 이해하기 쉬우며 최소한의 법칙을 근거로 다양한 현상을 설명하는 것을 의미하는지에 대한 논쟁도 여전히 해결되지 않은 채로 남아 있다.

2. **정교함과 아름다움**: 많은 사람이 성공적인 이론은 종종 정교한 특성을 지닌다고 생각해 왔다. 1955년에 누군가가 물리학자 폴 디랙(Paul Dirac)에게 그의 물리학 철학에 관해 물었다. 그러자 디랙은 칠판에 "물리적인 법칙들은 수학적 아름다움을 지녀야 한다."라고 적어 질문에 대답했다. 그는 뉴턴의

고전 역학은 단순했지만, 아인슈타인의 상대성 역학은 복잡하면서도 수학적으로 정밀했다고 말하면서, 상대성이론이 단순성의 원리를 거슬렀는데도 물리학자들의 관심을 사로잡은 이유는 "수학적으로 너무나도 아름다웠기" 때문이라고 덧붙였다. 그러나 정교함이나 아름다움과 같은 주관적인 판단기준이 진리의 지표가 되어야 하는 이유는 분명하지 않다.

3. **예측력**: 과학적 이론은 예측력이 있어야 한다고 주장하는 과학자들이 많다. 위에서 언급한 아인슈타인의 경우처럼 획기적인 이론들이 내놓은 뜻밖의 예측이 나중에 사실로 확증된 경우가 적지 않다. 그러나 새로운 예측이 확증되었을 때 심리적으로 느끼는 성취감 외에 예측력이 그토록 중요한 비중을 차지해야 할 이유는 분명하지 않다. 문제의 관건은 이론을 뒷받침하는 증거가 있는지, 그런 증거를 찾아내는 데 사용한 선택적 절차가 엄격했는지에 있다. 다윈은 자연선택설은 사실로 입증할 방법이 없고, 확인 가능한 예측을 내놓을 수도 없다고 말했지만, 잠시 뒤에 자세히 살펴보게 될 몇 가지 이유를 들어 자신의 이론이 옳다고 곧게 확신했다. '끈이론'의 경우도 예측을 내놓지도 못하며 경험적으로 증명할 수도 없고 허위라고 입증할 수도 없다. 그러나 이 두 이론은 그런 판단기준에 부합하지 않는데도 과학적 이론으로 간주된다.

또 다른 쟁점은 이런 판단기준의 우선순위와 연관이 있다. 어느 것이 가장 중요한가? 이런 판단기준을 선택하게 된 과학적 근거는 무엇인가? 사실, 이런 판단기준들을 비롯해 이와 유사한 다른 판단기준들은 모두 이론적인 신빙성을 뒷받침하는 증거가 아닌 표지(sign)에 해당한다. 그런데 주목해야 할 또 다른 문제가 있다. '최상의 설명을 도출하는 추론법'은 가능한 설명 가운데 무엇이 '최상'인지를 찾아내는 데 도움을 주지만, 그렇다고 해서 그 '최상'의 설명이 꼭 사실이라는 보장은 없다. 그 설명은 다른 설명들보다 더 나을 뿐이다. 물론, '최상의 설명을 도출하는 추론법'이란 개념을 처음 도입한 인물로 널리 인정받는 철학자 길버트 허먼은 최상의 설명이 사실일 가능성이 크다고 생각할 만한 충분한 이유가 있다고 믿었다.

> 이런 추론과정을 통해 어떤 가설이 증거를 설명할 수 있다면 그 점을 근거로 그 가설의 사실성을 추론할 수 있다. 대개 증거를 설명하는 가설이 여러 개 있기 마련이므로 추론의 과정을 통해 가장 확실해 보이는 한 가지 가설만 남기고 나머지는 모두 배제할 수 있다. 다시 말해, 하나의 가설이 다른 어떤 가설보다 증거를 더 낫게 설명한다는 전제를 토대로 그 가설이 사실이라는 결론을 도출할 수 있다.[31]

'이론 선택'에 관한 이런 논의는 다소 추상적이다. 아래의 사례연구는 이런 논쟁을 좀 더 구체적으로 명확하게 밝혀줄 것이다. 과연 찰스 다윈은 어떻게 자신의 자연선택설이 당시의 다른 대안보다 더 낫다는 결론에 도달했을까?

사례연구: 다윈과 자연선택

찰스 다윈은 '자연선택'이라는 새로운 개념을 자연에 관한 누적된 관찰결과에 관한 '최상의 설명'으로 제시했다. 그의 방법은 오늘날 '최상의 설명을 도출하는 추론법'으로 알려진 귀납적 추리과정을 성공적으로 적용한 사례로 널리 인정된다. 앞서 살펴본 대로, 다윈은 기존 설명들의 결함과 문제점을 고려하면 자연세계의 네 가지 특징에 특별한 관심을 기울일 필요가 있다고 주장했다. 페일리는 생물학적 영역의 복잡성은 하나님의 특별 창조라는 개념으로 가장 잘 설명된다고 주장했는데, 그런 복잡성은 결코 우연히 발생할 수 없는, 의

---

[31] Gilbert Harman, 'The Inference to the Best Explanation,' *Philosophical Review*, 74 (1965): 88-95; 인용된 부분은 p. 89에 있음.

도적인 설계의 증거라고 강조했다. 그러나 다윈이 보기에 페일리의 이론이 제공한 설명은 어설프게 끼워 맞춘 듯했고, 다윈은 이보다 더 나은 설명을 찾아낼 수 있을 거라 확신했다. 페일리의 네 가지 관찰결과는 다음과 같다.

1. 뚜렷하거나 명백한 기능이 없는 '흔적 기관'을 소유한 생물체들이 많다. 예를 들면, 포유동물 수컷의 젖꼭지, 뱀의 퇴화된 골반과 뒷다리 흔적, 날지 못하는 새들의 날개가 대표적인 사례다. 종들의 개별적 설계의 중요성을 강조하는 페일리의 이론으로 어떻게 이런 것들을 설명할 수 있을까? 하나님이 불필요한 것들을 설계하신 이유가 무엇일까? 다윈의 이론은 이런 의문점들을 쉽고 정교하게 설명했다.
2. 어떤 종들은 완전히 자취를 감춰 멸종한 것으로 알려졌다. 이는 다윈 이전에도 이미 알려진 사실이었는데, 성경의 노아 이야기에 나오는 '세계적인 대홍수'와 같은 '재난설'에 근거해 설명되었다. 다윈의 이론은 이런 현상을 더 명확하게 설명했다.
3. 다윈은 비글호를 타고 항해하며 연구한 결과, 생물체의 형태가 세계 전역에 지리학적으로 고르지 않게 분포되어 있다는 확신을 얻게 되었다. 다윈은 특히 갈라파고스제도의 피리새류와 같이 섬에 서식하는 개체군의 특색에 깊은 인상을 받았다. 페일리의 '특별 창조론'으로도 이 문제를 설명할 수는 있지만 설득력이 없어 보이기는 마찬가지였다. 다윈의 이론은 특정한 개체군의 발생에 관해 훨씬 더 개연성이 큰 설명을 제시했다.
4. 어떤 생물체들의 다양한 형태는 그 자체의 구체적인 필요에 적합하게 적응하는 듯 보였다. 다윈은 진화의 필요성에 의해 그런 형태가 발생하고 선택되었다고 생각하는 것이 그 점을 가장 잘 설명할 수 있다고 주장했고, 페일리의 '특별 창조론'은 하나님이 피조물의 필요를 염두에 두고 그것들을 개별적으로 설계하셨다고 설명했다.

앞서 말한 대로, 자연질서의 이런 측면들은 윌리엄 페일리의 이론에 근거해 설명할 수 있었다. 그러나 페일리와 그의 추종자들이 제시한 설명은 엉성하고 인위적인 느낌을 주었다. 처음에는 비교적 명확하고 정밀했던 이론이 난제와 난점들이 늘어나자 차츰 무너지기 시작했다. 다윈은 당시에 통용되던 이론들보다 그런 관찰결과를 더 잘 설명해줄 이론이 있을 거라고 확신했다.

물론, 다윈은 자신의 자연선택설이 생물학적 자료를 설명하는 유일한 방법이라고 생각하지는 않았다. 그러나 그는 자신의 이론이 특별 창조를 통해 개별적으로 창조가 이루어졌다는 다른 이론들보다 더 큰 설득력을 지닌다고 믿었다. 다윈의 이론도 많은 약점과 부족한 부분이 있었지만, 그의 접근방식이 더 설득력 있는 설명력을 지녔기에 그 정도의 문제점은 너그럽게 용인될 수 있을 거라 생각했다. 다윈은 해결이 필요한 문제들을 남김없이 적절하게 처리했다고 생각하지는 않았지만, 가용한 설명 가운데 자신의 설명이 가장 낫다고 확신했다. 그는 『종의 기원』의 여섯 번째 간행본에서 자신의 접근방식에 대한 이론적 반론들 가운데 몇 가지를 다루었다.

> 거짓 이론이, 자연선택설만큼 만족스러운 방식으로 위에서 열거한 몇 가지 중요한 사실들을 설명할 수 있으리라고는 생각조차 하기 어렵다. 최근에 이 이론이 안전하지 못한 논증방식이라는 반론이 제기되었지만, 이는 일반적으로 생명체를 다루는 사건들을 판단할 때 사용하는 방법이다. 위대한 자연철학자들도 이 방법을 종종 사용했다.[32]

다윈은 자신의 자연선택설을 입증할 확실한 증거가 없다고 인정했다. 그러나 그는 자연과학 분야에서 한 이론을 수용하고 정당화할 때 널리 사용되던

---

[32] Charles Darwin, *Origin of Species*, 6th ed. London: John Murray, 1872, p. 421.

판단기준을 근거로 그것을 적절히 옹호할 수 있으며, 그것이 지닌 설명적 능력이 그 진리성을 확증하는 믿을 만한 지표가 될 거라고 믿었다.

이론 선택과 종교

종교 영역에도 이론 선택(theory choice)에 관한 이와 비슷한 사례들이 있을까? 최근에 (특히 하나님의 존재에 관한 문제에 있어) 귀납적 방법으로 신앙의 합리성을 다루는 것에 관한 기독교 철학자들과 변증학자들의 관심이 차츰 고조되고 있다. 예를 들어, 철학자 리처드 스윈번은 '하나님의 존재'가 세상에서 관찰되는 일들을 가장 잘 설명한다고 주장했다. 그는 우주가 하나님에 의해 창조되었다고 생각할 때 우주의 존재를 이해할 수 있다고 말했다.

스윈번은 우주의 존재는 단순히 "엄연한 사실"(버트런드 러셀)이 아니며, "설명이 필요한 현실"이라는 기본적인 신념을 바탕으로 좀 더 넓은 틀 안에서 접근 방식을 찾았다. 러셀은 우주의 존재나 그 근본적인 특징들은 다른 설명이 필요 없고 "그저 거기에 있는 것"으로 받아들이면 된다고 생각했다.

그렇다면 무엇이 가능한 설명이며, 무엇이 최상의 설명일까? 스윈번은 가능한 설명으로 고려해야 할 경쟁이론이 기본적으로 최소한 두 가지가 있다고 말했다. 그 하나는 과학이 우주의 존재에 관해 자연스러운 설명을 제시할 수 있다는 견해이다. 다른 하나는 우주와 그 현상들이 존재하는 이유는 '하나님'으로 알려진 인격적인 존재의 의도적인 인과적 행위 때문이라는 유신론적 견해이다.

스윈번은 우주에 대한 가능한 설명들을 찾아낸 후, 무엇이 '최상'인지 결정했다. 그는 결정을 내리면서 하나님의 존재를 입증해야 할 필요성을 느끼지 못했다. 그는 다만 하나님의 존재가 이와 별개의 가설처럼 보일지라도, 유물론적 자연주의와 같은 다른 대안들보다 관찰과 경험의 연관성을 보다 잘 설명할 수 있다고 보여주기 원했다. 유신론은 '선험적' 특성을 띠기 때문에 아마도 가능성이 없는 설명처럼 보일 수도 있겠지만, 스윈번은 유신론이 다른 경쟁이 되는 설명들보다 더 가능성이 크다고 주장했다.

그렇다면 스윈번은 우주의 존재에 관해 경쟁 관계에 있는 설명들을 평가할 때 어떤 판단기준을 적용하는가? 스윈번은 일종의 귀납적 우주론적 논증을 발전시키면서, "과학은 자료에 관한 가장 단순한 설명을 가정할 것을 요구한다."[33]고 주장하며, 단순성을 기준으로 우주의 존재에 관한 경쟁적인 가설들을 평가했다. 이론은 단순할수록 옳을 가능성이 크다. 스윈번의 논증은 의문의 여지가 있지만, 유신론의 합리성에 관한 그의 접근방식은 '이론 선택'이라는 과학적 판단기준을 종교적 논의에 접목하는 방식을 일깨웠다는 점에서 중요한 가치를 지닌다.

그러면 이제 이쯤 해서 과학적 이론이나 종교적 개념과 같은 신념들을 검증하는 방식에 관한 문제를 한 번 더 짚고 넘어가는 것이 좋을 듯하다. 다음 단락에서는 우리의 세계를 올바로 설명하려고 시도할 때 발생하는 문제들을 잠시 살펴볼 생각이다. 우리는 어떤 방식으로 그런 설명들을 평가할 수 있을까? 이 질문에 대한 중요한 접근방식 두 가지가 20세기에 모습을 드러냈다. 하나는 자연과학이 경험을 통해 확증 가능한 형태로 개념들을 진술할 수 있다고 주장하는 '검증주의(verificationism)'이고, 다른 하나는 비록 타당한 이론을 확증하는 것이 검증주의자들의 생각보다 다소 어려운 것으로 밝혀졌지만, 자연과학이 실패하기 쉬운 결함이 있는 방식으로 개념들을 명확히 제시할 수 있다고 주장하는 '반증주의(falsificationism)'이다.

이 중요한 논쟁의 등장 배경이 20세기 오스트리아의 수도에서 일어난 가장 영향력 있는 철학운동의 하나인 '빈 학파(Vienna Circle)'에서 발견된다. 이제 이 철학운동이 '논리 실증주의(logical positivism)'에 미친 영향부터 살펴보자.

---

33) Richard Swinburne, *The Existence of God*, 2nd ed. Oxford: Clarendon Press, 2004, p. 165.

검증주의: 논리 실증주의

'빈 학파'는 1924년부터 1936년까지 철학자 모리츠 슐리크(Moritz Schlick, 1882-1936)를 중심으로 활동했던 철학자, 물리학자, 수학자, 사회학자, 경제학자들을 가리킨다. 이 학파의 핵심적인 진술 한 가지는 "신념들은 경험에 근거해 타당성을 입증해야 한다."는 것이다. 데이비드 흄의 사상에 근거한 이 개념은 경험론적인 특성을 띤다. 이런 이유로 이 학파의 구성원들은 자연과학(가장 경험적인 학문으로 여겨지는 학문)의 방법과 규칙을 높이 평가했고, 형이상학(경험과 무관해 보이는 학문)을 낮게 평가하는 경향이 있었다. 빈 학파의 가장 중요한 업적 가운데 하나가 형이상학을 부정적인 의미를 내포한 용어로 전락시킨 것이었다.

빈 학파는 현실 세계와 직접 관련이 없는 진술은 무가치한 것으로 간주했다. 모든 명제는 경험적인 현실 세계와 직접 관련된 방식으로 진술할 수 있어야 한다. 빈 학파의 전반적인 원칙은 다음과 같이 크게 두 부분으로 구성된다.

1. 의미 있는 진술은 무엇이든 관찰상의 용어들로 이루어진 진술로 축약되거나 규정될 수 있어야 한다.
2. 그런 축약된 진술은 논리적으로 설명될 수 있어야 한다.

이 원칙을 철저하게 적용하려고 했던 가장 중요한 시도가 루돌프 카르나프(Rudolph Carnap, 1891-1970)의 책, 그중에서도 특히 『세계의 논리적 구성(The Logical Construction of the World, 1928)』에서 발견된다. 카르나프는 세계가 어떻게 논리적 구성을 통해 경험에서 연유될 수 있는지 보여주려고 노력했다. 그가 말한 대로 이는 경험에서 비롯한 진술들에 논리학적 방법을 적용해 "'현실'을 '주어진 것'으로 '축소하려는' 시도"였다. 따라서 지식의 원천은 단 두 가지, 곧 감각적 인식과 논리학의 분석적 원리였다. 진술들은 감각적 인식에 기초해 도출되고 서로와 또 이를 구성하는 용어들과 논리적으로 연관됨으로써 정당화된다.

카르나프는 '검증원리'로 알려진 것을 제시했는데, 오직 검증 가능한 진술만 의미가 있다고 간주할 수 있다. 이런 점에서 자연과학은 인식론적 특권을 지녔다고 볼 수 있다. 철학은 감각적 인식에 근거해 이미 확립된 것을 명확히 밝히는 도구일 뿐이다. 카르나프에 따르면, 철학은 "경험적인 과학의 진술과 개념들을 논리적으로 분석하는" 기능을 한다. 그는 종교적인 진술은 비과학적이라고 주장했다. '신'이나 '초월'을 언급하는 문장들은 그것이 검증할 수 있는 인간 경험 안에 주어진 현실이 아니라는 점에서 아무런 의미가 없다.

앨프리드 에이어(A. J. Ayer, 1910-1989)는 특히 『언어, 진리 그리고 논리(Language, Truth and Logic, 1936)』를 통해 이런 견해를 영어권 세계에 퍼뜨렸다. 2차 세계대전으로 인해 이 책에 대한 반응과 평가가 다소 지연되었지만, 전쟁이 끝나고 약 20년 동안 이 한 권의 책이 철학적 의제를 주도했다는 것에는 큰 이견이 없다. 에이어는 검증 원리를 단호하고 철저하게 적용함으로써 (종교적 신념들을 비롯한) 형이상학적 진술들이 "무의미하다"고 주장했다. 그는 종교적 진술들의 경우는 그런 진술을 한 사람의 마음 상태에 관한 간접적인 정보를 제공한다고 인정했지만, 외부 세계에 관한 의미 있는 진술로는 간주하지 않았다.

그렇다면 신학자들은 이런 도전에 어떻게 대응했을까? 설득력 있는 한 가지 접근방식은 1955년과 1965년 사이에 폭넓게 논의된 '종말론적 검증(eschatological verification)'이라는 개념이다. 이는 진술이 의미를 갖는 조건으로 요구되는 검증방식에서 비롯한 문제들에 직접적인 대응을 펼친 것으로 이해할 수 있다[종말론(eschatological)은 '마지막 일들'을 뜻하는 헬라어 '타 에스카타(ta eschata)'에서 유래한 것으로 기독교적 소망이나 천국과 같은 문제들을 다룬다]. 옥스퍼드대 철학자 이언 크롬비(Ian M. Crombie)는 종교적 진술의 토대가 되는 경험을 검증할 길을 현재로서는 찾기 어렵지만, 사후에는 가능할 것이라고 말했다. 그러나 논리 실증주의자들이 검증원리에 지나치게 엄격한 한계를 부여했다는 인식이 차츰 확대된 1960년대부터 이 논의는 그 중요성이 크게 줄어들었다. 논리 실증주의가 직면한 문제를 구체적으로 이해하려면 "1865년 6월 18일 오전 5시 15분에 버킹엄궁전 앞마당 잔디밭에 거위 여섯 마리가 앉아 있었다."와 같은 진술을 생각해 보면 된다. 이 진술은 검증 가능한 것을 진술한다는 점에서 의미가 있다. 그러나 현재로서는 이 진술의 진위를 확인할 방법이 없다. 과거에 관한 다른 진술들과 관련해서도 비슷한 어려움이 발생한다. 에이어와 같은 사람에게 이런 식의 진술은 외적인 세계와 관련이 없다는 점에서 참도 될 수 없고 거짓도 될 수 없다. 물론, 이런 식의 논리가 그런 진술들을 (검증할 수 있고) 의미 있는 것으로 확증할 수 있다는 우리의 기본적인 직관을 거스르는 것은 분명하다.

또 하나의 쟁점은 관찰 불가능한 아원자와 같은 이론적 실재(즉 관찰보다는 추론을 통해 존재를 짐작할 수 있는 것들)와 관련이 있다. 미국의 물리학자 빅터 렌젠(Victor F. Lenzen, 1890-1975)은 "경험 과학의 절차(Procedures of Empirical Science, 1938)"라는 논문에서 어떤 실재들은 직접 관찰할 수는 없지만 실험적인 관찰을 통해 추론할 수 있다고 주장했다. 예를 들어, 기름방울이 전기장 내에서 움직이는 모습을 관찰하면, 음전하를 띤 소립자인 전자의 존재를 추론할 수 있다. 이 전자들은 보이지 않기 때문에 '검증할 수는 없지만', 관찰된 증거에 근거한 합리적인 추론을 통해 그 존재를 짐작할 수 있다. 렌젠의 주장은 적어도 검증원리의 원본 형태에서 검증주의의 문제점을 지적했다는 점에서 의의가 있다.

이처럼 검증주의는 심각한 결함을 지니고 있다. 따라서 검증주의의 문제점에 대한 대안으로 제시된 접근방식 한 가지를 살펴보려 한다. 이 접근방식은 일반적으로 '반증주의'로 알려져 있는데, 다음 단락에서 살펴볼 주제다.

반증주의: 카를 포퍼

오스트리아 철학자 카를 포퍼(1902-1994)는 과학적 지식은 일종의 진화적 과정, 곧 여러 가지 경쟁적인 추론이나 가설들에 가능한 반증을 제기함으로써 그것을 가장 엄격하게 체계적으로 점검하는 시도를 통해 발전한다고 주장했다. 그에게 이런 오류 제거의 과정은 진화 생물학의 자연선택 과정과 비슷했다. 그는 가설들(추론들)과 오류 제거(논박)의 상호작용을 통해 과학적 지식이 발전한다고 생각했다.

포퍼는 '빈 학파'의 검증원리가 지나치게 편협해 타당한 과학적 진술을 많이 배제하는 결과를 낳았다고 느꼈다. "나는 검증성 판단기준에 항상 다음과 같은 비판을 제기했다. 그 판단기준은 그것을 옹호했던 사람들이 의도한 대로 명백한 형이상학적 진술을 배제한 것이 아니라, 오히려 모든 과학적 진술, 즉 과학적 이론들과 보편적인 자연법칙들 가운데 가장 중요하고 흥미로운 것들을 배제하는 결과를 낳았다." 아울러 그는 검증주의가 또 다른 이유에서 비판의 여지가 있다고 생각했다. 다시 말해, 검증주의는 정신분석학이나 점성술 같은 유사과학이 과학이 아닌데도 과학인 듯 통용되는 것을 허용했다.

그렇다면 정신분석학의 문제는 무엇이었을까? 정신분석학에 대한 카를 포퍼의 비판은 당시에 빈에서 영향력을 발휘했던 앨프리드 아들러(Alfred Adler)의 사상에 주로 집중되었다. 아들러의 학설은 무엇이든 설명할 수 있을 것처럼 보였다. 어떤 사람이 정직한 이유는 무엇인가? 그 대답은 그가 유년 시절에 겪은 일에서 찾을 수 있다. 어떤 사람이 부정직한 이유는 무엇인가? 그 대답도 그가 유년 시절에 겪은 일에서 찾을 수 있다. 아들러 신봉자들은 오류가 있을 수 없었다. 그들은 관찰결과를 자신들의 이론에 완벽하게 맞출 수 있다는 점에서 어떤 경우에도 틀리지 않을 것처럼 보였다. 세상에 있는 모든 것이 그들의 이론을 입증해줄 증거였다. 그들의 이론을 거스르는 것은 증거로 간주되지 않았다.

포퍼는 검증성 판단기준을 참된 과학과 유사과학을 구별하는 수단(일반적으로 '구획 문제'로 불린다)으로 생각했다. 그는 1920년경에 아인슈타인의 상대성이론을 설명한 과학적인 글을 한 편 읽은 경험을 떠올렸다. 그는 아인슈타인이 자신의 이론이 틀렸다는 것을 입증하려면 무엇이 필요한지 정확하게 진술한 내용을 읽고 깊은 감명을 받았다. 아인슈타인은 "만일 '중력 퍼텐셜(gravitational potential)' 때문에 스펙트럼선의 적색 편이가 존재하지 않는다면 일반상대성이론은 유지될 수 없을 것이다."라고 말했다. 그는 자신의 이론을 반박할 것을 찾고 있었다. 포퍼는 이를 점성술과 같은 유사과학과는 사뭇 다른 태도와 사고방식으로 간주했다. 유사과학을 추구하는 사람들은 단지 자신의 이론을 뒷받침해줄 증거만을 찾는다.

포퍼는 빈 학파와 마찬가지로 이론적 체계는 세상에 대한 관찰결과를 토대로 시험할 수 있다고 주장하면서도 과학적 이론을 정립할 때는 그것이 틀릴 수도 있음을 아울러 입증할 방식을 제시해야 한다고 강조했다. 즉 한갓 유사과학에 지나지 않는데도 버젓이 과학의 지위를 주장하는 것들과 참된 자연과학을 구별할 '구분 기준'이 필요했다.

> 나는 경험을 통해 시험할 수 있는 것만을 경험적이거나 과학적인 체계로 인정할 것이다. 이것은 체계의 검증 가능성이 아닌 반증 가능성을 '구분 기준'으로 삼아야 한다는 뜻이다.…… 경험적, 과학적 체계는 경험으로 논박할 수 있어야 한다.[34]

논리 실증주의는 이론적 진술을 검증할 조건을 정해야 한다고 강조했지만, 포퍼는 그것을 반증할 조건을 정해야 하며 이를 강조해야 한다고 주장했다.

포퍼의 접근방식은 1950년대와 60년대에 종교철학 내에서 상당한 영향력을 발휘했는데, 이는 "반증 논쟁"으로 알려지게 된 상황과 특별한 관련이 있다. 철학자 앤서니 플루(Anthony Flew)는 "신학과 반증(Theology and Falsification,

---

[34] Karl R. Popper, *The Logic of Scientific Discovery*. New York: Routledge, 2002, p. 18.

1950)"이라는 영향력 있는 논문에서 종교적 진술은 경험에서 비롯한 것 가운데 반증의 근거가 될 만한 것을 아무것도 찾을 수 없다는 점에서 의미 있는 진술로 간주하기 어렵다고 주장했다. 이 논쟁은 지금은 시들해진 상태인데, 포퍼의 접근방식이 지닌 난점이 더욱 분명해졌기 때문이다. 의미 있는 반증 기준을 확립하려는 포퍼의 시도는 그가 생각했던 것보다 좀 더 어려운 것으로 드러났다.

포퍼는 실험을 통해 이론을 반증할 수 있다고 주장했다. 그러나 프랑스 과학철학자 피에르 뒤엠은 실험이 이론을 완전히 폐기하라고 요구할 수 있을 만큼 충분한지도 불확실하며, 또 여러 가설 가운데 단 하나의 가설이나 보조적인 가설만 문제가 되는지도 확실하게 판단하기 어렵기 때문에 (그런 경우라면 이론 자체를 좌우할 만큼 중요한 것이 못 된다.) "비평적인 실험"을 고안하기가 사실상 불가능하다고 주장했다. 포퍼의 접근방식은 실험적 관찰이 이론에 의존하는 특성이 강하다는 사실을 무시하는 듯 보였다. 그런 이유로 그의 비판적 입장은 그가 생각했던 것보다 설득력이 크게 줄어들었다.

그렇다면 관찰이 '이론에 의존한다'는 주장은 대체 무슨 의미일까? 그것은 우리가 이미 존재하는 이론들을 통해 세상을 바라보고 해석한다는 뜻이다. 우리가 세상을 관찰할 때 그런 이론들이 우리에게 영향을 미치기 마련이다. 우리는 우리의 관찰에 영향을 미치는 이론들을 통해 세상을 보고 이해한다는 점을 의식하지 못한 채, 마치 세상을 있는 그대로 보는 것처럼 생각한다. '관찰'의 과정은 동시에 '해석'의 과정이다. 19세기 위대한 과학철학자 윌리엄 휴얼은 "자연의 얼굴을 가리는 이론의 가면"이라는 표현으로 이 점을 분명하게 언급했다. 관찰과 해석은 불가피한 순환적 상호 관계를 맺고 있다. "한 측면에서 사실인 것이 또 다른 측면에서는 이론이다."[35] 이렇듯 관찰자 편에서 스스

---

35) William Whewell, *Philosophy of the Inductive Sciences* (2 vols). London: John W. Parker, 1847, vol. 1, p. 42.

로가 인식론적인 선(先)개념을 지니는 것을 인식하지 못한다는 점에서 '사실'과 '이론'을 구별하는 것은 문제가 있었다.

관찰의 '이론 의존성'이라는 휴얼의 개념은 최근에 핸슨을 통해 좀 더 발전했다. 핸슨은 우리가 단지 자연을 '보는 데' 그치지 않고, 특정한 방식으로 그것을 이해한다고 주장했다. 우리는 자연을 우리가 생각하는 무언가로 본다. '객관적'이라고 주장되는 관찰의 과정은 중립적이지도, 선입관이 없지도 않다. 그것은 사실상 이론 의존적 과정이다. 다시 말해, 거기에는 나중에 바뀔 수도 있고 또 반론이 제기될 수도 있는 관찰자의 개념적인 도식이 암묵적으로 개입되어 있다. 우리는 이론적인 "안경"(어느 정도의 인식적인 편견을 발생시키는 일련의 가설이나 예상)을 쓰고 자연을 관찰한다. 우리는 어떤 증거가 우리가 생각하는 개념적 도식에 일치하지 않는다는 이유로 그것을 간과하거나 무시하는 경향이 있다.

예를 들어, 윌리엄 허셜(William Herschel)이 1781년에 '천왕성'을 발견하기 전에 이미 그것에 대한 관측이 많이 이루어졌다. 허셜 이전의 관찰자들도 천왕성을 관측했지만 행성으로서의 지위를 인정하지 않았다. 새로운 행성이 아니라 또 다른 항성으로 간주되었다. 허셜이 집광력이 큰 새로운 망원경을 사용해 천왕성에 행성의 특성이 있음을 발견하기 전까지 천왕성은 광도도 낮고(육안으로는 겨우 볼 수 있을 정도였다) 태양 주위를 공전하는 속도도 매우 느렸기 때문에 행성으로 인정받지 못했다.

여기에서 우리는 다시금 뒤엠을 떠올리지 않을 수 없다. 그는 관찰결과를 설명하기 위해 제기된 이론은 다수의 가설로 구성되며, 그 가운데는 중요한 것도 있고 부차적인 것도 있다고 지적했다. 뒤엠의 요점은, 이론은 서로 복잡하게 맞물린 가설들로 구성되는데, 그중에는 핵심적인 것도 있고 지엽적인 것도 있다는 것이다. 그렇다면 이론을 통해 예측된 것이 실험과 일치하지 않을 때는 과연 어느 가설이 틀린 것일까? 핵심적인 가설일까? 만일 그렇다면 그 이론은 폐기해야 한다. 그러나 지엽적인 가설이라면 이론을 수정하면 된다.

한편, 뒤엠은 물리학자가 단독 가설을 실험을 통해 시험할 수 없다고 지적했다. 물리학의 실험은 단독 가설을 폐기하는 것이 아니라 일단의 가설들에 문제가 있음을 지적하는 기능을 한다. 물리학자는 그 가설들에 포함된 하나의 가설만을 따로 떼어 실험을 통해 시험할 수 없다. 실험은 일단의 가설들을 시험하고 나서 거기에 포함된 하나의 가설을 수정할 필요성을 드러낼 뿐이다. 더욱이, 실험을 통해 일단의 가설들을 시험하는 것만으로는 그 가운데 어느 가설이 수정이 필요한지 즉각 알아낼 수 없다. 이런 점에서 뒤엠은 이른바 "결정적 실험"이라는 개념을 다룰 때는 신중해야 한다고 주장했다.

유명한 역사적 사례연구를 하나 소개하면 다음과 같다. 1781년 3월, 천왕성이 발견되었지만 관측된 움직임이 뉴턴의 역학에 근거한 예측에 들어맞지 않았다. 따라서 포퍼는 이것을 뉴턴의 중력이론에 대한 반증이 관찰을 통해 드러난 확실한 사례라고 결론지었다. 그러나 다른 사람들은 그것이 뉴턴의 이론을 배격해야 한다는 뜻이 아니라 수정해야 한다는 뜻이라고 주장했다. 당시만 해도 천왕성 뒤에는 어떤 행성도 존재하지 않는다고 생각했다. 그러나 만일 천왕성 뒤에 다른 행성이 있어서, 곧 이 가설적인 '천왕성 너머의 행성'의 중력으로 인해 천왕성의 궤도 섭동이 발생했다면 어떻게 할 것인가? 영국과 프랑스의 수학자들은 이 가능한 행성의 위치를 계산했고, 그 결과 1846년에 천왕성 뒤에 해왕성이 있다는 사실이 발견되었다. 이는 관찰결과에 따라 이론을 수정하는 과학적 행위를 단적으로 보여준 유명한 사건이다. 포퍼의 접근방식으로는 이 사건을 적절히 설명할 수가 없었다.

그러나 이런 사실은 과학과 종교 분야와 관련해 상당한 관심을 불러일으키는 또 하나의 문제를 제기한다. 과연 과학계는 어떻게 기존의 이론이 부적절하다고 판단해 그것을 수정하거나 배격하고 다른 대안을 제시하는 것일까? 다음 단락에서는 미국의 과학철학자 토머스 쿤(Thomas S. Kuhn)의 견해가 이 중요한 문제와 어떤 연관성이 있는지 살펴보려 한다.

과학이론의 변화: 토머스 쿤

토머스 쿤(1922-1996)은 『과학혁명의 구조(The Structure of Scientific Revolutions, 1962)』에서 검증과 반증의 과정을 통해 혁신적인 새 이론들이 차츰 생겨난다는 것이 과학적 진보의 특성에 관한 일반적인 견해라고 지적했다. 이런 '점진적 진보 이론'은 카를 포퍼의 『과학적 발견의 논리(Logic of Scientific Discovery)』를 비롯해 많은 책들에서 발견된다. 그러나 쿤은 역사적 증거를 살펴보면 하나의 과학적 '패러다임'이 바뀌는 과정은 점진적이기보다는 비교적 이론적으로 안정된 기간을 지나다가 이따금 획기적인 이해의 변화를 거친다고 주장했다. 그는 그런 변화를 "패러다임 전환"이라고 명명했다.

자연과학의 발전에 관한 역사적 연구를 토대로, 쿤은 하나의 패러다임이 규범으로 인정되는 이유는 그때까지의 설명이 나름대로 성공을 거두었기 때문이라고 말했다. 하나의 패러다임이 인정되면, 쿤이 "정상과학(normal science)"으로 일컬은 시기가 시작된다. 과거의 과학적 성취의 결과로 확립된 패러다임은 문제가 없는 것으로 취급될 뿐 아니라 도전을 받지도 않는다. 이 패러다임과 모순되는 듯한 경험적 증거는 변칙으로 처리되거나 기존의 방식 내에서 수정해야 할 문제로 간주된다. 새로운 증거는 지배적인 패러다임에 어려움을 야기하지만 그렇다고 해서 패러다임 자체를 폐기하라는 의미로 해석되지는 않는다. 변칙에 대한 정확한 해결책이 당장은 없더라도 결국에는 기존 패러다임 안에서 해결책을 찾게 되며, 그러면 기존 패러다임에 특별한 수정이 가해진다. 예를 들어, 프톨레마이오스 천문학의 경우에는 본래의 체계에 주전원을 첨가하는 것으로 이론과 관찰결과의 불일치를 설명할 수 있었다.

그러나 변칙들이 연이어 나타나 쌓임으로써 기존 패러다임이 문제시되었을 때는 어떤 일이 일어날까? 또는, 단 하나의 변칙이 제기하는 도전이 더 이상 무시할 수 없을 만큼 중대한 의미를 지닌 것으로 드러났다면? 쿤은 그런 경우에는 기존 패러다임 내에서 위기가 발생한다고 말했다. 다시 말해, 과학계 여러 곳에서 기존 패러다임이 한계점에 도달했기 때문에 무언가 새롭고 더 만족스러운 것을 발견할 필요가 있다는 목소리가 터져 나올 것이다. 과학계 안에서 전환점에 도달했다는 인식, 곧 옛 이론을 버리고 새로운 이론을 받아들여야 한다는 인식이 무르익으면 "과학혁명"이 일어난다.

쿤은 이런 '혁명적' 접근방식을, 자료와 이해가 점진적으로 누적되면서 과학이 꾸준하게 진보한다고 생각하는 '진화적' 접근방식과 대조했다. 다른 과학사 연구가들은 '과학적 진보'를 말했지만 쿤은 단기간에 가설들 안에서 큰 변화가 일어난다는 점에서 '혁명'이라는 표현을 선호했다. 그는 하나의 패러다임을 버리고 새로운 패러다임을 받아들이기로 결정하는 과정의 배후에는 쟁점들이 복잡하게 얽혀있기 때문에 단순히 과학적 고찰만으로는 그 모든 것을 설명할 수 없다고 주장했다. 새로운 패러다임의 채택에는 1950년대 말에 유행했던 '게슈탈트 전환(gestalt switch)'이라는 심리적 표현과 같은 갑작스럽고, 직관적인 인식의 변화가 수반된다. 쿤은 "'해석'이라는 용어의 일반적인 의미로는 새로운 패러다임을 만들어내는 이런 섬광과도 같은 직관적인 변화를 설명할 수 없다."라고 말했다.[36]

한 가지 염두에 둘 것은 쿤이 '패러다임'이라는 용어를 항상 일관되게 사용하지는 않았다는 점이다. 그는 이 용어를 두 가지 의미로 사용했다. 일반적으로 이 용어는 특정한 과학자들을 하나로 결집시키는 공통된 가설들을 가리킨다. 그러나 때로는 좀 더 구체적이고 제한적인 의미로 사용되었는데, 한때 규범적인 것으로 간주되어 새로운 것이 나타나기 전까지 기준과 표준으로 받아들여진 과거의 과학적 설명을 가리키기도 한다.

쿤은 패러다임 전환을 가져온 주관적인 이유를 강조했는데, 이런 까닭에 그의 비판자들은 과학의 발전에 관한 그의 설명이 일종의 '군중 심리'와 별반 다

---

[36] Thomas S. Kuhn, *The Structure of Scientific Revolutions*. Chicago: University of Chicago Press, 1962, p. 149.

를 것이 없다고 주장했다. 그런 비판은 다소 부당한 측면이 있다. 쿤은 단지 과학계 내에서 일어나는 의견 변화의 사회학적 측면을 지적했을 뿐이다.

> 경쟁적인 패러다임들 사이에서 일어나는 변화는 논리적이고 중립적인 경험을 통해 한 번에 한 단계씩 이루어질 수 없다.…… 그것은 (순식간은 아니더라도) 갑작스레 이루어진다.…… 이 문제에서의 쟁점은 증명이나 오류가 아니다. 하나의 패러다임을 버리고 다른 패러다임을 추종하는 것은 억지로 일어날 수 없는 회심의 경험과도 같다.[37]

새로운 이론은 새로운 방식으로 사물을 관찰하게 할 뿐 아니라, 세상을 해석하고 상상하던 옛 방식을 제거한다. 이처럼 쿤은 관찰의 '이론 의존성'을 강조했고, 그 개념이 프톨레마이오스와 코페르니쿠스의 천체이론이 뒤바뀐 사건과 관련해 어떤 의미를 지니는지를 보여주었다.

> 그(코페르니쿠스의 천체이론) 이전에는 태양과 달은 행성이었고, 지구는 아니었다. 그러나 그 이후에는 지구는 화성과 금성과 같은 행성으로, 태양은 항성으로, 달은 새로운 형태의 천체, 곧 위성으로 밝혀졌다.[38]

쿤의 요점은 현상은 변하지 않았다는 것이다. 그러나 새로운 방식으로 해석된 결과, 태양이 항성으로 밝혀졌다. 이처럼 관찰은 중립적인 과정이 아니라 관찰된 것에 관한 묵시적이거나 명시적인 가설들에 영향을 받는다. 관찰은 단지 '보는 것'이 아닌 '어떤 것으로 보는 것'을 의미한다. 한 관찰자는 태양이 뜨

---

37) Thomas S. Kuhn, *The Structure of Scientific Revolutions*. Chicago: University of Chicago Press, 1962, p. 122.
38) Thomas S. Kuhn, *The Road since Structure: Philosophical Essays, 1970-1993*. Chicago: University of Chicago Press, 2000, p. 15.

고 진다고 보고, 다른 관찰자는 지구의 자전으로 인해 태양이 하늘을 가로질러 움직이는 것처럼 보일 뿐이라고 생각한다. 그러나 둘 다 똑같은 자연현상을 보고 있다.

쿤의 분석은 종교적인 신념과 관련해 중요한 의미를 지닌다. 그의 핵심 개념 가운데 두 가지를 살펴보면 이런 연관성을 분명하게 알 수 있다. 첫째, '패러다임 전환'이라는 쿤의 개념은 종교사상의 역사 속에서 일어난 주된 지성적 변화를 이해하는 데 유익하다. 앞서 말한 대로, 종교사상은 최소한 어느 정도는 당시의 문화적, 철학적 전제들의 영향을 받기 마련이다. 기독교 신학의 발전처럼 그런 배경적 가설들 안에서 일어난 획기적인 변화는 매우 중요하다. 종교개혁과 계몽주의시대는 기독교 사상에 있어 매우 중요한 사건과 변화들이 일어났던 시대였다. 이는 신학을 연구하는 방식과 관련해 '패러다임 전환'이 이루어졌다고 볼 수 있다. 패러다임 전환이 이루어질 때면 배경적인 가설, 규칙, 방법에 관한 기존의 이해는 종종 획기적으로 변화되고, 때로는 아예 폐기되기도 한다.

신학적 패러다임이 획기적으로 변화된 대표적인 사례 하나가 "하나님이 고통을 받으실 수 있는가?"라는 문제에 관한 20세기 말의 논의에서 발견된다. 초기 기독교시대는 물론, 중세시대에 이르기까지 하나님은 고통을 받으실 수 없다는 것이 일반적인 신념이었다. 몇몇 저술가들은 고난받으시는 하나님을 언급하기도 했지만 그런 경우는 매우 드물었다. 예수 그리스도께서 십자가에서 고난을 받으셨다. 그러나 이 고난은 그리스도의 신성이 아닌 인성과 관련된 것으로 간주되었다. 하나님은 인간이 고난을 겪는다는 사실을 잘 알고, 그들의 고통을 굽어살피시지만, 스스로는 전혀 고난을 겪지 않으시는 것으로 이해되었다. 이런 신학적 합의가 어떻게 이루어졌는지는 불확실하다. 어떤 신학자들은 하나님의 완전성에 관한 철학적 견해가 반영되었다고 생각한다. 알렉산드리아의 필로(Philo of Alexandria)는 하나님의 불변성을 강하게 주장했다.

그는 "변하지 않으시는 분이 변하실 수 있다고 생각하는 것보다 더 큰 불경이 어디에 있겠는가?"라고 말했다.

그러나 1970년대에 이르러 20세기에 발생한 고난의 강도가 하나님이 고난을 초월해 계신다는 주장만으로는 더 이상 변증이 불가능할 정도로 극심해졌다는 자각이 싹트면서 이런 신학적 합의는 완전히 와해되고 말았다. 일본의 저술가 기타모리 가조는 『하나님의 아픔의 신학(Theology of the Pain of God, 1946)』에서 하나님의 사랑은 세상의 고통에서 연유한다고 주장했다. 위르겐 몰트만(Jürgen Moltmann)은 『십자가에 못 박히신 하나님(Crucified God, 1972)』에서 고난받으실 수 없는 하나님은 완전한 하나님이 아닌 불완전한 하나님이라고 역설했다. 그는 하나님을 억지로 변하게 하거나 고난을 겪으시게 할 수는 없지만, 그분은 기꺼이 고난받기를 원하셨다고 선언했다. 하나님의 고난은 기꺼이 고난을 받으려는 그분의 자의적인 결정의 결과였다. 사랑하는 사람이 자기가 사랑하는 사람의 고난에 동참하는 것이 곧 사랑의 본질이다. 몰트만의 영향력은 서구 개신교의 전환점을 이룰 만큼 지대했다. 하나님이 고난받으셨다고 주장하는 '새로운 정통주의'가 출현했다. 그러나 고난받으시는 하나님을 불필요하고 부적절한 개념으로 간주해 반대했던 사람들도 있었다.

'과학혁명'에 관한 쿤의 접근방식을 평가하면서 마지막으로 살펴봐야 할 요점이 하나 더 있다. 그것은 "과학이론의 '변화'가 아닌 과학이론의 '발전'을 어떻게 설명할 수 있느냐?"라는 문제다. '발전'이라는 용어는 (이렇게 변화하는 편이 더 나을 것이라는) 판단을 내포하고 있다. 그렇다면 과학혁명은 자연에 관한 진리를 더 낫게 이해하는 쪽으로 발전해 나가는 것일까? 쿤은 실재론을 과학적 연구의 성공을 설명할 근거로 간주하지 않았다. 또 이론과 실재가 수렴되는 간극이 좁혀지는 것을 과학적 발전에 대한 설명으로 여기지 않았다. 그는 과학적 발전에 관한 실재론적인 설명을 거부하더라도 아무것도 잃는 것이 없다고 주장했다. 그러나 과학이 장차 그릇된 방향으로 선회해 교정이 필요한 상황에

처할 일 없이 올바른 방향으로 나아가고 있음을 알 방법이 없다면, 어떻게 과학의 '발전'에 관한 의미 있는 논의가 이루어질 수 있을까? 바로 이 점에서 좀 더 논의가 필요할 것으로 보인다.

이번 장에서는 종교와 과학철학의 잠재적인 연관성과 상호작용과 관련된 문제를 몇 가지 살펴보았다. 다음 장에서는 각도를 조금 달리해서 자연과학과 종교철학의 잠재적인 연관성과 상호작용과 관련된 문제를 몇 가지 살펴볼 예정이다.

이해를 돕는 용어 설명

스키마 schema

외부로부터의 정보를 통합하고 조직화하는 인지적 개념 또는 틀을 말하며, '도식'이라고도 한다. 지각적 심상, 추상적 지식, 정서적 특성, 시간 순서에 관한 정보 등을 비롯한 다양한 종류의 요소로 구성될 수 있다. (참고. 두산백과)

인식아 認識我, the Knower

앎의 주체를 말한다. (참고. 위키낱말사전)

동인 動因, actor

사건의 관계자, 행위자를 말한다. (참고. 동아출판프라임영한사전)

아원자 물리학 subatomic physics

아원자 입자는 중성자, 양성자, 전자처럼 원자보다 작은 입자를 말한다. 아원자 물리학은 핵 물리학과 입자 물리학을 말하는 것으로, 핵 물리학은 원자핵에 관계되는 현상을 다루는 물리학의 한 분야이며, 입자 물리학은 물질과 방사선 등 자연의 기본입자를 연구하는 물리학의 한 분야이다. (참고. 두산백과, 위키백과)

허블상수 hubble's constant

외부은하의 후퇴속도와 거리 사이의 관계를 나타내는 비례상수를 말하며, 공간에서의 우주의 팽창률을 의미한다. (참고. 두산백과)

적색 편이 red shift

먼 곳에 있는 성운의 스펙트럼선이 파장이 긴 쪽으로 몰리는 현상으로 적색이동이라고도 한다. 일반상대성이론에 의하면 매우 중력이 큰 별에서 나오는 스펙트럼선은 긴 파장 쪽으로 몰리게 되는데 이와 같은 현상도 적색 편이에 포함한다. (참고. 두산백과)

이론 선택 theory choice

어떤 이론이 최고의 이론인지 결정하기 위한 객관적인 기준을 공식화하는 문제를 다루며, 20세기 초 과학철학의 주요 문제였다. 새롭고 논란이 많은 상대성이론과 양자물리학의 영향 아래 과학자들이 경쟁하는 이론들 사이에서 최고의 이론을 어떻게 선택해야 하는지를 포함하게 되었다. (참고. 위키백과)

중력 퍼텐셜 gravitational potential

지구중력의 물리학이론에서 만유인력 장(場)을 기술하는 데 중요한 구실을 하는 개념인 퍼텐셜을 말한다. (참고. 두산백과)

도플러 효과 doppler effect

파동을 발생시키는 파원과 그 파동을 관측하는 관측자 중 하나 이상이 운동하고 있을 때 발생하는 효과로, 파원과 관측자 사이의 거리가 좁아질 때는 파동의 주파수가 더 높게, 거리가 멀어질 때는 파동의 주파수가 더 낮게 관측되는 현상이다. (참고. 두산백과)

끈이론 string theory

만물의 최소 단위가 점 입자가 아니라 '진동하는 끈'이라는 물리이론을 말한다. 입자의 성질과 자연의 기본적인 힘이 끈의 모양과 진동에 따라 결정된다고 설명한다. 초끈이론을 줄여 끈이론이라 부르기도 한다. (참고. 두산백과)

Science & Religion

chapter 4

종교철학과 과학
: 종교철학은 과학적 통찰력을
어떻게 활용하는가?

Science & Religion

chapter 4

종교철학과 과학

: 종교철학은 과학적 통찰력을
어떻게 활용하는가?

  앞 장에서는 과학철학의 주요 주제를 몇 가지 살펴보면서 그것들이 종교적인 문제에 관한 논의와 어떤 연관성을 맺고 있는지 살펴보았다. 이번 장에서는 이런 접근방식을 좀 더 발전시켜 자연과학의 통찰력이 종교철학 내에서 이루어지는 논의에 어떤 식으로 기여할 수 있는지, 또 종교철학에 어떤 영향을 미치는지 생각해 보기로 하자.

  일반적으로 종교철학은 기독교와 같은 종교적 전통들과 관련된 기본개념이나 주제를 철학적으로 점검할 뿐 아니라 신과 악의 관계, 종교적 언어의 특성, 종교에 적용된 다양한 유추를 비롯해 세속적인 자연주의와 같은 종교적 대안에 관한 평가 등, 종교적인 중요성을 지닌 문제들을 철학적으로 성찰하는 학문 분야로 이해된다. 종교철학은 매우 풍성한 주제이기 때문에 이번 장에서는 가장 중요한 주제 가운데 하나인 신의 존재에 관한 철학적 논증에 초점을 맞출 생각이다. 자연과학의 통찰력은 그런 논증에 어떤 식으로 영향을 미칠까?

문헌들을 통해 분명하게 알 수 있듯이, 신의 존재에 관한 논증을 다룬 최근의 논의들은 세상에 관한 과학적 이해를 광범위하게 활용하는 것으로 나타난다.

아울러, 다음 장에서는 과학철학과 종교철학의 특징적인 주제들을 아우르는 영역, 곧 과학과 종교의 복잡하고 관찰 불가능한 실재들을 해석하거나 가시적으로 표현하기 위해 모형과 유추를 활용하는 주제를 살펴볼 생각이다.

이번 장에서는 그동안 종교철학을 통해 발전해온 신의 존재에 관한 논증 몇 가지를 살펴본 후, 특히 자연과학에 영향을 받은 논증들을 집중적으로 논할 것이다. 그러면 이제부터 신의 존재에 관한 고전적인 논증 가운데 몇 가지를 살펴봄으로써 논의를 시작해 보기로 하자. 아래는 이 분야에서 널리 논의되는 다양한 접근방식을 어느 정도 이해하도록 도와줄 것이다.

과학, 종교 그리고 신 존재 증명

과학과 종교의 가장 흥미로운 쟁점 가운데 하나는, 아인슈타인의 상대성이론이나 하나님의 존재에 관한 기독교의 교리적 확증을 비롯한 모든 형태의 이론을 '증명'한다는 것이 어떤 의미를 지니는지 논하는 문제와 관련이 있다. 내가 1960년대에 10대의 나이로 처음 과학을 공부하기 시작했을 때 과학은 발견된 사실을 100퍼센트 확실하게 입증할 수 있다는 말을 종종 들었다. 예를 들어, 물의 화학구조가 H_2O라는 것은 증명이 가능한 사실이었다. 과학과 종교의 '갈등'이라는, 시대에 뒤떨어진 개념을 신봉하는 사람들은 그 둘을 대조하는 것이 너무나도 익숙할 것이다. 과학과 종교는 증명하는 문제에 있어 종종 저울의 서로 반대쪽에 놓여 있다고 묘사되고는 한다.

이런 접근방식을 적극적으로 옹호하는 리처드 도킨스는 이 문제에 관해 그다지 잘 알지 못하면서, 과학은 실험이나 관찰에 의한 증거를 통해 핵심 개념을 증명하지만 종교는 자신의 신념을 지지해줄 합리적인 증거를 제시하기를 거부한다고 주장한다. 그러나 철학적인 지식이 좀 더 풍부한 과학자들은 그와는 매우 다른 견해를 취한다. 양자론의 아버지로 불리는 막스 플랑크는 현상들이 근본적인 일치를 이룰 것이라는 입증되지 않은 '믿음'이 과학연구를 위한 동기와 타당성을 제공한다고 주장하며, 믿음이 자연과학에서 중요한 역할을 차지한다는 점을 분명하게 밝혔다. 그런 믿음은 입증할 수는 없지만 과학적 과제를 연구하는 토대를 제공한다. 플랑크에 따르면, 과학자는 사물들의 보이지 않는 질서를 믿는 믿음을 가졌다. 그들은 또한 그 믿음이 결국 과학의 성공에 반영되어 정당성을 확보한다는 것을 발견했다.

> 어떤 종류의 과학연구든 거기에 진지하게 참여하는 사람은 누구나 과학의 신전 안으로 들어가는 출입문 위에 적힌 글귀를 발견할 것이다. "믿음을 가져야 한다." 이것이 과학자들이 반드시 지녀야 할 자질이다.[1]

다윈의 이론을 강력하게 옹호했다는 이유로 "다윗의 불독"으로 널리 알려진 토머스 헉슬리도 비슷한 견해를 피력했다. 헉슬리는 1885년에 "과학이⋯⋯ 신조(creed)를 채택하는 것은 자살 행위나 다름없다."라고 말했다. 과학이 가장 건전하고 확실한 상태에 도달한 경우에는 종교적이든 반종교적이든 그 어떤 신조나 이데올로기도 추종하지 않는다. 만일 과학이 종교적이거나 반종교적인 취지에 오염된다면 그 공적 지위를 잃고 말 것이다. 헉슬리는 과학은 신조를 추종해서는 안 되지만 단 한 가지, 즉 믿음은 가져야 한다고 역설했다.

과학으로 개종한 사람이 보이는 믿음의 행위란 시대와 상황을 막론하고 인과법칙의 절대적 타당성과 질서의 보편성을 고백하는 것을 가리킨다. 이 고백

---

1) Max Planck, *Where Is Science Going?* New York: W.W. Norton, 1932, p. 214.

이 신앙의 행위인 이유는 그런 명제들이 본질상 그 진실성을 입증하기가 불가능하기 때문이다.[2)]

헉슬리는 증명되지도 않고 증명할 수도 없는 신념에 과학이 근거한다는 점을 분명하게 이해했다. 그 신념은 과학적 탐구과정의 결과들을 통해 강화되는 것은 틀림없지만, 심리학자 윌리엄 제임스가 일컬은 "입증되지 않은 연구 가설"로 남아 있을 수밖에 없다.

이 책의 앞부분에서 설명이 자연과학과 기독교 신학에서 차지하는 위치를 잠시 살펴본 바 있다. 자연과학에 있어 설명은 자연세계에 관해 누적된 관찰결과들을 어떻게 설명할지에 관한 문제다. 어떤 '이론'이 관찰결과들을 가장 잘 설명할 수 있을까? 3장에서 살펴본 대로 여기에는 '최상의 설명을 도출하는 추론'의 과정이 포함된다. 그러나 그런 설명도 증거가 쌓이고 분석이 진행됨에 따라 항상 재평가되고 수정될 여지가 있는 '잠정적인 설명'으로 여겨진다. 오늘은 현재 이용 가능한 증거를 토대로 어떤 과학적 이론을 받아들일 수 있겠지만, 내일은 새롭게 확보된 증거나 수정된 옛 증거로 해석한 것을 토대로 그와는 사뭇 다른 과학적 이론을 받아들일 수 있다. 화학자이자 저명한 과학철학자인 마이클 폴라니(Michael Polanyi)가 지적했듯이, 자연과학자들은 나중에 틀릴 수도 있다고 생각되는 것을 믿을 수밖에 없지만, 현재의 신념들 가운데 어떤 것이 나중에 오류로 드러날지는 확실하게 알 수 없다.

과학이론은 현재 이용 가능한 실험적 관찰결과에 관한 최상의 설명이라고 여겨지는 것을 제시한다. 획기적인 이론의 변화는 현재 알려진 것에 대한 더 나은 설명이 있다고 믿을 때나, 현재 알려진 것을 새로운 관점으로 바라볼 수밖에 없게 하는 새로운 정보가 드러났을 때 이루어진다. 미래를 알지 못하는

---

2) Thomas H. Huxley, in *The Life and Letters of Charles Darwin*(3 vols), Francis Darwin 엮음. London: John Murray, 1887, vol. 2, p. 200.

한, 어떤 이론이 '옳은지'를 확실하게 판단하기는 불가능하다. 우리는 미래 세대가 오늘날의 이론 가운데 어느 것을 흥미로운 실패로 간주해 폐기할지 알지 못하고, 또 알 수도 없다. 그러나 과학자들은 오랜 시간이 흐르면 기존의 이론이 부적절하거나 틀린 것으로 판명될 수 있음을 알면서도, 그것이 옳다고 믿고 그것을 신봉하지 않을 수 없다.

이렇게 과학이론의 '일시성'을 강조하면, 과학과 종교는 '전쟁' 관계라는 견해와 종종 맥을 같이하는 시대착오적인 실증주의는 설 자리를 잃을 수밖에 없다. 실증주의자들은 "과학은 이것을 사실로 입증했다."라고 선언하지만, 좀 더 지혜롭고 사려 깊은 과학자들은 "지금은 과학계 내에서 이것이 옳다는 폭넓은 합의가 이루어진 상태이지만, 앞으로 더 많은 증거가 쌓이면 바뀔 수도 있다." 라고 말하기를 좋아한다. 이는 자연과학 자체를 비판하기 위한 말이 아니다. 단지 과학적 방법이 기능하는 방식을 염두에 둔 말이다. 과학사 연구가들은 과거에는 정통적인 과학이론으로 인정되었던 것들이 지금은 부정확한 것들로 간주되는 경우가 적지 않다고 지적한다.

이 점의 중요성을 이해하려면 "다윈의 진화론은 옳은가?"라는 한 가지 질문을 생각해볼 필요가 있다. 이 질문에 대한 최상의 대답은 아마도 다윈의 계승자들이 수정한 진화론이 지금으로서는 방대한 생물학적 자료를 가장 잘 설명한 이론으로 믿어진다는 답변일 것이다. 다윈주의의 열렬한 옹호자인 리처드 도킨스도 이 점에 대해서는 분명한 동의를 표했다.

> 다윈은 20세기 말에 승리를 거둔 듯하다. 그러나 새로운 사실이 밝혀져 21세기 계승자들이 다윈주의를 포기하거나 본래의 형체를 알아볼 수 없을 정도로 수정할 수밖에 없는 사태가 빚어질 수도 있음을 기꺼이 인정해야 한다.[3]

---

3) Richard Dawkins, *A Devil's Chaplain: Selected Writings*. London: Weidenfeld & Nicholson, 2003, p. 81.

그렇다면 종교적인 신념들은 어떨까? 이와 관련해 생각해볼 흥미로운 질문은 크게 세 가지다.

1. 하나님을 믿는 믿음도 과학적 이론을 확증하는 방식과 비슷한 방식으로 사실임을 입증할 수 있을까?
2. 종교적인 신앙의 합리성과 하나님에 대한 믿음에 관한 논의에서 자연과학은 어떤 역할을 하는가?
3. 일반적으로 '진화론적 비판 논증'이라 불리는 논증을 포함해 하나님의 존재를 부인하는 무신론적 논증에서 자연과학은 어떤 역할을 하는가?

지금부터는 '다섯 가지 길'로 알려진 토마스 아퀴나스의 고전적인 신 존재 증명에서부터 시작해 이 질문들을 하나씩 자세히 살펴볼 생각이다.

신의 존재에 관한 전통적인 철학적 논증

가장 널리 논의되는 신의 존재에 관한 철학적 논증은 중세시대에 캔터베리의 안셀무스(Anselm of Canterbury)와 토마스 아퀴나스를 통해 발전되었다. 안셀무스의 '존재론적 논증'은 종교철학자들 사이에서는 상당한 관심을 불러 모으지만, 경험과 무관한 논증의 특성 때문에 자연과학의 논의에서는 거의 취급되지 않는다. 그와는 대조적으로, 아퀴나스의 '다섯 가지 길'은 경험적 현실과 직접적으로 관련되기 때문에 과학적 탐구와 잘 통한다. 아래에서는 이 논증을 살펴볼 생각이다.

일부 교재에서는 '다섯 가지 길'을 '신 존재 증명'으로 표현하기도 한다. 그러나 이것은 과장된 표현이다. 여러 측면에서 볼 때, 이 전통적인 논증은 종교적 신념의 내적 합리성을 밝히려는 노력으로 이해하는 것이 가장 좋다. 아퀴나스의 접근방식이 특별히 흥미로운 이유는 그가 세상을 이해하는 인간의 능력과 하나님의 존재 사이에 명확한 연관성이 있다고 생각했기 때문이다. 좀 더 최근에 이 논증을 기술한 내용들을 살펴보면 크게 세 가지 형태를 띠는 것을 알 수 있다.

1. 하나님의 존재를 부인하기보다 그분의 존재를 믿는 것이 더 합리적이다.
2. 하나님의 존재에 관해 불가지론적인 입장을 취하는 것보다 그분의 존재를 믿는 것이 더 합리적이다.
3. 하나님을 믿는 것도, 무신론을 신봉하는 철학자들이 도덕적인 선과 악의 객관성이나 '다른 사람의' 정신의 존재를 믿는 것만큼이나 합리적이다.

그러면 이제 본격적으로 이런 논증들의 고전적 형태와 좀 더 최근의 형태를 몇 가지 살펴보기로 하자.

토마스 아퀴나스의 '다섯 가지 길'

아마도 토마스 아퀴나스(1225-1274)는 중세시대의 가장 유명하고 영향력 있는 신학자일 것이다. 이탈리아에서 태어난 그는 파리 대학과 북쪽의 다른 대학들에서 가르치고 책을 저술하면서 명성을 얻었다. 그는 『신학대전』을 저술한 것으로 가장 유명하다. 그는 그 책을 평생 저술했지만 죽을 때까지도 다 완성하지 못했다. 물론, 그는 기독교 신앙의 합리성과 하나님의 존재를 논한 『이단 논박 대전(Summa contra Gentiles)』을 비롯해 다른 중요한 책들도 많이 저술했다. 아퀴나스는 세상에 대한 인간의 일반적인 경험을 근거로 하나님의 존재를 암시하는 지표들을 찾는 것이 매우 적절하다고 생각했다.

아퀴나스는 유신론적 신앙의 합리성을 입증하기 위해 일차적으로 하나님을 설명의 근거로 내세웠다. 하나님의 존재와 본성은 그분의 피조물인 우리 자신과 세상에 대한 우리의 다양한 경험(예를 들면, 세상의 질서, 자연의 아름다움과 선에 대한 의식 등)을 소급적으로 설명할 수 있는 근거를 제공했다. 아퀴나스는 세상의 존재와 그 구체적인 특성들을 단순히 보이는 그대로 받아들이는 것은 용인할 수 없는 일이라고 생각했다. 그는 먼저 이 세상이 존재하게 된 이유를 찾고, 또 세상의 구조와 과정 안에서 독특한 특성들이 관찰되는 이유를 설명해줄 근거를 찾는 것이 매우 적절하면서도 합리적이라고 생각했다. 우주는 다른 무엇, 곧 하나님과의 관계라는 관점에서 설명될 필요가 있다.

아퀴나스의 '다섯 가지 길'은 하나님의 존재를 입증하기 위한 다섯 가지 논증방식을 가리킨다. 다섯 가지 방법 모두 창조주의 존재를 '가리키는' 세상의 몇 가지 측면에 초점을 맞춘다. 그렇다면 아퀴나스는 어떤 지표들을 찾아냈을까? 아퀴나스의 기본적인 사고는 세상이 창조주이신 하나님을 보여준다는 것이었다. 이 개념은 '존재의 유비'라는 그의 이론을 통해 좀 더 명확하게 표현되었다. 화가가 자신의 작품이라는 것을 표시하기 위해 그림에 서명하듯이, 하나님도 피조세계에 자신의 신적 '인장'을 새겨놓으셨다. 우리가 세상에서 관찰하는 것(예를 들면, 세상의 질서)은 창조주이신 하나님을 근거로 가장 잘 설명될 수 있다. 하나님은 세상의 제1원인이자 설계자이시다. 그분은 세상을 창조하시고, 거기에 신적 형상과 모양을 새겨놓으셨다.

그렇다면 피조세계 어디에서 하나님의 존재에 관한 증거를 찾을 수 있을까? 아퀴나스는 세상의 질서가 하나님의 존재와 지혜를 보여주는 가장 확실한 증거라고 주장했다. 이 기본전제는 종종 '설계 논증', 또는 '목적론적 논증'으로 일컬어지는 논증과 특별한 관련이 있지만, 다른 논증들도 모두 이를 기본 바탕으로 하고 있다. 그러면 먼저 다섯 가지 논증을 하나씩 살펴본 후, 특별히 두 가지 논증을 좀 더 자세히 검토해 보도록 하자.

첫 번째 길은 세상에 있는 것들이 움직이거나 변화한다는 관찰에서부터 시작한다. 세상은 정적이지 않고 역동적이다. 우리는 그런 사례들을 쉽게 열거할 수 있다. 비는 하늘에서 내리고, 돌은 계곡으로 굴러 내려가며, 지구는 태양 주위를 돈다(물론, 아퀴나스는 이 사실을 알지 못했다). 아퀴나스의 첫 번째 논증은 대개 '운동을 통한 논증'으로 일컬어진다. '운동'으로 종종 번역되는 라틴어 '모투스(motus)'는 폭넓은 의미를 지니는데, 때로는 '변화'라고 번역하는 것이 더 적절할 때도 있다.

자연은 어떻게 운동을 할까? 자연이 변화하는 이유는 무엇일까? 자연이 정지되어 있지 않은 이유는 무엇일까? 아퀴나스는 움직이는 것은 모두 다른 것에 의해 움직인다고 주장했다. 모든 운동에는 원인이 있다. 사물은 저절로 움직이지 않는다. 그것들은 다른 것에 의해 움직인다. 운동의 원인도 또 다른 원인이 있다. 그 원인도 원인이 있어야 한다. 아퀴나스는 세상의 배후에는 연속적인 운동의 원인이 있다고 주장했다. 그런 원인이 무한정 계속되지 않는다면 하나의 최초 원인이 존재해야 한다. 이 최초 원인으로부터 궁극적으로 다른 모든 운동의 원인이 비롯한다. 여기에서 세상이 작동하는 방식에 반영된 거대한 인과성의 사슬이 시작된다. 이렇듯 아퀴나스는 사물들이 움직인다는 사실에 근거해 모든 운동의 최초 원인이 존재한다고 주장했고, 그가 바로 하나님이라고 결론지었다.

좀 더 최근에는 이 논증이 우주론적인 용어로 더욱 명확하게 다시 진술되었다. 가장 흔히 접할 수 있는 이 논증의 형식은 다음과 같다.

1. 우주에 있는 모든 것은 다른 것에 의존해 존재한다.
2. 우주의 개별적인 부분들에 적용되는 것은 우주 자체에도 똑같이 적용된다.
3. 따라서 우주는 지금까지 존재해 왔고, 앞으로 계속해서 존재하는 한 항상 다른 것에 의존해 존재한다.
4. 이처럼 우주는 하나님을 의존해 존재한다.

이 논증은 기본적으로 우주의 존재가 설명을 요구한다고 전제한다. 이런 형태의 논증은 현대의 우주론 연구, 특히 우주의 기원에 관한 '빅뱅' 이론과 직접 연관된다.

두 번째 길은 '작용인'의 개념에서부터 시작한다. 아퀴나스는 우리 주위에 있는 것들 안에서 작용인의 질서를 관찰할 수 있다고 생각했다. 그러나 스스로 작용인이 되는 것은 관찰되지도 않고, 또 관찰할 수도 없다. 작용인이 무한정 계속되는 것은 불가능하기 때문에 '최초의 작용인(prima causa efficiens)'이 존재해야 한다. 그것을 우리는 '하나님'이라고 부른다.

세 번째 길은 우연적 존재들의 존재와 관련된다. 바꾸어 말해, 세상에는 인간과 같은 필연적이지 않은 존재들이 존재한다. 아퀴나스는 이런 존재들을 한 필연적 존재와 대조했다. 하나님은 필연적인 존재이시지만 인간은 우연적인 존재다. 우리가 존재한다는 사실은 설명을 요구한다. 우리가 여기에 존재하는 이유는 무엇일까? 우리는 어떻게 존재하게 되었을까? 아퀴나스는 존재가 존재하게 된 이유는 이미 존재하는 무엇인가가 그것을 존재하게 했기 때문이라고 주장했다. 다시 말해, 우리의 존재는 다른 존재를 통해 발생되었다. 우리는 인과적 연관 관계의 산물이다. 아퀴나스는 이 연관 관계를 끝까지 추적해 올라가면 존재의 최초 원인, 곧 필연적으로 존재할 수밖에 없는 존재(즉 하나님)에 도달할 수 있다고 주장했다.

네 번째 길은 진리, 선, 고결함과 같은 도덕적 가치에서부터 시작한다. 그런 가치들은 어떻게 생겨났을까? 그것들은 어디에서 연유했을까? 아퀴나스는 그 자체로 참되고 선하고 고결한 무엇인가가 존재해야 하고 그것으로부터 진리, 선, 고결함에 관한 개념들이 유래한다고 주장했다. 그는 하나님이 그런 개념들의 원천이자 궁극적인 원인이시라고 제안했다.

마지막 **다섯 번째 길**은 목적론적 논증, 또는 '설계 논증'으로 일컬어진다. 이는 신의 존재에 관한 철학적 논증 가운데서 가장 널리 논의되는 주제다. 토마스 아퀴나스는 자연의 질서 안에서 발견되는 명백한 설계의 증거를 토대로 논증을 펼쳤다. 사물들은 단순히 존재하지 않는다. 그것들은 어떤 목적을 지니고 설계된 것처럼 보인다. '목적론적(목적을 향해 나아가는)'이라는 용어는 자연의 목적 지향적인 측면을 나타내는 의미로 널리 사용된다. 아퀴나스는 "자연에 존재하는 모든 것을 목적을 향해 이끄는 지성적인 존재", 곧 하나님이 존재하신다고 결론지었다.

아퀴나스의 다섯 가지 논증은 모두 비슷한 논리적 구조를 지니고 있다. 개개의 논증이 모두 인과적 연관성을 통해 하나의 기원으로 거슬러 올라가고, 그것을 하나님과 동일시한다. 던스 스코투스(Duns Scotus)와 윌리엄 오컴과 같은 중세시대의 아퀴나스 비판자들은 '다섯 가지 길'에 대해 여러 가지 비판을 제기했다. 그 가운데 다음 세 가지 비판이 특히 중요하다.

1. 원인을 무한정 거슬러 올라가는 것이 왜 불가능한가? 운동을 통한 논증은 원인과 결과의 연속성이 어딘가에서 멈추어야만 효과를 거둘 수 있다. 아퀴나스에 따르면, '부동의 원동자(Prime Unmoved Mover)'가 반드시 존재해야 한다. 그러나 그는 원인을 무한정 거슬러 올라가는 것이 직관에 어긋난다고만 주장했을 뿐, 그 점을 설득력 있게 설명하지 못했다.
2. 이런 논증들의 종착지가 왜 꼭 '유일한' 신인가? 예를 들어, 운동을 통한 논증은 다수의 '부동의 원동자'를 믿는 신앙으로 귀결될 수도 있다. 오직 하나의 신만이 존재한다는 기독교의 근본적인 주장 외에는 그런 원인이 오직 하나뿐이라고 주장해야 할 특별한 이유가 없어 보인다.
3. 위의 논증들은 하나님이 계속해서 존재하신다는 것을 입증하지 못한다. 하나님은 일들을 발생시키고 더는 존재하지 않으실 수 있다. 사건들이 계속해서 일어난다고 해서 그것을 일으킨 원인자가 반드시 계속해서 존재한다는 보장은 없다. 오컴은 아퀴나스의 논증들이 하나님이 옛적에 한 번 존재했을

뿐, 지금은 꼭 그렇지 않을 수도 있다는 생각을 부추길 가능성이 있다고 주장했다. 그는 이 난점을 극복하기 위해 하나님이 계속해서 우주를 지탱하고 계신다는 개념을 토대로 다소 복잡한 논증을 전개했다.

칼람 논증

일반적으로 '칼람 논증(kalam argument)'으로 알려진 이 논증의 명칭은 중세시대 초기에 융성했던 아랍의 철학학파에서 유래했다. 이 논증의 기본적인 구조는 네 개의 명제로 이루어져 있다.

1. 시작이 있는 것은 무엇이든 원인이 있어야 한다.
2. 우주의 존재는 시작되었다.
3. 따라서 우주의 존재가 시작된 데에는 모종의 원인이 있었던 것이 틀림없다.
4. 신이 그 유일한 원인일 수 있다.

어떤 학자들은 이를 우주론적 논증을 다르게 변형시킨 것으로 생각하고, 어떤 학자들은 이를 독자적으로 다룰 가치가 있는 독특한 특징들을 지닌 것으로 간주한다. 이 논증의 논리구조는 분명하다. 어떤 존재의 시작이 있다면 반드시 원인이 있어야 한다. 이런 논증의 형식은 '빅뱅'이라는 현대의 과학적 개념과 쉽게 연결된다. 현대의 우주론은 우주에 시작이 있다고 강하게 암시한다. 우주가 특정한 시점부터 존재하기 시작했다면 틀림없이 원인이 있었을 것이다. 하나님 외에 달리 어떤 원인이 있을 수 있겠는가? 이 논증은 중세시대에 발전했지만, 우주에 시작이 없다는 것이 당시의 과학적 합의였다. 다시 말해, 이 논증의 두 번째 명제는 타당성을 인정받지 못했다. 그러나 우주론의 패러다임 전환이 이루어져 빅뱅 이론을 받아들이게 된 지금에는 이 논증의 두 번째 명제가 21세기의 지배적인 과학적 견해와 잘 조화된다. 그로써 이 논증은 새로운 과학적 개연성을 확보하게 되었다. 최근에 이런 형태의 칼람 논증이 널리 논의되어 왔다. 윌리엄 레인 크레이그(William Lane Craig)는 이 논증의 가장 중요한 옹호자 가운데 한 사람이다. 그는 이 논증의 주요 특징을 다음과 같이 설명했다.

> 존재하기 시작하는 것은 무엇이든 존재의 원인이 있다. 우주는 과거에 존재하기 시작했기 때문에 우주의 존재에는 원인이 있다고 결론지을 수 있다.…… 온 우주를 초월하는, 우주를 존재하게 만든 원인이 존재한다.[4]

이 논증에 대한 논쟁은 세 가지 질문을 중심으로 전개된다. 그 가운데 하나는 과학적인 질문이고, 나머지 둘은 철학적인 질문이다.

1. 무언가가 원인 없이 시작될 수 있을까? 스코틀랜드 철학자 데이비드 흄은 그의 저서 중 한 곳에서, 존재하는 어떤 것의 결정적인 원인을 꼭 집어 말하지 않고서도 그것에 관해 생각하는 일이 얼마든지 가능하다고 주장했다. 그러나 그의 주장에는 상당한 어려움이 뒤따른다. 그런 반론이 실제로 얼마나 중요한지는 확실하지 않다.
2. 우주가 시작이 있다고 말할 수 있을까? 12세기 초까지 통용된 중세시대의 과학적 합의는 우주가 항상 존재해왔다는 것이다. 기독교든 이슬람교든 유대교든 우주에 시작이 있다고 주장했던 중세의 종교적인 저술가들은 당시의 주된 과학적 견해에 맞서야 했다. 물론, 이런 상황은 20세기 후반에 과학적 우주론이 획기적으로 변화한 이후로 크게 달라졌다. 오늘날의 과학적 우주론은 우주에 시작이 있다고 생각한다.

---

[4] William Lane Craig and Quentin Smith, *Theism, Atheism, and Big Bang Cosmology*. Oxford: Clarendon Press, 1993, p. 63.

3. 설혹 우주가 원인이 있다고 해도 그것을 곧바로 하나님과 직결시켜야만 할까? 원인은 당연히 그것이 야기한 사건보다 앞서야 한다. 따라서 우주가 존재하기 시작한 원인을 말하는 것은 곧 우주 이전에 존재했던 것에 관해 말하는 것이다. 그것이 하나님이 아니라면 무엇이겠는가?

최근에 영원한 우주라는 개념이 우주의 기원에 관한 '빅뱅' 이론으로 대체되면서 전통적인 칼람 논증은 새로운 활기를 띠게 되었다. 그러나 이로 인해 제기된 철학적 쟁점들은 활발한 비평적 논의의 주제로 계속 남아 있을 것이다.

사례연구: 윌리엄 페일리의 생물학적 설계 논증

윌리엄 페일리가 '설계 논증'에 가장 중요한 기여를 했다는 것이 일반적인 견해다. 그의 『자연신학, 또는 자연의 세계에서 수집한 신의 존재와 속성들을 나타내는 증거들(1802)』은 19세기 전반부에 영국의 대중적인 종교사상에 깊은 영향을 미쳤다. 다윈도 그 책을 읽은 것으로 알려져 있다. 페일리는 특히 '천체역학'으로 알려진 분야와 관련해 뉴턴이 발견한 자연의 규칙성에 깊은 감명을 받았다. 그것은 우주를 이해할 수 있는 규칙적인 원리에 따라 작동하는 복잡한 기계로 생각할 수 있게 했다.

이신론을 따르는 일부 저술가들은 이를 하나님이 더 이상 필요하지 않다는 의미로 이해했다. 기계는 그것을 만든 사람이 늘 붙어있지 않더라도 완벽하게 작동할 수 있다. 학술서들에서 충분히 인정받지 못한 페일리의 중요한 업적 가운데 하나는 기독교적 관점 안에 '기계로서의 세계'라는 개념을 복원시킨 것이었다. 페일리는 '시계 장치' 비유를 회의론과 무신론과 관련된 것이 아닌 하나님의 존재를 확증하는 확실한 증거와 관련된 것으로 바꾸어 놓았다. 라플라스(Laplace)의 책에서 알 수 있듯이 프랑스에서는 과학의 발전이 무신론으로 귀결되는 듯 보였지만 페일리는 과학의 발전을 자연신학이라는 관대하고 방대한 품속에 수용하게 하는 환경을 조성했다. 자연신학에 관한 그의 통찰력은 많은 사람이 내외적인 불안을 느꼈던 시기에 상당한 종교적, 철학적 안정감을 제공했다. 그의 통찰력은, 변함없는 과학의 법칙은 변함없는 사회의 법칙과 일맥상통하고 그 둘은 모두 신성에 근거한다는 생각을 일깨워주었다.

페일리는 세계가 일종의 기계라는 뉴턴의 개념을 토대로 즉각 시계 비유를 떠올렸고, 세상의 작동방식을 통해 분명하게 드러난 "그 복잡한 기계를 만든 장본인이 누구인가?" 하는 물음을 제기했다. 그의 가장 중요한 논증 가운데 하나는 기계라는 개념에 "고안품"이라는 의미가 내포된다는 것이다. 1760년에서 1840년에 걸쳐 영국에서 일어난 산업혁명을 배경으로 영국의 식자층 사이에서는 시계, 망원경, 제분기, 증기기관과 같은 기계에 대한 관심이 고조되었다. 페일리는 이를 변증적 자료로 활용했다.

페일리의 접근방식의 일반적인 논리는 잘 알려져 있다. 19세기 초의 영국은 산업혁명을 거치는 중이었다. 기계들의 역할이 갈수록 중요해졌다. 페일리는 그런 복잡한 기계들이 아무런 목적 없이 우연히 생겨났다고 생각할 사람은 어리석은 바보뿐이라고 주장했다. 기계는 설계를 전제로 한다. 이것은 기계가 목적 있게 설계된 지성의 산물이라는 뜻이다. 세상과 인간의 육체는 모두 수단과 목적이 조화를 이루는 방식으로 설계되고 구성되었다. 물론 페일리는 단순히 인간이 만든 기계 장치들과 자연세계가 서로 유사하다고, 곧 자연이 기계와 '같다'고 말하지 않았다. 그의 논증의 강점은 자연은 기계이기 때문에 지성적으로 설계되었고, 능숙하게 구성되었다는 주장에 있다.

페일리의 논증은 생물학적 세계가 시계를 닮았다는 개념을 중심으로 전개되었다. 페일리가 발전시킨 변증학적 전략은 이 비유를 생생하게 확립하는 것이었다. 이 비유에는 독자들의 관심을 사로잡을 뿐 아니라 그의 접근방식에 대한 반론의 증거적 효과를 무력화하기에 충분한 상상력이 담겨 있었다. 페일리의 시계 비유는 네덜란드 저술가들이 18세기 중반에 이미 사용했다는 점에서 독창적이지 않을 수 있지만, 그가 그것을 사용한 방식에는 간과할 수 없는 독창성과 창의력이 번득인다.

페일리의 『자연신학』의 서두에 실린 내용은 황량한 들판 한복판에서 발견된 시계 비유로 널리 알려져 있다.

> 황량한 들판을 지나가는데 내가 돌에 발을 부딪쳤고, 누군가가 그 돌이 어떻게 거기에 있느냐고 물었다고 가정해 보자. 만일 내가 잘은 모르지만 그 돌은 저곳에 항상 놓여 있었다고 대답한다면, 그것은 불합리한 대답이라고 논박하기가 쉽지 않을 것이다. 그러나 이번에는 내가 그곳에서 시계를 발견했는데 그 시계가 어떻게 거기에 있느냐고 물었다고 가정해 보자. 이 경우에는 내가 앞서와 같이 잘은 모르지만 그 시계는 저곳에 항상 놓여 있었다고 대답하기가 매우 어려울 것이다. 그렇다면 같은 대답이 시계에는 돌만큼 잘 통하지 않는 이유는 무엇일까? 그것이 왜 전자의 경우는 용인되고, 후자의 경우는 그러지 않는 것일까?[5]

시계와 돌을 구별하는 것은 무엇일까? 페일리의 대답의 요지는 의도성과 유용성을 보여주는 '고안품(부품들을 설계하고 조립해 특정한 목적을 위해 함께 작동하도록 만든 체계)'이라는 한 단어로 요약할 수 있다. 페일리는 영국에서 시작된 새로운 산업화시대를 대표하는 기계류에 관한 대중적인 관심을 염두에 두고, '고안품'이라는 용어를 사용해 '설계되고 구성된 것'이라는 개념을 전달했다.

그리고 나서 페일리는 시계 몸통, 원통형으로 감긴 스프링, 서로 맞물려 돌아가는 톱니바퀴, 시계 유리 등 시계의 모양을 상세하게 묘사했다. 모든 것이 시계가 식별할 수 있는 특정한 목적을 위해 설계되었다는 증거였다. 페일리는

---

[5] William Paley, *Natural Theology: Or Evidences of the Existence and Attributes of the Deity*, 12th ed. London: Faulder, 1809, p. 1.

세밀한 분석으로 독자들의 관심을 끌면서, 시계라는 기계 장치의 명백한 목적과 복잡성과 관련해 중요하고도 결정적인 결론을 도출해냈다.

> 이런 기계 장치가 관찰되었다면(즉 이 기계를 파악해 이해하려면 그것을 면밀하게 조사해야 하고, 또 사전지식도 약간은 있어야 할 테지만, 앞서 말한 대로 일단 관찰해서 이해가 되었다면), 틀림없이 시계를 만든 사람이 존재한다는 추론에 도달하지 않을 수 없다. 다시 말해, 분명한 목적을 염두에 두고 그것을 만든 사람이나 사람들(우리는 실제로 그것이 그런 목적에 부합하는 것을 발견한다), 즉 그 구조를 정확하게 알고서 그 용도를 설계한 기술공들이 어느 순간, 어느 장소에 확실하게 존재했을 것이 틀림없다.[6]

페일리가 시계에 관해 길게 논의한 이유는, 설계의 증거를 지닌 것으로 보이는 다른 대상들에 적용할 해석의 틀을 마련하기 위해서였다. 그가 시계의 작동원리를 세밀하게 분석했던 이유는 그것이 설계를 거쳐 특정한 목적을 위해 제작된 고안물이라는 점, 곧 설계자의 존재를 암시하는 명백한 증거라는 점을 보여주기 위해서였다. 그는 생물학적 세계 안에서도 그와 똑같은 증거들을 발견할 수 있다고 생각했다. 18세기 초의 많은 기독교 변증학자들이 물리적인 세계의 아름다움과 질서를 하나님의 존재를 나타내는 증거로 제시했다. 페일리는 초점을 약간 달리해 생물학적 세계에 관심을 집중했다. 천문학은 신자들에게 하나님의 위대하심과 경이로우심을 일깨워주었을지 모르지만, 그분의 존재 자체를 입증할 수는 없었다.

> 나는 천문학이 지성적인 창조자의 행위를 입증하는 최상의 매개물은 아니지만, 다른 어떤 과학보다도 그 활동의 장엄함을 입증하는 학문이라고 생각해

---

[6] William Paley, *Natural Theology: Or Evidences of the Existence and Attributes of the Deity*, 12th ed. London: Faulder, 1809, p. 3.

왔다. 인간의 정신이 이를 통해 일단 확신을 얻으면, 다른 어떤 학문이 줄 수 있는 것보다 더 큰 경이로 신성의 위대함을 바라볼 수 있다. 그러나 천문학도 다른 일부 학문과 마찬가지로 논증의 목적에는 잘 부합하지 않는다.[7]

페일리는 행성과 항성들을 관찰하면 그것들의 단순성만 보인다고 말했다. "우리는 빛을 반사하는 천체들의 위상이나 그것들의 밝은 점과 빛나는 원들 외에는 아무것도 볼 수 없다." 페일리는 설계 추론이 복잡성이란 증거에 의존한다고 생각했다. "설계 개념은 부품들의 관계, 상호작용, 성질로부터 추론된다. 따라서 어떤 학문을 이런 형식의 논증에 적합하게 만들려면 어느 정도의 복잡성이 필요하다." 페일리는 그런 복잡성을 생물학적 세계, 무엇보다도 인간의 안구에서 발견했다. 페일리는 자신이 세밀하게 묘사한 안구의 복잡성을 보고도 그 설계자의 존재를 깨닫지 못하는 사람이 과연 있을지 궁금했다. 그는 인간의 눈이 망원경과 유사하다고 생각했다.

눈은 보기 위해 만들어졌고, 망원경은 보는 것을 돕기 위해 만들어졌다. 이 둘은 똑같은 원리로 만들어졌다. 둘 다 빛의 투과와 굴절을 조절하는 법칙을 따른다. …… 이 정도면 수학적인 도구 제작자가 자신의 원리에 관한 지식을 보여주고, 그 원리를 적용하고, 자신의 수단을 자신의 목적에 맞추고…… 계획과 선택과 동기와 목적을 충분히 보여줬다고 생각할 수 있지 않겠는가?[8]

페일리는 이런 비유를 제시하고 나서 눈이 망원경보다 우수하다고 강조했다. 눈은 망원경보다 정교하게 만들어졌고, 다양한 빛의 강도나 물체의 거리

---

7) William Paley, *Natural Theology: Or Evidences of the Existence and Attributes of the Deity*, 12th ed. London: Faulder, 1809, p. 378.
8) William Paley, *Natural Theology: Or Evidences of the Existence and Attributes of the Deity*, 12th ed. London: Faulder, 1809, pp. 18-19.

와 같은 여러 가지 상황에 더 잘 대처하는 기능을 지닌다. 페일리는 이것을 눈과 망원경을 똑같이 고안물로 간주할 수밖에 없는 증거로 받아들였다. 눈은 망원경보다 더 정교하고 기능이 더 뛰어나기 때문에 이 자연적인 고안물의 창조자는 망원경의 제작자보다 더 큰 숭배와 찬양을 받아 마땅하다.

페일리의 핵심 요점은 자연이 '설계된', 즉 분명한 목적을 가지고 고안되고 구성된 생물학적 구조들을 증언한다는 것이다. "시계에 존재하는 설계의 증거와 계획의 흔적들이 자연의 작품들 속에도 똑같이 존재한다." 페일리는 자연과 시계의 차이는, 자연이 시계보다 훨씬 더 많은 설계의 증거들을 지녔다는 것뿐이라고 말했다. 페일리는 더할 나위 없이 탁월한 능력을 발휘해 안구와 심장과 같은 지극히 복잡한 자연적 구조를 상세하게 묘사하면서 그것들을 특정한 목적을 갖고 설계된 기계처럼 다루었다.

그런데 시계 비유에만 너무 많은 관심을 기울인 나머지, 우리는 그의 논증의 다음 단계들, 특히 초기 형태의 자연신학과 관련해 데이비드 흄이 제기한 문제를 다룬 논증이 간과될 때가 많다. 흄은 설계 논증이 신의 존재를 전혀 암시하지 않거나 또는 여러 신들의 존재를 가리킬 수 있다고 주장했다. 창조 행위에는 창조자가 계속해서 존재한다는 사실이 함축되어 있지 않다. "집이나 배를 짓고 도시나 국가를 건설하는 데 많은 사람들이 참여한다. 그런데 세상을 설계하고 구성하는 일에 여러 신들이 협력하지 못할 이유가 무엇인가?"[9] 또한 시계는 그것을 만든 사람의 운명과 아무 상관없이 계속 존재할 것이기 때문에 본래의 설계자가 계속해서 존재할 필요가 없다. 설계자의 도덕적 성품은 어떤가? 흄은 이 세상이 "결함이 많고 불완전하다."고 주장했다. 그는 "어리디어린 신"이 어설프게 세상을 창조했거나, 나이가 들어 무기력해진 창조신이 "노망이 든 정신으로" 세상을 만들었을지도 모른다고 말했다.

---

9) David Hume, *Dialogues Concerning Natural Religion*. New York: Penguin, 1990, p. 79.

페일리는 자세하면서도 점증적인 논증을 통해 이런 의문점들을 다루었는데, 해석자들은 그의 논증 이후 내용을 간과할 때가 많다. 첫째, 페일리는 "창조주가 오직 하나뿐인가?"라는 문제를 다루었다. 그의 논증은 다소 복잡하지만, 자연에서 발견되는 목적과 설계의 일관성은, 관찰된 것들의 배후에 오직 하나의 정신만이 존재한다는 것을 암시한다는 주장으로 간단히 축약할 수 있다. 예를 들어, 자연법칙들의 항상성과 보편성이 자연세계 안에 드러난 단일한 합리성을 분명하게 보여준다. 페일리는 설계를 언급하는 순간, 곧바로 설계자가 추상적인 힘이 아닌 인격체라는 의미를 함축하는 것이라고 말했다. 그렇다면 설계자는 선하고 지혜로울까? 페일리는 여기에서 『동물생태학: 유기생명체의 법칙(Zoönomia; or the Laws of Organic Life, 1794-1796)』을 저술한 것으로 유명한 찰스 다윈의 친조부 이래즈머스 다윈(Erasmus Darwin)을 비롯해 이전의 많은 저술가들이 발전시킨 '완전을 통한 논증'의 형태를 활용했다. 그는 설계자의 성품은 설계한 것을 통해 드러난다고 주장했다. 자연적인 고안물들은 전반적으로 선한 피조물로 보이므로 창조주는 선한 의도로 세상을 창조했고, 따라서 하나님은 선하시다고 추론하는 것이 합리적이다.

페일리의 논증은 특히 대중적 차원에서 큰 영향력을 발휘했다. 자연은 우연으로 돌릴 수 없는 복잡한 생물학적 구조를 띠고 있다는 것이 그의 근본적인 주장이었다. 그의 주장은 대중적인 과학, 특히 '자연사'에 영향을 미쳐 자연세계에 대한 정밀하고 깊이 있는 연구를 새롭게 촉진했다. 그러나 페일리는 세상이 본질적으로 고정적이며, 급진적인 변화를 겪지 않는다고 주장했던 18세기 초의 과학적 합의에 의존했다. 세상을 고정적으로 바라본 페일리의 견해에는 만물이 변하지 않는 질서를 유지하도록 설계되었다는 신념이 반영되어 있다. 찰스 다윈의 『종의 기원』은 생물학적 복잡성의 기원에 대해 매우 다른 설명을 제시했다. 그는 그런 복잡성이 신적인 설계와 구성이 아닌 자연선택이란 현상을 통해 이루어졌다고 확신했다.

그러나 페일리의 접근방식이 다윈을 통해 완전히 무용지물이 된 것은 결코 아니다. 오히려 1860년대와 1870년대 영국 신학자들 중에는 다윈이 결함이 있는 치명적인 전제를 교정해 더 확고한 지성적 토대를 마련함으로써 자연신학에 관한 페일리의 접근방식을 이롭게 했다고 생각한 사람들이 많았다. 찰스 킹즐리(Charles Kingsley)는 '창조'라는 말에는 단순한 사건이 아닌 과정의 의미가 함축되어 있기에 다윈의 이론은 창조의 작용방식을 더욱 명료하게 드러낸 것뿐이라고 주장했다. "우리는 오래전부터 하나님이 만물을 창조하실 수 있을 만큼 지혜로우시다는 사실을 알고 있었다. 그러나 보라! 그분은 만물이 스스로를 만들어 나가도록 창조하실 수 있다는 점에서 그보다 훨씬 더 지혜로우시다."[10] 페일리는 고정적인 창조를 생각함으로써 하나님이 그 안에서 단지 명목적인 창조자의 역할만 하시는 것처럼 보이게 했지만, 킹즐리는 다윈이 창조를 신적 섭리에 따라 이루어지는 역동적이고 목적론적인 과정으로 간주하게 할 가능성을 열었다고 주장했다. 킹즐리는 이신론이란 "부재중인 하나님에 의해 아무런 통치도 받지 않는 죽은 우주라는 오싹한 꿈"에 지나지 않는다고 생각했다. 그는 다윈주의를 옳게 해석하면 자애로우신 창조주의 지혜로운 통치 아래 계속해서 발전해 나가는 살아 있는 우주를 볼 수 있다고 생각했다.

리처드 도킨스는 자연선택은 "다윈이 발견한 맹목적이고 무의식적이고 자동적인 과정"이라고 주장함으로써 '설계된' 자연이라는 주제에 관해 의미 있는 논의를 할 토대를 완전히 제거해 버렸다. 그는 "설계의 겉모양"에 관해 논의하는 것은 가능하지만, 그런 겉모양조차도 아무런 목적이 없는 자연적 과정이 빚어냈을 뿐이라고 주장했다.[11] 이 점에서 도킨스의 논리는 다소 분명하지가 않다. 진화의 체계에 관한 다윈의 설명을 받아들이려면 선이나 목적에 대

---

10) Charles Kingsley, 'The Natural Theology of the Future,' in *Westminster Sermons*. London: Macmillan, 1874, pp. v-xxxiii.
11) Richard Dawkins, *The Blind Watchmaker: Why the Evidence of Evolution Reveals a Universe without Design*. London: Penguin, 1988, p. 5.

한 신념을 포기해야만 하는 것인지 그 이유가 확실하지 않다. 사실, 경험적 접근방식을 토대로 도킨스가 할 수 있는 말도 대부분 목적이 없는 듯 보이는 '현상'이 존재할 뿐이라는 사실이다. 철학자 앨빈 플랜팅거는 진화에 목적이 없다는 주장은 진화에 관한 순수한 과학적 설명에 인위적으로 부여한 "형이상학적이거나 신학적인 부가사항"일 뿐이라고 지적했다. 플랜팅거는 하나님이 생명의 진화를 이끄시는 방법은 매우 다양하다고 주장했을 뿐 아니라, 그런 방법들은 다윈의 진화론과 양립할 수 있다고 덧붙이기까지 했다.[12]

'증명'의 모호성: 과학과 신학의 정당화 과정

'증명(proof)'이란 개념은 과학과 신학 모두에서 중요한 역할을 한다. '증명'은 일반적으로 특정한 이론을 옳다고 믿게 할 만한 강력한 근거를 제공하는 논증이나 관찰결과를 제시하는 것이다. 무신론자이자 생물학자인 리처드 도킨스는 증거에 관한 이런 접근방식의 대표적인 사례를 하나 제공했다. 그는 자신의 영향력 있는 저서 『이기적인 유전자(The Selfish Gene)』의 두 번째 개정판에서 "맹목적인 신앙"과 "공개적으로 이용할 수 있는 강력한 증거"는 절대적인 차이가 있다고 주장했다.

> 결국, 신앙이란 무엇인가? 그것은 어떤 것을 믿게 만드는 마음 상태를 가리킨다. 신앙은 근거가 되는 증거가 전혀 없어도 아무런 문제가 되지 않는다. 만일 근거가 되는 증거가 있다면, 증거 자체가 믿을 수밖에 없게 만들 것이므로 신앙은 불필요할 것이다.[13]

---

12) Alvin Plantinga, *Where the Conflict Really Lies: Science, Religion, and Naturalism*. Oxford: Oxford University Press, 2011, p. 14.
13) Richard Dawkins, *The Selfish Gene*, 2nd ed. Oxford: Oxford University Press, 1989, p. 330.

자연과학과 관련된 증거와 신념의 관계를 논의한 이런 접근방식은 신념을 뒷받침하기 위한 증거를 찾아내고 평가하는 일의 중요성을 강조했다는 점에서는 옳지만, '근거가 되는 증거의 전적인 부재'와 '온전한 근거가 될 수 있는 증거의 부재'의 지극히 중요한 차이를 고려하지 못했다는 약점이 있다.

이 점의 중요성을 이해하려면 우주론과 관련된 최근의 논쟁, 곧 '빅뱅'을 통해 하나의 우주가 생겨났는지, 혹은 여러 개의 우주가 생겨났는지(이른바 다중우주론)에 관한 문제를 잠시 살펴볼 필요가 있다. 저명한 과학자들 가운데 앞의 견해를 지지하는 사람들도 많고 뒤의 견해를 지지하는 사람들도 많다. 현재 이용할 수 있는 증거들만으로는 이 문제를 해결하기가 어렵다. 사고력과 지식이 있는 과학자들은 이 두 견해 가운데 하나를 선택할 수 있다. 그들은 자신의 판단 근거로 증거를 가장 잘 해석할 만한 방법을 결정하고, 또 자신의 해석이 옳다고 믿을 수 있지만, 그것을 증명할 수는 없다. 이를 좀 더 전문적인 표현을 사용해 말하자면, 그들은 자신의 입장에는 타당성이 있다고 믿을 수 있지만, 그것을 증명할 수는 없음을 알고 있다.

양자론과 관련해서도 이와 비슷한 문제가 야기된다. 어떤 이론이 옳은가? '코펜하겐 해석'인가, 아니면 루이 드 브로이(Louis de Broglie)와 데이비드 봄(David Bohm)의 '파일럿 파동 이론'인가? 그것도 아니면 휴 에버렛(Hugh Everett)이 제시한 '다세계 해석'인가? 이 세 가지 이론은 경험적으로 동등하기 때문에 문제를 해결할 만한 실험을 진행할 수 없다. 단, 개념적인 정교함과 단순성을 비롯해 그 이론들이 형이상학적인 논제를 촉진하는 방식으로 구성되었는지 같은 복잡하고 논쟁적인 판단에 의존할 수밖에 없다. 그러나 이런 어려움에도 양자이론가들은 저마다 자신이 원하는 선택을 결정할 수 있다. 그들은 그것이 옳은지 입증할 수는 없지만, 그런 선택을 한 근거를 제시할 수는 있다.

엄격히 말해 '증명'은 논리학과 수학 분야에서만 가능하다. 우리는 '2 더하기 2는 4'라는 것이나 '전체가 부분보다 크다'라는 것을 증명할 수 있지만, 우주가 여러 개인지, 양자론에 관한 코펜하겐 해석이 옳은지는 증명할 수 없다. 이론 물리학자였다가 신학자가 된 존 폴킹혼은 과학이든 종교든 진정한 문제는 "그 믿음이 타당하거나 타당하다고 여겨질 수 있는가?"라고 주장했다.

과학이나 종교나 오직 바보만이 부인할 수 있는 명확한 논리적 증거를 제시할 수 없기는 매한가지다. 어느 정도의 지성적인 불확실성을 피할 수 있는 사람은 아무도 없다. 결국, 진리를 탐구하려면 어느 정도의 신중한 용기가 필요한 셈이다. 경험과 해석은 서로 순환하면서 상호 관계를 맺을 수밖에 없다. 심지어 과학도 이 딜레마(이론이 실험을 해석하고, 실험이 이론을 확증하거나 폐기하는 것)에서 온전히 벗어날 수 없다.[14]

과학적 이론이나 종교적 신념을 논리학이나 수학에서처럼 엄격하게 증명할 수는 없지만, 그것들이 타당하다고 믿을 만한 충분한 근거는 제시할 수 있다.

'정당화'란 하나의 신념이 타당한 신념이 되는 과정으로 이해할 수 있다. 예를 들면, 여러 가지 일리 있는 이유들을 나열하며 신념의 사실 가능성을 옹호할 수 있다. 로렌스 본주어(Laurence Bonjour)는 "문제의 관건은 내가 나의 신념들을 사실이라고 생각할 만한 이유가 있는지(또 그렇다면 그 이유는 어떤 형태를 취하는지)이다."라고 말했다.[15] 앨빈 플랜팅거와 같은 철학자들은 기본신념과 올바른 기본신념의 결정적인 차이는 그 신념에서 비롯한 결과물의 신뢰성에 있다고 지적했다. 과학이 우리가 이용할 수 있는 최선의 지식과 방법을 근거로 신념의 정당성을 제시하라고 요구하는 것은 옳다. 그러나 스탠리 피시(Stanley Fish)가 지적했듯이 그런 탐구방법과 지식의 내용은 시간이 지나면서 달라진다.

---

14) John Polkinghorne, *Theology in the Context of Science*. London: SPCK, 2008, pp. 84-86.
15) Laurence Bonjour and Ernest Sosa, *Epistemic Justification: Internalism vs. Externalism, Foundations vs. Virtues*. Oxford: Blackwell, 2003, p. 174.

(객관적인 진리를 옹호하는 일은) 이의를 제기할 수 없는 직접적인 증거를 제시함으로 써가 아니라, 내가 목격하는 세상의 특징들을 고려할 때 나의 눈에 결정적인 것처럼 보이는 증거와 내가 최소한 현재로서는 아무런 문제없이 확증할 수 있는 논증의 힘을 통해 이루어진다. 간단히 말해, 나는 탐구의 전통과 내가 최근에 받아들인 논증을 통해 내게 전달된 세상을 의지한다. 이것이 객관성의 의미다. 객관성이란 최상의 논증과 지금 우리가 가지고 있는 증거들을 가리킨다.[16]

피시의 논점은 좀 더 자세히 살펴볼 가치가 있다. 탐구방법과 규범적인 가설들은 사회적 상황과 직업적인 전문 분야와 밀접하게 관련되기 때문에 시간이 지나면서 바뀌기 마련이다. 같은 '증거'나 관찰결과도 사회문화적 상황이 바뀌면 다른 방식으로 해석될 가능성이 열려 있다.

앞 단락에서 윌리엄 페일리가 1802년에 생물학적 복잡성을 근거로 하나님의 존재를 논증했던 일을 살펴보았다. 페일리는 자신이 하나님(최소한 창조주)의 존재를 '증명했다'고 생각했을 것이 분명하다. 그러나 그의 진술을 좀 더 주의 깊게 살펴보면 그가 그런 관찰결과를 '논리적 증거'가 아닌, 당시 영국 법정에서 종종 발견되던 '수사적(修辭的) 논증'으로 생각했다는 점이 분명하게 드러난다. 그러나 1836년에 영국의 법체계에 일련의 법률 개혁이 단행되면서 '증거'란 스스로를 대변하는 사실의 형태를 취한다는 단순한 개념이 사라졌다. 증거의 개념은 이제 경험적이 아닌 이론적인 것으로 바뀌었다. 증거는 자연 안에서 관찰되거나 읽히는 것이 아니다. 증거는 가설, 즉 관찰결과가 특히 중요한 역할을 하는 틀을 만드는 가설에 의해 형성된다. 하나의 사실적인 관찰이 여러 개의 가능한 이론을 뒷받침할 수 있다. 따라서 '일단의 사실들에 최대한의

---

16) Stanley Fish, 'Evidence in Science and Religion, Part Two.' *New York Times*, 9 April 2012.

질서와 연관성을 부여하는' 이론을 찾아내는 것이 중요하다. 사실적인 관찰결과는 적절한 해석을 적용할 때 비로소 증거가 될 수 있다.

신념을 정당화하는 데 얼마만큼의 증거가 필요한지, 또 걸러낸 신념들을 결정하는 데 정확히 어떤 내외적인 판단기준이 필요한지에 대한 견해는 매우 다양하지만, 그것과 상관없이 신념을 어떻게 '정당화할 수 있느냐'의 문제는 법률적, 과학적, 신학적 상황에서 상당한 중요성을 지닌다. 앞서 3장에서 살펴본 대로, '최상의 설명을 도출하는 추론'은 신념이 옳은지 입증하기가 어렵다는 것을 인정하고, 그 대신 다양한 이론들 가운데 무엇을 선택할지 결정하는 것을 목표로 삼을 뿐이다. 이것은 선택한 이론을 사실이라고 선언하는 것과는 다르다.

세상에서 이루어지는 하나님의 행위

과학과 종교의 교차점 가운데 좀 더 흥미로운 한 가지는 하나님이 세상에서 행동하시는 방식에 관한 견해들과 관련이 있다. 예를 들어, 하나님은 자연법칙 안에서 행동하실까, 아니면 특별한 목적을 이루기 위해 자연법칙을 깨뜨리거나 초월하실까? 이것은 여전히 논쟁 중인 중요한 문제다. 지난 20년 동안, 하나님이 세상에서 활동하시는지, 또 그렇다면 어느 정도까지 그렇게 하시는지에 관한 문제에 많은 관심이 집중되었다. 하나님이 전적으로 자연의 규칙적인 구조와 역량 안에서 그것들을 통해서만 활동하시는 것으로 이해해야 할까? 아니면 하나님이 자연세계에서 사건들의 진행 방향을 바꾸기 위해 특별히 행하셨고, 그 결과 하나님이 그렇게 행하지 않으셨다면 불가능했을 일들이 일어났다는 것이 신적 행위에 관한 강력한 설명일까?

이런 논의는 이따금 신성이라는 포괄적 개념의 관점에서 이루어지지만, 이 문제에 관한 가장 중요한 최근의 논의는 신에 관한 유대−기독교적인 개념을 반영한 것이다. '하나님의 행위'라는 개념은 신구약 성경의 핵심이다. 이스라엘의 하나님은 역사 속에서 행동하는 신으로 일관되고 확실하게 묘사되고 그려진다. 하나님의 신분과 정체성이 인간의 행위와 사고 영역에서 구체적으로 가시화될 수 있다고 믿어진다. 그런데 이런 식으로 자연과 역사 속에 나타난 하나님의 행위에 집중하면, 그분을 영적인 힘으로 간주하는 비인격적인 신 개념이 발생할 뿐 아니라 (일상의 경험 속에서 이루어지는 눈에 잘 띄지 않는 좀 더 은밀한 형태의 신적 활동과 같은) 중요한 주제들을 무시하는 결과가 초래될 수 있다. 그러나 이런 중요한 자질에도 불구하고 이스라엘은 하나님을 자연과 역사 속에서 행동하시는 분으로 이해했고, 또 그렇게 묘사해왔다. 신약성경도 이런 전통을 그대로 계승해 나사렛 예수의 삶과 죽음과 부활에 초점을 맞추었다.

1988년, 교황 요한 바오로 2세는 "신의 행위에 관한 과학적 관점"이라는 포괄적인 주제 아래 이루어진 일련의 행사를 후원함으로써 뉴턴의 『프린키피아 (Principia)』의 출판 300주년 기념을 축하했다. 이 일련의 행사는 거의 20년 동안 계속되었는데, 하나님이 자연세계 안에서 어떻게 '행하시는지', 또 그 주장이 과연 의미를 가질 수 있는지에 관한 몇 가지 중요한 문제를 제기했다. 특별한 신적 행위에 관한 논쟁은 '자연법칙'의 관점에서 이루어지는 과학적 논의의 체계를 바탕으로 이루어졌다. 그런 논의는 (종종 데이비드 흄의 철학을 근거로) 세상의 규칙적인 구조에 신적 개입이 이루어진다는 개념에 관해 상당한 우려를 표명했다.[17] 지금에 와서 돌이켜보니, 그 중요한 '신의 행동에 관한 프로젝트'는 신적 개입의 관점에서 신의 행동에 접근하는 방식이 자연법칙의 타당성을 문제시하는 듯 보인다는 두려움을 떨치지 못한 것 같다.

지금부터는 지난 100년 동안 상당한 영향을 미쳐온 이 중요한 문제에 접근하는 방식을 크게 세 가지로 나눠 먼저 살펴본 후, 양자역학의 비결정성이라

---

17) David Hume, *Dialogues Concerning Natural Religion*, New York: Penguin, 1990, p. 79.

는 개념을 토대로 좀 더 최근에 이루어진 접근방식을 몇 가지 검토해볼 생각이다.

이신론: 하나님은 자연법칙을 통해 행하신다

오늘날 '예외 없는 규칙성'에 대한 수학적 설명으로 이해되는 '자연법칙'의 현대적 개념은 특히 갈릴레이, 케플러, 뉴턴의 영향을 받아 근대 서구 문화에서 처음 나타났다는 것이 역사학자들의 일반적인 견해다. 자연의 규칙성이라는 개념은 중세시대에도 널리 통용되었지만, '자연법칙(자연법)'이라는 용어는 당시 그런 합리성을 나타내는 의미가 아닌 하나님이 확립한 질서에 근거한 도덕법을 가리키는 의미로 사용되었다. 그러나 뉴턴의 시대에 이르자 이 용어는 과학의 영역에서 수학적으로 표현할 수 있는 근본원리들, 곧 자연세계 안에 존재하는 근본적인 구조적 관계를 파악하고 표현하는 의미로 굳어졌다.

자연의 규칙성을 강조한 뉴턴의 사상이 특히 자연을 시계의 작동방식과 유사하게 생각하려는 추세와 결합되자, 하나님이 자연세계에 개입하신다는 개념은 유지되기 어려워졌다. 신적 개입은 자연의 질서를 깨뜨리거나 자연법칙을 뒤엎는 것처럼 보였다. 아이작 뉴턴은 하나님이 자연법칙을 확립하셨다는 개념을 받아들이는 데는 아무런 어려움을 느끼지 않았지만, 하나님이 그런 법칙을 깨뜨리실 수 있다는 개념에 대해서는 우려를 표했다. 그는 그런 개념이 무질서를 초래할 가능성이 있다고 생각했다. 이처럼 자연법칙은 자연의 구조 안에서 인과성의 균열을 용납하지 않는 것으로 이해되었다.

신의 특별한 행위를 인정하지 않으려는 경향이 뉴턴의 종교적인 글에 분명하게 드러나 있다. 그는 초기 교회의 기적 이야기를 '거짓'으로 받아들였고, 성경의 기적들은 그것이 하나님의 실제 행위였다기보다는 발생 빈도수가 드문 사건이었기 때문에 기적으로 불렀다고 주장했다. 조나단 에드워즈(Jonathan Edwards)와 같은 18세기의 많은 신학자들은 세상에 관한 뉴턴의 과학적 견해가 하나님의 최초의 창조 행위 이외의 다른 신적 행위를 모두 의심하게 하고 인정하기를 주저하게 만들기에 전통적인 종교적 신앙을 위태롭게 한다고 생각했다.

뉴턴이 우주의 기계적인 규칙성을 강조한 것은, '이신론'으로 알려진 사상운동의 발흥과 밀접한 관련이 있다. 이신론의 본질에 관한 최근의 연구는, 이신론이 명확하게 체계화된 사상운동이 아니라 전통적인 종교적 신앙의 합리성과 유용성을 회의적인 시각으로 바라보는 것을 특징으로 하는 다양한 견해들의 집합이라고 강조한다. 이신론은 그 형태가 너무나도 다양하기 때문에 한마디로 정의하거나 하나의 역사로 통합시켜 말하기 어렵다. 따라서 이를 유사한 신념들과 태도들의 집합체로 생각하는 것이 유익할 듯하다.

이신론은 정의하기가 매우 어렵지만, 편의상 다음과 같이 요약할 수 있다. 하나님은 합리적이시며, 질서 있는 방식으로 세상을 창조하셨고(따라서 세상에는 하나님의 합리적인 본성이 드러나 있다), 자신의 계속적인 임재나 개입이 없어도 저절로 발전하고 기능할 수 있는 능력을 자연의 질서에 부여하셨다. 18세기에 특별히 많은 영향을 미친 이 견해는 세상을 시계로, 하나님을 시계공으로 생각했다는 점에서 페일리를 따르는 경향이 있었다. 하나님은 그분이 나중에 계속해서 관여하지 않더라도 세상이 저절로 기능하도록 스스로 자립할 수 있는 능력을 부여하셨다. 윌리엄 페일리가 시계와 시계공의 비유를 사용해 창조주 하나님의 존재를 옹호하려고 했던 것은 결코 우연이 아니다.

하나님은 세상에서 어떻게 행하실까? 이신론의 대답은 간단하다. 하나님은 세상 안에서 행하지 않으신다. 하나님은 세상이 기능하는 틀을 만드셨을 뿐이다. 시계공처럼 하나님도 우주에 ('자연법칙'으로 표현되는) 변하지 않는 규칙성을 부여해 스스로 작동하게 하셨다. 모든 체계가 잘 움직이도록 기동력을 제공하고, 그런 움직임을 관장하는 법칙들을 확립해 놓으셨기에 하나님이 하실 일은 아무것도 남지 않았다. 세상은 스스로 움직이는 거대한 시계와 같다.

이런 견해는 "뉴턴의 세계관에서 하나님을 완전히 배제할 수 있느냐?"라는 물음을 제기했다. 하나님이 하실 일이 아무것도 남아 있지 않다면, 신적인 존재가 필요한 이유가 무엇인가? 세상 안에서 저절로 기능하는 원리들이 존재한다면 '섭리'라는 전통적인 개념, 곧 세상 안에 임재해 활동하시는 하나님의 통제와 유지의 손길이 필요하지 않을 것이다.

이처럼 뉴턴의 세계관은 하나님이 세상을 창조하신 것은 맞지만 신적 개입은 더 이상 이루어지지 않는다는 견해를 부추겼다. 운동량 보존의 법칙과 같은 '보존의 법칙'의 발견은, 하나님이 피조세계가 유지되는 데 필요한 모든 기능을 부여하셨다는 의미처럼 보였다. 천문학자 피에르 시몽 라플라스(Pierre Simon Laplace, 1749-1872)도 프랑스 황제 나폴레옹 보나파르트(Napoleon Bonaparte)에게 하나님이 행성운동의 유지자라는 개념을 설명하면서 이와 똑같은 견해를 피력했다. "나는 그런 가설이 전혀 필요하지 않습니다."

그러나 히포의 아우구스티누스와 토마스 아퀴나스의 글을 통해 분명히 알 수 있듯이, 신적 섭리를 믿는 믿음을 포기하지 않아도 하나님이 자연법칙을 통해 세상에서 행하신다고 확신하는 것이 얼마든지 가능하다. 예를 들어, 히포의 아우구스티누스는 하나님이 창조하신 "결정적 속성들"이 자연세계에서 자연적 발전의 질서 있는 과정을 책임지는 역할을 한다고 강조했다.

> 자연의 정상적인 기능은 그 자체의 자연법칙을 따른다. 살아 있는 모든 피조물은 그 법칙에 따라 각자 자신의 결정적 성질을 갖는다.…… 무생물 요소들도 각자 자신의 결정적 속성과 힘을 소유하고, 그것을 통해 기능하고 발전한다.…… 이 근본적인 원리들로부터 발생하는 모든 것이 각자 자신의 때에 정해진 사건들의 과정 안에서 모습을 드러낸다.[18]

---

18) Augustine of Hippo, *De Genesi ad litteram*, IX.17.

이 점을 좀 더 자세히 이해하려면, 하나님이 세상에서 행하시는 방식을 좀 더 적극적인 관점에서 바라보는 견해를 살펴볼 필요가 있다. 토마스 아퀴나스와 그의 영향을 받은 현대의 저술가들은 자연의 질서 안에서 작용하는 이차적인 원인들에 초점을 맞추었다.

토미즘: 하나님은 이차 원인들을 통해 행하신다

중세의 유력한 신학자 토마스 아퀴나스의 사상에서 '세상에서 행하시는 하나님'이라는 문제를 조금 다른 각도에서 접근하는 방식이 나왔다. 하나님의 행위에 관한 아퀴나스의 개념은 일차 원인과 이차 원인을 구별한다. 아퀴나스에 따르면, 하나님은 세상 안에서 직접 행하지 않으신다. 그분의 행위는 이차 원인들을 통해 이루어진다. 그러나 일차적 인과성과 이차적 인과성, 곧 신적 인과성과 자연적 인과성이 구별되며 서로 다른 차원에서 작용한다고 주장할 수는 있지만, 이 둘이 절대적으로 서로 독립해서 작용하는 것은 결코 아니다. 왜냐하면 신적 인과성이 자연적 인과성의 궁극적인 원인이기 때문이다.

아퀴나스의 접근방식을 가장 잘 설명하는 한 가지 비유가 있다. 재능 있는 피아노 연주자가 있는데, 그의 훌륭한 연주는 피아노의 성능에 어느 정도 의존한다. 피아노가 조율이 엉망이거나 기계적인 결함을 안고 있다면, 연주자가 아무리 잘하더라도 쇼팽의 야상곡을 만족스럽게 연주하기란 어렵다. 이 비유에서 피아노 연주자는 연주의 일차 원인에, 피아노는 이차 원인에 각각 해당한다. 연주와 관련된 역할은 서로 사뭇 다르지만 연주가 이루어지려면 둘 다 필요하다. 바람직한 결과를 낳을 수 있는 일차 원인의 능력은 그런 목적을 위해 사용되는 이차 원인에 의존한다. 그러나 피아노 연주자와 피아노의 비유는 중요한 점에서 한 가지 결함을 지니고 있다. 즉 이 비유는 일차 원인과 이차 원인을 연관시켜 그것들이 궁극적으로 동일한 동인(agent)에서 비롯했다는 사실을 보여주지 못한다.

아퀴나스는 이차 원인을 이용해 세상에 존재하는 악의 문제를 처리했다. 고난과 고통은 하나님의 직접적인 행위가 아닌 그분이 이용하시는 이차 원인들의 약점과 단점 때문에 발생한다. 다시 말해, 하나님은 일차 원인이며, 세상에 존재하는 다양한 작인(agency)들은 그와 관련된 이차 원인으로 간주해야 한다.

아퀴나스는 하나님이 '부동의 동자(unmoved mover)', 곧 모든 행위의 일차 원인이시라고 주장했다. 하나님이 없으면 아무것도 일어날 수 없다. 그렇지만 하나님은 이차 원인들을 통해 간접적으로 행동하실 수 있다고 아퀴나스는 말했다. 인과성의 사슬은 세상에서 일어나는 모든 일의 '원동자(prime mover)'이며 창시자인 하나님께로 거슬러 올라가지만, 그분은 대개 세상에서 직접 행하지 않으시고, 자신이 시작해서 이끄시는 사건들의 인과관계를 통해 행하신다.

아퀴나스는 아리스토텔레스에게서 많은 개념을 빌려왔다. 아리스토텔레스는 이차 원인도 자체적으로 작용할 수 있다고 생각했다. 자연의 물체들도 그 자체의 본성의 힘으로 이차 원인으로서 행동할 수 있다. 기독교 철학자든 이슬람교 철학자든, 중세시대의 철학자들은 이런 견해를 용인하지 않았다. 예를 들어, 저명한 이슬람교 저술가 알 가잘리(al-Ghazali, 1058-1111)는 자연은 신에게 완전히 복종하기 때문에 그것을 독자적인 이차 원인으로 말하는 것은 적절하지 않다고 주장했다. 하나님은 일들을 직접 주관하신다. 나무에 번개가 쳐 불이 났다면, 불을 일으킨 원인은 번개가 아닌 하나님의 행위에 있다. 하나님은 일차 원인이시다. 오직 그분만이 다른 원인들을 일으키실 수 있다. 많은 과학사 연구가들이 지적하는 대로 (종종 '기회원인론'으로 일컬어지는) 신적 인과성에 관한 이런 접근방식은 자연 안에서 일어나는 사건들과 행위들의 규칙성과 그것들의 '법칙과도 같은' 명백한 속성을 무시한 까닭에 자연과학의 발전에 긍정적으로 기여하지 못했다.

아퀴나스의 접근방식은 하나님이 신적 통제 아래 발전과정을 처음 시작하셨다는 개념으로 이어졌다. 이는 신적 행위가 자연질서 속 이차 원인들에게로 위임되었다는 뜻이다. 예를 들어, 하나님은 인간의 의지를 내면으로부터 움직여 병든 사람이 도움을 받을 수 있게 하신다. 하나님의 뜻이 담긴 행위가 하나님에 의해 간접적으로 실행된다. 아퀴나스에 따르면, 우리는 여전히 이 행위가 어떤 의미 있는 방식으로 하나님에 의해 '일어났다'고 말할 수 있다. 아퀴나스의 접근방식은 유익한 것으로 드러났는데, 빅뱅과 생물학적 진화의 과정에 신적 개입이 이루어졌다고 주장하는 사람들은 그의 접근방식을 채택해 필요에 따라 적절히 개조해 사용했다.

이와 비슷한 접근방식이 영국의 철학자이자 신학자인 오스틴 패러(Austin Farrer, 1904-1968)를 통해 발전되었다. 신적 행위에 관한 이런 설명은 종종 '이중 작인(double agency)'으로 표현된다. 패러에 따르면, 세상에서 일어나는 모든 행위에는 세상에 존재하는 하나 이상의 동인이나 작인들(이차 원인), 그리고 모든 일의 '일차 원인'이신 하나님의 구별된 역할이 포함된다. 따라서 궁극적으로 신적 작인에 의존하는 창조된 원인들과 결과들의 질서 있는 관계에 관해 말할 수 있다. 우리는 작인(efficacy)의 두 가지 질서를 식별할 수 있다. 하나는 창조된 원인들과 결과들의 '수평적인' 질서이고, 다른 하나는 하나님이 이를 통해 전자를 확립하고 유지하시는 '수직적인' 질서이다.

자연 안에서 '자연법칙'에 지배되는 이차 원인들을 통해 신적 행위가 간접적으로 이루어진다는 개념은 다윈의 진화론에 대한 신학적 대응의 틀을 구축하는 데 중요한 역할을 했다. 오브리 무어(Aubrey Moore, 1848-1890)와 같은 저술가들은 다윈이 "창조주가 물질에 새겨놓은 법칙들"을 강조한 사실을 지적했다. 다윈은 이 개념을 『종의 기원』 초판에서보다 재판에서 보다 분명하게 강조했다. 무어는 하나님의 행위가 자연법칙들 안에 드러나 있다고 생각했다. 그는 이 점을 페일리의 자연신학과 같은 유사 이신론적 관점이 아닌 내재론적 자연신학의 관점에서 이해해야 한다고 강조했다. 무어는 이런 개념이 기독교와 훨씬 더 잘 조화를 이룬다고 주장했다.

과학은 이신론의 하나님을 갈수록 더 멀리 밀쳐냈다. 마치 하나님이 완전히 밀려난 것처럼 보이는 순간에 다윈주의가 나타나서 적군처럼 위장하고 친구의 일을 수행했다. 다윈주의는 두 대안 가운데 하나를 선택해야 한다는 점을 일깨워줌으로써 철학과 신학에 막대한 유익을 가져다주었다. 다시 말해, 하나님이 자연의 어느 곳에나 존재하시든지, 아니면 어디에도 존재하지 않으시든지 둘 중 하나다. 그분은 '이차 원인'으로 불리는 신격화된 통치자(demigods)에게 자신의 권능을 위임하지 않으신다. 자연 속에서 이루어지는 모든 것이 그분의 행사다. 그렇지 않으면 그 무엇도 그분의 행사가 아닐 것이다.[19]

이차 원인에 관한 무어의 견해는 비판의 여지가 있지만(예를 들어, 아퀴나스는 그런 원인을 '신격화된 통치자'로 일컫지 않았다), 그의 분석은 특히 페일리의 고정된 자연관과 비교하면 매우 흥미롭지 않을 수 없다.

과정신학: 하나님은 설득을 통해 행하신다

과정신학(process theology)은 영국계 미국인 철학자 앨프리드 노스 화이트헤드(Alfred North Whitehead, 1861-1947)의 글, 특히 그의 주요 저서인 『과정과 실재(Process and Reality, 1929)』에서 기원했다는 것이 일반적인 견해다. 화이트헤드는 전통적인 형이상학과 관련된 고정적인 세계관(즉 '실체'나 '본질'과 같은 개념들로 표현되는 세계관)과는 달리 현실을 과정으로 생각했다. 세상은 하나의 유기체로서 고정적이지 않고 역동적인 속성을 지닌다. 즉, '일어나는' 것이다. 실재는 '현실적 존재(actual entities)', 곧 '현실적 계기(actual occasions)'로 구성되어 있기 때문에 '생성하고, 변하는, 사건'이다.

---

[19] Aubrey Moore, 'The Christian Doctrine of God,' in *Lux Mundi: A Series of Studies in the Religion of the Incarnation*, Charles Gore 편집. London: John Murray, 1890, pp. 57-109; 인용된 부분은 p. 99에 있음.

이 모든 '존재', 곧 '계기'는 주위 상황에 적절히 반응해 발전할 수 있는 어느 정도의 자유를 지닌다. 여기에서 생물학적 진화론의 영향을 받은 흔적이 발견된다. 화이트헤드도 피에르 테일라르 드 샤르댕(Pierre Teilhard de Chardin, 1881-1955)처럼 어떤 전반적인 방향과 지도가 있다는 조건하에서 창조의 범위에 발전을 허용하기 원했다. 따라서 이러한 발전과정은 성장에 있어 필수적인 조직원리로 여겨지는 질서의 영구적인 배경이 된다. 화이트헤드는 과정 안에서 발견되는 질서라는 이 배경을 하나님과 동일시할 수 있다고 주장했다. 그는 하나님을 '존재자'로 간주했지만, 불멸의 관점에서 다른 '존재자들'과 구별했다. 다른 존재자들은 한정된 기간에만 존재하지만 하나님은 영원히 존재한다. 개개의 존재자는 두 가지 주된 원인, 곧 앞선 존재자들과 신의 영향을 받는다.

그러므로 인과관계는 존재자가 주어진 방식으로 행동하느냐의 문제가 아니다. 그의 영향력과 설득의 문제이다. 존재자들은 서로에게 '양극적으로', 즉 정신적, 물리적으로 영향을 미친다. 하나님의 경우도 다른 존재자들과 정확히 똑같다. 하나님은 과정 자체의 한계 내에서 오직 설득을 통해서만 행동하실 수 있다. 하나님도 과정의 '규칙들'을 지킨다. 하나님이 다른 존재자들에게 영향을 미치듯이 하나님도 그들에게 영향을 받는다. 화이트헤드는 "이해심 있는 고난의 동반자"라는 유명한 문구를 남겼다. 하나님은 세상에 의해 영향을 받는다. 많은 저술가들(특히 이언 바버)은 과학과 종교의 분야와 관련해 화이트헤드의 사상 가운데 이 측면을 발전시켰다.

과정사상은 세상의 전반적인 과정 안에서 이루어지는 설득(또는 영향력)의 관점에서 하나님의 전능을 재정의했다. 이는 중요한 발전인데, 악의 문제와 관련해 하나님과 세상의 관계를 이해하는 설득력 있는 설명을 제공하기 때문이다. 전통적인 자유의지론이 인간에게는 하나님께 불복하거나 그분을 무시할 자유가 있다고 주장함으로써 윤리적인 악(moral evil)의 책임을 인간에게 돌렸던 것처럼, 과정신학은 세상을 구성하는 개개의 요소들이 자신을 감화하고 설득하려는 하나님의 시도를 무시할 자유를 지닌다고 주장함으로써 하나님을 윤리적인 악과 자연재해에 대한 책임에서 면해 주었다.

전통적인 자유의지론은 윤리적인 악, 곧 인간의 결정과 행위에서 비롯된 악을 책임지는 문제에서 신을 옹호하는 데 상당한 설득력을 지녔다(물론 설득의 정도는 논쟁의 여지가 있다). 그렇다면 자연재해는 어떻게 할 것인가? 지진과 기근을 비롯한 여러 가지 자연재해는 어떻게 되는가? 과정사상은 하나님이 자신의 뜻이나 목적을 따르도록 자연을 강요할 수 없다고 주장한다. 하나님은 오직 설득과 견인을 통해 내부에서부터 과정에 영향을 주려고 노력할 뿐이다. 개개의 존재는 어느 정도 자유와 창의력을 발휘할 수 있고, 하나님은 그것을 짓밟을 수 없다.

하나님의 행위가 설득적 속성을 지닌다는 이런 주장은 특히 악의 문제에 대한 대답을 제공한다는 점에서 상당한 장점이 있지만(하나님의 통제가 아니기 때문에 악한 결과가 초래되더라도 비난할 수 없다), 과정사상의 비판자들은 너무 많은 것이 부인되는 결과를 낳았다고 지적했다. 구체적으로 말해, 하나님의 초월성에 관한 전통적인 개념을 포기하거나, 그분의 탁월성과 영원성을 과정 안에 있는 존재자라는 관점에서 철저하게 재해석해야 한다. 즉 하나님의 초월성의 의미가 그분이 다른 존재자들보다 월등하고 더 오래 살아남는다는 정도로 축소된다.

앞에서 과학과 종교 분야를 형성하는 데 영향을 미친 이언 바버의 중요성을 잠시 살펴본 바 있다. 바버는 과정사상을 이용해 지성적 대화를 촉진하고 공고히 하는 지적 토대를 제공했다. 바버는 '과학과 종교'라는 분야에 대해 말하며, 다만 실용적인 필요로 두 강력한 문화적 세력의 대화라는 개념이 등장했다고 보는 대신, 둘 사이에는 지적인 연관성이 있기에 두 분야의 대화가 필요하고 적절하다고 주장했다.

바버가 이 대화를 촉진하기 위해 활용하는 과정신학의 핵심적인 측면은 하나님의 전능하심에 관한 전통적인 교리를 배격한 것이다. 하나님은 만유의 주권자가 아닌 많은 원인자들 가운데 하나이시다. 바버가 지적한 대로, 과정사상은 "강요가 아닌 설득의 신…… 세상을 지배하지 않고 감화하는 신"[20]을 강조한다. 과정신학은 고난과 악이 세상 안에서 기원했다고 주장함으로써 하나님의 능력을 철저하게 제한했다. 하나님은 강제력을 버리고(그분은 강제력을 지니고 있지도 않으시다), 오직 설득의 힘만을 보유하신다. 설득은 다른 존재들의 권리와 자유를 존중하는 방식으로 능력을 행사하는 수단이다. 하나님은 과정의 모든 측면에 영향을 미쳐 최상의 결과가 이루어지도록 설득하신다. 그러나 하나님의 자애로운 설득이 항상 바람직한 결과로 이어진다는 보장은 없다. 과정은 하나님께 복종해야 할 의무가 없다. 바버가 지적한 대로, 과정신학은 "악에 대한 절대적 승리라는 전통적인 기대"를 의문시한다.

하나님은 피조세계의 행복을 원하시며, 가장 큰 유익을 주기 위해 행동하신다. 그러나 모든 것이 자신의 뜻을 따르도록 강요할 권한은 없으시다. 따라서 하나님은 어떤 일들이 일어나는 것을 막으실 수 없다. 하나님은 전쟁, 기근, 대량학살 따위를 결코 원하시지 않지만, 신적 능력이 철저하게 제한된 탓에 그것들을 막으실 수가 없다. 결국, 하나님은 악에 대한 책임이 없으시다. 어떤 식으로든 하나님이 악의 존재를 암묵적으로 용인한다거나 바라신다고 말할 수 없다. 하나님은 형이상학적인 한계를 지니시기 때문에 일들의 자연적 질서에 관여하실 수 없다.

바버는 (화이트헤드의 글에서 설명된) 이런 접근방식이 과학과 종교의 상호작용이 이루어지는 방식을 이해하는 데 도움을 준다고 생각했다. 하나님은 자연질서의 제약과 구속을 받는 상태로 자연 안에 존재하며 활동하신다. 이런 점에서 바버를 '만유재신론자'로 일컬어도 무방할 듯하다(만유재신론이란 하나님이 만물 안에 계신다는 견해를 가리킨다. 이것을 만물이 곧 하나님이라는 '범신론'과 혼동해서는 안 된다).

---

20) Ian G. Barbour, *Religion in an Age of Science*. San Francisco: HarperSanFrancisco, 1990, p. 29.

바버가 과정사상의 개념들을 가장 흥미롭게 사용한 방식이 진화론을 논의한 내용에서 발견된다. 그는 진화과정이 하나님에 의해 주도된 것이 아니라 하나님의 영향을 받은 것이라고 주장했다. 그는 이 주장을 토대로 진화과정에 길고 복잡하며 소모적인 측면이 있다는 사실을 다룰 수 있었다. "모든 사건을 하나님의 특별한 뜻으로 돌리기에는 멸종한 종들과 불필요한 낭비와 절망적인 상황과 고난과 악이 너무도 많았다." 하나님은 과정이 선한 결과를 낳도록 영향력을 행사하시지만, 그것이 취하게 될 형태를 결정하실 수 없다. 진화적 고통의 종교적 함의를 탐구한 많은 현대 저서들은 하나님이 진화과정의 정확한 형태를 직접 결정하지 않으신다는 것을 강조하기 위해 과정사상의 원리를 주장했다. 하나님은 그 과정 속에서 다른 존재들과 함께 고통을 당하신다.

화이트헤드의 기본개념들도 다수의 저술가들을 통해 계속 발전했다. 가장 대표적인 인물로는 찰스 하츠혼(Charles Hartshorne), 슈베르트 오그던(Schubert Ogden), 존 코브(John B. Cobb) 등이 있다. 하츠혼은 하나님에 관한 화이트헤드의 개념을 다양한 각도에서 다르게 고쳤다. 그 가운데 가장 중요한 것은 과정신학의 하나님을 하나의 존재자가 아닌 인격체로 간주해야 한다는 주장이었다. 그는 이 주장으로 과정사상에 대한 가장 심각한 비판 가운데 하나를 처리했다. 그것은 과정신학이 신적 완전성의 개념을 훼손한다는 것이다. 하나님이 완전하시다면 어떻게 변하실 수 있단 말인가? 변화란 곧 불완전을 용인하는 것이나 마찬가지 아닌가? 하츠혼은 완전성을 변화 수용성의 관점에서 재정의함으로써 하나님의 우월성이 훼손되지 않도록 했다. 하나님이 다른 존재자들의 영향을 받으신다는 것이 곧 그분을 그들의 수준으로 축소시키는 것은 아니다. 하나님은 다른 존재자들에게 영향을 받더라도 그들을 능가하신다.

과정사상은 '하나님이 세상 안에서 행하신다'라고 말하는 데 아무런 어려움을 느끼지 않는다. 과정사상은 '과정 안에서 이루어지는 영향력'의 관점에서 그런 행위를 묘사하는 틀을 제공한다. 그럼에도 불구하고 이런 접근방식은 전통적인 유신론자들을 불안하게 했다. 그들은 과정신학으로 설명되는 하나님의 개념에 대해 비판적인 입장을 취한다. 전통적인 유신론자들은 과정사상의 하나님이 신구약 성경이 증언하는 하나님과 아무 관련이 없어 보일 때가 많다고 생각한다.

양자론: 하나님은 '불확정성'을 통해 행하신다

네 번째 접근방식은 특히 앞서 말한 "하나님의 행위에 관한 과학적 관점"이라는 프로그램의 결과로, 최근에 더욱 중요하게 부각되었다. 지금까지 살펴본 세 가지 접근방식은 신적 작인에 관한 신학적, 철학적 논의 가운데서 종종 접할 수 있다. 그러나 이런 접근방식들은 최근에 와서 다른 접근방식들을 통해 보완되었다. 신적 작인에 관한 좀 더 최근의 견해들은 아직 널리 인정을 받지 못한 상태이지만, 여기에서 언급하기에 충분한 중요성과 가치를 지니고 있다.

양자역학의 코펜하겐 해석을 기반으로 하는 한 가지 접근법은 '불확정성'이 세상에서 이루어지는 하나님의 행위에 관한 또 다른 사고의 가능성을 열어준다고 주장한다. 아무렇게나 일어나는 듯 보이는 사건들이 실제로는 신적 작인을 통해 유발된다. 이 접근방식은 상당한 설득력을 지닌다. 대다수 철학자들은 인간적이든 신적이든 상관없이 동인들이 실질적인 자유를 가지려면, 미리 결정된 미래가 아닌 열린 미래가 전제되어야 한다고 생각한다. 양자역학에 대한 코펜하겐 해석은 그런 불확정성의 개념을 구체화해 신적 작인이 자연적 실재들(특히 생명체들)의 자율성을 간섭하지 않고 작용할 수 있다고 제안했다. 이처럼 신은 '불확정성의 결정자'로 간주된다.

로버트 존 러셀(Robert John Russell)은 이 접근방식을 채택해서 '하나님의 행동에 관한 과학적 관점'이라는 프로그램의 일환으로 'NIODA(비개입적이고 객관적인 신적 행위)'라는 개념을 발전시켰다. 러셀은 특히 하나님이 자연법칙을 훼손하지 않고서도 자연 안에서 객관적으로 행동하신다고 말할 수 있는지 관심을 기울였다. 그는 하나님의 특별한 행위를 통해 "자연 안에서 구체적이고 객관적인 결과, 곧 하나님의 특별한 행위가 없으면 나타나지 않았을 결과가 나타난다."고 주장했다. 이 견해는 '간극의 신'(God of the gaps, 과학적 지식의 간극을 신의 존재를 입증하는 증거로 이해할 수 있다는 신학적 견해-역주)이라는 개념을 내세우는 것처럼 보이지만, 러셀은 전혀 그렇지 않다고 주장한다. 하나님은 자연적 과정의 흐름을 방해하지 않으면서 특별한 방식으로 행동할 수 있도록 세상을 창조하셨다. 물리적인 과정들이 하나님의 인도나 영향을 받을 수 있는 이유는 하나님이 그것들을 그런 식으로 창조하셨기 때문이다. "하나님은 양자 사건(quantum events)이 충분한 자연적 원인이 없이 일어나도록 창조하셨고, 이러한 자연적 과정 안에서 이를 야기하는 자연적 원인들과 더불어 행동하신다."[21]

이것은 흥미로운 견해이지만 몇 가지 문제가 있다. 양자론에 대한 불확정성 접근방식이 선호되더라도 제프리 코퍼스키(Jeffrey Koperski)와 같은 비판자들은 그런 견해에서 나온 신학적 결론은 이신론과 크게 다르지 않다고 주장한다. 양자론의 불확정성 코펜하겐 해석이 우세해 보이지만, 다른 견해들(예를 들면 데이비드 봄이 발전시킨 견해)은 확정적인 입장을 지지한다. 이들은 불확정적 양자 결합(quantum nexus)을 들어 신적 작인이란 개념을 보호하기를 거절하는 듯 보인다. 또한 양자 요동(quantum fluctuations)이 세상에서 하나님이 '일하고 계신다'는 진술을 의미 있게 하는 데 필요한 누적된 증거를 제공한다는 근거도 없다.

신적 행위를 논하는 데 있어 중요한 쟁점 가운데 하나는 '자연법칙'이라는 개념이 차지하는 위치와 관련이 있다. 자연법칙을 우주 안에서 이루어지는 과정들을 지배하는 불변의 원리로 간주해야 할까, 아니면 규범적이거나 규정적인 의미 없이 단순히 관찰결과들을 요약해 놓은 것으로 받아들여야 할까? 필

---

21) Robert John Russell, 'Divine Action and Quantum Mechanics: A Fresh Assessment,' in *Quantum Mechanics: Scientific Perspectives on Divine Action*, Robert John Russell 편집. Vatican City: Vatican Observatory, 2001, pp. 293-328; 인용된 부분은 p. 295에 있음.

립 클레이턴을 비롯한 학자들은 자연법칙에 의존하면서도 이처럼 예측할 수 없는 새로운 인과력을 보여주는 새로운 현상 체계가 있다고 생각할 만한 충분한 이유가 있다고 주장했다.

다른 사람들은 '하향적 인과관계'의 개념에 눈을 돌렸다. 이 개념은 약간 모호하고 부정확한 형태로 진술될 때가 많다. 기본개념은 자연세계 안에서 '하향적 인과관계'의 형태들이 발견된다는 것이다. 가장 대표적인 사례는 인간의 정신이 육체의 다양한 구성 요소에 영향을 미치는 것이다. 인간의 정신이 육체를 통제하는 방식은 하나님이 우주를 다스리는 방식의 유비가 아닐까?

흥미로운 가능성이지만 현재로서는 뭐라고 정확하게 평가하기 어렵다. 정신적 인과관계를 근거로 신적 작인과 인간의 자유 의지의 상호 관계를 설명할 수 있다는 생각은 상당한 설득력을 지닌다. 예를 들어, 뉴런이 자극을 전달하는 시작 과정에서 정신이 뉴런의 본성이나 속성을 침해하거나 무시한다고 말할 수 없다. 좀 더 분명한 난제 가운데 하나는 '정신(mind)'이란 개념과 인간의 두뇌 사이의 관계에 대한 이해가 여전히 불완전하다는 것이다. 결국에는 정신이 아닌 두뇌가 육체의 다른 지체들을 통제한다고 말하게 될지 누가 알겠는가? 이런 가능성은 이 접근방식의 가치를 심각하게 훼손한다.

신적 작인에 관한 세 번째 견해는 하나님을 정보의 원천으로 간주한다. 존 폴킹혼과 아서 피콕은 신적 행위를 "순수한 정보의 입력"으로 이해해야 한다고 주장했다. 하나님은 무용수에게 동작의 자유를 어느 정도 허용하는 안무가, 관현악단에게 미완성된 교향곡을 위한 변주를 허용하는 작곡가와 같다. 이 접근방식은 최소한 처음 듣는 순간에는 정보의 전달이 보존법칙을 훼손하지 않을 것처럼 보인다는 점에서 어느 정도 설득력을 지닌다. 그러나 이를 비판하는 사람들은 정보를 체계에 입력하는 것은 에너지나 물질을 재편성한다는 의미를 함축하고 있기에 이보다 전통적인 접근방식이 경험하는 것과 똑같은 어려움에 직면할 수 있다고 지적한다.

기적과 자연법칙

앞서 말했듯이, '자연법칙'이 예외 없는 규칙성을 수학적으로 묘사한 것이란 개념은 근대 초에 특히 갈릴레이, 케플러, 뉴턴의 영향을 통해 처음 등장했다. 피터 해리슨과 다른 역사가들이 지적한 대로, 당시 유력한 과학자들은 모두 불변의 자연법칙이 지배하는 기계적인 우주를 전제로 하는 과학에, 그리고 이따금 그런 법칙들을 깨뜨리고 자연질서에 개입하시는 전능하신 하나님께 헌신했다.

당시의 유력한 과학자들은 이를 문제로 여기지 않았다. 예를 들어, 로버트 보일(Robert Boyle)은 하나님이 자연법칙을 확립했지만 "그것으로 자신의 손을 결박하지 않고, 자신의 적절한 판단에 따라 그것을 독려하기도 하고 중단하기도 하고 취소하기도 하고 파기하기도 하신다."라고 말했다.

뉴턴은 하나의 사건이 관찰자의 지식 상태에 따라 어떤 사람에게는 기적처럼 보이기도 하고, 어떤 사람에게는 자연스러운 현상처럼 보이기도 한다는 견해를 취했다.

> 기적이 기적으로 일컬어지는 이유는 그것이 하나님의 사역이기 때문이 아니라 극히 드물게 일어나기 때문이다. 이것이 바로 경이감을 불러일으키는 이유다. 만일 어떤 일이 항상 사물들의 본질에 각인된 특정한 법칙에 따라 일어난다면, 그때는 그 궁극적인 원인을 파악하지 못했더라도 원칙상 더 이상 경이로운 기적이 아닌 자연현상의 일부로 간주될 것이다.[22]

'자연법칙'이라는 표현은 1650년경 이전에는 널리 사용되지 않았지만, 그 후부터는 자주 거론되었다. 이 역사적 시점이 중요한 이유는 1650년 이후부

---

22) Richard Westfall, *Science and Religion in Seventeenth Century England*, New Haven, CT: Yale University Press, 1970, pp. 203-204.

터 시작된 기적에 관한 논의가 거의 항상 '자연법칙의 파괴'라는 관점에서 이루어졌기 때문이다. 이 문구는 기적에 관한 데이비드 흄의 비판과 특별한 관련이 있다.

데이비드 흄의 기적 비판

기적에 관한 데이비드 흄의 영향력 있는 비판은 기적을 "자연법칙의 파괴", 또는 "하나님의 특별한 의지나 어떤 보이지 않는 행위자의 개입으로 인해 자연법칙이 깨어지는 것"으로 이해했던 그의 입장을 토대로 한다. 이런 흄의 입장에는 명백한 모순이 있다. 흄이 과학철학에 기여한 가장 큰 공로 가운데 하나는 귀납적 추론과정에 대해 철저한 회의적 태도를 견지한 것이다. 그는 "어떻게 우리가 과거에 경험한 사례들을 넘어서는 결론에 도달할 수 있단 말인가?"라고 물었다. 그는 귀납적 추론이 "우리가 경험하지 못한 사례들은 우리가 경험한 사례들과 유사해야 하며, 자연의 과정은 항상 동일하게 지속된다."라는 원칙에 근거한다고 주장했다.[23] 따라서 귀납적 추론은 그 자체의 실천방식을 정당화함으로써 자기 타당성을 가정한다. 보편적인 자연법칙은 귀납적으로만 성립될 수 있는데, 미래에 그 부당성을 증명하는 관찰이 나올 가능성을 배제할 수 없으므로, 이러한 '법칙들'은 보편적이고 필연적인 것이 아니라 부분적이고 잠정적인 것일 수밖에 없다. 흄 자신의 기준에 따르면, '기적'은 자연법칙의 파괴이거나 또는 그 보편적 법칙에 대해 예상되는 반증이다.

흄은 '자연법칙'의 공식화로 이어지는 귀납적 추론의 과정을 이런 식으로 생각했기 때문에, 그런 법칙을 통해 나타난 규칙성은 '실제 세계'의 특징이라기보다는 규칙을 부여하는 특성을 띤 인간 정신의 산물이라고 결론지었다. 흄이 제시한 이런 과장된 설명은 규칙성이 (부여된 것이 아닌) 인간의 탐구를 통해 발

---

[23] David Hume, *An Enquiry Concerning Human Understanding*. Oxford: Clarendon Press, 2007, p. 62.

견된 세상의 본질적 특성이라고 주장했던 과학계 내에서 호응을 얻지 못했다. 예를 들어, 물리학자 폴 데이비스는 이렇게 말했다(그의 견해는 나중에 자연과학자들에게 널리 인정받았다).

> 자연의 규칙성을 사실로 이해하는 것이 중요하다.…… 나는 자연법칙이 인간 정신의 투사와 유사하다는 견해는 무엇이든 불합리하다고 생각한다. 자연 안에 존재하는 규칙성은 객관적인 수학적 사실이다.…… 우리는 과학연구를 통해 자연에서 비롯한 실제적인 규칙성과 연관성을 발견한다. 우리가 그것들을 자연에 부여하는 것이 아니다.[24]

이 논의에 관한 종교적(특히 기독교적) 접근방식은, 인간의 정신을 통해 체계화가 이루어지든 아니든 상관없이 세상에 실제로 존재하는 것으로 간주되는 세상의 질서에 초점을 맞춘다. 이 질서는 창조교리와 관련이 있다고 이해할 수 있다. 오늘날 자연과학자들 가운데는 17~18세기에 '자연법칙'을 논했던 그들의 선배 과학자들이 따른 본래의 신학적 체계를 버린 사람들이 많지만, 과학적 연구의 종교적 측면에 민감한 자연과학자들이 그런 통찰력을 다시 활용하지 않을 이유는 없다.

바로 이 점에서 두 번째 요점을 살펴볼 필요가 있다. 종종 지적되는 바와 같이, 흄은 기적을 나름대로 열심히 정의했지만 불행하게도 그가 정의한 대로 '기적'을 생각하는 사람은 거의 없었다. 왜일까? 그 이유는 1650년 이전에는 '자연법칙'이라는 표현을 사용한 절대적인 '자연법칙'이 존재한다고 믿었던 사람을 찾아보기가 어려웠기 때문이다. 13세기에 저술활동을 했던 토마스 아퀴나스는 기적은 자연법칙을 깨뜨리는 것이 아니라 "자연의 능력을 능가한다."

---

[24] Paul Davies, *The Mind of God: The Scientific Basis for a Rational World*, New York: Simon & Schuster, 2005, p. 81.

라고 묘사했다[교황 베네딕토 14세(Benedict XIV)도 1738년에 이와 비슷한 견해를 피력했다. 그는 기적을 가시적이고 물리적인 자연의 능력을 뛰어넘어 발생하는 사건으로 간주했다].

네덜란드 철학자 바뤼흐 스피노자(Baruch Spinoza)는 1670년에 기적에 대해 중요한 비판을 제기했다. 그는 『신학-정치론(Tractatus Theologico-Politicus)』에서 "자연의 법칙들"은 신성의 필연성과 완전성을 표현한 하나님의 법령이기 때문에 기적은 불가능하다고 주장했다. "보편적인 법칙들과 모순되는 일은 어떤 일도 자연 안에서 일어나지 않는다." 기적은 자연법칙을 파괴하거나 어기는 것을 의미하기 때문에 하나님이 기적을 행하신다는 생각은 곧 그분이 자신의 본성을 부인하신다고 인정하는 셈인데 그것은 이만저만한 모순이 아니다.

알베르트 아인슈타인은 스피노자에 대한 존경심과 감사함을 종종 표하면서 "스피노자의 후예들은 존재하는 모든 것의 경이로운 질서와 합법성 안에서 우리의 하나님을 바라본다."라고 말했다.[25] 그는 인격적인 하나님을 믿는 믿음이 '종교와 과학의 영역에서 빚어지는 갈등의 주된 원인'이라고 지적했다. 왜일까? 그 이유는 '인격적인 하나님이 사건들에 개입하신다는 교리'가 자연적 과정의 '질서 있는 규칙성'에 부합하지 않기 때문이다. 하나님은 처음에 자연법칙을 확립하셨고, 스스로 그것을 어기지 않으신다. 아인슈타인은 하나님을 '인격적인' 존재로 인정하는 것은 그분을 변덕스럽고 변하기 쉬운 신으로 전락시킬 소지가 있다고 생각했던 듯하다.

이런 역사적 논점들이 중요한 이유는 과학과 종교의 영역에서 기적에 관한 논의가 이루어질 수 있는 배경을 형성하기 때문이다. 여기서 말하는 '자연법칙'이란 개념은, 어떤 일들은 일어나고 어떤 일들은 일어나지 않도록 확정하는 신적 규칙으로 이해되었다. 그러나 많은 과학철학자들은 이런 접근방식을 '자연법칙'에 대한 과도한 해석으로 간주해 비판적인 입장을 취한다. 자연법칙은

---

25) Albert Einstein, *Ideas and Opinions*, New York: Crown Publishers, 1954, pp. 47-48.

귀납적 추론을 통해 일반화된 불완전한 규칙으로 이해하는 편이 더 낫다. 그 어떤 보편적인 자연법칙이라도 결국은 양자론에서 발견되는 것과 비슷한 통계적 접근방식으로 정리된다.

자연의 근본법칙을 엄격하게 추구한 것으로 유명한 알베르트 아인슈타인은 양자론과 관련해 통계적 접근방식을 사용하는 경향이 커지는 것에 실망감을 느꼈다. 아인슈타인이 한 것으로 종종 인용되는 "신은 주사위 놀이를 하지 않는다."라는 말은 사실, 좀 더 조리 있게 진술된 "신이 가진 패를 슬그머니 훔쳐보기란 어려운 듯하다. 그러나 (양자론이 요구하는 대로) 신이 주사위 놀이를 한다거나 '텔레파시'를 사용한다고는 단 한순간도 믿을 수 없다."[26]를 어설프게 축약한 것이다. 이 말의 요점은 인과성의 개념이 양자론과 결부되는 순간 매우 복잡해졌고, 결국 "그런 상황에서는 '자연법칙'이 과연 무엇을 규정할 수 있느냐?"라는 문제가 제기될 수밖에 없다는 것이다. 그는 양자론의 통찰력을 통계적 개연성이 아닌 자연법칙으로 공식화할 수 있다고 믿었다.

기적에 관한 흄의 정의는 여전히 영향력을 발휘할 뿐 아니라 기적의 개념에 관한 현대적 논의의 출발점으로 종종 활용된다. 예를 들어, 종교철학자 리처드 스윈번은 『기적의 개념(Concept of Miracle, 1970)』에서 흄과 마찬가지로 기적을 "신에 의한 자연법칙의 파괴"로 정의했다. 과학자들과 철학자들을 포함한 현대의 많은 저술가들도 '자연법칙'이란 개념을 관찰된 물리적 사건들의 작용방식을 요약해서 귀납적으로 일반화시킨 것으로 간주하기를 거부한다. 예를 들어, 물리학자 폴 데이비스는 자연의 법칙들이 우주 안에 깊이 새겨져 있다고 믿고, 법칙들은 물리적인 우주를 초월에 "저곳에" 분명히 존재한다는 플라톤(Plato)의 개념을 강력하게 지지했다.[27]

---

26) Albert Einstein이 1942년 3월 12일에 Cornelius Lanczos에게 쓴 편지, in *Albert Einstein: The Human Side*. Princeton, H. Dukas and B. Hoffmann 엮음. NJ: Princeton University Press, 1979, p. 68.
27) Paul Davies, *The Mind of God: The Scientific Basis for a Rational World*. New York: Simon & Schuster, 2005, p. 86.

그러나 논쟁은 계속되고 있다. 흄이 지적했듯이, 귀납적인 일반화는 불완전할 수밖에 없고, 바로 그런 이유 때문에 '입증된 법칙'이나 '보편적 법칙'으로 간주될 수 없다. 더욱이, 과학이 발전하면 이전 세대가 확고하게 확립된 것으로 생각했던 법칙들을 재검토하는 것은 물론, 새롭게 수정해야 할 필요성이 대두될 수밖에 없다. 한 시대나 한 세대가 자연세계에 관해 자명하고 참된 가설로 간주한 것에 얽매이는 위험을 경계하는 저술가들은 이 점을 거듭 강조한다. 자연에 관한 우리의 지식은 시간이 지날수록 더 넓어질 것이다. 이 점에 관한 가장 영향력 있는 논의 가운데 하나가 테넌트(F. R. Tennant)의 『기적과 그 철학적 전제들(Miracle and Its Philosophical Presuppositions, 1925)』에서 발견된다. 그는 그 책에서 "자연의 본질과 내재적 능력을 모두 꿰뚫어 아는 전지성을 지니기 전에는 그것을 뛰어넘는 어떤 경이도 확신할 수 없다."라는 중요한 주장을 제기했다.[28]

기적에 관한 키스 워드의 견해

그러나 이런 논의는 기적이 자연법칙에 관한 우리의 이해를 깨뜨리는 것이란 생각에(이를 확장하는 것이라고 말할 사람도 있을 것이다) 지나치게 주목하는 경향이 있다. 자연법칙의 파괴가 아닌, 하나님의 임재나 활동의 증표라는 관점에서 기적의 종교적 의미를 따져보면 어떨까? 영국의 신학자 키스 워드(Keith Ward)는 『신적 행위(Divine Action, 1990)』에서 다음과 같이 말했다.

> 기적을 단지 물리적으로 설명할 가능성이 극도로 희박한 기이한 현상으로만 생각한다면 매우 불만족스러운 일이다. 유신론자는 변칙적인 물리적 사건들이 발생한다는 주장에 대해서는 아무런 관심이 없다. 유신론자가 관심을 기

---

[28] F. R. Tennant, *Miracle and Its Philosophical Presuppositions*, Cambridge: Cambridge University Press, 1925, p. 33.

울이는 사건들은 바로 하나님의 행위다. 신적 행위는 세상에서 발생하는 설명 불가능한 변칙적인 변화가 아니며, 또한 아무렇게나 되는대로 일어나지도 않는다.[29]

워드는 기적을 "성령님의 나타나심(epiphanies of the Spirit)"으로 이해하는 것이 더 낫다고 생각했다. '성령님의 나타나심'은 자연을 폐쇄된 물리적 체계로 간주해서는 안 된다는 것을 보여주는 데 그 목적이 있다. 자연은 그것을 처음 창조하신 하나님의 간섭을 받으며, 그 질서는 다시 조정될 수 있다. 워드는 현대 과학을 통해 발견된 변화하는 우주관을 토대로 기적에 관한 자신의 논의를 펼쳤다. 오늘날, 우주는 결정론적인 뉴턴의 역학을 통해 드러난 것보다 훨씬 더 "느슨하고" 더 많이 열린 모습으로 종종 묘사된다. "자연을 '솔기 없이 통으로 짠 겉옷'처럼 폐쇄된 인과적 체계로 묘사하는 것은 이전보다 설득력이 크게 줄어들었다."[30]

워드는 또한 '자연법칙'에 관한 흄의 이해가 과장되었으며, 하나님이 처음 우주를 창조하면서 세우셨던 목표들을 그가 배제했다고 비판했다.

> 법칙들을 하나님이 창조하셨다면, 그 법칙들이 존재하는 이유가 분명히 있을 것이다. 그리고 하나님이 인격적인 존재이시라면, 그런 이유를 통해 일반적인 법칙들을 초월해서 발생하는 일들을 정당화할 수 있을 것이다.[31]

워드는 자신의 요점을 잘 이해하도록 돕기 위해 한 가지 예를 들었다. 하나님이 인간으로 하여금 그분을 알고 사랑하며, 그분의 임재를 즐거워하게 하려

---

29) Keith Ward, *Divine Action*. London: Collins, 1990, p. 196.
30) Keith Ward, *Divine Action*. London: Collins, 1990, pp. 177-178.
31) Keith Ward, 'Believing in Miracles.' *Zygon*, 37, no. 3 (2002), 741-750; 인용된 부분은 p. 743에 있음.

는 의도를 품으셨다고 가정해 보자. 만일 그런 의도가 분명하다면, 이 목표는 우주의 인과적 구조 안에 반영되어 있을 것이 틀림없다. 그런 관계가 이루어지도록 돕는 사건이 발생한다면, 그것은 자연법칙의 '파괴'가 아닌 본래의 목적이 이루어진 것이다. 워드는 이 점을 더욱 분명하게 밝히기 위해 이렇게 말했다.

> 자연법칙은 물리적인 우주를 지배하는 일반원리들로서 명확한 규칙성을 지닌다. 그러나 유신론자가 자연법칙보다 더 우월한 원리들, 곧 유한한 인간들을 이끌어 하나님과 의식적인 관계를 맺도록 도와주는 원리들이 존재한다고 생각할 만한 충분한 이유가 있다. 기적, 곧 자연의 규칙성을 초월하는 사건들은 그런 명확한 원리들이 적용되었을 때 나타나는 현상이다.[32]

기적에 관한 볼프하르트 판넨베르크의 견해

독일의 신학자 볼프하르트 판넨베르크(Wolfhart Pannenberg)는 기적의 문제와 관련해 좀 더 신학적인 접근방식을 취했다. 그는 '자연법칙'은 신학적 분석을 통해 더욱 확고한 이론적 근거가 마련될 때까지 잠정적인 기능을 수행할 뿐이라고 주장했다. 그렇다면 기적은 자연법칙을 파괴하는 것일까? 판넨베르크는 기적을 그런 식으로 이해할 수도 있다고 인정하면서, 이것이 매우 어려운 과학적 문제를 야기한다고 말했다. "기적을 자연법칙의 파괴로 간주하는 개념은 법칙이라는 개념 자체를 뒤집어엎는다." 그러나 이는 문제를 현대적 관점에서 진술한 것으로, 이와 관련된 이전의 접근방식들을 고려하면 얼마든지 바르게 고칠 수 있다.

판넨베르크는 기적처럼 보이는 사건들이 사물의 본성을 거슬러 일어나지 않는다고 강조한 히포의 아우구스티누스(354-430)의 접근방식을 특별히 인정

---

[32] Keith Ward, 'Believing in Miracles.' *Zygon*, 37, no. 3 (2002), 741-750; 인용된 부분은 p. 746에 있음.

했다. 기적은 자연의 질서를 거스르는 것처럼 보이지만, 그렇게 보이는 이유는 자연의 과정에 관한 우리의 지식이 한계를 지니기 때문이다.

판넨베르크는 기적을 "자연을 거스르는 것(contra naturam)", 곧 자연법칙을 파괴하거나 부정하는 사건으로 간주하기를 거부했다. 그는 창세기 주석에서 아우구스티누스의 접근방식을 설명했는데, 익숙한 유형의 사건들과 반대되는 이례적이고 이색적인 사건들을 경험하거나 관찰할 수 있다고 인정했다. "종교적인 해석은 기적을 하나님의 행위로 간주하지만, 기적은 단지 특이한 사건이나 행동일 뿐이다." 판넨베르크의 견해에 따르면, 진정으로 기적적인 것은 자연법칙 그 자체다. 모든 것이 우발적으로 일어나는 듯 보이는 세상에서 어떻게 그런 질서가 존재할 수 있단 말인가? "사건들과 그에 잇따르는 발생의 우연성을 고려한다면 자연법칙에 의한 자연의 질서 자체가 가장 큰 기적 중에 하나다."

판넨베르크는 우발적 특성을 강조하는 논조를 좀 더 끌고 나가 우발적인 사건들은 예측할 수 없다고 말했다. 어떤 사람들은 우발적인 사건들 안에서 하나님의 손길을 발견할 것이다. 그 이유는 그것들이 자연법칙을 파괴해서가 아니라 이색적이기 때문이다.

> 그러나 때로는 모든 현실에 기본적으로 우연적 특성이 스며들어 있다는 생각을 일깨우는 우발적인 사건들이 일어난다. 그런 이색적인 사건들은 '기적'으로 여겨질 수 있다. 종교적인 사람들은 그것을 하나님의 행위, 곧 피조세계 안에서 계속되고 있는 창조주의 활동과 앞으로 일어날지도 모르는 새로운 일을 암시하는 '표징'으로 받아들일 것이다.[33]

---

33) Wolfhart Pannenberg, 'The Concept of Miracle.' *Zygon*, 37, no. 3 (2002), 759-762; 인용된 부분은 p. 761에 있음.

이런 이유로 판넨베르크는 기적에 관한 아우구스티누스의 접근방식을 지지해야 한다고 주장했다. 그의 접근방식은 자연법칙이란 관점에서 기술된 자연의 질서를 부정하라고 요구하지 않는다. "그것은 단지 자연의 과정이 작동하는 방식에 관해 우리가 전부를 아는 것은 아니라는 사실을 인정하라고 요구할 뿐이다."

반(反)자연신학? 신의 존재에 대한 진화론적 반론

마지막으로, 다윈의 자연선택설에 관한 특별한 해석들, 곧 '확장된 진화 종합이론'과 관련된 일련의 논증들에 관해 잠시 살펴보기로 하자. 이 논증들은 인간의 이성적인 능력의 기원에 관한 진화론적 이해가 신을 믿는 믿음의 합리성에 의문을 제기한다고 주장한다. '진화론적 반론'으로 알려진 이런 논증들의 근본 주제는, 신의 존재를 전제하지 않은 진화론적 관점에서 종교의 기원과 특성을 설명할 수 있다는 것이다.

종교에 관한 그런 포괄적인 접근방식에는 몇 가지 심각한 문제가 뒤따른다. 그 가운데 가장 대표적인 문제는 '종교'에 대한 일치된 경험적 정의가 존재하지 않는다는 것이다. 물론 종교를 보편적인 범주로 간주하여 불교, 기독교, 힌두교와 같은 세계 종교의 개별적인 사례들을 종합해 '종교의 본질'을 일반화하는 것이 자연스러울 수 있다. 그러나 역사를 돌아보면 종교의 본질, 기능, 정체성에 관한 견해가 역사적 장소에 따라 달라졌음을 알 수 있다. 이는 오늘날에도 마찬가지다. 아마도 '종교'의 범주를 과학적 탐구에 근거하지 않은 사회 구성주의적 관점에서 보는 것이 최상일 듯하다. 이 용어는 사회적으로 매우 중요한데, 예를 들자면 '종교의 자유'라는 기본권을 보장하는 것과 관련이 있다(이런 기본권을 주장하려면 무엇을 종교로 간주할 것인지 어느 정도의 합의가 이루어져야 한다). 종교란 신이나 영적 존재를 믿는 특정한 신앙이라고 단순하게 정의한다면, 불교를 고려할 때 문제가 된다. 불교는 그런 정의에 순응하기를 강력히 거부하는 종교다.

그러나 대부분의 진화론적 반론은 종교의 사회적 유용성을 종교의 존속 가능성을 증대시키는 요인으로 보고 거기에 초점을 맞추기 때문에 종교를 정의하는 문제를 덜 중요하게 여긴다. 공동체의 존속 가능성을 높이려면 친사회적 태도를 장려하는 신념을 채택해야 한다. 물론, 이것은 종교와 윤리의 구별이라는 문제를 제기한다. 윤리 체계는 '종교적' 신념들로부터 유래할 수도 있지만, 종교와 마찬가지로 실용적인 이유로 인해 독자적으로 형성될 수도 있다.

종교는 사회적 결속력과 규율을 독려함으로써 더 잘 생존하고 번영할 수 있는 힘을 제공한다. 오래전부터 인정되어온 대로, 종교의 일차적인 기능 가운데 하나는 바로 이런 형태의 사회적 유대감을 증진하는 것이다. 이런 유대감은 종종 집단 정체성의 근간과 그에 뒤따르는 위험들을 표현한 의식들을 통해 강화된다. 집단 속에서 강화된 사회적 결속력은 그 자체가 목적으로 간주되지 않는다. 종교는 결속력을 높임으로써 집단 내의 협력을 촉진하고, 그로써 집단의 존속 가능성을 증대시킨다.

그렇다면, 집단의 존속 가능성을 높이는 종교의 힘은 그것이 전하는 진리에서 비롯할까, 유용성에서 비롯할까? 종교에 관한 진화론적 설명은 종교의 개념들이 진리 추구가 아닌 집단이 번성하고 번영하는 능력을 강화하는 데서부터 발전했다고 말하는가? 이런 질문들이 '진화론적 반론'이 나타나게 된 배경을 이루고 있다. 그런 논증들 가운데 더러는 진화의 과정이 종교적 신념을 신뢰할 수 없는 우연적인 것이라 설명한다고 주장한다.[34]

첫 번째 형태의 진화론적 반론은 종교의 기원에 초점을 맞추는데, 신 또는 다른 초월적 작인이나 어떤 존재를 끌어들일 필요 없이, 진화적 근거를 토대

---

34) Daniel C. Dennett, *Breaking the Spell: Religion as a Natural Phenomenon*. New York: Viking Penguin, 2006, p. 9.

로 종교의 현상을 설명할 수 있다고 주장한다. 예를 들어, 철학자 로버트 놀라(Robert Nola)는 종교는 자연적으로 발생했기 때문에 자연적인 요인들을 통해 설명할 수 있다고 주장함으로써, 초자연적인 작인이나 어떤 존재를 근거로 종교의 정당성을 확보할 수 있다는 가설을 은연중에 뒤집었다. 그러나 다른 사람들은 그런 주장이 '발생론적 오류', 곧 다른 설명은 모두 배제하고 단지 어떤 체계나 공동체의 사회적 기원만을 최종적인 설명으로 간주하는 오류에 해당한다고 지적한다. 다양한 차원의 설명이 가능하다. 예를 들어, 음악의 발전과정에 관한 하나의 진화론적 설명만으로는 개인들과 관련된 음악의 현재적 가치나 사회적 유용성에 관한 문제를 모두 해결할 수 없다. 또한, 진화론적 관점들은 정당성을 확보한 신념들을 적절하게 설명하지도 못한다. 그런데도 이런 진화론적 반론들은 종교의 기원을 설명하면 종교적 신념들이 거짓임을 밝힐 수 있다고 믿는다.

　종교의 기원에 관한 진화론적 설명은 종교나 그와 유사한 신앙 공동체에 관한 다른 근거나 설명을 배제하지 않는다. 놀라는 종교에 관한 신학적 설명과 진화론적 설명이 양립할 수 없다고 생각하는 듯하다. 아마도 그는 지혜롭지 못하게도 그 둘의 관계를 '갈등'에 빗대어 이해하려는 듯 보인다. 실제로, 종교의 기원에 관해 다양한 설명이 제시될 수 있다. 이들은 제각기 다른 차원에서 영향력을 발휘하는데, 각각의 설명으로는 종교의 특수성이나 종교 공동체의 독특한 특성을 하나의 일반적인 현상으로 설명하기에 불충분하다. 옥스퍼드대 철학자 제닛 래드클리프 리처즈(Janet Radcliffe-Richards)는 이타주의에 관한 진화론적 반론을 비판하면서 "이타주의가 생겨난 과정에 관한 설명이 진정한 이타주의가 아닌 것은, 케이크를 만드는 방법에 관한 설명이 진짜 케이크가 아닌 것과 같다."[35]라고 지적했다.

---

35) Janet Radcliffe Richards, *Human Nature after Darwin: A Philosophical Introduction*, London: Routledge, 2000, p. 180.

또 다른 진화론적 설명은 종교적 신념들이 인간의 이성적 기능에 관한 불신에서 기원했다고 주장한다. 진화의 선택은 진리를 찾고 구하는 능력이 아닌 생존과 번식의 능력에 의해 이루어진다. "자연선택은 진리에는 아무런 관심이 없고, 오직 번식의 성공에만 관심을 기울인다." 진화가 세상을 정확하게 인식하고 참된 신념들을 형성하도록 이끈다는 생각도 일리가 있다고 주장할 수 있겠지만, 그런 경우에는 "그릇된 신념들도 진화과정에 적응할 수 있는가?"라는 문제가 불거질 수밖에 없다.

이런 사고방식은 종교가 이성적 추론 능력의 결함에서 비롯했다고 주장하는 두 번째 형태의 진화론적 반론으로 이어지는데, 이는 진화가 진리에 대한 인간의 신념을 선택하지 않는다는 사실을 반영한다. 다시 말해, 종교는 인간의 이성적 기능의 결함에서 비롯했고, 그것이 그릇된 신념들이 생겨난 이유다. 그런 신념들이 적응력을 지닌다고 드러나는 이유는 친사회적 성과 때문이다. 예를 들어, 존 윌킨스(John Wilkins)와 폴 그리피스(Paul Griffiths)는 경험적인 신념들이 진화론적 이점을 지니는 것은 분명하다며, 이 점을 고려하면 가능한 존속전략을 찾는 데 도움이 될 거라고 주장했다. 그러므로 인간의 이성적 능력이 한쪽 영역(경험적 영역)에서는 기능을 잘하지만, 다른 쪽 영역(종교적이거나 도덕적인 영역)에서는 그렇게 잘하지 못한다고 주장할 수 있다.

그러나 이런 논증들이 어디로 귀결될지는 매우 불확실하다. 인간의 이성적 기능이 진화론적으로 기원했다고 주장한다 해서 반드시 그런 기능을 통해 그릇된 신념들이 도출되리라고 장담할 수는 없다. 잘 알려진 대로, 과학과 윤리학과 신학과 같은 학문들은 제각기 서로 다른 영역에서 이루어지는 참여와 상호작용을 통해 각자의 연구과제와 목표에 알맞은 이성적인 전략과 규범을 활용한다. 윌킨스와 그리피스가 과거의 진화과정을 통해 형성된 인간의 판단력의 합리성에 의문을 제기한 것은 옳았다. 그러나 그들 자신도 결국에는 그와 동일한 이성적 기능에 의존해 자신들이 내린 판단의 신뢰성을 평가해야 한다.

간단히 말해, 토론이 불편할 정도의 자기 지시성(self-referentiality)과 순환성을 끌어들일 수밖에 없다.

자연신학: 하나님이 우주에 대한 '최상의 설명'인가?

앞 단락에서 자연과학을 통해 종교 현상이나 신을 믿는 특정한 신앙을 간단히 '설명할 수 있다고' 주장하는 몇 가지 논증을 살펴보았다. 그런 논증들은 많은 사람이 생각하는 것보다 더 많은 허점을 지니고 있지만, "어떻게 신을 우주에 대한 '최상의 설명'으로 간주할 수 있는가? 세상에 대한 관찰결과와 신과 같은 초월적 실재를 연관시키는 지성적인 방법이 존재하는가?"라는 올바른 물음을 제기했다. 이 질문은 오랫동안 과학과 종교 분야에서 중요한 주제로 다루어진 '자연신학'과 관련되어 종종 탐구된다.

자연신학의 가장 일반적인 취지는 자연세계와 초월적 존재 사이에 연관성이 있다는 것이다. 이것은 예술가들은 물론, 과학자들까지 공감하는 인간의 심원한 직관이다. 체스터턴(G. K. Chesterton)은 인간의 상상력이 어떻게 이성의 한계를 넘어 경험의 경계를 초월한 곳에 존재하는 듯 보이는 어렴풋한 실재를 움켜쥐는지 보여주는 많은 사람들 가운데 하나다. 그는 "참된 예술가라면 누구나 자신이 초월적인 진리에 이르렀다고 느낀다. 그들은 자신이 만든 이미지가 휘장을 통해 비치는 사물들의 그림자라고 믿는다."[36]라고 주장했다.

철학자 호세 오르테가 이 가세트의 글에서도 이를 또 다른 방식으로 표현한 내용이 발견된다. 그는 경험적 세계와 초월적 실재를 확실하고 분명하게 연결하는 증거는 존재하지 않는다고 인정했지만, 그러나 한번 두 기둥을 연결하는 로마의 아치형 구조물을 상상해 보라고 말했다. 그 구조물은 일부가 무너져

---

36) G. K. Chesterton, *The Everlasting Man*. San Francisco: Ignatius Press, 1993, p. 105.

내렸지만, 본래의 둥근 모양의 흔적이 여전히 남아 있고, 지금은 상상 속에서만 본래의 모습이 보이겠지만, 과거에는 두 기둥이 실제로 연결되어 있었다고 믿을 수 있다.[37]

초기 기독교 저술가들도 '자연신학(thoeologia naturalis)'이라는 용어를 알았지만, 토마스 아퀴나스와 같은 중세 저술가들은 대부분 이 용어를 사용하지 않았다. 20세기 초에 활동한 옥스퍼드의 학자 웹(C. C. J. Webb)은 역사 연구를 통해 '자연신학'이라는 용어가 교부시대와 중세시대에는 좀처럼 사용되지 않았고, 주로 15세기의 카탈로니아 학자 세본데(Raimundo de Sebonde, 1385-1436)의 영향 때문에 16세기에 접어들면서부터 널리 사용되었다고 옳게 지적했다.

세본데의 『피조물에 관한 책(Liber Creaturarum)』은 그의 생애 마지막 2년을 남겨 두고 저술된 것으로 알려져 있다. 그가 사망한 후인 16세기에 "자연신학(seu thologia naturalis)"이라는 부제가 이 책의 두 번째 라틴어 간행본에 덧붙었다. 그 후부터 세본데가 장려한 자연에 관한 다양한 신학적 탐구를 가리키는 의미로 '자연신학'이라는 용어가 채택되었다. 그러나 라틴어 '데올로기아 나투랄리스(theologia naturalis)'는 '자연신학'과 '자연에 관한 신학'을 둘 다 가리킬 수 있다. 전자와 후자 모두 신앙의 견지에서 자연을 바라보고, 자연을 토대로 신의 존재를 논증하는 과정을 가리킨다. 세본데는 이 두 가지 접근방식 가운데 두 번째를 채택했다.

16세기에 프랑스와 스페인의 출판업자들이 세본데의 책을 모방해 방법론과 접근방식을 발전시킨 책들을 다수 출판했다. 그래서 이론과 실제를 갖춘 '자연신학'의 형태가 완성되는 듯 보였다. 그러나 세본데의 책에서 발견되는 '자연신학'의 형태는 그로부터 2세기 후에 나타난 자연신학에 관한 근대적 개념과는 거의 아무런 관계가 없었다. 자연신학은 변증적인 작업으로 이해되지 않았

---

37) José Ortega y Gasset, 'El origen deportivo del estado.' *Citius, Altius, Fortius*, 9, no. 1-4 (1967): 259-276.

고, 신앙의 관점에서 자연의 질서를 '주관적으로' 탐구하려는 노력으로 간주되었다. 사실, 신학적 교리를 다룬 교리문답까지 포함된 세본데의 책은 신학 서적이라기보다는 영성을 고무하는 경건 서적과 비슷했다.

종교철학자들은 자연신학을 '인간의 이성이 계시의 도움을 받지 않고 하나님에 관해 무엇을 말할 수 있는지 탐구하는 철학의 한 분야'로 정의하는 경향이 있다. 그러나 자연신학의 역사적 발전과정을 조사해 보면, 그것은 단지 인간의 이성이 그런 과정을 거치면서 취해온 몇 가지 형태 가운데 하나였음을 알 수 있다. 자연신학에 관한 구체적인 개념은 17세기 말에 영국에서 주로 나타났고 그 당시 문화적, 지성적 상황 속에서 형성되었다. 특히 과학과 종교의 사고방식 사이에 균열이 일어난 것에 관심이 고조된 데서 많은 영향을 받았다. 이따금 자연신학에 관한 이런 특별한 접근방식을 가리키는 용어로 '물리-신학(physico-theology)'이 사용되기도 한다.

'물리-신학'은 종교적인 문화가 지배하던 18세기 영국의 상황에서 과학적 탐구를 장려하는 동시에, 과학적인 문화가 점차 확대되는 상황에서 종교의 가치와 합리성을 확증하기 위한 지성적 수단으로 등장했다. 자연의 합리적인 투명성과 그것을 종교적인 '의미 지도'와 연결시켰을 때의 용이성을 강조하면, 새로 발흥한 자연과학도 장려하고 당시의 커다란 신학적 논쟁들도 쉽게 피할 수 있을 것 같았다. '자연'을 뜻하는 헬라어 '푸지코스(physikos)'에서 유래한 '물리-신학'은 자애로운 창조주가 확립한 '자연법칙'을 근거로 우주의 근본적인 조화로움을 드러내고 선언하는 것으로 간주되었다.

조화로운 우주라는 개념을 가장 잘 표현한 진술 가운데 하나가 조지프 애디슨(Joseph Addison)의 유명한 "송시(Ode, 1712)"에서 발견된다. 이 시는 자연세계의 규칙성이 창조주의 지혜와 합리성을 드러낸다고 선언하는 시편 19편 1절을 주석한 내용이다. 애디슨은 태양과 달과 행성들의 규칙성이 하나님이 우주에 임재하신다는 사실을 확실하고 분명하게 보여준다고 생각했다.

지칠 줄 모르는 태양이 날마다
창조주의 권능을 드러내고,
전능자의 손으로 이루어진 일을
온 누리에 널리 알리누나.

인간의 이성은 이런 규칙성을 인식해 수학적으로 표현할 수 있다. 우주적인 조화의 합리성과 정밀함은 애디슨과 그의 동시대인들에게 하나님이 세상을 창조하셨다는 확신을 심어주었다.

그것들이 모두 즐거워하며 이성의 귀에
영광스러운 음성을 발하며,
영원히 노래하며 환한 빛을 비추누나.
하나님의 손이 우리를 만드셨도다.[38]

지금은 자연신학에 관한 가능한 접근방식이 매우 다양하다는 인식이 널리 퍼져 있다. 여기에는 지성적인 사고의 방향이 서로 크게 다른 두 가지 접근방식(자연으로부터 하나님께 나아가는 방식과 하나님으로부터 자연을 향하는 방식)이 포함된다.

이제 자연신학에 관한 네 가지 방식을 잠시 살펴보려 한다. 그 가운데 둘은 조금 전에 말한 첫 번째 방식에, 나머지 둘은 두 번째 방식에 각각 해당한다.

1. 자연신학은 계시에 의존하지 않고, 자연세계의 아름다움이나 복잡성에 함의된 유신론적 의미를 고찰하는 이성적 추론의 형태를 가리킨다. 앞서 말한 대로, 일반적으로 '물리–신학'으로 일컬어지는 자연신학에 관한 이런 특별한

---

38) Joseph Addison, 'Ode', in *The Oxford Book of English Verse*, Christopher Ricks 엮음. Oxford: Oxford University Press, 1999, p. 246.

접근방식은 18세기 영국에서 중요한 지성활동으로 자리 잡았다. 이 방식은 계시된 개념들을 전제하거나 그것에 의존하지 않고서 자연세계에 관한 관찰 결과만을 토대로 하나님의 존재를 추론하는 데로 나아가는 사고의 궤도를 그린다. 이런 접근방식은 변증적 의미를 지닌다고 간주되는 자연세계의 질서나 아름다움에 초점을 맞춘다.

2. 자연신학은 신적 계시의 도움 없이 인간의 정신에 '자연스럽게' 떠오르는 신학을 가리키며, 자연스러운 형태의 추론을 통해 기독교 신앙의 내재적인 합리성을 입증하는 방식을 취한다. 이른바 안셀무스의 '존재론적' 신 존재 논증이 대표적인 경우다. 안셀무스는 『프로슬로기온(the Proslogion)』에서 계시에 의존하거나 자연세계를 근거로 들지 않고, 오직 인간의 논리적 추론에만 초점을 맞춰 거기에 함축된 의미를 밝힘으로써 신앙의 합리성을 정당화했다.

자연신학에 관한 이 두 가지 방식 모두 자연세계 안에서 시작해 신성을 입증하는 방식을 취한 후, 하나님에 관한 기독교의 개념과 같은 좀 더 특수한 신 개념과의 연관성을 추구한다.

그렇다면 신앙 공동체 안에서 시작된 독특한 신념들에 관한 정보를 토대로 이루어지는 자연신학에 관한 접근방식들은 또 어떨까? 이런 형태의 접근방식 가운데 두 가지를 잠시 살펴보면 다음과 같다.

3. 자연신학은 주로 '자연에 관한 신학'을 가리키는 의미로 이해할 수 있다. 구체적으로 말하면, 기독교적 방식으로 자연세계를 바라보거나 이해하는 것, 자연에 관한 세속적, 혹은 자연주의적 설명과 대조되거나 반대되는 기독교 신앙의 핵심 가설들을 고찰하는 것이다. 이 방식의 사고 방향은 자연으로부터 신앙으로가 아닌 기독교 전통 안에서부터 자연으로 나아간다. 이 접근방식은 하나님의 계시를 전제로 하고, 그런 관점에서 자연을 바라보았을 때 나

타나는 결과들을 토대로 자연을 이해한다. 다시 말해, 기독교 전통 안에서 시작해서 자연의 질서를 바라보는 구체적인 기독교적 방식을 설정한다.
4. 자연신학은 하나님을 바라거나 그분에게 이끌리는 인간 정신의 자연스러운 경향에서 비롯한 지성적 산물이다. 이 접근방식은 전통적으로 토마스 아퀴나스를 비롯해 여러 사람들이 제시한 '하나님을 향한 자연스러운 열망'이라는 개념에 근거한다. 물론, 이 개념은 다양한 방식으로 표현될 수 있다. 예를 들어, 버나드 로너간(Bernard Lonergan)은 존재를 이해하려는 인간 지성의 선천적 경향을 강조했다. 이 접근방식은 하나님을 찾는 것을 인간 정신의 자연스러운 성향으로 간주한다. 자연신학은 인간성 안에 존재하는 지성적이거나 상상적인 '귀소 본능'에 근거한 탐구 여정의 결과물이다.

이 외에도 다른 접근방식을 찾아내거나 발전시킬 수 있다. 요점은 '자연신학'이 간단히 정의될 수는 없지만 다방면에 적용할 수 있는, 다면적인 지성적 작업이라는 것이다. 자연신학은 자연세계와 기독교의 하나님 같은 초월적 실재와의 연관성을 탐구하는 것이 목표이다. 그런 연관성은 다양하고 복잡하다. 이런 탐구들은 전통적으로 신에게 초점을 맞추어 귀납적, 귀추적, 연역적 논증방식을 통해 자연의 규칙성과 아름다움을 설명하려고 시도했다. 그러나 다른 접근방식들, 특히 고전 르네상스시대에 사용된 '하나님의 두 권의 책'이라는 비유에도 관심을 기울일 필요가 있다. 이 비유의 기원은 중세시대 초까지 거슬러 올라간다. 이 강력한 시각적 비유는 하나님을 '구별되지만 연관된 두 권의 책' 곧 '자연이라는 책'과 '성경책'의 저자이자 창시자로 소개한다. 따라서 자연이란 기독교가 성경을 해석하듯 해석해야 할 책으로 상상하게 한다.

이런 접근방식의 장점과 한계가 물리학자이자 신학자인 존 폴킹혼의 글에서 발견된다. 그의 출발점은 신학과 자연과학이 탐구방식은 서로 다르지만 세상에 대한 깊은 이해를 추구하려는 비전을 공유한다는 것이다. "신학과 과학은 관심을 갖는 연구 주제의 본질이 서로 크게 다르다. 그러나 둘 다 세상이 존재하는 방식을 이해하려고 시도한다."[39] 폴킹혼은 '물리-신학'의 한계와 약점을 분명하게 의식하고, "복원과 개정"이 모두 필요한 "새로운 자연신학"의 필요성을 주장했다. 이 접근방식은 자연신학이 과학적 설명과 다투거나 경쟁하기보다 자연과학을 보완하는 역할을 담당하는 것으로 간주한다. "물리-신학의 신은 결과적으로 간극의 신, 곧 과학적 설명에서 결여된 부분을 보완하다가, 과학의 발전을 통해 충분한 설명이 이루어지면 언제라도 불필요한 군더더기로 취급되기 쉬운 가짜 신이었던 셈이다."

폴킹혼의 '새로운' 자연신학은 하나님의 존재를 입증하겠다고 나서지 않고, 그 대신 무신론적이거나 자연주의적인 대안들보다 자연에 대해 좀 더 만족스러운 설명을 제시한다는 점에서 자연세계를 좀 더 폭넓게 탐구하는 통찰력을 제공한다고 주장한다. 과학 자체가 그 나름의 독특한 영역 내에서 신학적인 보완 설명이 필요하다고 의식할 가능성은 거의 없지만, 과학적 탐구방식으로는 대답할 수 없는 문제들이 제기되는 것은 사실이다. "우리의 과학적 경험과 이해로부터 발생했지만, 과학이 처리할 수 있는 범위를 뛰어넘는 거대 질문들이 존재한다."[40] 새로운 자연신학은 그런 '거대 질문'을 다룬다.

그런 거대 질문 가운데 몇 가지를 소개하면 다음과 같다.

- 오늘날처럼 발전된 형태를 이룬 과학이 애초에 가능했던 이유는 무엇일까?
- 물리적인 우주가 우리의 일상적인 경험과 거의 아무런 관련도 없는 양자의 세계까지 형태와 구조를 식별할 수 있을 만큼 우리에게 이성적으로 명료하게 다가오는 이유는 무엇일까?

---

39) John Polkinghorne, *One World: The Interaction of Faith and Science*. London: SPCK, 1986, p. 36.
40) 여기에 이어서 John Polkinghorne, 'The New Natural Theology.' *Studies in World Christianity*, 1, no. 1 (1995): 43-44를 보라.

■ 순수 수학자들이 제안하는 가장 아름다운 형태들 가운데 일부가 물리적 세계의 구조 안에서 실제로 확인되는 이유는 무엇일까?

자연신학은 자연과학의 설명을 대체하는 것이 아니라, 보완하는 설명적 틀을 제공함으로써 그 잠재력과 한계를 좀 더 온전하고 깊이 있게 이해하도록 이끈다. 폴킹혼은 종종 '인류원리'의 관점에서 표현되는 우주의 미세조정에 관한 관찰결과에서 또 하나의 거대 질문이 제기된다고 말했다. 우주가 생명체가 살기에 '꼭 적합한' 이유는 무엇일까? 새로운 자연신학은 우주를 '풍성한 역사를 이루는 데 꼭 필요한 조건들을 창조주로부터 부여받은 피조물'로 간주할 수 있다는 통찰을 제시한다. 그러나 폴킹혼은 자연신학을 신의 존재를 입증하는 독자적인 수단으로 간주하기를 거부한다. 그는 자연신학을 "일반적인 신학적 탐구의 영역" 안에 두어야 한다고 주장한다. 자연신학의 목적은 과학을 대체하는 것이 아니다. 과학을 보완하거나 보충함으로써 세상의 존재방식에 관한 통찰력을 증대하는 것이다.

자연신학의 용도는 여러 가지다. 그 한 가지는 지금까지 말했듯이 과학과 종교의 대화는 지적 정당성이 있음을 확인하는 것이다. 과학과 종교는 서로 다르지만 보완적인 통찰력을 제공함으로써 복잡한 세계를 이해하도록 도울 수 있다. 아울러 자연신학의 부가적인 기능이 하나 더 있는데, 특히 오직 과학만이 자연세계에 대한 우리의 이해와 태도를 결정할 수 있다고 하는 빈곤한 자연관을 부각시킴으로써 '과학주의'의 정당성에 문제를 제기하는 것이다. 의미 탐구와 관련해 자연과학이 지닌 한계에 대한 불안감이 존 키츠(John Keats)의 시 "라미아(Lamia, 1820)"에 잘 드러난다. 키츠의 시에는 무지개와 같은 아름답고 경이로운 자연현상을 과학이론의 추상적인 논리로 축소한다면 삶이 메마를 것이라는 우려가 담겼다. 그런 환원주의적 전략은 자연의 아름다움과 신비를 앗아감으로써 자연을 냉랭하고 무미건조한 것으로 축소시킨다.

차가운 철학의 손길이 스치기만 해도
모든 아름다움이 사라지지 않겠는가?
한때는 하늘에 장엄한 무지개가 있었다.
우리는 그 질감과 감촉을 알고 있다.
따분하기만 한 흔한 것들 안에 무지개가 주어진다.
철학은 천사의 날개를 잘라버리리…….[41]

키츠의 가장 큰 우려는 천사의 날개를 "잘라버리는" 것이었다. 그에게 자연 세계는 초월적인 존재의 영역으로 들어가는 문이었다. 인간의 이성은 현실 세계를 파악할 수 있다. 이성적인 통찰력은, 경험적인 방법의 한계를 벗어난 것까지 성찰할 수 있는 인간의 상상력으로 보완되어야 한다. 다른 많은 낭만주의 시인들과 마찬가지로, 키츠도 인간의 상상력을 소중히 여겼다. 그는 그것을 고귀하고 초월적인 것에 대한 통찰력을 일깨우는 능력으로 간주했다. 그와는 대조적으로 이성은 인간성을 땅에 단단하게 붙잡아 맴으로써 더 깊은 영적 차원을 발견하지 못하도록 위협한다.

키츠의 무지개는 인간의 마음과 상상력을 위를 향해 들어 올려, 경험의 한계를 넘어서는 세계가 존재한다고 암시한다. 리처드 도킨스와 같은 과학자들의 무지개는 인간의 경험세계 안에만 굳게 머물러, 어떤 초월적인 차원이나 능력을 전혀 암시하지 못한다. 무지개를 순전히 자연적인 관점에서 설명되는 사실로서만 강조한다면, 그것을 넘어서는 무언가를 가리키는 상징으로서의 의미를 잃을 수밖에 없다. 우리의 생각을 하늘로 향하게 하는 "천사"는 날개가 잘리고 말았다. 초월적 세상과의 연결 고리가 모두 끊어진 천사는 세속적인 사건들과 속된 모습들을 비추는 것 외에 더 이상 할 수 있는 것이 없다.

---

41) John Keats, *Complete Poems*, 3rd ed. London: Penguin, 1988, p. 395.

자연세계에 대한 상상력이 결여되고 이성에 치우친 유신론자들의 이해는 자연신학을 통해 도전받고 교정될 수 있다. 자연신학은 키츠가 "따분하기만 한 흔한 것들"이라고 비판한 것에 매몰되지 않도록 막아주어서, 과학적 담론을 더욱 풍성하게 한다. 다시 말해, 자연신학은 충분한 정보에 입각한 상상력으로 자연을 탐구하는 틀을 제공함으로써, 자연을 단지 논리적 해부의 대상으로 취급하지 않고 그 아름다움을 음미하게 한다. '과학주의'의 가장 큰 문제점 하나는 지나친 이성주의인데, 이는 자연세계의 더 깊은 차원(자연이 우리에게 미치는 감정적인 영향 등)을 진지하게 탐구하는 것을 가로막는다.

거대 질문: 창조와 자연의 균일성

존 폴킹혼은 과학과 종교의 관계를 고찰하면서 '거대 질문(metaquestion)'이라는 개념을 발전시켰다. "우리의 과학적 경험과 이해로부터 발생했지만, 과학이 처리할 수 있는 범위를 뛰어넘는 거대 질문들이 존재한다."[42] 그런 거대 질문의 대표적인 사례가 자연의 균일성과 관련된다. 자연과학은 자연의 균일성을 전제할 뿐, 증명하지는 못한다.

영국 철학자 버트런드 러셀은 『철학의 문제(The Problems of Philosophy, 1912)』에서 과학적 방법에 관해 몇 가지 어려운 질문을 제기하며 과학적 탐구활동이 정당화될 수 없는 특정한 가설들에 의존하는 것을 주목했다. 러셀이 주목한 근본적인 문제는 과학적 방법이 계속 진행되려면 자연의 균일성을 전제할 수밖에 없는데, 그런 문제는 암묵적인 가설을 입증할 수는 없다는 것이다. "자연의 균일성을 믿는 신념은 지금까지 일어났거나 앞으로 일어날 모든 일이 '예외 없

---

[42] John Polkinghorne, 'The New Natural Theology'. *Studies in World Christianity*, 1, no. 1 (1995): 41-50; 인용된 부분은 p. 43에 있음.

이' 적용되는 모종의 일반법칙에서 비롯한다는 신념을 의미한다."[43] 그러나 과학적 방법의 근간이 되는 이 신념의 근거는 무엇일까?

과학은 규칙성과 균일성을 발견할 수 있다. 그러나 과거의 규칙성이 그 형태 그대로 계속되리라는 확실한 보장은 없다. "닭에게 날마다 모이를 준 사람이 어느 날 닭목을 비틀어 죽일 수도 있다. 자연의 균일성에 관한 좀 더 정밀한 분석이 있었다면 닭에게 유익했을 것이다." 귀납적 추론의 한계와 연관된 이 문제는 데이비드 흄이 제기했고, 러셀을 통해 더욱 엄격하게 다루어졌다.

> 경험만을 증거로 귀납적 원리를 논박하기는 어렵다. 그러나 경험만을 증거로 이를 입증하기 어려운 것도 마찬가지다.…… 경험되지 않은 것에 관해 경험을 근거로 말하는 지식은 무엇이든 경험으로 확증하거나 논박할 수 없는 신념에 근거한다. 그러나 적어도 좀 더 구체적인 적용에 있어서는 이것이 많은 경험적 사실들만큼이나 우리 안에 확고하게 뿌리박히는 듯 보인다.[44]

러셀은 귀납법을 귀납적으로나 경험적으로 정당화하는 것은 문제의 소지가 있기 때문에 경험적 탐구만으로는 귀납적 추론(또는 자연의 균일성과 같은 관련 개념들)을 정당화할 수 없다고 주장했다. 러셀이 나중에 펴낸 책에서 지적한 대로, "순환성 없이 관찰된 균일성의 사례들로부터 원리를 추론하기는 불가능하다. 그런 추론을 정당화하려면 그런 순환성이 필요하기 때문이다."[45]

옥스퍼드 철학자 마이클 포스터(Michael Foster)는 1934년에 발표한 "기독교의 창조교리와 현대 과학의 발흥(The Christian Doctrine of Creation and the Rise of Modern Science)"이라는 논문에서 창조교리와 자연과학의 철학적 연관성을 탐구했다(이

---

43) Bertrand Russell, *The Problems of Philosophy*. London: Oxford University Press, 1912, p. 99.
44) Bertrand Russell, *The Problems of Philosophy*. London: Oxford University Press, 1912, p. 98.
45) Bertrand Russell, *History of Western Philosophy*. London: George Allen & Unwin, 1946, pp. 673-674.

논문은 고전적 가치를 지니지만 소홀히 다루어졌다). 포스터는 그 논문에서 자연질서가 창조되었다는 신념이 과학적 탐구에 어떤 식으로 영향을 미쳤는지 설명했다. 포스터는 특히 17~18세기에 이루어진 발전에 집중했지만, 그 후에 이루어진 발전과 관련해서도 여전히 유효하고 적절하다. 포스터는 "기독교 교리의 형이상학적 의미"가 특히 창조의 개념과 관련해 자연에 관한 과학적 분석의 지성적 토대를 제공했다고 주장했다. 자연과학의 방법에는 하나님과 창조에 관한 기독교적 신념들에 근거한 일련의 가설들이 반영되어 있다. 포스터는 자신의 분석을 통해 창조에 관한 이교적 개념[특히 '데미우르고스(demiurge)'의 개념에 근거한 것들]이 기독교적 개념으로 대체됨으로써 자연과학의 발흥을 위한 역사적 발판이 마련되었다는 관찰된 사실을 보여주었다.[46] 포스터는 기독교의 창조교리가 자연과학의 발흥을 촉진한 특별한 자연관을 제공했다고 주장했다. '무로부터의 창조'라는 교리 덕분에 과학자들은 자연구조와 작동방식 안에 신적 합리성이 반영되어 있을 것이라고 기대하며 자연에 다가갈 수 있었다.

여기에서 현대 과학적 방법의 근본 가설로 쉽게 인정되는 두 가지 가설이 유래했다. 첫 번째 가설은 과학자가 과학의 탐구대상을 물질적인 자연세계 외에 다른 곳에서 찾을 필요가 없다는 것이고, 두 번째 가설은 과학자가 자연에서 발견한 지성적인 법칙들은 예외를 인정하지 않는다는 것이다(이것은 첫 번째 가설의 당연한 결과다). 이 두 가설 모두 물질세계가 '데미우르고스'가 아닌 '전능한 창조자'의 작품이라는 교리에서 비롯했다.…… 다루기 어려운 물질에 제약을 받지 않는 신성한 창조자는 자신의 지성 안에 존재하는 완전한 생각들을 자연 속에 온전하게 구현할 수 있다.[47]

---

[46] Michael B. Foster, 'The Christian Doctrine of Creation and the Rise of Modern Science.' *Mind*, 43 (1934): 446-468.
[47] Michael B. Foster, 'Christian Theology and Modern Science of Nature (II).' *Mind*, 45 (1936): 1-27; 인용된 부분은 pp. 14-15에 있음.

포스터는 신에 관한 기독교적 개념과 헬라의 고전 철학에서 나타나는 개념들을 대조하면서 오직 전자만이 자연과학의 방법을 위한 지성적 토대를 제공할 수 있다고 주장했다. 그는 자연에 관한 기독교적 견해와 헬라적 견해를 구별하고, 그것들이 자연과학에 미치는 영향을 파악하려고 시도했다. 그는 자연에 관한 헬라적 개념과 기독교적 개념의 가장 근본적인 차이가 창조의 개념에 있다고 지적했다. 세상이 창조되었다는 주장은 자연에 관한 몇 가지 중요한 진술을 가능하게 한다.

> 헬라적 개념에 따르면, 자연에 모든 것이 포함된다. 사람들과 신들이 모두 자연에 포함된다(키케로(Cicero)는 사람들과 신들은 우주의 동료 시민들이라는 말로 스토아주의의 견해를 되풀이했다. 헤시오도스(Hesiod)는 사람들과 신들이 똑같은 원천에서 유래했다고 말했다. …… 자연과학은 관조적인 학문이다. 자연과학은 신성의 외관을 감각적으로 관조하는 데서부터 시작해, 신성한 것 자체를 지성적으로 관조하는 데로 나아간다. …… 기독교적 개념에 따르면 자연은 하나님에 의해 창조된 것이지, 하나님이 '아니다.' 자연과 하나님 사이에는 절대적인 간극이 존재한다. 오직 하나님께만 거룩한 예배를 드려야 한다. 그분은 자연과 온전히 다르시다. 자연은 신성하지 않다.[48]

포스터의 접근방식에는 몇 가지 조건이 뒤따르지만 폴킹혼의 요점, 곧 과학이 스스로는 공급할 수 없는 지성적 안정성을 신학적 틀로부터 공급받는다는 중요한 가설에 의존한다는 사실을 분명하게 드러내고 있다.

---

[48] Michael B. Foster, 'Greek and Christian Ideas of Nature,' *The Free University Quarterly*, 6 (1959): 122-127; 인용된 부분은 pp. 123-124에 있음.

이해를 돕는 용어 설명

작용인 作用因, efficient causation

아리스토텔레스가 말한, 사물을 생성하고 변화시키는 네 가지 원인 가운데 하나이다. 예를 들면, 건축에서의 건축가나 그 작업이 여기에 해당한다. (참고. 표준국어대사전)

다중우주론 multiverse

우주가 여러 가지 일어나는 일들과 조건에 의해 통상적으로 시간과 공간에서 갈래가 나뉘어, 서로 다른 일이 일어나는 여러 개의 다중우주가 사람들이 알지 못하는 곳에서 무한하게 존재한다는 가설이다. (참고. 위키백과)

코펜하겐 해석 copenhagen interpretation

양자역학에 대한 다양한 해석 중 하나로 닐스 보어와 베르너 하이젠베르크 등에 의한 정통해석으로 알려져 있다. 그 논의의 중심이었던 코펜하겐 학파에서 이름을 따왔으며, 20세기 전반에 걸쳐 가장 영향력이 컸던 해석으로 꼽힌다. 쉽게 말해 전자를 예로 들어 설명하면, 전자의 상태를 서술하는 파동함수는 측정되기 전에는 여러 가지 상태가 확률적으로 겹쳐 있는 것으로 표현된다. 하지만 관측자가 전자에 대한 측정을 시행하면 그와 동시에 '파동함수의 붕괴(wave function collapse)'가 일어나 전자의 파동함수는 겹침상태가 아닌 하나의 상태로만 결정된다는 것이다. (참고. 위키백과)

파일럿 파동 이론 pilot wave theory

드 브로이-봄 이론이라고도 불리며, 양자역학을 해석하는 코펜하겐 해석 이외의 해석 방법 중 하나이다. 여러 가지 가능한 상태를 나타내는 파동함수 이외에 관측되지 않는 상태에서도 존재하는 실재의 상태를 가정한다. 이 상태(즉, 모든 입자의 위치 또는 모든 장의 상태)의 시간에 따른 변화는 가이드 함수를 통해 파동함수로 정의된다. 파동함수의 시간에 따른 변화는 슈뢰딩거 방정식으로 주어진다. (참고. 위키백과)

다세계 해석 many worlds' interpretation

양자역학에서 나타나는 여러 역설적인 상황을 해결하기 위해 개발된 양자역학의 해석이다. 다세계 해석에 따르면, 파동함수 붕괴가 실재하지 않고, 대신 모든 사건에 대해 가능한 모든 결과들이 양자 결풀림이라는 현상을 통해 각자의 '역사' 혹은 '세계'에 실재한다. 지지자들에 따르면, 이 해석은 양자역학의 결정론적 방정식으로부터 어떻게 비결정론적 관측이 도출되는지를 설명한다. (참고. 위키백과)

토미즘 Thomism

토마스주의라고도 불린다. 토마스 아퀴나스의 사상에 토대를 둔 철학·신학의 사상 체계를 말한다. (참고. 두산백과)

동인 agent

행위를 할 수 있는 능력을 가진 행위자, 동작의 주체를 말한다. (참고. 두산백과)

작인 agency

행위자, 곧 동인의 의도나 욕구 혹은 정신적 상태로 인해 일어난 행위의 발현을 말한다. (출처. 두산백과)

기회원인론 occasionalism

창조된 물질은 사건의 작용인이 될 수 없다고 주장하는 인과관계에 관한 이론이다. 대신 모든 사건은 신에 의해 직접 일어난다. 이 이론은 세속적 사건 사이에서 마치 작용인이 작동하는 것처럼 보이는 것은 신이 어떤 사건 뒤에 다른 사건을 일으키는 것 때문에 발생한다고 주장한다. 그러나 신이 일으키는 사건 사이에 어떤 관계가 있을 필요는 없다. 첫 번째 사건이 신으로 하여금 두 번째 사건을 일으키게 하지 않으며 신은 첫 번째 사건을 일으킨 다음 두 번째 사건을 일으키는 것뿐이다. (참고. 위키백과)

불확정성 원리 indeterminist principle

양자역학에서의 기본적인 원리 중 하나로, 입자의 위치와 운동량을 모두 정확하게는 알 수 없다는 원리이다. 이 원리는 입자의 에너지와 그 에너지가 지속되는 시간에 대해서도 성립한다. (참고. 두산백과)

양자 요동 quantum fluctuations

베르너 하이젠베르크의 불확정성 원리로부터 일어나는 공간의 한 점에서의 에너지 양의 일시적 변화를 말한다. (참고. 위키백과)

확장된 진화 종합이론 extended evolutionary synthesis

1918년에서 1942년 사이에 일어난 진화론에 대한 수정 요구로, 진화 생물학의 초기 현대 종합이론보다 더 포괄적이라고 주장되는 일련의 이론적 개념들로 구성된다. (참고. 위키백과)

Science & Religion

Science & Religion

chapter 5

모형과 비유

: 과학과 종교는 보이지 않는 실재를
어떻게 시각화하는가?

Science & Religion

chapter 5

모형과 비유

: 과학과 종교는 보이지 않는 실재를
어떻게 시각화하는가?

우리는 어떻게 복잡한 체계를 시각화할까? 관찰되지 않은 실재들을 이해하려 노력하고 그것들을 계속 탐구할 방법들을 찾을 때, 우리는 어떤 식으로 그것에 대한 심적 이미지(mental images)를 형성할까? 과학과 종교의 상호작용에 관한 가장 흥미로운 한 가지는 둘 다 '모형'이나 '비유'를 시각적 보조 장치로 사용해 '원자핵'이나 '신'과 같은 복잡한 실재를 묘사한다는 것이다.

과학철학자 어낸 맥멀린(Ernan McMullin)은 과학적 모형은 세상에 대한 관찰결과를 묘사하고 체계화할 뿐 아니라, 그 밑에 감추어진 세상의 구조를 가리키는 수단이라고 말했다.

과학자는 연구대상의 감추어진 구조를 묘사한 모형을 가정함으로써 물질세계의 관찰된 특징을 설명하는 이론을 구축한다. 이 구조는 관찰 가능한 현상들을 인과적으로 설명하는 데 이용되며, 이론적인 모형은 현상들과 얼마나

유사한가에 따라 그 설명력이 결정된다.[1]

과학철학자 피터 고드프리 스미스(Peter Godfrey-Smith)도 이와 비슷한 견해를 피력했다. 그는 과학에서 모형을 사용할 때 종종 문제를 좀 더 다루기 쉽게 만들 목적으로 의도적인 단순화 작업이 이루어진다고 지적했다.

모형이란, 좀 더 복잡하고 실제적인 '목표' 체계나 영역을 이해하는 데 사용할 목적으로 그것을 기술하고 탐구하는 구조를 상상이나 가설을 통해 구현한 것이다. 모형과 실제적인 목표 체계가 유사 관계에 놓일 때, 즉 적절한 유사성을 지닐 때 우리는 그 대상을 이해하게 된다.[2]

고드프리 스미스의 요점은 복잡한 실체나 체계를 정확하게 표현하는 것이 모형의 목적은 아니라는 것이다. 모형의 유사성은, 보다 복잡한 실재를 좀 더 깊이 이해할 수 있도록 설계된 연구방법과 과제의 공식화를 도우며, 이는 좀 더 신뢰할 수 있는 모형의 개발로 이어진다. 그러나 이런 모형들이 늘 어니스트 러더퍼드(Ernest Rutherford)가 개발한 '태양계' 원자 모형과 같이 물리적인 비유의 형태를 취할 필요는 없다. 때로는 수학적인 표현의 형태를 취하는 과학적 모형들도 있다.

이번 장에서는 과학과 종교가 서로 다른 방식으로 '시각적 보조 장치'를 개발해 사용하는 것에 대해 잠시 살펴보려 한다. 그런 장치들이 과연 보이지도 않고 접근할 수도 없는 것을 시각화하는 유익한 방법일까? 우리는 전자, 양자, 원자핵 그리고 신과 같은 실재들을 상상할 수 있어야 한다. 그런데 그런

---

[1] Ernan McMullin, 'A Case for Scientific Realism,' in *Scientific Realism*, Jarrett Leplin 편집. Berkeley, CA: University of California Press, 1984, pp. 8-40; 인용된 부분은 pp. 26-27에 있음.

[2] Peter Godfrey-Smith, 'Theories and Models in Metaphysics,' *Harvard Review of Philosophy*, 14 (2006): 4-19; 인용된 부분은 p. 7에 있음.

장치들은 연구 프로그램을 가동시켜 새로운 탐구와 연구와 이해의 문을 여는 기능을 할까?

모형들은 종종 형체 없이 무질서한 세상처럼 보이는 것들 안에서 합리적인 의미를 식별하도록 돕는다는 점에서 중요한 심리적 기능을 수행한다. 심리학자 윌리엄 제임스는 1897년에 세상의 (가정된) 합리성을 좀 더 분명하게 드러내기 위해 모형과 이론들을 사용함으로써 세상의 혼란스러움과 개념적인 유동성을 극복하는 방법을 찾으려는 인간의 욕구를 강조했다.

> 진화론과 자연법칙의 균일성과 같은 수학과 물리학의 위대한 업적들은 모두 세상을 일련의 조잡한 경험을 통해 형성된 형태가 아닌 우리의 생각 속에 있는 좀 더 합리적인 형태로 주조하려는 강력한 욕구로부터 비롯했다. 세계의 상당 부분은 합리성에 대한 우리의 요구에 따라 형성되었다.[3]

제임스에 의하면, 우주 자체가 실제로 보여주는 것 못지않게, 합리적인 구조를 발견하려는 우리의 욕구가 모형의 선택적 사용을 통해 강화되는 이런 질서에 대한 인식을 형성하는 데 영향을 준다.

과학과 종교의 현실 묘사는 종종 모형(models), 비유(metaphors), 유비(analogies)를 통해 이루어진다. 그렇다면 이 세 가지 표현범주는 본질적으로 연속되는 지적 가능성의 스펙트럼을 제각기 다르게 나타낸 것일까, 아니면 상상적인 표현과정에 대한 별개의 접근방식일까? 과학자나 신학자들이 비유와 유비의 범주를 혼동함으로써 잘못 생각할 수도 있지 않을까? 몇몇 학자들은 모형, 비유, 유비의 독특한 특징을 명확하게 밝히고 그런 특징이 과학과 종교에서 이들을 사용하는 데 어떤 영향을 미치는지 설명하려고 시도했다. 예를 들

---

3) William James, *The Will to Believe, and Other Essays in Popular Philosophy*. Cambridge, MA: Harvard University Press, 1979, p. 67.

어, 과학철학자 다니엘라 베일러 존스(Daniela Bailer-Jones)는 이 세 가지 범주가 학문들 사이에서 어떻게 사용되었는지 설명하면서 그것들의 정확한 본질과 기능을 확정하기가 어렵다고 지적했다.

베일러 존스는 '모형'이란, "현상에 대한 해석을 묘사해 현상에 대한 접근을 촉진하는 방식"이라 이해할 수 있다고 말했다.[4] 이런 지적은 모형의 발견적인 기능을 강조한 것으로, 모형은 단지 현상의 특정한 측면들에 초점을 맞춤으로써 현상에 관한 부분적인 접근만을 허용할 뿐이라는 이해를 돕는다. 또한 '비유'란, "표현의 한 부분을 공통된 하나의 적용 영역(원천 영역)에서부터 또 다른 영역(목표 영역), 곧 이색적인 현상이나 그것이 처음 나타났을 때 이색적으로 보였을 현상의 영역으로 전이시키는 언어적 표현방식"이라고 간주했다.[5] 이는 비유의 창의적이고 상상적인 측면을 강조할 뿐 아니라 어떻게 비유들이 시간이 지나면서 혁신적인 힘을 잃게 되는지 이해하도록 돕는다. 그리고 '유비'에 대해서는 서로 다른 두 영역을 가로지르는 관계들 사이 유사성의 중요성을 언급했다. 유비는 새롭거나 익숙하지 않은 현상을 접했을 때 익숙하거나 좀 더 쉽게 이해할 수 있는 개념으로 전환하도록 돕는 기능을 한다.

이번 장에서는 과학과 종교에서 사용되는 모형, 비유, 유비에 대해 살펴보려 한다. 처음부터 분명히 말해두지만 모형, 비유, 유비의 의미와 그것들을 구별하는 방법에 관해서는 일치된 견해가 존재하지 않는다. 이 문제를 탐구하려면 모형, 비유, 유비가 과학과 종교 안에서 어떻게 개발되어 사용되었는지를 먼저 살펴본 후, 이언 바버가 과학과 종교의 구체적인 사례에 그것들을 적용한 방법을 검토해 보는 것이 좋을 듯하다.

---

4) Daniela M. Bailer Jones, *Scientific Models in Philosophy of Science*. Pittsburgh, PA: University of Pittsburgh Press, 2013, p. 206.

5) Daniela M. Bailer Jones, *Scientific Models in Philosophy of Science*. Pittsburgh, PA: University of Pittsburgh Press, 2013, p. 111.

자연과학의 모형 사용

모형은 일반적으로 복잡한 체계를 표현하거나 생각하는 방식으로 이해된다. 모형은 체계의 시각화를 도울 뿐 아니라 우리에게 이미 익숙한 것을 근거로 체계를 이해할 수 있는 잠정적인 방법을 제시한다. 이것은 임시적인 추론을 끌어내고, 좀 더 단순하거나 익숙한 모형들을 근거로 복잡한 체계에 관한 검증 가능한 가설들을 형성하도록 이끌어준다.

위에서 소개한 간단한 분석을 통해 분명히 알 수 있듯이, 과학철학자 다니엘라 베일러 존스는 모형과 비유와 유비가 서로 겹치는 영역이 분명히 있음에도 불구하고, 나름대로 그것들에 관해 비교적 일관성 있는 견해를 제시했다. 그러나 과학자와 신학자들은 정의하기에 모호한 부분이 많다는 이유로 그녀의 견해를 거부하기도 한다. 베일러 존스는 연구활동에 적극적인 영국 과학자들을 인터뷰하면서 무엇을 과학적 모형으로 생각하고 있고, 또 그것이 과학연구 프로그램에서 어떤 기능을 한다고 이해하는지 설명해 달라고 요청했다. 그런 인터뷰를 통해 모형의 개념이 상당히 다양한 용도로 사용되고 있다는 것이 밝혀졌다.

베일러 존스가 발견한 바에 따르면, 과학자들은 모형이란 개념을 모형화를 통해 체계를 '단순화하는 작업'으로 이해하는 경향이 있었다. 생물지질화학자 낸시 다이스(Nancy Dise)는 과학적 모형을 이렇게 이해했다.

> 나는 일반적으로 모형이란 체계를 단순화하는 것, 곧 그 체계의 가장 중요한 요소나 가장 중요한 요소라 생각되는 것을 통합하는 것이라고 생각합니다. 따라서 체계를 묘사할 수는 있겠지만, 그 세부 내용을 모두 묘사할 수는 없지요.[6]

---

[6] Daniela M. Bailer Jones, 'Scientists' Thoughts on Scientific Models.' *Perspectives on Science*, 10, no. 3 (2002): 275-301; 인용된 부분은 p. 284에 있음.

베일러 존스는 과학자들과의 인터뷰를 통해 과학연구에서 모형이 차지하는 역할에 관한 그들의 이해에 관해 다섯 가지 결론을 도출해냈다.

1. 모형화 작업은 과학연구에 매우 중요한 것으로 널리 간주된다. 이는 이론들에 관한 관심이 줄어들면서 비교적 최근에 생겨난 변화다.
2. 모형을 이해하는 방식은 상당히 다양하다. 과학적 모형을 정의하고 묘사하는 방식이 여러 개 채택되었다.
3. 모형은 흔히 생략과 단순화를 특징으로 한다. 모형화하는 대상의 '본질을 파악하는 것'이 모형의 목표다.
4. 모형은 통찰력을 제공하는 것으로 이해되는데, 단순히 자료들을 조화시키는 것만으로 그렇게 할 수 없다.
5. 모형은 이미 상술한 특징들을 지닐 뿐 아니라, 경험적인 검증을 거쳐야 한다.[7]

베일러 존스의 인터뷰를 통해 분명하게 드러난 대로, 자연과학자들은 정기적으로 복잡한 체계의 특정한 측면들을 묘사하는 모형을 개발해 사용한다. 모형은 복잡한 체계를 묘사할 목적으로 연구자들이 개발한 단순화 작업으로 이해된다. 모형을 사용하면 최소한 체계의 많은 측면 가운데 일부에 대한 이해를 증진할 수 있다. 이런 모형들을 개발해 신중하게 제작하는 이유는 그것을 사용해 부분적으로나마 복잡한 체계를 시각화해서 해석하고, 그 작동방식을 예측하기 위해서다.

이런 모형 가운데 가장 익숙한 것 하나는 1910년 12월에 케임브리지대 물리학자 어니스트 러더퍼드가 개발한 '태양계' 원자 모형이다. 이 모형의 중요성을 고려할 때, 러더퍼드가 그것을 개발하게 된 배경을 잠시 살펴보는 것이

---

[7] Daniela M. Bailer Jones, 'Scientists' Thoughts on Scientific Models,' *Perspectives on Science*, 10, no. 3 (2002): 291.

좋겠다. 러더퍼드에게 동기를 부여해 '태양계' 원자 모형을 개발하도록 이끈 최초의 발견은 1909년, 그의 조력자들이었던 한스 가이거(Hans Geiger)와 어니스트 마스든(Ernest Marsden)을 통해 이루어졌다. 이 실험을 이해하려면 당시의 상황을 잠시 들여다보아야 한다.

러더퍼드의 획기적인 성과는 방사능, 곧 불안정한 원자핵이 좀 더 안정된 핵을 형성하기 위해 자발적으로 해체되면서 에너지와 아원자 입자들을 방출하는 과정에 관한 연구이다. 러더퍼드의 가장 중요한 발견 가운데 하나가 1899년에 이루어졌는데, 그는 라듐과 같은 방사성물질이 그가 알파선, 베타선, 감마선으로 일컬은 것을 방출한다는 사실을 보여주었다. '알파선'은 양전하를 띤 헬륨 핵이고, '베타선'은 음전하를 띤 전자들이며, '감마선'은 고에너지 전자기 복사라는 사실이 나중에 밝혀졌다.

전자가 발견된 후인 1904년에 영국 물리학자 톰슨(J. J. Thomson)은 '자두 푸딩' 원자 모형으로 알려진 것을 제안했다. 톰슨은 원자들이 영국의 음식인 '자두 푸딩'과 비슷하다고 말했다(미국 독자들은 이를 '블루베리 머핀'으로 대체하고 싶을지 모른다). 음전하를 띤 전자들(자두나 블루베리)이 둥근 원자(푸딩이나 머핀 덩어리) 여기저기에 분산되어 있다. 톰슨의 모형은 당시에 알려진 원자에 관한 두 가지 경험적 발견을 성공적으로 담아냈다. 하나는 전자가 음전하를 띤 입자라는 것이고, 다른 하나는 원자가 전기적으로 중성이라는 것이다. 톰슨은 '원자핵(원자 중심에 있는 밀도가 높은 부분)'이란 개념은 아직 알지 못했다. 그는 원자란 양전하가 균일하게 분포된 구형의 덩어리에 전자가 듬성 듬성 박힌 형태라고 생각했다. 이 전자들의 전체 음전하는 전체 양전하와 정확하게 균형을 이루므로 원자 자체는 전기적으로 중성이 된다.

러더퍼드와 그의 조력자인 한스 가이거와 어니스트 마스든은 양전하를 띤 알파 입자[이 단계에서는 '선(rays)'이라는 용어가 삭제되었다]가 금 원자와 충돌했을 때 어떻게 흩어지는지 관찰했다. 알파 입자 광선을 원자 몇 개 정도 두께밖에 안 되는 길고 가느다란 금박에 투사해 그것들이 본래 움직여야 할 방향으로부터 얼마나 굴절되는지 측정했다. 톰슨의 원자 모형에 근거하면 알파 입자 줄기는 본래 궤도로부터 일정하게 몇 도씩 굴절될 것으로 예측되었다. 알파 입자와 원자핵은 둘 다 양전하를 띤다. 그러므로 알파 입자가 원자핵에 근접하면 당연히 정전기적 반발력이 발생해 굴절이 이루어져야 했다. 그러나 가이거와 마스든은 대다수의 알파 입자가 거의 굴절하지 않고 금박을 관통하며, 소량(약 8,000개 중 하나)만 매우 큰 각도로 굴절되는 것을 발견했다. 러더퍼드는 이 결과에 깜짝 놀라며 원자의 구조를 새롭게 생각할 방식이 필요하다고 깨달았다.

> 그것은 인생에서 내게 일어난 가장 놀라운 사건이었다. 마치 종이 티슈 한 장에 15인치 포탄을 터뜨린 것만큼이나 놀라운 일이었다.…… 원자의 질량 대부분이 미세한 핵 속에 응집된 체계를 가정하지 않으면, 그 정도의 크기를 담아내기란 불가능하다는 것을 알았다. 바로 그 순간 나는 전하를 띤, 응집된 중심부를 가진 원자의 개념을 떠올렸다.[8]

러더퍼드는 전혀 뜻하지 않은 실험결과를 통해 원자의 질량이 원자 전체에 고르게 분산되어 있지 않고, 양전하를 띤 극도로 작은 부위(핵)에 대부분 집중되어 있으며, 그 부위를 전자들이 에워싸고 있다는 사실을 발견했다. 즉 원자는 균일한 밀도로 구성된 물질이 아니라, 고밀도의 핵이 있으며 그 주변을 빈 공간이 둘러싼 물질이었다. 원자의 구조와 속성을 좀 더 명확하게 밝히는 실험들을 돕기 위해 원자를 시각화하는 방식이 필요했다.

러더퍼드의 새로운 원자 모형은 그 중심에 핵을 집어넣고, 그 주위의 공간에 전자들을 흩어 놓은 형식으로 만들어졌다. 이는 어떤 점에서 태양이 중심

---

[8] Rutherford, 인용된 부분은 E. N. da C. Andrade, *Rutherford and the Nature of the Atom*. London: Heinemann, 1965, p. 111에 있음.

에 있는 태양계의 모습과 비슷했다. 원자를 소형 태양계로 상상한 것은 원자의 구조를 시각화하는 데 매우 유익했다. 이 사실은 알파 입자의 굴절로 인해 밝혀졌다. 원자는 중심부(핵)가 있고 거기에 사실상 원자의 거의 모든 질량이 집중되어 있다. 전자들은 행성들이 궤도를 그리며 태양 주위를 도는 것과 흡사한 방식으로 원자핵 주위를 돈다. 러더퍼드에 따르면, 행성들의 궤도가 태양의 중력에 의해 결정되는 것과는 달리, 전자들의 궤도는 양전하를 띤 핵과 음전하를 띤 전자 사이에 존재하는 정전기적 인력에 의해 결정된다. 모형은 시각적으로 단순했고 이해하기 쉬웠으며, 당시에 알려진 원자의 성질 가운데 최소한 몇 가지를 설명해줄 이론적 틀을 제공했다.

일단 모형이 만들어져 시험을 거치면, 처음에 모형을 만들 때 간과되었던 체계의 좀 더 복잡한 특징들 몇 가지가 더 포함되면서 발전이 이루어진다. 이 점을 이해하기 위해 가장 단순하면서도 익숙한 과학적 모형 가운데 하나인 '기체의 분자운동 모형(the kinetic model of gases)'을 잠시 살펴보자.

기체의 분자운동 모형

기체의 성질은 17세기 이후부터, 특히 영국 물리학자인 로버트 보일과 프랑스 물리학자이자 발명가인 자크 샤를(Jacques Charles)을 통해 세밀하게 연구되었다(1783년에 발명된 수소기구는 샤를의 발명 가운데 하나이다). 압력과 부피와 온도가 변할 때 기체가 어떤 성질을 보이는지 조사하는 일련의 실험이 이루어졌다. 일반적으로 기체의 부피는 압력에 반비례했고, 켈빈 온도에는 정비례했다.

보일과 샤를의 세밀한 실험들 덕분에 가스의 성질을 일련의 법칙으로 기술할 수 있다. 이 법칙들은 낮은 온도에서는 기체의 화학적 성분과 상관없이 모든 기체에 적용되었다. 그중 '보일의 법칙'과 '샤를의 법칙'으로 알려진 것이 가장 유명하다. 이 두 법칙은 다음과 같이 공식화되었다.

보일의 법칙: pV = constant (기체의 압력과 부피는 반비례)

샤를의 법칙: V = constant $\times$ T (기체의 부피와 온도는 정비례)

P는 기체의 압력, V는 기체의 부피, T는 기체의 온도를 가리킨다. 여기에서 온도는 켈빈 남작(William Thomson)이 개발한 온도계로 측정한 것으로, 섭씨 0도는 273.15켈빈에 해당한다(이 온도계는 '절대영점'을 영하 섭씨 273.5도로 설정했다). 이 두 법칙과 다른 관찰결과들을 종합해 만든 '완전 기체 법칙'은 다음과 같다.

$pV = nRT$

R은 기체상수(8.31451 J K^{-1} mole^{-1})이고, n은 기체의 몰(mole) 수를 가리킨다. 이 법칙은 기체의 성분과 상관없이 보편적으로 유지된다.

그렇다면 기체의 이런 성질을 어떻게 설명할 수 있을까? '기체의 분자운동 모형'은 하나의 이상적인 기체를 시각화하는 방법을 제시함으로써 그 성질을 예측하고 이해할 수 있게 돕는다. '움직임, 운동'을 뜻하는 헬라어 '키네시스(kinesis)'에서 유래한 '운동(kinetic)'이라는 용어는 이 기체 모형의 주요 특징을 보여준다. 다시 말해, 기체 분자들은 고정되어 있지 않고 이리저리 움직인다. 이 '운동 모형(kinetic model)'은 세 가지 기본가설에 근거한다.

1. 기체는 끊임없이 마구 움직이는 분자들로 구성되어 있다. 그것들은 어떤 식으로든(예를 들면, 질량으로 서로를 끌어당기거나 정전기로 서로를 밀어내거나 하는 식으로) 상호 작용하지 않는다.
2. 기체 분자의 크기는 무시해도 좋을 만하다. 기체 분자의 직경은 충돌을 일으킨 분자가 이동한 평균 거리와 비교할 때 고려하지 않아도 될 만큼 작은 것으로 추정된다.

3. 용기의 벽에 부딪힌 기체 분자는 완벽한 탄력성을 보인다. 그럴 때 분자의 병진운동 에너지는 변하지 않는다. 다시 말해, 기체 분자는 용기의 벽과 충돌을 일으킨 결과로 속도가 줄어들지 않는다고 추정된다.

이 모형은 기체 분자를 용기 안에서 이리저리 움직이면서 끊임없이 벽에 부딪히는 당구공처럼 생각하게 만든다. 이 모형을 사용하면 압력과 부피와 온도가 어떤 관련을 맺고 있는지 쉽게 예측할 수 있다. 예를 들어, 기체 분자 운동량의 변화율을 토대로 용기의 압력을 계산할 수 있다. 앞에서 언급한 기체 법칙은 이 기체 모형에 근거해 이론적으로 도출할 수 있으며, 여기에서 운동이론이 이 체계에 대한 훌륭한 기본모형이 될 수 있음을 알 수 있다.

모형은 매우 간단하기 때문에 기체의 성질이 지닌 좀 더 복잡한 특징들을 설명하기 어렵다. 예를 들어, 이 모형은 기체 분자들이 점유한 부피가 무시해도 좋을 정도이기 때문에, 그런 분자들이 점유한 기체의 전체적인 부피 가운데 일부는 무시하고 계산할 수 있다고 가정한다. 이는 압력이 낮을 때는 아무 문제가 없지만, 압력이 높을 때는 좀 더 심각하고 복잡해진다. 이 모형은 또한 기체 분자들 상호 간의 충돌과 (낮은 온도에서는 매우 사소한) 힘을 무시하고, 그것들이 용기의 벽에 부딪히는 방식에만 초점을 맞춘다. '완전 기체(perfect gas)'나 '이상 기체(ideal gas)'라는 용어 자체가 실제로는 이런 일목요연한 이론적 현상이 관찰되지 않는다는 것을 분명히 하기 위해 사용된다!

이 모형을 체계의 보다 복잡한 측면들을 담아내도록 좀 더 정교하게 만들 수 있다. 앞서 살펴본 대로, 이 모형은 기체 분자가 확실한 크기를 지니고 있다는 사실을 설명하지 못한다. 낮은 압력에서는 이 사실을 무시할 수 있지만, 높은 압력에서는 기체 분자가 점유한 부피가 중요해질 수밖에 없다. 이는 다음과 같이 체계를 수학적으로 모형화한 공식으로 구체화할 수 있다. 우리는 앞서 아래 공식을 사용해 기체의 성질을 어떻게 예측할 수 있는지 보았다.

$pV = nRT$

이 공식은 기체 분자가 무시해도 좋을 만한 크기라고 가정하는데, 이 공식을 조금만 고치면 분자의 한정된 크기도 고려할 수 있다. 기체 분자가 실제로 차지하는 부피를 b라고 할 때 기체의 성질은 다음과 같이 나타낼 수 있다.

$P(V-b) = nRT$

이것이 과학적 모형의 발전과 적용의 기본속성이다. 이런 과정의 기본특성은 다음과 같이 정리할 수 있다.

1. 어떤 체계의 작동방식을 탐구함으로써 특정한 원리들이 발견된다(예를 들어, 기체에 압력을 가하면 온도가 상승한다는 원리).
2. 체계의 작동방식에 관한 가장 중요한 관찰결과를 설명할 목적으로 모형이 개발된다.
3. 종종 모형의 단순성 때문에 모형이 여러 가지 약점을 지닌 것으로 드러난다.
4. 그럴 때는 그런 약점들을 고려해 모형을 좀 더 복잡하게 만들 수 있다.

모형은 복잡한 체계들을 시각화하거나 이해하는 데 유익한 방법이 틀림없다. 그러나 오해를 불러일으킬 수도 있다. 자연과학의 모형 사용과 관련해 두 가지 오해가 있다. 첫 번째 오해는 모형이 그와 관련된 체계와 동일하다고 생각하는 것이다. 원자의 구조를 작은 태양계처럼 표현한 러더퍼드의 원자 모형은 지극히 작은 중심부에 질량이 집중된 것과 같은 원자의 특징 몇 가지를 이해하는 데 많은 도움을 준다. 그러나 이것은 단지 설명과 해석을 돕기 위해 원자를 시각적으로 묘사했을 뿐이다. 모형은 분명 모형화된 체계와 어느 정도 관련을 맺기에 진지하게 받아들여야 하지만, 그렇다고 해서 그것을 사실로 받아들여서는 곤란하다.

두 번째 오해는 모형의 모든 측면이 모형화된 체계에 그대로 존재한다고 믿는 것이다. 모형과 모형화된 체계는 일면 서로 닮았지만, 그렇지 않은 점도 있다. 이 두 번째 요점을 이해하기 위해 이 문제와 관련된 한 가지 좋은 사례를 살펴보자. 바로 '소리'라는 유용한 유비를 사용해 '빛'을 묘사하면서, 소리가 전달될 때 매개체가 필요하듯이 빛도 마찬가지일 것이라고 유추한 가설이다.

상보성: 파동과 입자로서의 빛

18세기 물리학자들은 빛의 본질에 관해 의견이 일치하지 않았다. 빛을 작은 입자의 흐름으로 생각하는 사람들도 있었고, 일종의 파동으로 생각하는 사람들도 있었다. 뉴턴은 『광학(Optics, 1704)』에서 빛줄기란 급속도로 움직이는 일련의 미립자(corpuscles, '소체'를 뜻하는 라틴어 '코르프스쿨라(corpuscula)'에서 유래했다)라는 견해를 피력했다. 거울에 반사된 빛은, 벽을 맞고 튀어나오는 공과 비슷했다. 네덜란드 물리학자 크리스티안 하위헌스(Christiaan Huygens)는 다른 의견을 제시했다. 그는 빛이 파동으로 구성되었으며, 이 모형으로 빛의 몇 가지 성질이 가장 잘 설명될 수 있다고 주장했다.

뉴턴의 '광입자설'은 18세기 물리학의 지배적인 견해로 자리 잡았다. 그것은 두 가지 중요한 예측으로 이어졌는데, 첫 번째는 영국의 자연과학자 존 미첼(John Mitchell)이 1783년에 왕립학회(the Royal Society)에 제출한 논문에서 발견된다. 미첼은 빛이 항성의 중력에 영향을 받는 한 줄기 미립자로 구성되었으므로 질량이 큰 별들은 중력이 너무 강해 빛줄기가 표면을 벗어나 밖으로 나가지 못할 것이라고 주장했다. 뉴턴의 유명한 사과와 같이, 빛의 입자들도 땅에 떨어질 것이라는 논리였다. 따라서 미첼은 빛이 중력의 힘을 벗어나지 못하는 탓에 관측될 수 없는 '어두운 별들'이 존재할 것이라고 제의했다. 그는 항성의 질량이 태양보다 500배 더 크면 그런 일이 일어날 것으로 추측했다. 오늘날, 이 어두운 별들은 '블랙홀'로 알려져 있다.

둘째, 빛이 한 줄기 미립자로 구성되었다면, 뉴턴의 중력이론을 토대로 빛이 중력에 의해 굴절되지 않는 한 직선으로 움직일 것이라는 예측이 가능했다. 1804년, 독일 수학자 요한 게오르그 폰 솔드너(Johann Georg von Soldner)는 빛줄기가 항성의 중력장에 의해 굴절되는 양을 계산한 논문을 발표했다. 폰 솔드너는 예측된 결과가 너무 작아서 당시의 도구로는 관측할 수 없다고 결론지었다. 따라서 이것을 끝까지 연구한 사람은 아무도 없었다.

그러던 중 19세기를 거치면서 빛을 파동으로 이해하는 편이 더 나을 것이라고 암시하는 실험 증거들이 늘어나기 시작했다. 1801년, 영국 물리학자 토머스 영(Thomas Young)은 '이중 슬릿(double slit)'이라는 실험을 통해 빛이 연못 위의 물결처럼 움직이는 파동이라고 주장했다. 19세기 중반에 이르러서는 이 견해가 우위를 점했다. 빛도 소리처럼 파동으로 이해되었다.

많은 물리학자들이 빛과 소리의 유사성을 강조했다. 그러나 그런 견해를 토대로 도출한 결론들은 지금은 신빙성이 없는 지나친 과장으로 여겨진다. 소리는 이동하려면 공기나 금속 같은 매개체가 필요하다. 벨소리와 같은 소리의 원천을 유리그릇 안에 넣고 공기를 빼내면 소리의 강도가 차츰 줄어들다가 결국에는 완전히 사라진다. 소리가 이동하려면 매개체가 있어야 한다. 소리는 진공 상태에서는 이동할 수 없다. 이처럼 소리는 이동할 매개체가 필요하고, 빛은 소리와 유사하기 때문에 빛도 무엇인가를 통해 이동한다는 것이 많은 물리학자들의 결론이었다. 그 공간을 채워 빛의 전달을 돕는다고 믿겨졌던 보이지 않는 물질을 가리켜 '발광성 에테르(luminiferous ether)'라고 불렀다.

그러나 이 유비의 이러한 측면은 부정확한 것으로 드러났다. 빛은 그 어떤 전달 매개체도 필요하지 않다. '에테르'란 없다. 1887년에 '에테르의 흐름(지구가 우주를 통과할 때 지구에 대한 에테르의 움직임'을 찾아내기 위해 '마이컬슨 몰리 실험'(The Michelson–Morley experiment)이 이루어졌다. 그러나 그런 흐름은 확인되지 않았다. 물론 이 실험의 부정적인 결과에 내포된 의미를 과학계가 온전히 받아들여 이해하기까지는 상당한 시간이 소요되었다. 에테르가 지구가 이동하는데도 움직이지 않거나 아예 존재하지 않거나 둘 중 하나였다. 결국, '발광성 에테르'의 존재를 입증할 실험 증거가 없음을 인정해야 했다.

1905년, 알베르트 아인슈타인이 '광전 효과'에 관한 탁월한 이론적 설명을 제시한 덕분에 큰 변화가 일어났다. 그 설명에 따르면, 빛은 특정한 조건에서 입자처럼 행동한다고 간주해야 했다. 아인슈타인은 조심스럽게 이 개념을 도구적인 의미로, 곧 빛에 관해 생각할 때 활용할 수 있는 유익한 방식으로 제시했다. 그러나 이 개념은 후에 빛을 '광자'의 흐름으로 간주하는 실재론적 설명으로 신속하게 변형되었다.

'광전 효과'는 1887년에 독일 물리학자 하인리히 헤르츠(Heinrich Hertz)에 의해 처음 발견되었고, 나중에 헤르츠의 동료 필리프 레나르트(Philipp Lenard)에 의해 좀 더 철저하게 연구되었다. 레나르트는 빛줄기가 특정한 금속에 부딪히면 그 금속의 표면에서 전자가 튕겨나온다는 것을 발견했다. 레나르트의 실험을 통해 금속의 표면에서 튀어나오는 전자들의 방출률이 빛의 강도와 정비례한다는 것이 밝혀졌다. 빛이 밝을수록 금속의 표면에서 더 많은 전자가 방출되었다. 그런데 레나르트는 또한 금속에 가해지는 빛줄기의 강도(광도)가 방출되는 전자의 에너지에 아무런 영향도 미치지 않는 듯 보이는 현상을 발견했다. 매우 밝은 빛에 노출되어 방출된 전자들이나 매우 흐린 빛에 노출되어 방출된 전자들이나 에너지가 동일한 것으로 밝혀졌다. 더욱이 광전자들은 빛의 진동수가 각 금속의 '한계 진동수'를 넘어설 때만 방출되었다.

이런 관찰결과는 빛의 속성에 관한 기존의 이론으로는 설명할 수 없었다. 아인슈타인은 광전 효과를 '외부에서 들어오는 입자와 같은 에너지(빛)'와 '금속

표면에 가장 가까이에 있는 전자'가 충돌을 일으키는 것으로 가장 잘 이해할 수 있다고 주장했다. 다시 말해, 전자는 외부에서 들어오는 빛(지금은 '광자'로 알려진 입자와 같은 에너지)이 전자를 튕겨내기에 충분한 에너지를 지녔을 때에만 금속에서 튀어나올 수 있다. 전자의 방출 여부를 결정하는 가장 중요한 인자는 빛의 강도가 아닌 진동수였다. 외부에서 들어오는 빛의 에너지가 일정한 양(금속의 '일함수', 전자 하나를 튕겨내는 최소한의 에너지—역주)에 미치지 못하면 빛을 아무리 강하게 비춰도 전자가 방출되지 않는다. 이것은 참으로 뛰어난 분석이었고, 그 덕분에 아인슈타인은 1921년에 "이론물리학, 특히 광전 효과의 법칙을 발견한 공로를 인정받아" 노벨 물리학상을 받았다.

아인슈타인의 견해가 1차 세계대전 이전에 강한 반대에 부딪힌 이유는 그 견해를 따르면 파동이나 입자를 완전히 배제해야 한다는 고전적인 입장, 곧 무엇이든 이것 아니면 저것일 뿐 둘 다일 수는 없다는 생각을 버려야 할 것 같았기 때문이다. 그러나 아인슈타인의 견해는 차츰 인정을 받았고, 지금은 빛을 파동과 입자의 속성을 둘 다 지닌 '광자'의 관점에서 이해하게 되었다. 그렇다면 빛의 성질을 존재론적 관점, 곧 빛의 본질적인 관점에서는 어떻게 표현해야 했을까?

1920년대에 이르자 빛의 속성을 설명할 때 어떤 부분은 파동설을, 어떤 부분은 입자설을 근거로 들 필요가 명백해졌다. 루이 드 브로이(Louis de Broglie)는 심지어 물질도 어떤 점에서는 파동의 성질을 지닌다고 주장했다. 덴마크 이론물리학자 닐스 보어(Niels Bohr)는 이런 이론을 토대로 '상보성'이란 개념을 발전시켰다. 보어는 빛과 물질의 성질을 설명하는 데 '파동'과 '입자'에 관한 고전적인 견해가 모두 필요하다고 생각했다. 그렇다고 이 말이 곧 전자가 입자라거나 파동이라는 뜻은 아니다. 전자의 궁극적인 본질이 무엇이든 상관없이 파동이나 입자 모형을 근거로 그 성질을 묘사할 수 있다는 뜻이다. 다시 말해, 전자의 성질을 완전하게 묘사하려면 상호 배타적인 설명이 둘 다 필요하다.

이것은 어느 것이 사실인지 규명하려 노력하지 않고, 상호 배타적인 두 가지 이론을 모두 인정하는 지성적인 편의주의와는 거리가 멀다. 위에서 강조한 대로, 보어가 그런 결론에 도달한 이유는 그것이 일련의 비평적인 이론들과 실험들의 불가피한 결과였기 때문이다. 그런 결과는 상황을 다른 방식으로 설명하기가 불가능하다는 것을 분명하게 보여주었다. 다시 말해, 그는 자신이 알고 있는 실험자료를 고려했을 때 서로 양립할 수 없는 모순된 두 가지 이론을 모두 동원해야만 비로소 복잡한 상황(빛과 물질의 성질)을 설명할 수 있다고 주장했다. 복잡한 현상의 성질을 설명하기 위해 서로 조화될 수 없는 두 가지 이론을 종합하는 것을 우리는 '상보성의 원리'라고 부른다.

유비적 추론: 갈릴레이와 달의 산들

갈릴레오 갈릴레이는 근대 초의 가장 중요한 과학연구가 가운데 한 사람으로, 새로 발명된 망원경을 이용해 중요한 천문학적 발견을 이루었다. 갈릴레이는 1609년 겨울부터 1610년까지 목성의 주요 위성 네 개와 수많은 별들로 이루어진 은하계의 구조 및 달의 산들을 발견한 최초의 인물이다.

누구에게나 익숙한 사실이지만 설명이 좀 더 필요할 듯하다. 갈릴레이는 실제로 달의 산들을 관측했을까? 그의 망원경으로는 달의 표면을 이차원적인 차원에서만 탐구할 수 있었다. 갈릴레이가 망원경을 통해 실제로 본 것은 달 표면의 빛과 어둠이 변화하는 형태였다. 그는 나중에 이를 지구의 산들과 유사한 산들이 달에 존재한다고 암시하는 증거라고 해석했다. 그는 달 표면의 빛과 어둠이 달라지는 형태를 관찰하고, 그것을 달이 지구를 돌 때 태양의 위치가 달라지는 데서 비롯한 결과로 '해석'했다. 그는 달이 궤도를 그리며 지구를 도는 동안, 달의 산들이 드리운 그림자의 크기와 농도가 달라진다는 것을 알았다.

역사가이자 과학철학자인 마르타 스프란지(Marta Spranzi)는 단지 빛과 어둠이 변화하는 형태가 아닌 달 표면의 산들을 실제로 관찰했다고 결론지은 갈릴레이의 논리적 구조를 신중하게 연구했고 그 결과, 그가 그런 결론을 내리도록 이끌었던 유비적 논증의 핵심 요소들을 찾아냈다.

1. 우리는 태양이 여러 가지 방식으로 땅 위의 산들과 들판을 비춰 다양한 형태의 빛과 그림자를 만들어내는 현상에 익숙하다.
2. 예를 들어 지구에서 먼 곳, 즉 달에 서 있다고 가정해 보자. 지구의 표면에서 달라지는 형태들을 본다면 우리는 과연 무엇을 보겠는가? 그것들을 이차원적으로 표현한다면 어떤 모습일까? 갈릴레이는 회화의 원근법을 이용해 실제로 그렇게 했다고 알려져 있다. 그렇게 그린 그림은 실재를 상상해 표현한 것이지만, 갈릴레이는 르네상스시대의 원근법이 그런 일을 자신 있게 하기에 충분한 신빙성을 지니고 있다고 확신했다.
3. 이번에는 각기 다른 시간에 망원경으로 관찰한 달 표면의 빛과 그림자의 다양한 형태를 그린다고 가정해 보자. 갈릴레이는 이것도 실제로 했다고 알려져 있다.
4. 이번에는 망원경을 통해 본 달의 표면을 실제로 묘사한 그림과 멀리서 바라본 지구의 산들을 상상력을 동원해 묘사한 그림을 서로 비교한다고 가정해 보자. 동일하지는 않더라도 서로 상당히 비슷하지 않겠는가?
5. 우리는 유비적 추론을 통해 그린 달 그림이 실제로 달 표면에 있는 산과 골짜기들의 모습을 그린 것이라고 결론지을 수 있다.[9]

---

9) Marta Spranzi, 'Galileo and the Mountains of the Moon: Analogical Reasoning, Models and Metaphors in Scientific Discovery,' *Journal of Cognition and Culture*, 4, no. 3-4 (2004): 451-483, 특히 p. 461를 보라.

갈릴레이는 『천계통보(Starry Messenger, 1610)』에서 이 논증방식을 상세하게 설명하면서, 달 표면에서 본 형태들이 태양의 빛에 의해 다양한 방식으로 비추어진 산들처럼 보인다고 말했다.

> 어두운 부분과는 완전히 분리된 다수의 어스름한 점들이 태양의 빛을 받은 (달의) 거의 모든 지역에 흩어져 있다. …… 방금 언급한 이 작은 점들은 항상 태양을 등진 쪽은 어둡고, 태양을 바라보는 쪽은 산등성이가 빛나는 것처럼 좀 더 밝은 경계선을 이룬다.[10]

갈릴레이는 지구에 있는 산들을 예로 들며, 우리는 이런 형태들을 사용하는 것이 익숙하다고 주장했다.

> 해가 뜰 때 지구에서 이것과 거의 온전하게 비슷한 광경이 펼쳐진다. 골짜기들에는 아직 빛이 들지 않지만, 태양을 바라보는 그 주의의 산들은 이미 빛으로 환하게 빛난다. …… 태양이 더 높이 솟아오르면 골짜기의 그림자가 줄어들듯이, 달의 점들도 어둠이 사라지면서 차츰 밝아진다. …… 지구에서도 일출 직전에 보면 가장 높은 산들의 봉우리는 햇빛을 받아 밝아지고, 평지에는 아직 어둠이 깔려있지 않은가?[11]

갈릴레이는 달 표면의 평평한 지역을 '바다'로 간주했다. 그는 이 경우에도 유비적 논증과정을 거쳤다. 지구에서 달의 이런 특징과 가장 유사한 것은 바다였다. 그러나 갈릴레이는 이런 유비의 한계를 분명하게 드러냈다. 달의 '바

---

10) Marta Spranzi, 'Galileo and the Mountains of the Moon,' Analogical Reasoning, Models and Metaphors in Scientific Discovery.' *Journal of Cognition and Culture*, 4, no. 3-4 (2004): 451-483, pp. 466-467.
11) Galileo Galilei, *Sidereus Nunceus*. Chicago: University of Chicago Press, 1989, p. 41.

다'에 물이 있다고 가정할 만한 근거는 어디에도 없었다. 유비는 한계를 지닌다. 그런 한계를 찾아내 참작해야 할 필요가 있다.

과학적 모형의 비평적인 활용: 다윈의 자연선택설

찰스 다윈은 『종의 기원(1859)』에서 '자연선택'을 생물학적 진화의 현상을 설명하는 기본가설로 제시했다. 다윈의 천재성은 그런 생물학적 진화가 일어났다는 사실을 밝힌 것이 아니라 그 배후에 있는 작동방식을 설명한 것이다. 다윈이 '자연선택'의 개념을 발전시킨 방법이 특별히 흥미로운 이유는 유비나 비유를 활용해 과학이론을 세울 때 발생하는 문제들 가운데 몇 가지를 구체적으로 설명해주기 때문이다. 다윈은 이전 시대의 사람들에게 신비감을 불러일으켰던 사실, 곧 살아 남았거나 멸종한 동식물의 엄청난 다양성을 이해하는 것을 자신의 연구과제로 삼았다.

『종의 기원』 제1장은 '인위선택', 곧 전문적인 품종개량자와 원예사들이 새로운 형태의 가축이나 식물을 만들어내는 것을 다루었다. 다윈은 당시 사람들에게 익숙했던 그런 '인위선택'의 과정이 장구한 세월에 걸쳐 자연 속에서 이루어졌다고 생각되는 '자연선택'의 과정과 유사하다고 주장했다('자연선택'이라는 용어는 1840년 이후에 다윈이 쓴 글, 곧 인위선택의 방법과 결과를 설명한 "가축: 품종, 관리, 질병"이라는 제목의 가축 관리 표준 안내서에서 처음 등장한다).

다윈은 자연에서 관찰한 종들의 다양성을 가장 설득력 있게 설명하는 수단으로 확신한 과정을 '자연선택'이라는 용어를 사용해 은유적으로, 또 비문자적으로 나타냈다.

> 종들의 변화과정에 관한 나의 개념은 모두 농업 전문가들과 원예사들의 작업을 오랫동안 연구한 결과에 근거한다. 나는 자연이 모든 생명체에게 적용되

는 지극히 아름답고도 경이로운 우연성에 종들을 적응시키고, 그것들을 변화시키기 위해 사용하는 수단을 어느 정도 분명하게 파악했다.[12]

위 인용문은 두 가지 이유에서 매우 중요하다. 첫째, 다윈은 본질적으로 관찰할 수도 없고 관찰되지도 않은 자연선택의 과정이 '인위선택'의 과정과 유사하다고 생각했다. 둘째, 여기에는 선택과정이 '의식적'이라는 의미가 함축되어 있다. 다윈은 자연이 종들을 적응시키고 변화시킨다고 분명하게 말했다. 이 유비에는 동식물 품종개량자들의 적극적인 선택이 자연에서 이루어지는 과정과 비슷하다는 의미가 함축되어 있다. 이는 다윈이 종종 '자연'을 좋은 변종을 능동적으로 '선택하는' 행위자로 언급했던 사실에 뚜렷이 드러난다.

그러나 이런 유비적 추론은 너무 지나치지 않은가? '선택'이 목적과 결정과 지성을 필요로 한다면, 자연이 무언가를 '선택한다'고 말할 수 있을까? 다윈의 동료 앨프리드 러셀 월리스는 "인격화된 자연의 능동적인 선택과정"이라는 다윈의 개념, 곧 자연이 이성적인 분석을 시도하고, 의도적인 목적을 꾀할 능력을 지닌다는 개념에 경각심을 느낀 많은 사람 중 하나였다.

다윈이 발전시킨 '자연선택'이라는 유비적 추론은, '모형(인위선택이라는 기존의 절차)'으로부터 '그 모형이 설명하거나 밝히고자 하는 것(자연의 질서)'에 의도성과 능동적인 선택과 궁극적인 목적이라는 개념들을 부여했다. 목적이나 의도적인 설계라는 개념을 배제하려는 다윈의 분명한 의도와는 달리, 말로나 개념적으로나 '목적'을 의인화한 개념이 포함되었다. 다윈 자신도 '자연'을 의인화시켜 말하는 방식이 위험하다는 것을 깨닫고, 『종의 기원』 세 번째 개정판(1861)에 서문을 덧붙여 '자연선택'에는 자연이 의도한 모습을 스스로 선택했다는 개념이 함축되어 있지 않다고 강조했다.

---

12) Charles Darwin. *Origin of Species*, 6th ed. London: John Murray, 1866, pp. 91-92.

'자연선택'이라는 다윈의 유비는 유비적 논증의 긍정적인 측면과 부정적인 측면을 잘 보여준다. 유비는 이미 알려지거나 이해된 사건 또는 과정이나 행위를 근거로, 복잡한 상황을 구체적으로 설명하거나 부분적으로 이해하도록 돕는 긍정적인 역할을 한다. 그러나 모형이 설명하려는 것에 모형의 부적절한 측면을 부과하는 부정적인 역할을 하기도 한다. 다윈은 자연이 의도를 지니고 합리적으로 변종들을 '선택한다'는 식으로 말할 생각이 조금도 없었다. 그러나 그의 유비적 논증은 많은 사람에게 그런 인상을 심어주었다.

구체적인 유비는 쉽게 오해될 소지가 있다. 최소한 다윈의 독자들 가운데 일부는 자연선택이 비유라는 것을 깨닫지 못하고, 그것을 자연이 능동적으로 선호하는 결과를 선택한다는 의미를 함축하는 문자적 사실로 받아들였던 것이 분명하다. 우리는 다윈이 '자연선택'의 비유를 어떻게 해석하기 원했는지를 잘 알고 있다. 앞서 언급한 대로, 다윈은 『종의 기원』 세 번째 개정판과 그 이후의 간행본에 서문을 덧붙여 '자연선택'의 의미를 분명하게 밝히고 제한했다. 그의 말은 좀 더 자세히 살펴볼 가치가 있다.

몇몇 저술가들이 '자연선택'이라는 용어를 오해하거나 반박했다.…… '선택'이라는 용어에는 변형시킬 동물을 의식적으로 선택하는 행위가 포함되어 있다고 논박하는 사람들도 있고, 심지어 식물들은 아무런 의지가 없기 때문에 자연선택이 적용될 수 없다고 주장하는 사람들도 있다. 물론, 문자적인 의미만 따지면 자연선택은 잘못된 용어인 것이 분명하다. 그러나 다양한 물질의 선택적 친화력을 언급하는 화학자들을 그 누가 논박한 적이 있던가? 엄격히 말하면, 산(acid)은 자기가 결합하기를 좋아하는 염기를 선택할 수 없다. 내가 자연선택을 능동적인 능력이나 신으로 간주한다는 지적이 있지만, 중력이 행성들의 움직임을 지배한다고 말하는 저술가를 과연 누가 논박하겠는가? 모든 사람이 그런 비유적 표현들이 무엇을 의미하고, 어떤 의미를 내포하는지 잘

안다. 그런 표현들은 간결한 설명을 위해 필요할 뿐이다. 다시 말해, '자연'이라는 용어를 의인화하는 일을 피하기는 어렵지만, 내가 말하는 자연은 많은 자연법칙의 총체적 작용과 그로 인한 결과를 의미하고, 법칙은 우리가 확인할 수 있는 사건들의 연속성을 가리킨다.

이 인용문은 '자연선택'의 유비적 또는 비유적 본질을 분명하게 확증한다는 점에서 상당한 중요성을 지닌다. 자연선택은 그 문자적 한계를 적용하면 '잘못된 용어'일 수밖에 없다. 이 비유적 표현은 '선택의 작인'을 의인화하고, '능동적 선택'이란 개념을 함축하는 듯 보이지만(즉 '선택'이라는 개념에 그런 의미가 이미 내포될 수밖에 없다고 주장할 수 있지만), 다윈은 '자연선택'이라는 용어를 그런 의미로 사용할 의도가 없었다.

그렇다면 '하나님'이나 '구원'과 같이 우리가 직접 볼 수 없는 것에 관한 유비가 주어졌고, 그것을 해석할 방법을 찾아야 한다면 어떨까? 다윈은 스스로 자신의 유비를 해석해 의도를 전할 수 있었다. 그러나 종교적인 유비의 경우에는 하나님을 '목자'로, 구원을 '입양'으로 비유한 것을 어떻게 해석해야 할지 정확하게 알려줄 권위 있는 해석자가 존재하지 않는다. 앞으로 분명하게 드러나겠지만, 이런 사실은 종교적인 모형과 비유와 유비 등이 폐쇄적인 해석을 강하게 거부하고, 상상력에 강력하게 호소하는 이유를 이해하도록 돕는다.

기독교 신학에서의 모형과 비유 사용

기독교도 대다수 종교처럼 하나님을 비롯해 구원의 본질과 같은 주제들을 다룰 때 비유적이거나 유비적인 표현을 종종 사용한다. 왜일까? 그런 주제들은 인간의 이해력을 넘어서기 때문에 인간의 능력에 맞춰 설명할 필요가 있기 때문이다. 이 과정은 종종 '적응'으로 일컬어진다. 기독교의 경전인 성경은 물론, 그에 관한 오랜 사색의 전통을 살펴보면, 하나님에 관한 통찰력을 간단하면서도 이해 가능한 방식으로 전달하기 위해 유비와 모형들이 광범위하게 사용되는 것을 알 수 있다. 이런 사실은 종교적으로 사용된 모형이나 유비를 이해하는 데 유익하고 중요한 두 가지 의미를 지닌다. 첫째, 유비는 하나님이나 초월적인 것에 관해 생각할 때 사용되는 수단으로 신빙성은 있지만 완전하지는 않다. 둘째, 하나님이나 초월적인 것은 그 유비들이 전달할 수 있는 것보다 훨씬 더 많은 내용을 지닌다. 인간의 정신은 하나님을 온전히 이해할 수 없고, 단지 모형과 비유와 유비를 적절하게 사용해 정보를 얻고 방향을 설정하는 방식으로 그분의 실재를 부분적으로 이해할 뿐이다.

이런 사실은 '신비'의 문제와 직결된다. 여기에서 '신비'는 알 수 없는 비밀이 아니라, 너무나도 방대하고 복잡해서 인간의 생각으로는 이해하기 어려운 것을 가리킨다. 우리는 그런 상황에 직면하면 신비를 이해 가능한 정도로 축소하려는 경향이 있다. 때문에 우리의 개념을 넓혀 하나님의 본질을 좀 더 실질적으로 드러내려고 노력하기보다는, 그분을 우리의 개념적 수준으로 낮추려고 애쓴다. 스위스 신학자 에밀 브루너(Emil Brunner)는 우리가 지성적으로 처리할 수 있는 것으로 하나님을 축소하려는 인간의 성향에 경각심을 드러냈다. 예를 들어, 그는 삼위일체 교리를 일종의 '안전 장치(security doctrine)'로 보았는데, 곧 하나님을 이해 가능하게 만들려는 선의의 시도를 통해 우리가 하나님의 위엄과 영광을 희석시키거나 왜곡하는 것을 막기 위한 것이라고 주장했다. 이 점에 관해서는 뒤에서 좀 더 자세하게 살펴볼 생각이다.

그러나 신학에서 유비와 비유의 사용은 종교적인 사색과 관련해 인간의 상상력이 갖는 중요성을 강조하기도 한다. 모든 이미지들은 사색을 방해하기보다 고무한다. 간결하고 객관적인 답을 추구했던 '이성의 시대'를 지지한 계몽주의 저술가들은 개념적인 유동성을 우려해 비유의 사용을 거부하기도 했다. 예를 들어, 17세기 정치철학자 토머스 홉스는 비유를 "의미 없는 모호한 말"

로 간주하고, "그것에 근거한 추론은 '불합리'라는 수렁 속에서 허우적댈 수밖에 없다."라고 말했다.[13] 그러나 다른 이들은 비유를 곧 상상력을 동원해 하나의 이미지를 파헤침으로써 그 다중적인 의미를 찾아내고 평가해 적용하는 방법을 탐구하는 능력으로 간주했다.

그렇다면 유비는 단순히 설명대상과는 존재론적으로 아무런 관계가 없는 유용한 예증에 불과한 것일까? 혹은 그보다 좀 더 깊은 무언가가 있어서 유비나 비유와 그것들이 나타내는 것 사이에 모종의 관계가 존재하는 것일까? 많은 신학자들이 주장하는 대로, 비유 사용에 대한 기독교의 관점은 우리를 둘러싼 자연과 세계에는 창조주이신 하나님을 나타내는 능력이 부여되었다는 창조교리에 근거한다. 지금부터는 종종 '존재의 유비'(analogia entis)로 일컬어지는 이 개념을 잠시 살펴볼 생각이다. 이 개념을 진술한 가장 유명한 글이 13세기의 신학자 토마스 아퀴나스에게서 발견된다.

토마스 아퀴나스의 '존재의 유비'

어떻게 인간의 말로 하나님을 묘사할 수 있을까? 아마도 이런 시도는 하나님을 인간이나 자연의 영역에 제한하기 때문에 자연질서를 뛰어넘는 그분의 초월성을 옳게 설명할 수 없다고 주장할 사람이 많을 것이다. "하나님은 선하시다."라고 말하면, 선에 관한 인간의 개념에 근거해 하나님을 묘사하거나 정의하려는 위험이 초래될 것이 분명하다(인간의 개념은 불완전하고, 이기적인 성격을 띨 때가 많다). 토마스 아퀴나스는 하나님께 적용되는 용어들은 인간 경험의 세계에서 사물에 적용될 때와 정확히 똑같은 의미를 지닐 수는 없다고 주장했다. 그는 하나님을 가리키는 데 사용되는 용어들은 우리가 일상에서 경험하는 것들과 다르면서도 관련이 있다는 점에서 '유비적' 성격을 띤다고 강조했다.

---

13) Thomas Hobbes, *Leviathan*, London: Andrew Crooke, 1651, p. 28.

이처럼 아퀴나스는 신학 용어의 유비적 속성을 확언했다. "하나님은 선하시다."라는 말은 하나님의 선과 인간의 선이 마치 직접적인 연관성이 있다는 듯 선에 관한 인간의 기준으로 하나님을 규정하려는 시도와는 거리가 멀다. 이는 이 개념들 사이에 유비적 관계, 곧 동일성이 아닌 유사성이 존재한다는 뜻이다. 유비는 하나님에 관해 말하는 두 가지 부적절한 방식, 즉 인간의 말이 하나님을 가리키든 피조물을 가리키든 정확하게 동일한 의미를 지닌다는 '일의성(univocity)'과 인간의 말이 너무나도 불확실해서 하나님에 관해 의미 있는 표현이 불가능하다는 '모호성'을 피할 수 있게 해준다.

하나님과 피조세계의 유사성에 관한 논의에 아퀴나스가 가장 크게 기여한 내용이 『이단 논박 대전』과 『신학대전』과 같은 그의 후기 저술에서 발견된다. 그는 하나님과 창조질서의 유비적 속성을 '인과적 유사성'이라는 교리와 연결해 하나님의 속성이 피조물에게 전이되었다고 강조했다. 창조는 인과적 행위였기 때문에 그로 인해 창조된 질서는 당연히 창조주를 닮을 수밖에 없다.

이처럼 하나님은 유비적 원인이시다. 다시 말해, 하나님은 세상을 창조하면서 창조주와 유사한 영역을 만드셨다. 하나님과 자연질서 사이에 내재된 유비적 연관성이 유비적 언어를 사용할 수 있는 합법성을 부여한다. 독일의 가톨릭 철학자 에리히 프르지바라(Erich Przywara)는 '존재의 유비'를 "가톨릭주의의 형이상학적 전제(a priori)"로 묘사하며, 아퀴나스의 접근방식을 확대해 신학적 용어보다 더 많은 것을 포괄하는 의미로 발전시켰다. 그러나 이번 단락의 초점은 프르지바라가 제시한 더 발전된 접근방식이 아닌 이 개념에 관한 아퀴나스의 설명을 살펴보는 데 있다.

아퀴나스의 접근방식은 하나님에 관한 사색을 위해 피조세계에서 유비들을 끌어내 사용하는 것에 신학적 합법성을 부여했다. 이 접근방식의 유용성은 운 좋은 우연의 결과물이 아니다. 그것은 자연세계의 독특한 특징에 근거하는데, 즉 하나님이 창조하신 세계는 어떤 식으로든 어느 정도 그분의 흔적을 간직하고 있을 수밖에 없다. 그러나 이런 신학적 통찰력은 '목자이신 하나님'과 같은 신학적 유비를 해석하는 방법에 관한 문제를 해결하지는 못한다. 이 통찰력은 그런 과정의 토대를 형성할 뿐, 그 결과를 결정할 수는 없다. 따라서 크게 두 가지 해석적 작업이 필요하다.

1. 개별적인 유비들을 특히 그것들이 본래 사용되었던 문화적 상황에 비추어 해석하는 작업이 필요하다. 예를 들어, 바울 서신에 사용된 '입양'의 유비는 로마의 가족법에 근거해 구원의 의미를 설명한 것이다.
2. 유비들이 서로 어떻게 관련되고, 그것들을 결합하면 어떤 더 큰 결과를 얻을 수 있는지 이해하려면, 그것들의 상호 관계와 연관성을 밝히는 작업이 필요하다. 여기에는 종종 유비들의 긴장 관계를 해소하는 작업이 포함된다.

이언 램지의 '신적 경륜' 모형

앞에서 어니스트 러더퍼드가 1910년에 소형 태양계와 비슷한 인상적인 원자 모형을 제시한 사실을 살펴본 바 있다. 러더퍼드는 얇은 금박에 투사된 알파 입자의 굴절 형태를 관측한 결과, 그것이 일반적으로 받아들여지던 원자 모형(톰슨이 1904년에 제시한 '자두 푸딩' 모형)과 일치하지 않는다는 사실을 발견했다. 원자에 관한 러더퍼드의 새로운 이해를 구성하는 기본요소들이 실험(원자의 질량이 대부분 '작고 단단한 중심부'에 집중되어 있고, 그 중심핵의 주위를 전자들이 돌고 있다는 것과 원자의 나머지 부분은 빈 공간으로 이루어져 있다는 것)을 통해 확정되었다. 러더퍼드는 이 새로운 이해를 시각화할 방법이 필요하다고 생각했다.

그는 완전히 다른 목적으로 개발된 모형, 곧 코페르니쿠스의 태양계 모형을 적절히 개조했다. 러더퍼드는 코페르니쿠스의 태양계 모형을 통해 기존의 개념적 형태, 곧 과학적으로 익숙한 시각적 이미지를 떠올렸고, 거기에서 세 가지 핵심 요소를 찾아냈다. 그것은 다름 아닌 중심부에 있는 거대한 물체와 방대한 공간과 궤도를 그리며 그 중심 물체를 도는 작은 행성들이었다. 물론, "전자들이 실제로 궤도를 그리며 핵 주위를 도는가?"라는 문제가 해결할 과제로 남았지만, 태양계 모형은 러더퍼드의 목적에 충분히 부합했다. 그는 익숙한 유비를 통해 새로운 이론을 시각화하는 원자 모형을 개발했다.

그렇다면 이런 식으로 모형을 만드는 과정을 기독교 신학에서도 발견할 수 있을까? 언뜻 생각하면 그럴 수 없을 것처럼 보인다. 신학적 모형은 대부분 성경에서 끌어온 것이다. 그러나 성경 외에 다른 데서 빌려온 신학적 모형도 있다. 이것은 대개 신학자가 처한 문화적 상황에서 끌어낸 개념이나 익숙한 이미지를 성경적 통찰력과 연관시킴으로써 이루어진다. 지금부터는 옥스퍼드의 철학자이자 신학자인 이언 램지(Ian T. Ramsey)의 '신적 경륜(divine economy)'에 관한 신학적 사색, 곧 기원후 처음 5세기 동안 헬라어를 사용하는 교회들 안에서 널리 통용되었던 신적 활동에 관한 모형을 잠시 살펴볼 생각이다.

램지는 1960년대에 과학과 종교의 관계 및 종교적인 언어의 문제에 관해 여러 권의 책을 저술하면서 당시 위세를 떨쳤던 논리 실증주의(종교적인 언어의 합법성을 의문시했던 철학사상)를 통해 야기된 쟁점들에 초점을 맞췄다. 램지는 『종교적인 언어(Religious Language, 1957)』와 『모형들과 신비(Models and Mystery, 1964)』라는 두 권의 책에서 이 주제를 다뤘다. 그는 종교도 그 자체의 고유한 논의 영역에 부합하는 독특한 언어를 개발하고, 복잡한 현실의 측면들을 이해하는 데 도움이 되는 모형들을 사용한다는 점에서 여타의 학문과 비슷하다고 주장했다.

> 학문들은 필요성이나 특징은 제각기 다르지만, 종종 간과되고 자주 오해되는 한 가지 중요한 공통점이 있다. 그것은 바로 모형들을 사용한다는 것이다. 개개의 학문은 모형을 사용해 자신이 직면한 신비를 이해하려고 노력한다.[14]

---

14) Ian T. Ramsey, *Models and Mystery*. London: Oxford University Press, 1964, p. 1.

램지가 신학적 용어의 합법성을 옹호한 것은 그 자체로 중요하다. 그러나 여기서 우리의 관심은 그가 하나님에 관한 다양한 모형들을 연관시키는 문제를 해결한 방식을 살펴보는 데 있다.

램지가 이 주제를 마지막으로 고찰한 내용이 그의 사후에 『신적 활동을 위한 모형(Models for Divine Activity, 1973)』이라는 책으로 출판되었다. 그는 성경이 하나님(예를 들면 성령님)에 관한 '모형들'을 어떻게 사용하는지 살펴본 후, 초기 기독교 신학자들이 세속적인 개념을 채택해 이를 신적 활동을 묘사하는 모형으로 발전시킨 사례를 탐구했다.

'질서 있는 경영'으로 가장 잘 번역될 수 있는 헬라어 '오이코노미아(oikonomia)'는 당시 세속 문화에서 사회의 조직화와 운영을 가리키는 의미로 널리 사용되었다. 신학자들은 그것을 통해 세상에서 이루어지는 하나님의 행위(특히 구원)를 연관시켜 설명할 틀을 마련할 수 있을 거라 생각했다. 그 결과 '구원의 경륜'이라는 용어가 창조 사역, 그리스도 안에서 이루어지는 구원 행위, 교회의 사역과 같은 질서 있는 신적 활동의 형태를 가리키는 의미로 사용되기 시작했다. '신적 경륜'이라는 표현 자체는 성경과는 무관하다. 그것은 기독교 신학자들이 창조와 구원 사역을 통해 이루어진 성경적인 신적 행위의 일관성을 묘사하는 세속적인 표현수단이었다. 그러나 후기 고전고대에 와서 문화적 상황이 바뀌자 이 모형은 타당성을 잃게 되었고, 기독교의 신학적 논의에 더 이상 사용되지 않는 것처럼 보였다.

램지의 말은 초기 기독교 신학자들이 세속적인 개념들로 하나님에 관한 특정한 신념들을 만들어냈다는 의미가 결코 아니다. 그의 요점은 그보다 훨씬 더 미묘하고 흥미롭다. 램지는 초기 기독교 신학자들이 창조 사역을 통해 이루어진 하나님의 행위, 그리스도 안에서 이루어진 세상 구원의 본질, 신앙의 생명력을 유지해 나가는 데 필요한 교회의 역할 등에 대한 이해를 증진시킬 수단을 잘 발전시켰다고 주장했다. 그들이 필요로 했던 것, 그들이 '오이코노미아'라는 세속적인 모형에서 발견한 것은 이 모두(곧 제각기 독특하지만 서로 연관된 세 가지 요소)를 종합하는 개념적 틀이었다. 모형이나 유비의 이런 해석적인 능력은 과학은 물론 종교에도 똑같이 중요하다. 기본요소들은 이미 알려졌고, 새로운 것은 그것들을 통합된 전체의 일부로 간주하도록 도와줄 틀이었다.

모형과 유비의 신학적 적용에 관한 아서 피콕의 견해

아서 로버트 피콕(Arthur Robert Peacocke)은 1942년에 옥스퍼드대 엑서터칼리지에 진학해 화학을 공부했다. 당시 옥스퍼드대의 화학과 학사과정은 4년이었는데, 처음 3년은 강의를 듣고 마지막 1년은 실질적인 연구를 했다. 피콕은 노벨상 수상자인 시릴 힌셜우드(Cyril Hinshelwood, 1879-1967)의 지도를 받으며 물리화학 실험실에서 학사과정의 마지막 1년을 보냈고, 그 후에도 계속해서 그와 함께 박사과정까지 끝마쳤다. 그는 1973년에 케임브리지대 클레어칼리지 학장직을 맡았다. 그는 그곳에서 과학과 종교의 상호작용에 관한 관심을 발전시킬 수 있었다. 그는 또한 옥스퍼드대 '이언 램지 센터'의 책임자로 일하면서 1985년부터 1999년까지 과학과 종교의 상호작용에 관한 연구를 발전시키는 데 특별한 관심을 기울였다.

과학과 종교의 상호작용을 연구하는 대다수 사람들과 마찬가지로 피콕도 모형이 지식 산출의 과정에서 중요한 역할을 차지한다고 주장하는 '비판적 실재론'의 입장을 지지했다. 과학도 신학도 비유적 표현을 사용해 세상의 실제 모습을 신뢰성 있고 책임 있게 묘사하려고 시도한다.

> 나는 과학과 신학이 둘 다 실재를 묘사하는 것을 목표로 한다고 생각한다. 두 학문 모두 비유적인 표현으로 이루어진 모형들을 사용해 그런 목표를 추구한다. 그런 비유들과 모형들은 그것들을 만들어낸 공동체의 상황 속에서 새롭게 개정될 수 있다. 이 과학철학(비판적 실재론)은 실재를 묘사하기를 목표로 하

지만 그 과정에서 오류가 발생할 수 있음을 너무나도 잘 아는 과학자들의 (분명하게 드러나지 않을 때가 많은) 암묵적인 작업철학으로 작용하고 있다.[15]

피콕은 어떤 면에서 비판적 실재론은 과학적 탐구에 필수적이라고 주장한 다음, 신학도 모형이나 유비를 사용해 현실을 묘사하는 것을 목표로 한다고 강조했다. 그러나 현실을 시각화하기 위해 사용된 모형들은 문화적인 영향을 받을 수 있기 때문에 그것을 계속 사용하려면 개정이나 수정이 필요하다. 그러나 우리의 '현실 묘사'가 일시적인 성질을 띤다는 것을 깨달았다고 해서 그런 식으로 현실 세계를 묘사한 개념을 내버릴 필요는 없다.

> 신학(종교적인 경험과 신념들을 지성적으로 형식화한 것)도 비슷하게 묘사될 수 있는 모형들을 사용한다. 나는 비판적 실재론이 종교적인 언어 및 신학적인 명제들과 관련해 가장 적당하고 적절한 철학이 될 수 있다고 믿는다. 신학적 개념과 모형들은 부분적이고 수정의 여지가 있지만, 적당하면서도 필수적인 방법이다. 사실, '하나님'으로 일컬어지는 실재와 인류에 대한 그분의 처사를 묘사할 방법은 오직 이것뿐이다.[16]

피콕은 과학적 실재론의 다양한 형태를 인정하면서도 그것들의 '공통적인 핵심', 특히 과학적 변화가 점진적이고 누진적으로 이루어지며 과학의 목표가 실재를 묘사하는 데 있다는 것에 기꺼이 동의했다. 피콕은 신학과 관련된 비판적 실재론에 대해서도 비슷한 주장을 펼쳤다. 신학적 개념과 모형도 과학의 경우처럼 부분적이고 부적당하고 수정의 여지가 있지만, 과학의 경우와는 달

---

15) Arthur Peacocke, *Paths from Science Towards God: The End of All Our Exploring*. Oxford: Oneworld, 2001, p. 9.
16) Arthur Peacocke, *Theology for a Scientific Age: Being and Becoming Divine and Human*. London: SCM Press, 1993, p. 14.

리 생각과 감정을 사로잡는 강력한 정서적 기능을 발휘한다. 피콕은 과학과 종교의 모형들이 모두 "부분적이고 수정의 여지가 있지만 (실재를 묘사하는) 적당하면서도 필수적인" 수단임을 인정하는 '비판적 실재론'에 근거해 작동한다고 생각했다.[17] 이 용어들은 하나씩 따로 떼어 생각해볼 가치가 있다.

- **부분적**: 신학적 모형들은 그것이 묘사하는 더 큰 현실의 일부만을 이해하도록 도울 수 있다. 피콕은 과학적이든 종교적이든 묘사과정에 사용되는 표현의 방식 때문에 실재에 대한 인식에 한계를 지닐 수밖에 없다고 인정했다.

- **수정의 여지가 있는**: 피콕은 모형들을 계속 수정할 필요가 있다고 주장했다. 모형들은 결정적인 것이 아닌 잠정적인 것으로 간주해야 한다. 종교적인 모형을 '정해진 것'으로 주장할 전통적인 종교사상가들이 많다는 점에서 아마도 이것은 그의 분석 가운데 가장 논쟁의 여지가 많은 한 가지일 것이다. 예를 들어, 존 폴킹혼은 때로는 수정이 필요하다고 인정했지만 수정이 필요한 것은 모형 자체가 아닌 모형에 대한 해석이라고 주장했다.

- **적당한**: 피콕은 모형들이 그것이 묘사하는 실재에 관한 지식을 일깨워줄 만큼 충분히 유용하다는 것에 관심을 기울였다. 그런 지식이 실재로부터 직접 비롯된 것은 아니라고 해서 이를 수준 미달이나 별로 뛰어나지 않다는 의미로 받아들여서는 안 된다.

- **필수적**: '순진한 실재론'과 '비판적 실재론'은 분명한 차이가 있다. 전자는 실재를 직접 아는 것이 가능하다고 주장하고, 후자는 모형을 통해 실재를 간접적으로 아는 것이 필요하다고 주장한다. 이는 근본적으로 인간의 정신이 사물을 이해하는 방식에 관한 문제다. 피콕은 실재의 묘사와 관련해 정신의 능동적이고 건설적인 역할을 인정하는 것이 온당하다고 주장했다. 인간의

---

17) Arthur Peacocke, 'Science and the Future of Theology: Critical Issues,' *Zygon*, 35 (2000): 119-40.

정신은 사물을 수동적으로 관찰하는 것이 아닌, 외부 세계를 능동적으로 묘사한다. 이런 비판적 실재론의 측면을 논쟁거리로 간주해서는 안 된다. 이언 바버와 존 폴킹혼을 비롯해 과학계와 종교계에서 활동하는 사상가들 가운데는 이런 측면을 인정하는 사람들이 적지 않다.

신학적 비유에 관한 샐리 맥페이그의 견해

건설적이고 비평적인 기독교 신학에서 비유가 차지하는 역할을 가장 영향력 있게 논의한 내용 가운데 하나가 밴쿠버신학교 석학 교수였던 샐리 맥페이그(Sallie McFague)의 글에 발견된다. 맥페이그에 따르면, 우리는 신학에 대한 비유적 접근방식의 필연성을 받아들여야 하고, 그것이 가리키는 현실과 직접적으로 동일시될 수 없는 신학적 은유와 '긴장' 관계 속에서 살면서, 추론적인 이성보다는 비평적 상상력에 관심을 기울여야 한다.

1975년의 중요한 연구를 통해 맥페이그는, "확실하고 분명한 개념들"을 습득하기를 중시했지만 인간의 한계 때문에 그러기 어렵다는 사실을 인지하지 못했던 계몽주의의 '순진한 합리주의'에 대한 불만을 분명하게 드러냈다.

> (가장 합리적인 진영은 물론 그 외의 다른 곳에서도) 우리가 유한한 한계로부터 자유롭다고 상상했던 시절, 곧 '진리'에 어느 정도 직접 다가갈 수 있고, '실제로 존재하는 것'에 상응하는 용어들이 존재하며, '확실하고 분명한 개념들'이 많거나 매우 흥미로울 수 있다고 상상했던 시절이 있었다면, 이제 그런 시절은 모두 끝났다. …… 우리가 가진 것은 이런저런 비유가 제공하는 격자, 또는 망(網), 오직 그것뿐이다. 비유는 우리와 같이 한계가 뚜렷한 상대적인 존재들이 그것에 다가가는 가장 적합한 수단이자 유일한 통로다.[18]

---

18) Sallie McFague, *Speaking in Parables: A Study in Metaphor and Theology*. Philadelphia: Fortress Press, 1975, p. 29.

맥페이그는 '비유'라는 개념이 신학에서 핵심적이고 필연적인 역할을 차지한다는 점을 이해하면, 계몽주의 저술가들이 선호했던 신학적 정확성을 단호히 배격할 수 있을 뿐 아니라, 잘 정의된 개념들로 온전히 표현하거나 포착할 수 없는 실재와 "제한 없는 임시적이고 간접적인" 조우가 이루어질 수 있다고 주장했다. 이처럼 신학은 "모형이 종교에서 중심적 위치를 차지한다는 점과 기독교 전통의 특정한 모형들을 이해해야 할" 필요가 있다. 신학은 "문자적이고 배타적인 모형들"을 비판하고, "비유적 모형들과 개념들의 관계를 명시해야 한다." 맥페이그는 "과학적 모형들은 세상의 양적 차원을 가리키고 신학적 모형들은 질적 차원을 가리킨다."라는 흥미로운 말을 덧붙이기도 했다.[19]

지금까지 종교와 관련해 모형과 비유들의 기능과 용도를 몇 가지 살펴보았다. 이번에는 기독교 신학의 두 가지 측면을 중심으로 이 점을 좀 더 자세하게 살펴보도록 하자. 하나는 창조교리이고, 다른 하나는 종종 '속죄론'으로 불리는 교리다. 속죄론은 그리스도의 죽음의 중요성과 의미를 다룬다.

종교적인 모형의 비평적 사용: 창조

세상이 창조되었다는 개념은 많은 종교, 특히 기독교와 유대교의 핵심교리에 해당한다. '창조주로서의 하나님'은 구약성경에서 매우 중요하게 다루어지는 주제다. 이 주제는 바벨론 포로기를 거치는 동안, 이스라엘 민족의 자기 인식에 특별한 영향을 미쳤다. 현재의 논의와 관련해 특별히 관심을 기울여야 할 문제는, '창조의 질서'라는 구약성경의 주제와 '질서'라는 결정적으로 중요한 주제가 우주론적인 토대 위에 확립되고 정당화된 방식이다.

구약성경은 종종 창조 사역을 혼돈의 세력에 대한 하나님의 승리, 즉 형체 없는 혼돈에 질서를 부여한 것이나 또는 용이나 다른 괴수들로 묘사되는 혼돈

---

19) Sallie McFague, *Metaphorical Theology: Models of God in Religious Language*. Philadelphia: Fortress, 1985, p. 28.

의 세력과의 결전으로 묘사한다. 하나님이 혼돈의 세력들과 다투신다는 구약성경의 설명과 우가리트(Ugaritic) 혹은 가나안 신화는 언뜻 유사해 보이지만, 몇 가지 중요한 점에서 큰 차이가 있다. 예를 들어, 구약성경은 창조 사역을 우주의 패권을 다투는 신들의 싸움이 아닌, 혼돈을 다스리고 세상에 질서를 부여하시는 하나님의 행위라는 관점에서 이해해야 한다고 주장한다.

초기 교회의 신학자들은 자연세계가 하나님의 창조 사역에서 비롯한 선함과 합리성과 안정된 질서를 소유하고 있다고 확신했다. [당시에 많은 저술가들에게 큰 영향을 미친 '플라톤의 삼원 관계(Platonic triad)'를 빌려 말하면] 그들은 자연세계 안에서 하나님이 확립하신 질서의 결과로 나타난 그분의 진리와 선하심과 아름다우심을 식별할 수 있다고 생각했다. 3세기에 오리게네스(Origen)는 하나님이 세상을 창조하심으로써 자연의 질서가 인간의 정신이 이해할 수 있는 방식으로 구축되었고, 그 질서 위에 신성으로부터 기인한 본질적인 합리성과 조화로움이 주어져 그것을 통해 신성이 드러난다고 주장했다.

우주가 합리성을 지니고 있고, 인간의 정신은 그런 합리성을 식별하는 능력이 있다고 말하는 기독교 창조교리의 중요성을 강조한 이런 통찰력은 기독교 신학과 자연과학의 상호 관계에 매우 중요한 영향을 미친다. 예를 들어, 알렉산드리아의 아타나시우스(Athanasius of Alexandria)와 히포의 아우구스티누스는 이성적인 하나님이 일관되고 합리적인(logikos) 우주를 창조하셨기 때문에, 우주의 구조는 창조주의 성품을 반영하고 있으며, 비록 부분적이고 흐릿할지라도 인간의 정신이 그 구조와 의미를 파악해 이해할 수 있다고 주장했다. 이런 신념 체계는 우주의 존재가 궁극적으로 하나님의 존재에서 비롯했으며, 그분의 형상을 지닌 인간은 우주와 관계를 맺고 그것을 해석하고 이해하는 능력을 부여받았다고 강조한다. 자연과의 관계를 이런 식으로 바라보았기 때문에 기독교 신학은 르네상스시대에 발흥한 자연과학에 지성적으로 매우 호의적인 태도를 보였다고 많은 학자들이 말한다.

이처럼 창조의 개념은 자연과학과 종교라는 분야에서와 마찬가지로 신학적으로도 매우 중요한 의미를 지닌다. 그렇다면 창조를 어떻게 이해해야 할까? 어떤 모형을 사용하면 이 개념을 시각화하여 그 의미를 좀 더 깊이 이해하는 데 도움이 될까? 지금부터 기독교 전통의 다양한 관점에서 사용된 세 가지 모형을 살펴보려 한다. 그리고 이 모형들로 인해 발생하는 문제들, 즉 그런 모형들을 비평적으로 다룰 필요성을 일깨워주는 문제들을 잠시 생각해 보자.

1. **예술적 표현**: 교회사의 다양한 시기에 활동했던 많은 기독교 저술가들은 창조를 그 자체로 아름다울 뿐 아니라 창작자의 성격을 드러내는 예술 작품에 빗대며 '하나님의 수공품'이라 여겼다. 창조를 창조주 하나님의 '예술적 표현'으로 간주하는 이 모형은 도로시 세이어즈(Dorothy L. Sayers)의 『창조주의 생각(The Mind of the Maker, 1941)』이라는 영향력 있는 책을 비롯해 18세기의 북아메리카 신학자 조나단 에드워즈의 글에서 확인할 수 있다. 이 창조 모형은 오늘날의 문화에 잘 들어맞을 뿐 아니라 창조질서 안에 드러난 하나님의 자기표현을 시각화하는 중요한 수단을 제공한다.

2. **건축**: 많은 성경 구절이, 신중하게 세상을 건설하신 뛰어난 건축가로 하나님을 묘사한다(예를 들면 시편 127편 1절). 이것은 목적과 계획과 신중한 창조 의도라는 개념을 전달하는 매우 강력한 비유적 표현이 아닐 수 없다. 이 비유는 창조주와 피조세계 모두에 관심을 기울이게 만든다는 점에서 중요한 의미를 지닌다. 이 비유는 창조주의 솜씨를 강조할 뿐 아니라, 그 결과물인 피조세계의 아름다움과 질서를 이해하도록 도와줌으로써 그 참모습과 그것이 증언하는 창조주의 창의성과 배려를 일깨워준다.

3. **유출**(Emanation): 초기 기독교 저술가들 가운데는 다양한 형태의 플라톤주의에 공감한 사람들이 적지 않다. 당시의 저명한 저술가들은 창조를 시각화하는 유익하고 적절한 방법으로 '유출'이라는 개념을 채택했다. 이 접근방식과

관련된 가장 중요한 비유대상은 태양이나 불과 같은 것에서 뿜어 나오는 빛이나 열이었다. ('빛에서 나오신 빛'이라는 니케아 신조의 문구에서 확인되는) 이 창조 모형은 창조된 세상을 하나님의 창조 에너지에서 흘러나온 결과물로 간주한다. 빛이 태양에서 나와 그 본성을 반영하는 것처럼, 창조된 질서도 하나님에게서 나와 신성을 드러낸다. 이 모형은 하나님과 피조세계의 '자연적이고 유기적인' 관계를 부각시킨다.

각각의 모형들은 모두 '동일성'이 아닌 '유사성'의 관점에서 이해된다. 모형과 모형화의 대상 사이에는 연속성과 불연속성이 동시에 존재한다. 각 모형은 하나님의 천지 창조라는 개념의 일부 측면만을 부분적으로 설명할 뿐이다. 다시 말해, 이 모형들은 다른 측면들이 설명하지 못할 뿐 아니라 때로는 기독교의 핵심 개념들과 충돌을 일으키는 개념들을 끌어들이기도 한다. 그런 핵심 개념 가운데 두 가지가 특별히 중요하다. 하나는 하나님을 인격적인 행위자로 간주하는 것이고, 다른 하나는 세상이 기존의 물질을 재정리하거나 재배열한 것이 아니라 '무로부터' 창조되었다는 것이다.

두 번째 개념은 설명이 좀 더 필요하다. 요한복음의 서문(요 1:1-14)은 하나님이 그리스도를 통해 모든 것을 무로부터 창조하셨다고 진술한다. 이 개념은 플라톤의 대화편 중 하나인 『티마이오스(Timaeus)』에 분명하게 표현된 헬라적 개념, 곧 세상이 미리 존재하는 물질로부터 만들어져 현재의 모양을 갖추게 되었다는 개념과 정면으로 충돌한다. 특히 2세기의 영지주의 저술가들은 이 헬라적 개념을 채택했다. 그러나 차츰 영지주의의 오류를 발견한 초기 기독교 저술가들은 구약성경의 창조기사를 좀 더 정밀하게 검토하기 시작했고, 모든 것이 무로부터 창조되었다고 가르쳤다.

앞에서 언급한 세 가지 모형은 모두 상당한 가치를 지니지만, 비평적인 관점에서 해석할 필요가 있다. 이 모형들의 특정한 측면들을 배제함으로써 그

가치를 좀 더 확연히 드러내기 위해서다. 예를 들어, 창조를 유출로 간주하는 개념은 창조를 의도적인 신적 결정의 산물이 아닌 계속되는 자연적 산출(產出) 과정으로 생각하게 하는 단점이 있다. 빛을 유출하는 태양의 이미지는 자연적이고 무의식적인 유출을 떠올리게 한다. 기독교 전통은 창조 행위가 하나님이 미리 결정하신 계획에 따라 이루어졌다고 일관되게 강조해 왔다. 유출 모형은 이 점을 적절하게 표현할 수 없다. 따라서 이 모형도 그런 식의 다른 모든 모형과 마찬가지로 신학적으로 걸러내어 이해할 필요가 있다.

창조를 건축이나 예술적 표현으로 간주하는 개념도 이와 똑같은 문제를 발생시킨다. 다시 말해, 이 모형은 창조를 이미 존재하는 것에 형체와 모양을 부여하는 것으로 생각하게 한다. 이 개념은 무로부터의 창조라는 기독교 교리와 상충된다. 하나님을 건축가에 빗대는 것은 이미 존재하는 물질로 세상을 건설했다는 의미처럼 들릴 수 있고, 창조를 예술적 표현으로 간주하는 것은 조각가가 이미 존재하는 돌로 조각상을 만들듯이 창조가 기존의 물질을 통해 이루어졌다고 생각하도록 부추길 수 있다. 그럼에도 불구하고, 이 모형은 예술가의 성격이 작품을 통해 구현되거나 전달되듯이 창조주의 성품이 어떤 식으로든 자연세계 안에 드러나 있다는 유익한 통찰력을 제시한다. 여하튼 이런 약점은 적절히 보완될 수 있다. 도로시 세이어즈가 쓴 『창조주의 생각』의 여러 장점 가운데 하나는, 작가나 작곡가의 유비를 사용하면서도 무로부터의 창조라는 개념을 유지할 수 있다고 보여준 것이다.

종교적인 모형의 비평적 활용: 속죄론

그리스도의 죽음이 지니는 의미(전통적으로 '속죄론', 또는 '그리스도의 사역'으로 알려진 신학 교리)를 해석할 때도 신학적 모형에 관한 비평적인 접근방식을 채택할 필요가 있다. 신약성경은 칭의, 구원, 화목, 양자와 같은 그리스도의 사역을 통해 이루어진 결과들을 온전히 이해하도록 돕기 위해 다양한 비유를 사용했다.

기독교의 구원 메시지는 보통 사람들이 접근할 수 있는 언어로 상황화되었다. 초기 그리스도인들이 다룰 수 있고 이해할 수 있는 표현과 비유와 비교 화법은 복음 전도자들이 새로운 회심자들에게 그들에게 일어난 일을 설명하는 중요한 수단이 되었다.

그러나 그런 유비들을 어느 정도까지 사용할 수 있는지에 관한 문제는 여전히 중요하다. 그 이유는 구원론적 유비는 무엇이든 범위의 한계를 명시하거나 적절한 해석방법을 제시하지 않기 때문이다. 이 점을 좀 더 구체적으로 살펴보려면 그런 비유 가운데 하나, 곧 그리스도께서 자기 생명을 죄인들을 위한 '대속물(ransom)'로 주셨다는 개념을 생각해볼 필요가 있다(막 10:45, 딤전 2:6).

이 유비는 무슨 의미일까? 이것을 어떻게 해석해야 할까? '대속물'이라는 용어의 일상적인 용도를 고려하면 네 가지 개념이 떠오른다.

1. **포로로 잡힘**: 대속물은 포로로 잡혔거나 속박된 사람을 구해내기 위해 어떤 형태의 대가를 지불하는 것을 의미한다.
2. **지불금**: 대속물은 개인을 자유롭게 하기 위해 그를 사로잡고 있는 사람에게 치르는 몸값을 가리킨다.
3. **몸값을 지불해야 할 대상**: 대속물은 대개 개인을 사로잡고 있는 사람에게 지불한다.
4. **해방**: 즉 몸값을 지불한 결과로 속박이나 감옥에서 자유롭게 된 상태를 가리킨다.

그리스도의 죽음이 죄인들을 위한 '대속물'이라는 말 속에는 이 네 가지 개념이 모두 포함된 것으로 보인다. 그러나 이 유비를 과연 이런 식으로 해석할 수 있을까? 어떤 면에서는 너무 무리하게 적용하는 것이 아닐까?

사로잡혔던 우리가 그리스도의 죽음과 부활을 통해 자유롭게 되었다고 신약성경은 선언한다. 우리는 죄의 속박과 죽음의 공포에서 자유롭게 되었다(롬 8:2, 히 2:15). 신약성경이 그리스도의 죽음을 우리의 자유를 위해 치러야 할 대가로 간주하는 것도 사실이다(고전 6:20, 7:23). 우리의 해방은 그만큼 보배롭고 값비싸다. 위의 네 가지 개념 가운데 세 가지만 생각하면, 성경에 사용된 '대속물'의 의미가 이 용어의 일상적인 용법과 대략 일치하는 것을 알 수 있다. 그렇다면 그리스도의 죽음이 누군가에게 치러진 몸값이었다는 개념은 어떻게 이해해야 할까? 그 대가는 과연 누구에게 치러진 것일까?

신약성경은 그리스도의 죽음이 우리를 해방하기 위해 누군가에게 치러진 대가였다는 개념에 대해 아무 말도 하지 않는다. 그러나 기원후 4세기 동안 일부 저술가들은 이 비유를 극한까지 끌고 나갈 수 있다고 생각했다. 초기 교부들 가운데 가장 사변적인 저술가로 보이는 오리게네스는 그리스도의 죽음은 몸값이기 때문에 반드시 누군가에게 치러졌을 것이라고 생각했다. 그렇다면 대체 누구였을까? 하나님이 죄인들을 사로잡아 몸값을 받고 넘기실 리 없기 때문에 그분에게 치러졌을 리는 만무했다. 오리게누스는 결국 마귀에게 몸값이 치러졌다고 결론지었다.

아퀼레이아의 루피누스(Rufinus of Aquileia)와 대교황 그레고리우스(Gregory the Great) 같은 후대의 저술가들은 이 개념을 더욱 발전시켰다. 마귀는 타락한 인간들을 다스릴 권한을 소유했고, 하나님은 그의 권한을 존중하셔야 했다. 인간을 사탄의 지배와 억압으로부터 구해낼 수 있는 방법은 마귀를 속여 그에게 주어진 권한의 한계를 벗어나게 함으로써 권한을 상실할 수밖에 없는 상황을 만드는 것뿐이었다. 그렇게 하려면 어떻게 해야 할까? 그레고리우스는 무죄한 사람이 일반적인 죄인의 모습으로 세상에 오면 그럴 수 있을 것이라고 생각했다. 마귀가 그 사실을 알아차렸을 때는 이미 늦고 말았다. 마귀는 무죄한 사람에 대한 권한을 주장함으로써 자기 권한의 한계를 넘어섰고, 그로 인해 인류에 대한 권한을 상실하고 말았다. 루피누스는 "미끼를 단 갈고리"라는 비유를 생각해 냈다. 그리스도의 인성은 미끼였고, 그분의 신성은 갈고리였다. 십자가의 의미를 이런 식으로 해석한 접근방식은 나중에 많은 논란을 야기했다. 왜냐하면 거기에는 하나님이 마귀를 속이는 그릇된 행위를 저지르셨다는 의미가 내포되어 있었기 때문이다.

이 속죄론은 11세기에 캔터베리의 안셀무스가 신학적으로 예리한 비판을 가한 이후로 신학자들 사이에서는 더 이상 인정받지 못했지만, 대중적인 차원에서는 여전히 상당한 영향력을 발휘했다. 이런 불만족스러운 속죄론이 출현한 이유는, 의도된 한계를 넘어서까지 유비를 무리하게 밀고 나갔기 때문이다. 그렇다면 신학적 유비가 무리하게 적용되었는지 아닌지를 어떻게 알 수 있을까? 그런 유비의 한계를 어떻게 판단할 수 있을까? 이런 문제들이 기독교 역사 대대로 논의되어 왔다. 이 점에 관한 20세기의 중요한 논의 가운데 하나가 앞서 언급한 철학자 이언 램지의 글에서 발견된다. 램지는 『기독교적 담화: 몇 가지 논리적 탐구(Christian Discourse: Some Logical Explorations, 1965)』에서 모형이나 유비들이 독자적으로 존재하지 않고, 서로를 제한하고 상호 작용한다는 개념을 제시했다.

램지는 성경이 하나님이나 구원에 관해 한 가지 유비(또는 모형)만을 제시하지 않고, 다양한 유비를 사용한다고 주장했다. 그런 유비들은 제각기 하나님이나 구원의 본질에 관해 전부가 아닌 부분적인 측면들을 밝힌다. 아울러 이 유비들은 상호 작용한다. 즉 서로를 제한함으로써 다른 유비들의 한계를 이해하도록 돕는다. 그 어떤 유비나 비유도 모든 것을 말해주지 않는다. 그러나 유비와 비유들을 종합하면 하나님과 구원에 관해 좀 더 포괄적이고 일관성 있는 이해에 도달할 수 있다.

모형과 신비: 현실 표현의 한계

우리를 둘러싼 낯설고 당혹스러운 세상과 같은 복잡한 현실을 어떻게 표현해야 할까? 인간은 이성보다는 상상력에 의존해 사물들을 시각화하려는 강한 열망을 지닌다. 온전히 알기 어려운 것을 '묘사하려고' 시도할 때면 우리는 자연히 그것을 다루기 쉬운 것으로 축소해서 나타내려고 노력하기 마련이다. 이것이 과학에서 복잡한 체계의 특징들을 이해하도록 돕기 위해 모형을 발견의 수단으로 사용하는 이유다.

이번 장에서 모형과 유비들이 어떻게 복잡한 현실의 일부 측면을 시각화하는지 살펴보았다. 특히 모형 자체와 모형화의 대상을 혼동하는 데서 발생하는 문제들에 초점을 맞추어 그것들이 지닌 몇 가지 한계를 따져보았다. 그러나 여전히 "모형과 유비들이 근본적으로 우주의 복잡성을 표현할 수 없다면 어떻게 해야 하는가?"라는 한 가지 우려가 남는다. 우리는 앞에서 이미 '신비'의 개념을 잠시 살펴보았는데, 이는 논의가 좀 더 필요한 주제다.

현실을 탐구하고 표현하려는 인간의 시도를 논의하려면, 복잡한 실재를 이해하는 인간의 제한된 능력을 고려해야 한다. 불확실성의 원리를 제시한 인물로 유명한 이론물리학자 베르너 하이젠베르크는 훌륭한 과학이론은 "접근 가능한 세상의 모든 영역"을 공평하게 다룰 수 있겠지만, 여전히 "언어로 명확하게 표현하기 어려운 현상들"이 존재한다고 주장했다. 과학적 사고는 "항상 끝이 없는 깊음 위를 맴돌며" 인간의 이해를 넘어서는 한계에 부딪힌다.

> 새로운 현실 이해가 일어날 때마다 그 타당성의 영역이 언어로 표현할 수 있는 개념들의 배후에 존재하는 불가해한 어둠 속으로 한 걸음 더 밀고 들어가는 것처럼 보인다.[20]

---

20) Werner Heisenberg, *Die Ordnung der Wirklichkeit*. Munich: Piper Verlag, 1989, p. 44.

리처드 도킨스도 이 점의 중요성을 분명하게 의식하고, 과학에 존재하는 신비의 영역을 인정할 필요가 있다고 생각했다.

현대 물리학은, 아프리카에서 보통의 속도로 보통의 거리를 움직이는 보통 크기의 물체를 식별하도록 진화된 인간의 제한된 정신으로 파악할 수 있는 것이나 눈으로 볼 수 있는 것보다 더 많은 진실이 존재한다는 사실을 일깨워 준다. 이런 심원하고 장엄한 신비 앞에서 사이비 철학자들의 저급한 지적 놀음은 성숙한 사람의 관심을 끌 만한 가치를 지니지 못한 것처럼 보인다.[21]

일부 과학자들은 '신비'라는 용어를, 현재로서는 이해할 수 없지만 앞으로 과학이 발전하면 해결되어 이해할 수 있는 것을 가리키는 의미로 사용한다. 찰스 다윈은 종의 역사적 기원의 문제를 '신비 중의 신비'라고 일컬었다. 다윈은 신비를 현재로서는 이해하기 어렵거나 일관되지 않아 보이는 현상이지만, 새로운 방식으로 보게 하는 고차원의 이론이 발견되면 얼마든지 해결될 수 있는 문제로 생각했다. 허셜의 수수께끼에 대한 다윈의 대답은 신비처럼 보이는 것을 이해하게 해줄 이론(즉 자연선택을 통한 변화라는 유전이론)을 찾는 것이었다. 물론 어떤 '신비들'은 그것을 이해하거나 예측할 수 있는 지성적인 틀이 발견되어 설명이 가능해지면 더 이상 신비가 될 수 없다.

그러나 어떤 과학자들은 신비를 환원적인 설명의 범위를 넘어서는 것으로 간주한다. 예를 들어, 알베르트 아인슈타인은 우주의 합리성에 관한 인간 이해의 한계와 광대한 우주 앞에서 느끼는 신비감과 경이감의 중요성을 강조했다. 아인슈타인은 신비주의자가 결코 아니었지만 '신비의 경험'이 종교의 핵심을 차지하고 있듯이 '신비한 것'에 대한 의식이 모든 참된 예술과 과학의 원천

---

21) Richard Dawkins, *A Devil's Chaplain: Selected Writings*, London: Weidenfeld & Nicholson, 2003, p. 19.

이라고 확신했다. 그는 "내가 자연에서 보는 것은 우리가 단지 부분적으로만 이해할 수 있을 뿐인 웅장한 구조다."[22)]라고 말했다.

이 점에서 관심을 기울여야 할 또 하나의 문제가 있다. 현대 진화 생물학을 떠받치는 한 가지 공통된 가설은 인간의 인식 능력이 주로 진리 추구와 획득이 아닌 생존의 목적 때문에 진화했다는 것이다. 그러나 인간의 인식 능력은 단순한 생존에 필요한 정도를 훨씬 뛰어넘는다. 이것은 뛰어난 수학적 성과만 살펴보아도 분명하게 알 수 있다. 그러나 도킨스의 지적은 여전히 유효하다. "너무나도 제한적인 인간의 정신"은 단순한 시나리오에 잘 적응된 상태다. 그렇다면 너무나 방대하고 복잡해서 이런 제한적인 인간의 정신으로 파악할 수 없는 것들은 어떻게 해야 할까? 모형과 유비들을 사용하면 우리의 온전한 이해를 넘어서는 것을 이해하는 데 도움이 될까?

고백자 막시무스(Maximus the Confessor)와 같은 기독교 신학자들에게 '신비'는 근본적으로 하나님의 존재론적인 광대함이나 개념적인 방대함을 가리키는 의미였다. 신비가 해석의 종결이나 지성의 축소를 거부하고 궁극적으로 정의를 제한하려는 시도를 넘어서는 이유는, 그런 시도들이 열어둘 것을 닫으려고 하기 때문이다. 영국 신학자 찰스 고어(Charles Gore)도 이 점의 중요성을 강조하며, 언어로는 신성한 것의 신비를 온전히 설명할 수 없다고 한계를 인정했다.

> 인간의 언어는 신적 현실을 결코 충분히 표현할 수 없다. 하나님을 생각하거나 표현하려고 할 때 자신이 무엇을 다루고 있는지 아는 신학자들의 마음속에는 알려진 작은 사실을 뛰어넘는 무한정한 깊이에 관한 경이감, 불가지론적인 생각, 인간의 언어의 빈약함을 변명하려는 경향이 항상 잠재해 있다.[23)]

---

22) Max Jammer, *Einstein and Religion: Physics and Theology*. Princeton, NJ: Princeton University Press, 1999, pp. 125-127에서 인용됨.
23) Charles Gore, *The Incarnation of the Son of God*. London: John Murray, 1922, pp. 105-106.

"이해할 수 있다면 그것은 하나님이 아니다(si comprehendis non est Deus)."[24]라는 히포의 아우구스티누스의 유명한 말은 인간이 온전히, 완벽하게 이해할 수 있다면 그는 하나님일 수 없다는 중요한 통찰력을 일깨운다. 인간의 생각으로 온전히 이해할 수 있다면 그것은 제한적이고 왜소한 것일 수밖에 없다.

이 문제가 종교와 관련해 잠재적인 중요성을 지닌다는 것이 루돌프 오토(Rudolf Otto)의 『거룩의 개념(Idea of the Holy, 1917)』을 통해 확인된다. 그는 종교적 경험과 실존의 근거가 되는 것을 표현하는 수단으로 신비의 개념을 발전시켰다. 오토가 말하는 신비는 '전적 타자(totally other)'와 직면한 상태에서 인간의 언어나 유비로는 그 무엇도 표현할 수 없을 때 느끼는 신비로운 공포와 두려움(mysterium tremendum et fascinans)의 경험으로 이해될 수 있다. 오토는 종교의 신비로운(비이성적) 측면은 개념적인 묘사가 불가능하며 오직 경험을 통해서만 이해할 수 있다고 했는데, 이 견해는 종교연구에서 중요한 것으로 입증되었다. 이 점은 종교의 신비로운 영역을 진지하게 생각할 때 특별히 더 중요하다. 오토가 사용한 '비이성적'이라는 용어는 '이성의 결여'를 뜻하지 않는다. 그가 '비이성적', '초이성적'과 같은 보완적인 용어를 사용한 것은 사실, 종교의 중심에 놓인 신비가 인간의 이성적 기능을 압도해 마비시킨다는 것을 분명히 가리키기 위해서였다.

프랑스의 신학자이자 철학자인 가브리엘 마르셀(Gabriel Marcel, 1889-1973)은 "문제들"과 "신비들"을 범주화해 '신비'라는 용어의 과학적 용도와 종교적 용도를 구별했다. 마르셀은 자연과학은 '문제들'의 영역을 다룬다고 지적했다. 문제란 객관적으로 다룰 수 있고, 또 가능한 해결책을 찾을 수 있는 것을 의미한다. 그러나 신비는 객관적으로 다룰 수 없다. 우리 자신과 신비를 따로 분리할 수 없기 때문이다. 문제들은 보편적이거나 일반화된 해답을 통해 해결할 수

---

[24] Augustine, *Sermo*, 117.3.5.

있지만, 신비는 그럴 수 없다. 마르셀에 따르면, 삶은 해결해야 할 문제가 아닌 살아내야 할 신비다. 예를 들어, 고난의 존재도 정복해서 처리할 수 있는 지성적인 문제가 아닌, 온전히 이해할 수 없는 신비로 간주될 수 있다.

양자역학의 창시자로 널리 인정되는 독일의 위대한 물리학자 막스 플랑크도 비슷한 점을 지적했다. 플랑크도 아인슈타인처럼 과학이 우주를 온전히 이해하기에는 역부족이라고 주장했다. 과학은 자연의 궁극적인 신비를 파헤칠 수 없다. 우리 자신이 자연의 일부이자 우리가 해결하려고 애쓰는 신비의 일부이기 때문이다.[25]

마르셀의 개념들은 영국의 철학자이자 신학자인 오스틴 패러를 통해 좀 더 분명하게 발전했다. 패러는 문제의 영역을 "올바른 대답이 존재하는 영역"으로 정의했다. 그러나 신비의 영역은 현실 참여적인 차원을 지니기에 "해결 가능한 명확한 문제"의 관점에서 탐구하기가 불가능하다. 패러에 따르면, 신학자는 개념적인 도구와 물리적인 대상 사이에 존재하는 처리 가능한 제한적인 관계를 다루지 않는다. 우리는 과학적으로나 이성적으로 해결할 수 있는 문제들이 아닌 "단일하면서도 복잡한 신비"로 구성된 "대상 자체와 온전히" 마주한다. 우리는 신비가 (해결 가능한) 개별적인 문제들의 총합이라는 그릇된 신념에 근거해 신비를 일종의 문제로 축소하려는 잘못을 저지르기 쉽다.

마르셀과 패러의 분석을 통해 무엇이 신학의 과제인지가 분명하게 드러난다. 각 세대는 신비가 한 사람의 저술가나 한 시대만으로는 온전히 이해하거나 파악할 수 없는 무한정한 깊이를 지니고 있음을 기억하고 신비와 씨름해야 한다. 가톨릭 신학자 토머스 웨이넌디(Thomas Weinandy)는 "온전히 이해할 수 없는 하나님이 모든 신학적 탐구의 중심에 서 계시기 때문에 신학의 과제는 본질상 문제 해결이 아닌 신비를 이해하는 것일 수밖에 없다."라고 말했다.[26]

---

25) Max Planck, *Where is Science Going?* New York: W.W. Norton, 1932, p. 217.
26) Thomas G. Weinandy, *Does God Suffer?* Notre Dame, IN: University of Notre Dame Press, 2000, p. 32.

'문제'는 과학과 합리적인 탐구의 영역이다. 문제는 일단 해결되면 관심 밖으로 사라진다.

그러나 신비는 특히 이전 세대들이 탐구했던 신비들로부터 새로운 빛이 비칠 것이라는 기대를 통해 신학의 과제를 독려하고 새롭게 하고 고무한다. 신비와 씨름하는 과정은 항상 열려 있다. 한 세대가 이전 세대로부터 물려받은 것은 결정적인 해답이 아니라, 씨름의 과정에 대한 공통된 헌신이다.

신비에 관한 신학적 대응책 가운데 하나는, 더 큰 현실의 측면들을 묘사하거나 시각화하는 모형들을 개발함으로써 전체적인 현실이 그런 식으로 축소될 수 없음을 인정하는 것이다. 신학자들은 삼위일체에 관한 여러 가지 모형을 제안할 수 있다. 신학의 모형화와 자연과학의 모형화는 분명한 차이가 있지만, 하나님에 관한 분석적인 모형들 가운데는 대상을 '과학적으로', 곧 온전하고 완벽하게 이해하려고 시도하는 것들이 더러 있다.

제프리 브라우어(Jeffrey Brower)와 마이클 리아(Michael Rea)는 "동일성이 없는 수적 동일성(numerical sameness without identity)"이라는 아리스토텔레스의 개념을 근거로 삼위일체에 관한 훌륭한 신학적 모형을 개발했다. 이 모형은 삼위일체 교리의 핵심적인 측면, 곧 세 분 하나님과 하나의 신성이란 관계를 이해하도록 돕는다. 이 관계는 청동 조각상과 그 재료인 청동의 관계와 유사하다. 조각상과 청동은 정확하게 하나의 물체로 간주된다(즉 이 둘은 수적으로 동일하다). 그러나 조각상과 청동은 속성이나 지속되는 조건을 정확하게 똑같이 공유하지 않기 때문에 완전히 똑같지는 않다. 예를 들어, 청동을 파괴하지 않고 조각상만 녹이는 것이 가능하다. 이와 비슷한 방식으로 신적 본질은 형상과 질료의 합성에서 질료의 역할을 한다. 따라서 삼위일체의 각 위격은 서로 다른 세 형상이 연합된 한 본질에서 수적으로 구별된 존재라고 이해할 수 있다.

그러나 신학자들은 하나님을 모형화하는 것에 우려를 표명한다. 그런 시도는 하나님을 세상에 존재하는 무언가 정도로 축소함으로써 그분의 초월성을 공정하게 다루지 못하기 때문이다. 종교철학자 윌리엄 우드(William Wood)는 이것이 이른바 "부정을 통해 하나님을 알게 되는(apophatic)" 고찰의 중요성을 강조한다고 지적했다. 다시 말해 이 방법은 인간의 지성으로 하나님을 명확하게 알 수 없음을 인정하게 하는 것과 관련이 있다. 인간은 유한성과 죄성 때문에 하나님의 본질이나 존재를 이해할 수 없다. 하나님은 인간의 범주와 의미 부여의 방법들을 초월하신다는 점에서 '알 수 없는' 분이시다.

오늘날 신학자들은 최근 몇십 년간 하나님의 절대적인 초월성과 불가해성을 다시 주장하기 시작했다. 이런 현상은 '부정신학(apophatic theology)'에 관한 새로운 관심이 고조된 것과 밀접한 관련이 있다. 하나님은 알 수 없는 분이라고 주장할수록 그분을 모형화하려는 시도는 문제가 더 많아진다. 신학적 모형화를 다룬 기존의 문헌은 이런 '부정적 사고'의 회복을 인정하지 않는다.[27]

우드의 요점은, 모형을 발견의 수단으로 개발해 가해성을 추구하는 과학적 행위를 신학에 합법적으로 적용할 수 있는지 문제를 제기했다는 점에서 매우 중요하다. 과학철학자 피터 고드프리 스미스가 지적한 대로, 자연과학은 종종 "관계들을 가시화하거나 문제들을 다루기 쉽게 만들기 위해 상상력을 통해 현실을 수정하거나 의도적으로 단순화하려고" 모형들을 개발한다.[28] 많은 고전 신학자들은 하나님을 '다루기 쉽게' 만드는 것은 왜곡과 축소로 치우칠 가능성이 크다고 말할 것이 틀림없다.

---

27) Wood, William. 'Modeling Mystery.' *Scientia et Fides*, 4, no. 1 (2016): 39-59; 인용된 부분은 p. 43에 있음.
28) Peter Godfrey Smith, 'Metaphysics and the Philosophical Imagination.' *Philosophical Studies*, 160 (2012): 97-113; 인용된 부분은 p. 98에 있음.

과학과 종교의 모형에 관한 이언 바버의 견해

이언 바버는 주로 자신의 획기적인 저서 『과학과 종교의 쟁점들(1966)』과 『신화, 모형, 패러다임(Myths, Models, and Paradigms, 1974)』을 통해 과학과 종교 분야에 큰 영향을 미쳤다. 그는 과학과 종교의 긍정적이고 건설적인 상호 관계를 촉진하고 공고하게 하기 위한 지성적 토대를 마련하는 데 많은 관심을 기울였다. 바버는 이 강력한 두 문화적 세력이 대화하게 할 실용적인 해결책이 있는 것은 아니지만, 둘 사이에는 그런 대화를 필요로 하고 타당하게 하는 지성적인 연결 고리가 존재한다고 주장했다.

그는 인식론(우리가 가지고 있는 지식의 종류들)과 방법론(그런 지식을 얻고 정당화하는 방법)과 언어(그런 지식을 표현하는 방법)의 관점에서 (동일성은 아니지만) 중요한 영속성이 존재한다고 강조했다. 이런 공통점들이 하나로 합쳐져 과학과 종교 사이에 다리를 놓아 중요하고도 지성적인 교류가 일어나게 한다. 주로 '비판적 실재론'에 관한 그의 개념을 통해 이 두 분야를 연결시킨 것을 바버의 업적으로 생각하는 사람들도 있고, 또 모형과 비유와 유비, 즉 세계를 시각화하는 방식을 사용한 것을 그의 업적으로 생각하는 사람들도 있다.

모형의 범주에 관한 바버의 논의는, 개념이 대상을 해석하고 연구를 진전시킬 가능성에 대한 인식을 보여주는 동시에, 과학과 종교가 모형을 이해하는 방법에는 중요한 차이가 있음을 보여준다. 그는 과학적 모형은 '현실에 대한 문자적인 표현'이나 '유용한 허구'가 아닌, 관찰할 수 없는 것을 상상하는 부분적이고 잠정적인 제안이라고 말한다. 모형은 우리가 직접 접근할 수 없는 세상의 측면들을 상징적으로 나타내는 것이다. 모형은 '자연세계에서 관찰된 현상들을 설명하고자 고안된 개념적인 구조물'이라는 점에서 발견의 기능을 수행한다고 말할 수 있다. 바버는 과학계가 해석의 도구로 그런 모형들을 만들었다고 강조했다. 모형은 과학적 행위를 넘어서는 영역에서 타당성을 끌어내는 '선험적' 개념이 아니다.

자넷 마틴 소스키스(Janet Martin Soskice)는 '모형'과 '비유'를 구별하는 것이 중요하다고 주장하면서, 바버가 둘의 차이를 범주의 문제로만 간주하며 사실상 이 둘을 섞어버렸다고 비판했다. 소스키스는 "어떤 물체나 현상을 다른 물체나 현상의 관점에서 바라볼 때 그것을 모형이라고 부른다. 모형은 비유일 필요가 없다. 비유는 언어적일 필요가 없기 때문이다."라고 말했다.[29]

바버에 따르면, 종교적 모형은 현실에 대한 문자적 묘사나 유용한 허구가 아니다. 모형은 이미지를 체계화해 인간의 경험, 특히 경외심과 공경심 같은 다양한 종교적 감정과 관련된 경험의 유형을 해석하는 부가적인 기능을 한다.

> 종교의 모형들 또한 유비적이다. 종교적 모형은 인간 삶의 경험 유형들을 정리하고 해석하는 데 사용되는 이미지를 조직화한다. 과학적 모형이 그렇듯이 종교적 모형도 현실을 문자적으로 묘사한 것이나 유용한 허구가 아니다. 종교적 모형의 주된 기능 가운데 하나는 경외심, 공경심, 도덕적 의무감, 새로운 변화, 화해, 대인관계, 중요한 역사적 사건, 세상의 질서 및 창의성과 같은 경험의 독특한 유형들을 해석하는 것이다.[30]

전통을 통해 해석을 시도하는 종교 공동체에서는 종종 이 모형들을 개정하거나 대체하는 일이 필요한지, 또는 지속적인 재해석의 과정을 거쳐 새롭게 고쳐 사용할 수 있는지 문제가 제기된다. (이는 아서 피콕의 입장이기도 하다.) 바버는 과학적 모형과 종교적 모형에 세 가지 유사점이 있다고 말했다.

1. 과학이나 종교를 막론하고 모형은 처음부터 유비적인 성격을 띠며, 새로운 상황들에 대처하도록 확장될 수 있고, 개별적인 단위로 이해할 수 있다.

---

29) Janet Martin Soskice, *Metaphor and Religious Language*. Oxford: Clarendon Press, 1985, p. 55.
30) Ian Barbour, *Myths, Models, and Paradigms*. New York: Harper & Row, 1974, pp. 6-7.

2. 과학과 종교를 막론하고 모형은 현실을 문자적으로 묘사하는 것이 아니라 "우리가 직접 접근할 수 없는 현실의 측면들을 특별한 목적을 위해 상징적으로 표현한다."
3. 모형은 이미지를 체계화함으로써 우리의 개인적인 삶과 세상에서 일어나는 사건들의 유형을 확립하고 해석하는 길을 열어준다.

바버는 또한 과학과 종교의 상황에서 사용되는 모형의 세 가지 차이점을 지적했다. 바버가 제시한 요점들은 최소한 어떤 경우에는 타당성을 지니지만, 종교의 본질을 어디까지 일반화하느냐에 따라서는 부주의한 결론이 초래될 수도 있다.

1. 종교적 모형은 과학적 모형과는 달리 비인식적 기능을 한다.
2. 종교적 모형은 과학적 모형보다 좀 더 완전한 인격적 참여를 고무한다.
3. 종교적 모형은 형식적인 신념이나 거기에서 비롯된 교리들보다 상상력에 호소하는 힘이 더 크지만, 과학적 모형은 이론들을 따른다.[31]

이런 비교의 중요성은 유비나 모형들을 선택하는 방식에서도 확인된다. 과학의 경우 부분적으로는 신빙성이란 기준(예를 들면, 중요한 특징들 가운데 가능한 한 많은 것을 공유함으로써 표현의 대상에 부합하는 경험적인 적합성을 제시하는지 아닌지를 따지는 것)을 근거로 유비나 모형들을 선택하고 정당화한다. '선택'과 '정당화'라는 이 두 가지 주제는 특히 자연과학과 종교의 중요한 차이점을 드러낸다는 점에서 상당히 중요하다. 과학계 내에서 형성된 유비들이 불만족스러운 것으로 드러나면 폐기되어 새로운 유비들로 대체될 것이다.

---

31) Ian Barbour, *Myths, Models, and Paradigms*, New York: Harper & Row, 1974, p. 7.

고정적인 기독교 사상에서는 '공식화'와 '정당화'라는 주제와 비슷한 것들이 확인되지 않는다. 전통적으로 기독교는 지배적인 유비나 생성된 모형들이 선택된 것이 아니라 '주어진 것'이라고 주장한다. 신학자들이 직면한 두 가지 과제는 유비의 한계를 정하고, 그것을 기존의 다른 유비들과 연관시키는 것이다. 모든 신학자가 전통적인 견해를 지지하는 것은 아니다. 어떤 신학자들은 불만족스럽게 보이는 전통적인 모형들의 특정한 측면을 제거한 새로운 모형을 자유롭게 개발할 수 있다고 주장한다.

Science & Religion

이해를 돕는 용어 설명

몰 mol, mole

몰은 분자를 뜻하는 몰큘(Molecule)에서 따온 것으로, 기호로는 mol 또는 mole로 표시한다. 원자와 분자의 수량, 즉 물질의 양의 SI 단위를 말하며, 1몰은 $6.02214076 \times 10^{23}$개의 구성요소를 포함한다. (참고. 두산백과)

병진운동 에너지 translational kinetic energy

운동 에너지란 운동하고 있는 물체 또는 입자가 갖는 에너지로, 병진운동 에너지는 물체 질량 중심의 운동 에너지를 말한다. (참고. 위키백과)

이중 슬릿 double slit **실험**

슬릿은 광속의 단면을 적당하게 제한하여 통과시킬 목적의 좁은 틈새를 말하는데, 슬릿의 개수에 따라서 단일 슬릿, 이중 슬릿, 삼중 슬릿 등으로 구분한다. 이중 슬릿 실험은 양자역학에서 실험대상의 파동성과 입자성을 구분하기 위해 행해지는데, 최초의 이중 슬릿 실험은 19세기 초 토머스 영이 광자를 대상으로 한 것으로, 이는 에테르 이론에 바탕을 둔 빛의 파동 이론을 촉발하는 계기가 되었다. (참고. 두산백과, 위키백과)

광자 photon

입자로서의 빛으로, '빛알'이라고도 한다. 광자를 이야기할 때 빛은 좁은 의미인 가시광선이 아니라 넓은 의미인 전자기파를 뜻한다. 양자역학의 발전을 통해, 빛을 개수를 셀 수 있는 입자, 즉 양자로 보게 되었다. (참고. 물리학백과)

광전자 photoelectron

빛 에너지를 받은 물질이 전자를 방출하는 효과를 광전 효과라 하며, 이때 방출되는 전자를 광전자라 한다. (참고. 물리학백과)

한계 진동수 threshold frequency

금속판에 단색광을 비출 때 광전자가 튀어나올 수 있는 최소한의 빛의 진동수를 말한다. (참고. 두산백과)

부정 신학 apophatic theology

무한한, 제한되지 않은 하나님에 대한 제한적이고 불완전한 정의를 부정하는 방식으로 하나님의 본질을 인식하려는 신학의 분야이다. 예를 들면 하나님은 인간이 아니다. 하나님은 시간과 공간에 제한되지 않는다. 그러므로 앞선 부정적 내용을 역설적으로 서술한다면 하나님은 초월적이며 영원하신 전능하신 분이라고 주장된다. 사람의 이해력으로는 하나님을 완전히 이해할 수 없으며, 하나님은 사람의 언어로는 전부 묘사할 수 없는 초월적인 존재이시기 때문에 하나님을 부정적인 표현으로만 서술하는 신학 사상이다. (참고. 위키백과)

Science & Religion

chapter 6

오늘날의 몇 가지
중요한 논쟁

Science & Religion

chapter 6

오늘날의 몇 가지
중요한 논쟁

지금까지 과학과 종교와 관련된 일반적인 주제들 몇 가지를 살펴보았다. 이번 장에서는 각도를 달리해 오늘날 이 방대한 분야에서 진행되는 아홉 가지 논쟁을 살펴볼 생각이다. 이 논쟁들은 제각각 그 자체로 흥미로울 뿐 아니라 과학과 종교라는 분야의 몇 가지 특정한 측면들을 구체적으로 드러낸다.

첫 번째 논쟁은 과학이 도덕적 가치를 확립할 수 있느냐 하는 것이다. 이는 인간의 도덕적 가치가 초월적 근거(전통적으로 종교와 같은)에 의존하는지를 다루는 보다 광범위한 문화적 논의에서 대두되는 중요한 질문이다.

도덕철학: 자연과학이 도덕적 가치를 확립할 수 있는가?

자연과학과 윤리학의 관계가 종종 검토되는데, 현재까지의 일반적인 견해는 과학이 윤리적인 결정을 내리는 데 필요한 정보를 제공할 수는 있어도 윤리학의 기초가 될 수는 없다는 것이다. 이에 관해 널리 받아들여지는 견해는 아인슈타인의 것으로, 그는 자연과학이 도덕적 목적을 달성하는 수단을 제공할지는 몰라도 그런 목적을 설정할 수는 없다고 주장했다. "과학은 목적을 설정할 수 없고, 그런 목적을 인간에게 주입시킬 수는 더더군다나 없다. 과학은 기껏해야 특정한 목적을 달성하는 수단을 공급할 뿐이다."[1] 도덕적 목표나 가치는 과학적 탐구의 결과로서 생겨나지 않는다. 과학은 의학 분야에서처럼 단지 그것을 적용하는 수단을 제공할 뿐이다. 아인슈타인은 "우리의 행위와 판단을 결정하는 데 필요한 신념들"은 자연과학의 범위를 넘어선다고 강조했다.

> 과학적 방법은 사실들이 어떻게 서로 연관되어 있고, 또 어떻게 영향을 주고받는지에 관한 문제만을 다룬다. …… '무엇이 존재하는가?'에 관한 지식은 '무엇을 지향해야 하는가?'라는 문제를 직접 다루는 문을 열어주지 못한다. 전자는 '무엇이 존재하는가?'에 관해 가장 명확하고 온전한 지식을 제공하지만, 그것으로부터 무엇을 우리의 인간적 열망의 목표로 삼아야 하는지에 대한 대답을 추론할 수는 없다.[2]

아인슈타인은 그런 목적의 내용과 그것을 달성하려는 열의는 "또 다른 원천"에서 비롯한다는 점을 분명히 했다.

18세기 철학자 데이비드 흄은 '사실'과 '당위'를 분리한 것으로 유명하다. 그는 『인간 본성에 관한 논고(*Treatise of Human Nature*)』에서 "이성에서 비롯하지 않은 도덕적 특성"의 문제를 다루었다. 그는 '사실에 관한 명확한 진술'과 '당위에 관한 규범적 진술'은 큰 차이가 있다고 지적했다. 물론 그는 그런 일이 전혀 불가능하다고 말하지는 않았다. 그는 단지 그것이 단순한 과정이 아니라는 점을 옳게 지적했을 뿐이다.

---

1) Albert Einstein, *Ideas and Opinions*. New York: Crown Publishers, 1954, p. 152.
2) Albert Einstein, *Ideas and Opinions*. New York: Crown Publishers, 1954, pp. 41-42.

흄에게는 비도덕적 관찰결과로부터 도덕적 규범을 도출하는 논증이 '논리적으로' 타당해 보이지 않았다. 흄의 이런 주장은 그의 책 여러 곳에서 그 자신부터가 인과적, 사실적 전제들을 통해 개인적으로 공감하는 특정한 도덕적 결론들을 추론해냈다는 사실 때문에 다소 약화되는 측면이 있다. 그러나 그의 주장은 여전히 중요하다. 즉 기술적(記述的)인 진술로부터 규범적인 진술을 도출하기는 매우 어렵다.

익히 짐작할 수 있는 대로, 흄의 주장은 지금까지 광범위한 검토를 받아왔고, 종종 과학과 윤리의 관계를 논의하기 위한 출발점으로 이용된다. 세상에 관한 과학적 분석(세상을 묘사하고 해석하는 것)이 세상에서 어떻게 행동해야 하는지를 규정한 진술과 어떻게 연관될 수 있을까? 이 문제를 탐구하려면 두 가지 논제를 잠시 살펴보아야 한다. 하나는 다윈의 자연선택설이 인간의 도덕적 가치를 위한 근거가 될 수 있는지에 관한 것이고, 다른 하나는 '행복(wellbeing)'의 개념이 윤리학의 근거가 될 수 있는지에 관한 문제다.

진화와 윤리: 다윈주의와 도덕성에 관한 논의

토머스 헉슬리는 빅토리아시대에 다윈의 자연선택설을 지지했던 가장 유명한 사람 가운데 하나였다. 1860년에 옥스퍼드에서 있었던 그와 새뮤얼 윌버포스의 논쟁은 대중 과학 도서들을 통해 크게 왜곡되어 전달된 측면이 있지만, 그가 다윈의 자연선택설을 지성적으로 확고하게 지지한 것과 그것이 과학적 신빙성을 지녔다고 믿어야 할 이유를 밝힌 것만은 틀림없는 사실이다. 그것은 도덕철학과 어떤 관련이 있을까?

헉슬리는 1893년에 옥스퍼드에서 "진화와 윤리"라는 주제로 개최된 로마네스 강연에서 윤리학과 다윈의 진화론이 절대로 양립할 수 없다고 분명하게 잘라 말했다. 헉슬리의 분석 안에는 '사실'과 '당위'에 관한 흄의 관심이 반영되어 있었지만, 그가 말하려는 핵심은 인간 또한 "무자비하고 흉포한 파괴성" 덕분에 "생존을 위한 투쟁"에서 승리를 거둔 동물에 불과할 뿐이라는 것이었다. 그러나 한때 미덕으로 간주되었던 이런 파괴성과 폭력성이 사회적 문화의 출현과 더불어 악덕으로 전락했다. 그 결과, "생존을 위한 투쟁"에서 인간이 승리하도록 도와준 도덕적 특성들이 더는 "건전한 윤리적 원리들과 조화될 수 있는 것"으로 간주되지 않았다.[3]

헉슬리는 윤리학이 세상에 대한 인간의 지배를 공고히 한 그런 동물적인 자질들 및 그 근저에 있는 진화론적 과정을 원칙적으로 거부한다고 생각했다. 우리는 우리 안에 남아 있는 자연적인 동물적 본능을 정복하고 다스리는 법을 배워야 한다. 우리의 유전적인 역사는 우리의 현재에 계속 영향을 미치고 있다. 그것을 근절할 수는 없다고 하더라도 거부해야 마땅하다. "윤리적으로 가장 탁월한 행위(우리가 선이나 미덕으로 일컫는 행위)는 생존을 위한 우주적 투쟁에서 성공하도록 이끄는 행위와 모든 면에서 반대되는 행동의 과정을 포함한다."[4] 진화는 윤리학의 기원을 설명할 수는 있어도 윤리학의 기초가 될 수는 없다.

> 진화는 인간의 선한 성향과 악한 성향이 어떻게 발생했는지 보여줄 수는 있지만, 그 자체로는 우리가 악이라 일컫는 것보다 선이라 일컫는 것을 '왜' 이전보다 선호하게 되었는지 보다 분명히 제시하기에는 역부족이다.[5]

헉슬리는 이런 논리를 토대로, 만일 문명과 문화가 무너진다면 인간은 다시 이전의 폭력적인 방식으로 되돌아갈 것이라고 결론지었다. 그는 옥스퍼드 강연에 참석한 청중에게 자연 상태의 땅을 상상해 보라고 하면서 누군가가 그것을 가꾸어 정원으로 바꾸어 놓는다면 어떤 모습이 될지 비교해 보라고 말했

---

[3] Thomas H. Huxley, *Evolution and Ethics and Other Essays*. London: Macmillan, 1905, pp. 46-116.
[4] Thomas H. Huxley, *Evolution and Ethics and Other Essays*. London: Macmillan, 1905, p. 53.
[5] Thomas H. Huxley, *Evolution and Ethics and Other Essays*. London: Macmillan, 1905, pp. 81-82.

다. 그러나 정원은 유지 관리가 필요하다. 정원사가 정원을 가꾸는 일을 중단한다면 그 땅은 자연 상태로 돌아갈 것이다. 헉슬리는 인간의 문화가 무너지면 인간성이 자연적인 동물적 상태로 되돌아갈 것이라 생각했다.

그러나 헉슬리의 손자이자 저명한 생물학자인 줄리언 헉슬리(Julian Huxley)를 비롯해 많은 사람이 그의 생각에 동의하지 않았다. 줄리언 헉슬리는 자기 할아버지의 옥스퍼드 강연으로부터 50년이 지난 1943년에, 진화론적 과정을 이해하면 '당위'가 '사실'로부터 어떻게 발생했는지 이해할 수 있다고 주장했다. 진화는 분명한 목표를 향해 나아가고 있으며, 윤리의 출현은 그런 목표의 한 부분이다. 에드워드 윌슨(Edward O. Wilson)은 『사회생물학(Sociobiology, 1975)』에서 윤리가 진화적 과정에서 발생했다는 줄리언 헉슬리의 견해에 동의했지만, 진화가 의식적으로 특정한 목표를 향해 나아간다는 개념은 거부했다. 윌슨은 줄리언 헉슬리의 관심을 뒷받침할 만한 생물학적 근거를 발견하지는 못했지만, 생물학이 도덕적 가치의 기원을 설명하는 데 중요한 역할을 한다고 확신했다. "과학자와 인문주의자들은 윤리학이 일시적으로 철학자들의 손에서 벗어나서 생물학화되어야 할 때가 왔을지도 모른다는 가능성을 함께 생각해야 한다."[6] 인간의 도덕적 직관의 기원은 인간의 진화적 역사의 관점에서 설명되어야 한다.

윌슨은 '생물학화'한 윤리를 제안하지는 않았지만, 윤리학이라는 더 넓은 분야에서 좀 더 탐구해야 할 문제들 가운데 몇 가지를 면밀하게 조사했다. 예를 들어, 우리의 도덕적 본능은 과거로부터 유전된 것, 곧 오래전에 사라진 역사적 상황을 반영하는가? 과학적 관점에서 엄격하게 바라보면, 윌슨의 접근방식은 중요한 질문들을 제기한다. 규범적인 지침을 지향하는 인간의 능력을, 집단 내에서 사회적 응집력과 협력 관계를 강화함으로써 (현재에는 반드시 이점이 있

---

[6] E. O. Wilson, *Sociobiology: The New Synthesis*. Cambridge, MA: Harvard University Press, 2000, p. 562.

지는 않더라도) 과거에 선택적 이점을 부여했을 수도 있는 생물학적 적응의 결과로 간주할 수 있을까? 만일 그렇다면, 그것은 행동과 감정의 규범들을 무효화하는 것일까, 아니면 굳게 확증하는 것일까? 리처드 알렉산더(Richard Alexander)는 진화와 윤리의 복잡한 관계를 생각할 때 발생하는 문제들에 대해 유익한 견해를 제시했다.

> 진화론적 분석은 우리의 역사와 기존의 법체계 및 규범은 물론, 바람직해 보이는 목표를 달성하는 방법에 관해 많은 것을 말해줄 수는 있지만, 어떤 목적이 바람직한지에 대해서나 법과 규범들을 앞으로 어떤 방향으로 수정해야 하는지에 대해서는 본질적으로 아무것도 말해준 것이 없다.[7]

신경과학과 윤리: 도덕에 관한 샘 해리스의 견해

최근에 도덕성이 중요한 이유나 인간이 특정한 도덕적 가치들을 중요하게 생각하는 이유에 관해 과학적 설명을 제시하는 책들이 많이 나타났다. 조너선 하이트(Jonathan Haidt)의 『의로운 생각: 선한 사람들이 정치와 종교로 인해 서로 나뉘는 이유(The Righteous Mind: Why Good People Are Divided by Politics and Religion, 2013)』가 대표적인 사례다. 이 책은 심리학, 사회학, 인류학에서 도출한 몇 가지 중요한 통찰력을 제공한다. 그러나 하이트의 분석은 도덕적 가치에 관한 과학적 결정과는 아무런 관련이 없다는 것을 주목할 필요가 있다. 그의 관심은 도덕적 직관과 논쟁들에서 비롯한 쟁점들을 협의할 수 있도록 돕는 데 있다. 하이트는 선하다거나 악하다고 판단되는 것에 관해 직접 입장을 표명하지 않고, 개인과 사회가 실제로 선하다거나 악하다고 생각하는 것을 탐구하는 것, 곧 그들이 그렇게 하는 것이 옳은지 아닌지를 살피는 것에 관심을 기울였다.

---

7) Richard D. Alexander, *Darwinism and Human Affairs*, Seattle: University of Washington Press, 1979, p. 20.

그러나 어떤 사람들은 과학이 객관적인 도덕적 가치들을 결정하고 규정할 수 있다고 주장했다. 샘 해리스(Sam Harris)는 2011년에 『도덕적 풍경(The Moral Landscape)』이라는 작은 책을 저술해 도덕적 가치들의 객관성을 주장했다. 그는 그런 가치들이 자연과학, 특히 신경과학 안에 확고하게 근거하고 있다고 주장했다. 해리스는 진화와 윤리의 관계에 관한 윌슨의 견해를 비판하면서 진화가 "깊은 만족을 주는 삶"을 살도록 우리를 설계하지는 않았지만, 인간의 윤리적 성찰에는 이 목적이 분명하게 고려되어야 한다고 주장했다.[8] 윤리에 관한 해리스의 접근방식은 알베르트 아인슈타인보다 한 걸음 더 나아간다. 두 사람 모두 과학적 관점이 도덕적 문제에 관해 정보를 제공한다는 것을 기꺼이 받아들이고 인정했는데, 해리스의 경우는 과학이 도덕적 가치들을 결정할 수 있고 또 그렇게 해야 한다고 생각했다. 그의 이런 생각이 "과학이 인간의 가치들을 어떻게 결정할 수 있는가?"라는 책의 부제에 분명하게 드러나 있다.

객관적인 과학적 도덕성에 대한 해리스의 옹호에는 세 가지 핵심 요소가 있다. 즉, 모두 "의식이 있는 피조물의 행복"을 객관적으로 결정하는 데 초점을 맞춘다.

1. 도덕성은 '의식이 있는 피조물의 행복'을 향상하고, '사람들을 번창하게 하는 행동원리'를 발견하는 것과 관련된다.
2. '의식이 있는 피조물의 행복'을 증진하거나 해롭게 하는 것에 관한 사실들은 과학을 통해 접근할 수 있다.
3. 따라서 과학은 무엇이 객관적으로 '도덕적인지', 즉 무엇이 '의식이 있는 피조물의 행복'을 증대시키거나 감소시키는지 결정할 수 있다.

---

8) Sam Harris, *The Moral Landscape: How Science Can Determine Human Values*, New York: Free Press, 2010, p. 19.

그러나 해리스에게 비판적인 독자들은, "의식이 있는 피조물의 행복"과 도덕성을 동일하게 간주하는 그의 가설은 검증되지 않았을 뿐 아니라 본질적으로 검증이 불가능하다고 말한다. 이 핵심 전제는 잠정적이긴 하지만, 그 어떤 형태의 경험적 탐구와도 아무런 관계가 없어 보인다. 다시 말해, 증거 없는 형이상학적 가설일 뿐 과학적 결론과는 거리가 멀다. 그렇다면 우리가 사회계약설이나 '덕 윤리학'(virtue ethicists), 혹은 다른 도덕이론들이 주장하는 유사 견해들이 아닌 해리스의 정의를 선호할 과학적 이유가 과연 무엇인가?

해리스에 관한 가장 중요한 비판 가운데 하나가 미국의 생물학자이자 철학자인 마시모 피글리우치(Massimo Pigliucci)에게서 발견된다. 그는 가치 판단과 사실의 문제를 구별할 필요성이 있다고 주장했다. 피글리우치는 해리스가 근본적인 범주 오류를 저지른 것처럼 보인다고 지적했다. 그는 "그가 가치로 일컫는 것은 오히려 인간의 행복에 도달하는 방법에 관한 경험적 사실을 가리킨다."[9]라고 말했다. 예를 들어, 해리스는 어린아이에 대한 체벌을 비판했다. 피글리우치는 그런 견해에 동의했지만, 해리스가 이 문제와 관련해 스스로의 약점을 어떻게 노출했는지 보여주었다.

> 만일 과학적 연구를 통해 어린아이를 때리는 행위가 그런 바람직한 특성들을 진작시키는 데 상당한 영향을 미치는 것으로 밝혀진다면 어떻게 될까? 해리스는 체벌이 도덕적이라고 인정해야 할 것이 틀림없다. 그러나 나는 그가 과연 그렇게 할지 의심스럽다. 나는 그렇게 인정하지 않을 것이다. 왜냐하면 나의 도덕적 직관은 경험적 증거가 무엇이라고 말하든 간에 어린아이에게 의도적으로 고통을 가하는 행위는 잘못되었다고 말할 것이기 때문이다.[10]

---

9) http://rationallyspeaking.blogspot.com/2010/04/about sam harris claim that science can. html
10) Massimo Pigliucci, 'New Atheism and the Scientistic Turn in the Atheism Movement,' *Midwest Studies in Philosophy*, 37, no. 1 (2013): 142-153; 인용된 부분은 p. 144에 있음.

조지 엘리스(George Ellis)는 이를 좀 더 발전시켜 개인의 행복과 공동체의 행복 가운데 무엇이 더 중요한지 결정하는 데는 문화적 요인들이 영향을 미친다고 지적했다.[11] 해리스의 견해에는 교육 수준이 높고 부유하고 민주적이고 산업화된 서구 사회의 핵심 가설들, 곧 그런 문화권의 사람들이 다른 문화권의 사람들과는 달리 당연하게 여기는 가설들이 반영되었을 수 있다. 예를 들어, 어떤 문화권의 사람들은 개인의 행복보다 집단의 행복이 우선한다고 생각한다. 해리스의 전제가 서구 문화권에서는 자명한 사실로 인정받지만 다른 문화권에서는 받아들여지지 않는 견해는 아닐지 궁금하다.

결국 해리스는 '행복의 최대화'를 강조함으로써 흔히 '공리주의'로 알려진 윤리적 입장을 채택하게 된 셈이다(물론 해리스는 자신의 입장을 그런 식으로 일컫지 않을 것이다). 그러나 도덕성에 관한 이런 접근방식은 "의식이 있는 피조물의 행복"을 최대화하는 것이 도덕적인 의미를 지니는 이유를 설명하지 못한다. 철학자 휘틀리 코프먼(Whitley Kaufman)은 해리스의 입장이 지닌 문제점을 이렇게 지적했다.

> 해리스는 '행복'이라는 용어를 아무 내용도 없는 빈껍데기로 만들어 그 어떤 도덕적 이론도 더 이상 확립되기 어렵게 한다. 무엇이 행복의 구성 요소인지, 정의나 행복 같은 가치들은 서로 어떻게 균형을 유지하는지 알려줄 이론이 필요하다.[12]

코프먼은 또한 해리스가 자신의 윤리적 방법을 옹호한 것이 사실상 과학이 아닌 철학에 해당한다고 지적했다. 해리스는 계속 '과학'을 거론했지만 실제로는 논쟁적일 뿐 아니라 설득력이 떨어지는 도덕철학을 제시한 셈이다.

---

11) George Ellis, 'Can Science Bridge the Is-Ought Gap? A Response to Michael Shermer.' *Theology and Science*, 16, no. 1 (2018): 1-5, 특히 pp. 3-4를 보라.
12) Whitley R. P. Kaufman, 'Can Science Determine Moral Values? A Reply to Sam Harris.' *Neuroethics*, 5 (2012): 55-65; 인용된 부분은 p. 59에 있음.

이 책의 이상한 점 가운데 하나는 해리스가 찾아냈다고 주장하는 단 하나의 구체적인 발견, 곧 공리주의가 정확한 도덕이론이라는 것(나머지 이론들은 단지 미래의 윤리학에 관한 일종의 약속 어음에 지나지 않는다는 것)이 '과학적 발견'에 해당한다고 생각할 만한 그 어떤 합리적인 근거도 찾을 수 없다는 것이다.[13]

코프먼은 '과학적 방법'을 도덕적인 문제들에 적용할 수 있는지에 관한 의미 있는 근거를 찾기가 어렵다고 생각했다. 그는 해리스가 신경과학자로서 논쟁의 장에 그 어떤 특별한 전문지식을 동원하지도 않았고, 과학의 영역에서 강력하고 극적인 새로운 발견을 찾아내 자신의 입장을 옹호할 근거로 제시하지도 못했다고 주장했다.

과학의 도덕적 권위를 위한 해리스의 논증은 궁극적으로 인정되지 않은 철학적 원리들에 의존한다. 많은 사람들은 그의 접근방식이 철학과 종교라는 명백한 문화적 대안의 도덕적 권위를 수사적으로 축소시킴으로써 과학의 영역을 넓히려는 과학주의의 한 형태를 표방한다고 지적한다. 도덕철학과 신학은 오랜 역사를 통해 윤리학의 고전적인 주제들과 이를 일상생활에 적용하는 방법을 성찰해 왔다. 피글리우치가 지적한 대로, 육체의 건강과 행복(또는 번영)의 유사성을 언급한 것은 새로운 것이 아니며, 신(新)아리스토텔레스주의 철학적 사색의 중요한 측면이다.

도덕적 가치를 결정하는 과학의 능력에 관한 해리스의 견해는 자연히 과학의 범위를 다루는 문제를 특히 종교와 관련지어 생각할 필요성을 일깨운다. 다음 단락에서는 논란이 많은 한 가지 문제, 곧 실재가 과학적 방법을 통해 드러내거나 밝힐 수 있는 것으로만 국한되는지 여부를 살펴볼 생각이다.

---

13) Whitley R. P. Kaufman, 'Can Science Determine Moral Values? A Reply to Sam Harris,' *Neuroethics*, 5 (2012): 55-65; 인용된 부분은 p. 59에 있음.

과학철학: 실재는 과학이 밝혀낼 수 있는 것에만 국한되는가?

우리는 이 세상과 그 안에서 우리가 차지하는 위치를 이해하고, 참되고 의미 있는 삶을 찾기 위해 많은 수단을 사용한다. 과학, 윤리학, 시, 종교가 모두 그렇다. 그중 자연과학은 우주의 구조와 성질을 설명하는 데 상당한 성공을 거두었다. 그렇다면 자연과학은 다른 지식의 원천들과 어떤 관계가 있을까?

여기에는 두 가지 중요한 문제가 있다. 하나는 자연과학의 특징인 독특한 수단들을 식별해 그것이 철학이나 신학과 같은 다른 형태의 탐구활동과 어떤 관계를 맺는지 따져보는 것이다. 다른 하나는 과학적 방법이나 그 적용의 결과가 참된 지식이 무엇인지 결정하는 데 어떤 특권이나 배타적 권한을 가지는지 묻는 것이다. 어떤 사람들은 "자연세계의 타당한 지식의 원천은 오직 자연과학뿐이다."라는 '강력한 방법론적 자연주의'를 언급한다. 어떤 사람들은 마시모 피클리우치처럼 '과학주의'라는 용어를 '과학을 모든 흥미로운 문제들의 궁극적인 기준이자 중재자로 간주하는 태도, 또는 과학의 범위와 정의를 확대시켜 인간의 지식과 이해의 모든 측면을 포괄하기 원하는 총체적 태도'를 가리키는 의미로 이해하기도 한다.

이런 접근방식의 대표적인 사례가 하버드대 유전학자 리처드 르원틴(Richard Lewontin)의 글에서 발견된다. 그는 과학적 방법의 근간은 물질주의적 존재론이라고 생각했는데, 이는 과학주의에 대한 헌신이 따른다고 주장했다. 과학은 그 모든 실패와 모순에도 불구하고 세상을 이해하는 신뢰할 수 있는 유일한 방법이다.

> 과학이 대중을 상대할 때 대두되는 문제는 세상에 관한 불합리하고 초자연적인 설명, 곧 그들의 상상 속에만 존재하는 귀신들을 거부하고 사회적이고 지성적인 도구인 과학을 진리의 유일한 원천으로 받아들이게 하는 것이다.……
> 과학적 체계 일부에서 발견되는 명백한 불합리성이나 건강과 생명에 관한 거

창한 약속들 가운데 이루지 못한 많은 것들 또는 과학계가 아무 근거도 없는 그저 그런 이야기들을 용납하는 것을 보면서도 우리는 기꺼이 과학의 편에 선다. 왜냐하면 우리는 그 무엇보다도 물질주의에 헌신하기 때문이다.[14]

그러나 르원틴은 자신이 옹호하는 것이 과학이 아닌 과학의 범위를 넘어선 특정한 형이상학적 입장이라는 사실을 직시하기를 꺼리는 것처럼 보인다. 그는 단지 과학을 철학적 자연주의(물질주의)와 같은 것으로 여겼을 뿐, '방법론적' 자연주의와 '철학적' 자연주의 사이에 실질적인 형이상학적 괴리가 존재한다는 점을 깨닫지 못했다. 여기서 우리는 이런 합리적인 질문을 할 수 있다. "과학자는 왜 물질주의에 헌신해야 하는가?"

미국의 철학자 알렉스 로젠버그(Alex Rosenberg)는 스스로가 정의한 '과학적'이라는 개념을 자신에게 적용한 대표적인 저술가이다. 그는 현실은 과학, 특히 물리학이 밝힐 수 있는 것에만 국한된다고 주장했다. 로젠버그는 『무신론자의 현실 소개(Atheist's Guide to Reality)』에서 과학적 방법의 적용을 통해 밝혀낼 수 있는 것만이 유일한 실재라고 주장했다.

> 과학은 실재에 관한 중요한 모든 진리를 제공한다. 참된 이해란 곧 그런 진리를 아는 것을 의미한다. …… 과학적이라는 것은 과학을 실재, 곧 자연(우리 자신의 본성과 다른 모든 것의 본질)에 대한 절대적인 안내자로 받아들인다는 뜻이다.[15]

로젠버그는 과학이 어떤 실험으로도 해결할 수 없는 악순환적 논증에 갇혀 있다고 인정했다. 과학은 스스로를 확증하기 위해 자신의 권위를 전제로 해야

---

14) Richard Lewontin, 인용된 부분은 Carl Sagan의 글 *The Demon-Haunted World*, in the *New York Review of Books*, 9 January 1997에 있음.
15) Alexander Rosenberg, *The Atheist's Guide to Reality: Enjoying Life without Illusions*. New York: W.W. Norton, 2011, pp. 7-8.

하기 때문이다. 과학주의는 과학이 밝혀낼 수 있는 것만을 실재로 받아들이는 인식론을 채택했기 때문에, 실재는 과학이 밝혀낼 수 있는 것에만 국한된다는 '존재론적인' 주장을 펼칠 수밖에 없다. 이런 이유로 로젠버그는 도덕적 가치들이 과학적 방법으로는 확실하게 확립될 수 없다는 점에서 우리가 도덕적 가치를 제대로 지킬 수 없다고 주장한다. "우리는 일반적인 것들의 목적, 특별한 생물학적 삶의 목적, 일반적인 삶의 목적과 관련해서는 허무주의자일 수밖에 없다."[16] 로젠버그는 옳은 것과 그른 것, 선한 것과 악한 것 사이에 근본적인 차이가 없다고 주장했다. 그렇다면 이런 그의 주장은 과연 옳을까?

자연과학은 흔히 '방법론적' 자연주의의 특성을 띤 것으로 간주된다. 이 방법론적 자연주의는 자연세계 안에서 밝혀낼 수 있는 과정과 유형들을 식별하고, 그 규칙성을 설명할 수 있을 것으로 보이는 이론들을 공식화하려는 시도를 가리킨다. 이 방법은 자연 자체에 관한 일관된 이해를 제시함으로써 사건들과 관찰결과들을 좀 더 깊고 넓은 설명적 상황 안에 위치시키도록 돕는다. 그 연구방법은 과학의 분야마다 다른데, 각 분야의 공식화 방법과 적용방식이 연구대상에 따라 다르고, 그것을 통해 탐구의 한계가 결정되기 때문이다. 다시 말해, 존재론이 인식론을 결정한다. 탐구대상의 본질이 그것을 아는 방법과 알 수 있는 한계를 결정한다.

이처럼 자연과학은 자연세계 안에서 관찰되거나 관찰된 것으로부터 추론되는 자연적인 힘과 과정을 토대로 자연세계를 이해하려는 시도다. 중력에 관한 뉴턴의 개념은 자연세계를 관찰한 결과에서 추론된 관찰되지 않은 힘의 실재를 보여주는 대표적인 사례다. 방법론적 자연주의는 자연과학의 특징적인 탐구방법이지만, 현실에 관한 다른 연구방법이나 접근방식을 배제하지 않는다. 그런 방법들은 과학적이지는 않지만 얼마든지 옳을 수 있다.

---

16) Alexander Rosenberg, *The Atheist's Guide to Reality: Enjoying Life without Illusions*, New York: W.W. Norton, 2011, p. 92.

과학은 일련의 검증된 신빙성 있는 규칙들과 방법들을 확립해 그것들로 실재를 탐구한다. '방법론적 물질주의'도 그런 방법 가운데 하나다. 그러나 방법론적 물질주의가 하려는 것은, 실재를 그런 식으로 탐구할 수 있는 것에만 국한시키는 것이 아니다. 그보다는 실재를 탐구하는 데 효과적으로 사용할 수 있는 믿을 만한 규칙들을 발견하는 것이다. 몇몇 물질주의자들은 과학이 성공적으로 설명한 사례들을 근본적인 존재론적 물질주의의 증거로 삼는다. 하지만 그것은 이런 접근방식을 해석하는 여러 방식 중 하나일 뿐, 과학계 안에서 폭넓은 지지를 받는 다른 해석방식들이 있다. 국립과학교육센터(the National Center for Science Education)의 책임자였던 유지니 스콧(Eugenie Scott)은 1993년에 이를 분명히 밝혔다. "과학은 초자연적인 것을 부인하거나 반대하지 않는다. 과학은 방법론적 이유 때문에 초자연적인 것을 '무시'할 뿐이다."[17] 과학은 반(反)유신론적 태도가 아닌 비(非)유신론적 태도로 실재를 탐구한다.

방법론적 자연주의에 대한 과학의 헌신은, 과학자들이 신학적인 문제들에 대한 의미 있는 설명을 제시할 수 없다는 뜻이다. 자연과학의 합의된 연구방식은 마치 자연범주 안에서만 자연세계를 탐구하고 설명할 수 있다는 듯이 전개된다. 즉, 과학적 대답이 그런 방법론을 통해 결정된다는 것이다. 이 방법은 유신론적이거나 '초자연적인' 실재와 이론들을 원칙적으로 배제한다. 따라서 이 방법으로는 과학이 신학적 문제를 설명할 수 없으며, 그런 문제는 과학적 방법으로 탐구할 수 없다.

어떤 저술가들은 자연과학의 범위를 확장하면 유신론적 가설들을 포함시킬 수 있다고 말한다. 예를 들어, 철학자 앨빈 플랜팅거는 그리스도인들이 과학적 성찰 안에 특별한 신적 행위와 같은 기독교적 개념들을 포함시켜야 한다고 주장했다. 그러나 어떤 사람들은 기독교적 개념들이 자연과학이 독자적으로

---

17) Eugenie C. Scott, 'Darwin Prosecuted: Review of Johnson's Darwin on Trial,' *Creation/ Evolution Journal*, 13, no. 2 (1993): 36-47; 인용된 부분은 p. 43에 있음.

제공할 수 있는 것보다 더 큰 실재와 연관되는 비과학적 가설들이라는 점에서 그런 주장을 거부한다. 어낸 맥멀린이 지적한 대로, "방법론적 자연주의는 자연에 관한 우리의 탐구를 제한하지 않는다. 그것은 단지 어떤 종류의 연구가 과학으로 불릴 자격을 갖추었는지를 규정할 뿐이다."[18] 자연과학의 범위를 벗어난 다른 연구방법들이 자연과학의 통찰력을 보완할 수 있다.

플랜팅거는 과학의 확장된 범위 안에 유신론을 포함시켜야 한다고 제안했다(아마도 많은 사람이 이를 과학으로 인정하지 않을 것이다). 그러나 맥멀린은 과학적 통찰력을 특별한 과학적 상황이나 방법 밖에서 이루어지는 신학적 통찰력과 한데 묶어야 한다고 제안했다. 물론 방법론적 자연주의를 자연과학의 탐구수단으로 사용한다는 것이 곧 실재에 대한 설명에서 하나님을 배제하는 형이상학적 자연주의를 따라야 한다는 뜻은 아니다.[19] 과학은 세상을 설명하고 탐구하는 많은 방법 중 하나다. 과학은 다른 방법과 접근방식들을 통해 보완될 수 있다.

그러나 일부 과학자들과 철학자들은 오직 과학만이 삶의 중요한 문제들에 답할 수 있다고 믿으며 자연과학의 절대적인 권위를 주장한다. 이언 키드(Ian Kidd)는 과학주의가 발흥한 이면에서 세 가지 기본적인 '욕구'를 확인할 수 있다고 주장했다.[20]

1. **제국주의적 욕구**: 과학의 능력을 적절히 발휘하기 어려울 뿐 아니라 문제를 일으킬 소지가 다분한 영역에까지 과학적 탐구의 개념들, 방법들, 실천 행위들을 확대하려는 충동.

---

18) Ernan McMullin, 'Plantinga's Defense of Special Creation,' *Christian Scholar's Review*, 21, no. 1 (1991): 168.
19) Ernan McMullin, 'Varieties of Methodological Naturalism,' in *The Nature of Nature: Examining the Role of Naturalism in Science*, Bruce L. 편집. Gordon and William A Dembski. Wilmington, DE: ISI Books, 2011, p. 83.
20) Ian James Kidd, 'Doing Science an Injustice: Midgley on Scientism,' in *Science and the Self: Animals, Evolution, and Ethics: Essays in Honour of Mary Midgley*, Ian James Kidd and Liz McKinnell 편집. New York: Routledge, Taylor & Francis Group, 2016, pp. 151-167.

2. **구원적 욕구**: 과학이나 과학으로 받아들여지는 것이 우리의 윤리적, 영적, 실존적 관심과 필요를 충족시킬 수 있다는 주장.
3. **절대주의적 욕구**: 과학에 삶과 우주와 모든 것에 대한 완전하고 절대적이고, '총체적인' 설명을 제시하는 절대적 임무를 부여하려는 충동.

그러나 이런 형태의 과학주의는 몇 가지 심각한 비판에 직면하지 않을 수 없다. 앞서 말했듯이 과학은 스스로를 확증하기 위해 자신의 권위를 전제해야 한다. 그런 면에서 과학은 어떤 실험으로도 해결할 수 없는 악순환적 논증에 갇힐 수밖에 없다. 과학주의는 사실, 자연과학에 접목된 다소 공격적인 자연주의 철학에 해당한다. 과학을 '모든 흥미로운 문제들의 궁극적인 기준과 중재자'로 간주하는 부풀려진 형태의 과학주의는 실제로는 과학에 관한 이차적인 철학적 주장에 불과하고, 이 주장은 경험적으로 검증될 수 없다. 따라서 이를 논박하려면 과학적 논증이 아닌 철학적 논증이 필요하다. 미국의 철학자 에드워드 페저(Edward C. Feser)가 주장한 바에 따르면, 과학이 이런 악순환에서 벗어나기 위해서는 지성적 특권에 대한 그럴싸한 주장을 포기하는 대가를 감수해야 한다.

> 이 순환 고리를 끊으려면 과학에서 '빠져나와' 과학 이외의 관점에서 과학이 실재에 관한 정확한 설명을 제시한다는 것을 밝혀야 한다. 만일 과학주의를 정당화할 수 있다면, 오직 과학만이 그렇게 할 수 있다. 그러나 과학 이외의 관점이 존재한다는 사실 자체가 오직 과학만이 객관적인 실재를 탐구하는 합리적인 수단을 제공한다는 주장이 틀렸음을 입증할 것이다.[21]

---

21) Edward H. Feser, *Scholastic Metaphysics: A Contemporary Introduction*, Heusenstamm: Editiones Scholasticae, 2014, pp. 10–11.

과학자가 아닌 사람들은 과학주의의 그런 주장을 오만하다고 생각할 것이다. 예를 들어, 철학자 티머시 윌리엄슨(Timothy Williamson)은 로젠버그의 접근 방식으로는 수학의 성공을 설명하기 어렵다고 지적했다. 이는 나중에 좀 더 자세히 살펴볼 것이다. "자연주의는 다른 어떤 방법보다 과학적 방법에 더 큰 특권을 부여한다. 수학은 인류 지식의 역사상 가장 놀라운 성공 이야기 가운데 하나다." 그러나 수학은 실험적이거나 경험적인 방법을 사용하지 않고, 순수한 추론을 통해 결론을 입증한다. 이것은 실재를 탐구하는 방법에 관한 로젠버그의 빈약하기 짝이 없는 설명에 잘 부합하지 않는다. 수학적인 증명은 관찰적이거나 실험적인 방법만큼이나 효과적으로 지식을 발견하는 방법이다.

아마도 더 중요한 것은 윌리엄슨이 '자연과학을 통해 모든 진리를 발견할 수 있다'는 극단적인 자연주의 주장에 의문을 제기했다는 점이다. 이런 주장을 사실로 믿어야 할 이유가 무엇인가? 그런 주장을 뒷받침해줄 근거는 무엇인가? 윌리엄슨의 지적은 논박하기가 어렵다.

> 만일 자연과학을 통해 모든 진리를 발견할 수 있다는 것이 사실이라면, 모든 진리가 자연과학을 통해 발견될 수 있다는 것도 자연과학을 통해 사실로 밝혀져야 한다. 그러나 자연과학은 모든 진리가 자연과학을 통해 발견된다는 것을 사실로 밝혀낼 수 없다. "자연과학을 통해 모든 진리를 발견할 수 있는가?"라는 것은 자연과학의 물음이 아니다. 따라서 극단적인 자연주의의 주장은 사실이 아니다.[22]

철학자 메리 미즐리(Mary Midgley)는 "과학주의의 잘못은 한 가지 형태의 지식만을 지나치게 강조한 것이 아니라, 한 형태의 지식을 나머지 지식과 단절시

---

22) Timothy Williamson, 'What Is Naturalism?' *New York Times*, 4 September 2011.

켜 그것을 다른 모든 지식을 몰아내는 승리자로 간주한 것에 있다."라고 지적했다.[23] 인간의 논의와 경험들은 매우 다양하기 때문에 그것들을 하나로 축소해야 한다고 고집스럽게 요구한다면, 그것이 과학적인 것이든 다른 무엇이든 강력한 저항에 부딪힐 수밖에 없다. 미즐리는 인간의 삶과 관련된 중요한 문제들 대부분이 서로 다른 다양한 개념적 도구 상자를 함께 사용하기를 요구한다고 주장했다. 만일 실재에 관한 하나의 관점이 규범이 되도록 허용한다면, "기이할 정도로 제한적인 가치관"[24]이 고착될 수밖에 없다. 미즐리의 접근방식은 복잡한 실재에 관한 "다채로운 지도"의 필요성을 인정한다. 단일한 접근방식만으로는 충분하지 않다. 인간의 정신으로 우주를 최대한 많이 이해하려면 각도가 서로 다른 접근방식과 탐구방법론이 필요하다.

이번 단락에서 살펴본 대로, 자연과학은 우주에 관해 제한적이지만 중요한 통찰력을 제시했으며, 그런 통찰력은 도덕철학이나 종교와 같은 다른 지식의 원천들을 통해 보완되고 더 풍요로워질 수 있다.

종교철학: 다원주의 세상에서의 신정론

"왜 세상에 고난이나 고통이 존재하는가?"라는 문제는 많은 논의의 주제가 되어 왔다. 리처드 도킨스와 다른 사람들이 지적한 대로, 생물학적 관점에서 보면 고난과 죽음은 진화과정의 불가피한 요소들이다. 그것이 곧 세상의 자연스러운 이치다. 그러나 어떤 사람들은 고난을 우리가 세상을 생각하는 방식에 심각한 영향을 미칠 수 있는 잠재적 요인으로 간주한다. 고난이 항상 존재한다는 사실은 사회학자 크리스쳔 스미스(Christian Smith)가 서구 문화 안에서 중

---

23) Mary Midgley, *Are You an Illusion?* Durham: Acumen, 2014, p. 5.
24) Mary Midgley, *Wisdom, Information, and Wonder: What Is Knowledge For?* London: Routledge, 1995, p. 199.

요한 역할을 하는 것으로 파악한 최소한 두 가지 세계관에 대해 진지한 의문을 제기한다. '진보적 세계관'을 신봉하는 사람들은 고난을 없앨 수 없는 인간의 무능력으로 인해 당혹스러울 수밖에 없다(고난의 문제는 네이팜탄이나 실험실 병원균과 같이 의도적으로 설계된 기술의 발전을 통해 야기되는 고통과 죽음으로 인해 더욱 심각해진다). 또한 '기독교적 세계관'을 신봉하는 사람들도 어느 정도의 지성적인 불편함을 느끼기는 마찬가지다. 하나님이 선하거나 완전하시다면, 세상이 지금보다 더 나아야 하지 않겠는가?

다윈의 자연선택설은 자연세계 안에서 인간이 차지하는 위치라는 매우 중요한 문제를 비롯해 종교를 향해 많은 문제를 제기했다. 그러나 다윈 자신은 진화의 과정에서 지나친 낭비가 이루어졌고, 그로 인해 고난이 발생했다고 명확히 인식했다. 그는 1860년 5월에 아사 그레이(Asa Gray)에게 보낸 편지에서 이 점을 분명하게 언급했다.

> 그러나 나는 다른 사람들이 보는 만큼 분명하게, 또 내가 마땅히 원해야 할 만큼 확실하게 우리 주위에서 설계와 시혜의 증거를 찾아보기가 어렵다고 솔직히 인정하는 바요. 내가 보기에 세상에는 불행이 너무 많은 것 같소이다. 전능하고 자애로우신 하나님이 살아 있는 애벌레들의 몸속에 알을 낳아 그것을 파먹고 살게 할 분명한 의도를 가지고 맵시벌을 계획적으로 창조하셨다거나 고양이가 쥐들과 함께 어울려 지내게 하셨다는 것은 도저히 생각하기 힘든 일이 아닐 수 없소.[25]

다윈의 진화론은 동물의 세계가 장구한 세월에 걸쳐 형성되었다고 여긴다. 그 과정에는 신정론에 관한 전통적인 접근방식의 관심 영역을 뛰어넘는 고난

---

25) Charles Darwin, *The Life and Letters of Charles Darwin*(3 vols), Francis Darwin 엮음. London: John Murray, 1887, vol. 2, p. 49.

과 낭비(중도 탈락)도 포함되어 있다. 그런데 옥스퍼드 신학자 베서니 솔레레더(Bethany Sollereder)가 최근 있었던 중요한 조정들을 통해 지적한 대로, 인간은 어떤 식으로든 그런 고난에 연루되지 않았다. 우리가 자연세계에서 관찰하는 불필요한 고난은 인간이 나타나기 수백만 년 전에 일어난 일이기 때문이다.[26] 다윈의 진화론은 고난의 범위를 진화과정 전체로 확대함으로써 기존의 문제를 더욱 크게 증폭시키는 듯 보인다. 그런 점에서 신정론의 문제(하나님이 창조하신 세상 안에 고난과 고통이 존재하는 현실을 설명하거나 정당화하는 문제)는 더욱더 중요해졌다.

그런 논의를 '자연적인 악'의 관점에서 다루는 것은 피해야 한다. 자연의 과정을 '악'으로 보는 것은 진화론적 관점에서 유지될 수 없는 판단이다. 그런 도덕적 평가는 자연적인 기준에 근거하지 않는다. 그것은 인간이 임의로 부여한 도덕적 틀이다. 물론, 지질구조판이 이동하는 현상에 의미를 부여해 '악'으로 일컬을 수도 있다. 그러나 지질구조판의 이동은 자연적 현상이다. 그것이 악이라거나 악으로 귀결된다는 부가적인 판단은 과학적 관점에서 옹호될 수 없다. 그런 판단이 이루어지는 이유는 단지 우리가 자연적인 고난을 '악'이라고 말할 특별한 도덕적 안경을 쓰고 자연을 관찰하기 때문이다.

그러나 고난과 고통이 자연세계에 내재된 측면처럼 보이는 이유를 묻고, 그것의 종교적 의미를 생각하는 일은 지극히 온당하다. 페일리는 자연에 고난과 고통이 존재하는 것을 알았고, 그 사실이 세상에 대한 신적 '설계'라는 개념 안에 만족스럽게 수용될 수 있다고 믿었다. 자연세계에 존재하는 고통은 '설계의 결함'을 나타낸다고 여겨질 수 있지만, 결함이 곧 설계의 목표는 아니다.[27] 피조세계에는 하나님의 선한 목적들이 반영되어 있다. 심지어 그런 목적들이 불완전하게 이루어지는 곳에서도 그런 사실은 변하지 않는다.

---

26) Bethany Sollereder, *God, Evolution, and Animal Suffering*. London: Routledge, 2018, pp. 116-117.

27) William Paley, *Natural Theology: Or, Evidences of the Existence and Attributes of the Deity*, 12th ed. London: Faulder, 1809, p. 467.

최근에 진화론의 관점에서 본 고난의 문제에 관한 가장 중요한 논의 가운데 하나가 영국 신학자 크리스토퍼 사우스게이트(Christopher Southgate)를 통해 이루어졌다. 그는 『피조물의 탄식(Groaning of Creation, 2008)』에서 진화와 관련된 고난의 문제를 신학적으로 철저하게 파헤쳤다. 사우스게이트는 과정사상과 같이 비삼위일체적(non-Trinitarian) 접근방식을 통해 이 문제를 다루려는 시도들이 심각한 한계를 지니고 있음을 옳게 인지하고, "피조물의 탄식"(롬 8장)이라는 바울 서신의 주제에 근거한 접근방식을 발전시켰다. 그는 기독교 전통의 핵심 개념들을 충실하게 유지하는 데 관심을 기울였기 때문에, 피에르 테일라르 드 샤르댕의 접근방식을 거부했다. 샤르댕은 하나님이 "진화적 집중화(evolutionary centration)"를 통해 영광스럽고 하나님 중심적인 진화의 정점을 이루신다고 주장했는데, 사우스게이트는 "그리스도의 십자가를 통해 시작된 하나님의 강력한 구원 행위"라는 성경적 주제가 고난의 문제와 관련해 신학적으로 훨씬 더 견고한 토대를 제공한다고 생각했다.

사우스게이트는 무로부터의 창조나 마지막 완성과 같은 삼위일체적 현실관의 주요 주제들을 통해 형성된 신학적 관점을 가지고 진화적 고난의 문제를 바라봐야 한다고 생각했다. 그러나 전통적으로 해석된 인류의 역사적 타락이라는 개념은 배제했다. 그의 삼위일체적 창조신학에는 하나님의 자기 비움의 사랑이 성육신을 위한 '케노시스(kenosis, '비움'을 뜻하는 헬라어-역주)'를 통해 표현되었다는 개념이 포함되었다. 그의 접근방식은 다음의 다섯 가지 요소를 하나로 결합한다.

1. 고통, 고난, 죽음, 소멸은 다윈의 원리에 따라 진화하는 피조물들이 겪어야 할 불가피한 과정이다.
2. 진화하는 피조세계는 하나님이 우리 주위의 생물권 안에서 모든 아름다움과 다양성과 지각력과 정교함을 만들어내는 유일한 수단이다.

3. 하나님은 지각이 있는 모든 피조물과 함께 고난받으신다. 그리스도의 십자가는 신적 동정심을 구현하고 밝히 드러낸 역사적 사건으로 해석된다. 하나님은 '탄식하는' 피조세계의 고난과 고통에 궁극적인 책임을 짊어지신다.
4. 십자가와 부활을 통해 피조세계의 변화가 시작되었고, 이 변화는 종말론적인 회복으로 피조물의 탄식이 완전히 끝나는 순간에 절정에 달할 것이다.
5. 하나님은 그 어떤 피조물도 단순한 진화적 수단이나 매개물로 간주하지 않고, 개개의 피조물을 종말론적인 완성으로 이끄신다. 인간 이외의 피조물들도 천국에서 다시 나타날 것이다.

사우스게이트의 접근방식은 통찰력이 풍부하다. 진화의 과정에서 이루어지는 가치와 반(反)가치의 변증법이 그 가운데 하나다. 이는 개별적인 동물들의 고난이라는 반가치와 그런 고난이 오히려 발판이 되어 이루어지는 종들의 생존이라는 가치를 대비시킨다. 환경윤리학자 홈스 롤스턴(Holmes Rolston)도 이보다 앞서 이와 비슷한 주장을 제기했다. 그는 진화과정의 본질적인 구조를 통해 고통과 고난이 발생할 수 있지만, 그것이 새로운 형태의 존재를 만들어냄으로써 가치를 향상시키는 도구적 역할을 할 수 있다고 말했다. 롤스턴은 "퓨마의 송곳니는 사슴의 시력을 향상시키고, 사슴의 빠른 발은 좀 더 유연한 암사자를 만들어낸다."라는 자주 인용되는 경구를 이용해 이런 일반적인 견해를 피력했다.[28]

베서니 솔레레도 비슷한 견해를 제시했다. 그녀는 하나님의 의도는 악이나 고난이 아니라, 진화과정을 통해 새롭고 더 나은 형태의 존재를 만들어내는 것이라고 말했다. 그녀는 맵시벌에 관한 다윈의 우려를 구체적으로 거론하며 그런 관찰결과를 다르게 해석하는 신학적 대안을 내놓았다.

---

28) Holmes Rolston III, 'Perpetual Perishing, Perpetual Renewal.' *Northern Review*, no. 28 (2008), 111-123; 인용된 부분은 p. 111에 있음.

하나님은 살아 있는 숙주 안에 알을 낳는 기생적인 맵시벌을 의도적으로 설계하지 않으셨다. 하나님은 단지 사랑으로 활짝 열린 가능성의 장을 창조하셨고, 맵시벌들은 그 안에서 자유롭게 원하는 대로 생존전략을 개발할 수 있었다.[29]

일반적으로, 진화적 고난을 통해 야기되는 변증학적 문제와 관련해 최근 이루어진 기독교적 성찰의 특징은 크게 세 가지 주제로 나뉜다. 이 주제들은 하나로 결합되어 일관된 논리를 형성하기도 하고, 제각기 따로따로 중요하게 취급되기도 한다.

1. 하나님은 창조된 질서 안에서 고난을 받고, 피조물의 고통을 경험하신다. 이 주제는 1970년대에 중요하게 부상했는데, 그렇게 된 데에는 위르겐 몰트만의 『십자가에 못 박히신 하나님(1974)』이 미친 영향이 주효했다. 진화과정 안에서 하나님이 고난을 받으신다는 주제는 그때까지는 과정사상의 영역에만 국한되었는데 이제는 주류 신학의 일맥을 이루었다. 하나님은 장구한 세월에 걸쳐 진행되는 세상의 창의적이면서도 희생적인 과정 안에서, 그것과 더불어, 그 아래에서 함께 고난을 받으신다. 솔레레더는 이 점을 이렇게 묘사했다. "하나님은 사랑 때문에 피조물에게 쉽게 상처를 받으신다. 이 말은 하나님이 피조물과 함께 고난을 받고 자연세계의 고통에 동참해 그것을 나누어지신다는 뜻이다."[30]
2. 우리가 이미 알듯이, 인간을 비롯해 이 정도의 다양하고 풍부한 생명이 세상 안에서 형성되려면 고통과 고난과 죽음이 반드시 필요하다. 베서니 솔레레더는 진화를 '하나님의 창조과정'으로 생각했다. "그 과정은 고난과 소멸과

---

29) Bethany Sollereder, *God, Evolution, and Animal Suffering*. London: Routledge, 2018, p. 117.
30) Bethany Sollereder, *God, Evolution, and Animal Suffering*. London: Routledge, 2018, p. 185.

죽음과 반가치가 가득하다." 발달과 경쟁의 과정을 거치지 않고서 생물학적 다양성을 이루어낼 다른 방법은 없다. 그 과정에서 어떤 종들은 멸종되어 다른 종들로 대체된다. 하나님이 진화의 신기성(novelty)을 일으키는 궁극적인 원천이시라면, 그분은 또한 불안정과 무질서와 같은 삶의 본질적인 조건들의 원인이셔야 한다. 진화과정에 대한 우리의 관찰은 제한적일 수밖에 없기 때문에 우리는 그 과정과 관련된 고통과 고난과 '반가치'가 그것을 통해 창조되는 가치의 관점에서 정당화될 수 없다고 말할 만한 위치에 있지 않다.

3. 우주는 종말론적 관점에서 바라봐야 한다. 즉 그것의 궁극적인 완성과 변화를 생각해야 한다. 고난과 악의 문제와 관련된 종말론의 중요성은 이미 오래전부터 인정되어 왔다. 많은 사람이 주장하는 대로, 우리는 새 예루살렘에서 이루어질 마지막 변화에 대한 소망을 통해 고난에 대응할 수 있다. 진화과정과 관련된 고난의 문제에 이런 신학적 틀을 적용하는 것은 매우 자연스럽다. 이것이 사우스게이트의 접근방식의 핵심 주제이다. 그는 동물세계도 전통적으로 '천국'으로 일컬어지는 우주적인 회복의 과정에 포함될 것이라고 주장했다. 우리는 세상을 세 가지 관점, 곧 창조의 영광, 십자가의 영광, 종말론적 구원의 영광의 관점에서 바라봐야 한다. "종말론적 관점, 곧 피조세계의 변화된 상태와 더불어…… 세 가지 영광이 일종의 '트리프티카(triptych, 세 폭 제단화)'를 형성한다. '세상의 영광(Gloria mundi)', 곧 아직 온전히 구원받지 못한 세상이 창조주에 관해 드러내는 것은 '십자가의 영광(Gloria crucis)'의 관점에서 점유되고 이해되어야 한다(우리는 무엇보다도 그리스도의 수난을 통해 하나님을 본다). 그리고 이것은 다시 '지극히 높은 곳의 영광(Gloria in excelsis)'으로 일컫는 것, 곧 새 창조(피조물이 더 이상 아무런 고통 없이 번성하는 시대)라는 종말론적 찬가를 통해 분명하고 확실하게 드러나야 한다."[31]

---

31) Christopher Southgate, *Theology in a Suffering World: Glory and Longing*. Cambridge: Cambridge University Press, 2018, pp. 14-15.

신학: 트랜스휴머니즘, '하나님의 형상', 그리고 인간의 정체성

조반니 피코 델라 미란돌라(Giovanni Pico della Mirandola)의 『인간의 존엄성에 관한 연설(Oration on the Dignity of Man)』과 같은 책에 표현된 고전적 휴머니즘은 인간 본성의 아름다움과 우아함을 강조하고, 육체의 복잡성과 인간의 업적들을 찬미했다. 그러나 좀 더 최근에는 인간의 본성을 '진행 중인 것, 곧 우리가 바람직한 방식으로 개조할 방법을 배울 수 있는 미완성된 초기 단계'로 간주하는 사상학파들이 생겨났다. '트랜스휴머니즘(transhumanism)'은 1957년에 줄리언 헉슬리가 과학을 통해 인간의 현재적 한계가 극복되어 궁극적인 잠재력이 발현될 것이라는 견해를 가리키려고 만든 용어였다. '포스트휴먼(posthuman)'이라는 용어는 트랜스휴머니즘의 목표가 달성되었을 때 도달할 수 있는 인간의 모습을 가리키는 의미로 사용되었다.

'트랜스휴머니즘' 운동은 과학기술을 통해 인간의 조건을 향상시키고, 인간의 지성과 체력과 심리적 능력을 증대시킬 수 있다고 주장한다. 이런 주장에 따르면, 인간은 기술의 발전을 통해 생물학적 한계를 초월할 수 있다. 그 대표적인 사례는 미래에 인간의 피에서 산소와 이산화탄소의 교환이 좀 더 효율적으로 이루어지는 인공 적혈구를 개발하는 것이다. 이런 인공 적혈구는 자연적으로 발생하는 물질과 압력에 제약을 받지 않고, 자연적인 적혈구를 훨씬 뛰어넘는 능력을 발휘할 것이다. 어떤 사람들은 인간의 이런 개입을 '신 노릇을 하는 것'으로 간주할 테지만, 인간은 이미 삶의 질을 향상시키고 그 범위를 확장하기 위해 약이나 수술 같은 과학적 수단들을 광범위하게 활용하고 있다. 진정한 문제는 트랜스휴머니즘이 기존의 관행을 확대하는 것인지, 아니면 우리를 낯설고 혼란스러운 윤리적, 사회적 영역으로 끌어들이는 새로운 접근방식인지에 있다.

트랜스휴머니즘은 종종 과학기술을 통해 인간의 자연적인 인식 능력을 증대시키면 도덕적으로 탁월해질 것이라 생각한다. 즉 파괴적인 사고와 행동으로 이어지는 인간의 이기심과 본질적인 성향은 현재의 인식적 한계에서 비롯되며 이는 우리의 인식 능력을 향상시키면 보완될 수 있다는 주장이다. 흥미롭지 않은가? 그러나 어떤 사람들은 이런 발전이 양면적 가치를 지닐 뿐 아니라 좀 더 심각한 문제를 야기할 수도 있다고 주장한다. 가장 중요하고 영향력 있는 트랜스휴머니즘 철학자 가운데 하나인 닉 보스트롬(Nick Bostrom)은 기술의 향상을 진보라는 개념과 단순하게 동일시하는 것에 의문을 제기했다.[32]

> 기술적인 능력의 확대를 '진보'로 간주하고 싶은 마음이 들기 쉽다. 그러나 이 용어에는 상황이 더 나아졌다는 평가적 의미가 함축되어 있다. 기술적인 능력이 상황을 더 낫게 만든다는 것은 개념상의 진리와는 거리가 멀다.[33]

보스트롬은 여기에서 1960년대에 빅터 퍼키스(Victor Ferkiss)가 제기한 우려를 암시하고 있다. 이런 발전이 기술적인 디스토피아로 귀결된다면 어떻게 될까? 1950년대와 1960년대에 미래 상황을 예측한 설명들이 대부분 그렇듯이 인류의 미래에 관한 퍼키스의 설명도 지금은 약간 순진한 측면이 있다. 그러나 그의 진정한 관심은 향후 기술의 진로를 예측하는 것이 아니라, 인간의 능력이 새로운 발전을 이루었을 때 잘 대처할 만한 지혜와 도덕적 성품을 지녔는지 하는 것이었다.

> 생각해 보라. 만일 새로운 인간이 선사시대 인간의 동물적 불합리성과 산업화시대 인간의 계산적인 탐욕과 권력욕을 결합한 상태에서 기술을 통해 신과 같은 능력을 소유하게 된다면 어떨까? 그보다 더 큰 공포는 없을 것이다.[34]

---

32) http://www.nickbostrom.com/ethics/values.html
33) http://www.nickbostrom.com/papers/future.pdf
34) Victor C. Ferkiss, *Technological Man: The Myth and the Reality*. New York: New American Library, 1970, p. 34.

루터교 신학자 테드 피터스와 같은 기독교 저술가들은 트랜스휴머니즘의 주창자들이 인간의 본성이 지닌 죄성을 충분히 진지하게 생각하지 않으며, 도덕성에 관한 인간의 신념이 얼마나 무기력한 것인지를 옳게 인식하지 못하고 있다고 우려한다.

트랜스휴머니즘의 발흥과 발전으로 인해 인간의 본성에 관한 몇 가지 근본적인 문제가 제기되었다. 그 가운데 일부는 종교적 성격을 띤 문제들이다. 기독교는 인간의 정체성과 독특성이 '하나님의 형상'을 지닌 인간성에 의해 결정되었다고 믿는다(창 1:26, 27). 이 개념은 성경 외에는 다른 어디에서도 설명되지 않는데, 이는 이 개념이 실제로 어떤 의미이고 어떤 영향을 미칠 것인지 논란이 있다고 암시한다. 이번 단락의 목적을 고려하면, "인간의 본성이 획기적으로 변화하면 하나님의 형상을 지닌 피조물로서의 인간의 정체성이 훼손될 것인가?"라는 문제에 초점을 맞출 필요가 있다.

여기서 핵심은, 인간이 '하나님의 형상'으로 창조되었다는 신학적 개념이 인간의 정체성을 고착시키는지, 아니면 인간이 창조 시 부여받은 기능들을 활용해 변화를 일으킬 수 있다는 의미인지 하는 것이다. 물론 인간의 물리적, 문화적, 정신적 변화가 신성에 대한 배반이라고 생각하는 사람은 거의 없다. 기독교 신학의 발전과정을 돌아보면 '하나님의 형상'이라는 개념이 크게 네 가지로 이해되었던 것을 알 수 있다. 이 문제를 좀 더 깊이 탐구하려면 이 점을 잠시 생각해 보아야 한다.

1. **하나님의 주권**: 구약성경 학자 게르하르트 폰 라트(Gerhard von Rad)는 고대 근동 지역에서는 '형상'을 뜻하는 히브리어 '셀렘(selem)'이 통치자의 권위를 나타내는 공적인 표시의 관점에서 이해되었다고 주장했다. 예를 들어, 이 용어는 왕의 통치권을 상징하는 형상이나 조각상을 가리키는 의미로 사용되었다(다니엘서 3장 1-7절에 묘사된 느부갓네살의 금 신상이 대표적인 사례). '하나님의 형상'

도 인류에 대한 하나님의 권위를 상기시키는 역할을 할 수 있다. 즉 '하나님의 형상'으로 창조되었다는 것은 하나님 앞에서 책임 있게 행동해야 한다는 의미로 이해할 수 있다.

2. **하나님과 인간의 일치**: '하나님의 형상'이라는 개념은 인간의 이성과 창조주이신 하나님의 합리성의 일치를 가리키는 의미로 이해할 수 있다. 이런 이해에 따르면, 세상의 구조와 인간의 이성적 추론은 서로 공감을 일으킨다. 이런 접근방식은 특히 아우구스티누스의 주요 신학저술인 『삼위일체론(On the Trinity)』에 잘 드러나 있다. "창조주의 형상을 인간의 이성적이고 지성적인 영혼 안에서 발견할 수 있다.…… 인간의 영혼은 이성과 지성을 사용해 하나님을 보고 이해할 수 있도록 하나님의 형상대로 창조되었다." 아우구스티누스에 따르면, 우리는 피조세계를 성찰함으로써 하나님을 발견할 수 있는 지성적인 기능을 부여받았다. 아우구스티누스는 '하나님의 형상'의 합리적인 측면에 초점을 맞추었지만, 라인홀드 니부어(Reinhold Niebuhr)와 같은 저술가들은 그것을 인간의 자기 초월적 능력을 가리키는 의미로 이해했다.

3. **형상과 관계성**: 세 번째 접근방식은 '하나님의 형상'이 하나님과 관계를 맺는 능력을 가리킨다고 주장한다. '하나님의 형상'으로 창조되었다는 것은 하나님과 관계를 맺을 수 있는 잠재력을 지녔다는 의미다. 여기에서 '형상'은 하나님이 특별한 목적(자신과의 관계)을 위해 인간을 창조하셨다는 개념을 담고 있다. 이 주제는 기독교의 영성과 관련해 중요한 역할을 한다. 우리의 존재 목적은 창조주요 구원자이신 하나님과 관계를 맺기 위해서다.

4. **형상과 이야기**: 인간의 가장 큰 특징 가운데 하나는 개인과 공동체의 정체성을 보호하고, 기억을 보존하며, 세상을 이해하기 위해 이야기를 전하는 것이다. 톨킨(J. R. R. Tolkien, 1892-1973)은 이런 능력을 뒷받침하는 신학적 근거가 있다고 주장했다. 다시 말해, 우리는 우리 안에 이야기의 형판을 지닌 채 창조되었다. 곧 하나님의 형상이 우리가 창안하는 이야기 안에 각인되고 반영

되어 있다는 뜻이다. 의미 있는 이야기를 전하려는 인간의 본능은 기독교의 창조교리에 근거하며, 이는 이야기를 좋아하는 우리의 성향을 설명하는 신학적 근거를 제공한다. 아마도 가장 중요한 점은 이 접근방식이 인간의 창의성이 지니는 중요성을 강조한다는 것이다. 톨킨은 인간이 하나님과 '공동 창조자'가 되어 현실 세상과 상상의 세상을 건설한다는 관점에서 이런 개념을 제시했다.

그렇다면, 이처럼 폭넓은 의미를 지닌 '하나님의 형상'이란 개념이 기술문명의 향상과 인간의 정체성에 관한 종교적 접근방식의 상호 관계를 생각하는 데 미치는 영향은 무엇일까? 지금부터는 과학과 종교라는 분야에 특별한 관심을 기울인 루터교 신학자 두 사람의 접근방식을 잠시 살펴볼 생각이다. 한 사람은 '종교와 과학을 위한 자이곤 센터(the Zygon Center for Religion and Science)'의 책임자를 역임했고, 시카고 루터교 신학교에서 조직신학 명예 교수로 활동하는 필립 헤프너(Philip Hefner)이고, 다른 한 사람은 캘리포니아주 버클리에 있는 퍼시픽 루터교 신학교에서 조직신학 교수로 일하는 테드 피터스다.

필립 헤프너는 『인간적 요인(The Human Factor, 1993)』이라는 영향력 있는 책에서 기독교의 인간론이 "창조된 공동 창조자(created co-creator)"라는 개념에 근거하고 있다고 설명했다. 그는 오늘날에 통용될 수 있는 인간론은 하나님이 인간을 공동 창조자로 창조하셨다는 개념에 근거해야 한다고 생각했다. 하나님은 인간에게 단지 여러 가지 기능을 부여한 것에 그치지 않고, 자신의 자유를 선택하고 창조해 나가도록 부르셨고, 또 그런 능력을 허락하셨다. 자연선택의 과정은 처음부터 그 안에 앞으로 창조의 자유를 발현할 잠재력을 내포하고 있었는데, 인류가 출현한 그 시점이 곧 피조세계가 자유를 선택한 시점이었다.

테드 피터스는 특히 '예변적인(proleptic)' 신학적 견해를 통해 이 개념을 좀 더 발전시켰다. 피터스는 자연을 하나님의 "연속적인 창조물(creatia continua)"로 간주해야 한다고 주장했다. 창조는 사건이자 과정이기 때문에 창조의 과정은 지금도 여전히 진행되고 있다. 피터스는 이 점을 더욱 발전시키기 위해 '창조'에 관한 두 가지 이해를 구별했다. 하나는 모든 것이 처음에 창조되어 미리 정해진 최후의 목표를 향해 나아간다는 '선성적(先成的)' 창조이다. 다른 하나는 창조의 과정은 미리 정해졌다기보다 열린 미래로 나아가는 진정한 혁신을 일으킬 능력을 가진다는 '후성적(後成的)' 창조이다. 인간도 자기 자신을 비롯해 창조의 미래를 형성하는 과정에 참여한다. 따라서 피터스는 진화의 과정 안에서 그리스도의 사역에 동참함으로써 더욱 인간답게 변화되면서 하나님의 형상을 닮아가는 것이라고 말했다.

기술이 이런 발전과 향상의 과정에 역할을 하는 것은 분명하다. 예를 들어, 헤프너는 하나님이 우리에게 자기 초월의 능력과 열망을 부여하셨다고 주장했다. 우리는 새로운 미래를 상상할 수 있고 실현할 수 있다. 그러나 헤프너와 피터스 모두 기술이 남용될 수 있다는 것을 의식했다. 헤프너는 인간 본성의 부패한 측면과 그것이 인간의 도덕적 능력과 인간이 열망하는 목적에 미치는 영향을 인정했다. 인간의 창의적인 과정이 항상 하나님의 목적에 부합하는 것은 아니다. 인간의 문화적 태도와 기술적 능력은 때로 세상을 위기에 빠뜨리는 역할을 해왔다. 인간의 창의적 능력은 '하나님의 형상'의 한 가지 측면, 또는 한 가지 요소일 뿐이다. 그리스도 안에서 구현되고 밝히 드러난 대로, 이 개념에는 하나님의 목적에 부합하는 삶과 행위가 내포되어 있다.

헤프너와 피터스 둘 다 트랜스휴머니즘에 관해 우려를 표명했지만, '하나님의 형상'에 관한 그들의 이해, 특히 인간이 창의력을 활용해 피조세계와 인간의 상황을 개선하면서 미래를 향해 나아가야 한다는 견해는 기독교와 트랜스휴머니즘이 서로 만날 수 있는 여지를 만든다(물론, 창의력을 발휘한다고 해도 인간은 여전히 인간이다).

수학: 과학과 하나님의 언어

우주는 우리가 부분적으로 이해하여 수학적으로 나타낼 수 있다. 이는 자연과학의 근본 요소로서 많은 점에서 참으로 놀라운 결과가 아닐 수 없다. 우주는 법칙에 지배될 뿐 아니라 우리는 그런 법칙을 이해할 수 있다. 우주를 그 자체로 작동하도록 놔두면 "사물들의 의미와 이유를 찾을 수 있는 의식적인 존재들을 만들어낼 것"이라는 개념은, 철학자 로저 스크러튼(Roger Scruton)이 말한 대로 참으로 놀라울 뿐 아니라 합리적인 설명을 요구한다.[35] 양자론에 관한 책으로 유명한 영국의 이론물리학자 존 폴킹혼은 이런 관찰결과의 진기함과 그 잠재적 의미를 모두 강조한 많은 사람 가운데 하나다. 과학자들은 세상을 이해할 수 있다고 생각하는 데 익숙하기 때문에 대부분이 이를 당연시했는데, 결국은 그것이 과학을 가능하게 했다. 그러나 폴킹혼은 상황이 매우 달라졌을 수도 있다고 지적했다. "우주는 질서 있는 체계가 아닌 무질서한 혼돈이거나 우리가 이해할 수 없는 합리성을 지녔을 수도 있다."[36]

특히 궁금한 것은 우주의 심층구조가 수학적으로 표현될 수 있는 이유다. 어떻게 다루기 힘든 큰 대양과도 같은 우주를 얕고 잔잔한 연못과 같은 수학으로 나타내는 것이 가능할까? 이론물리학자이자 노벨상 수상자인 유진 위그너(Eugene Wigner)는 "수학의 믿기 어려운 효율성(The Unreasonable Effectiveness of Mathematics)"이라는 논문에서 이 주제를 다루었다. 이 논문의 마지막 문장 가운데 하나가 이런 "기적(수학이라는 언어가 물리학의 법칙들을 공식화하는 데 매우 적절하다는 사실)"의 의미를 분명하게 언급한다. 위그너는 이를 "우리가 이해할 수도 없고, 받을 자격도 없는 놀라운 선물", 즉 설명이 필요한 신비로 간주했다.[37]

---

35) Roger Scruton, *The Face of God*. London: Bloomsbury, 2014, p. 8.
36) John Polkinghorne, *Science and Creation: The Search for Understanding*. London: SPCK, 1988, p. 20.
37) Eugene Wigner, 'The Unreasonable Effectiveness of Mathematics.' *Communications on Pure and Applied Mathematics*, 13 (1960): 1-14.

과학자들은 수학을 길잡이로 사용해 세상의 복잡성을 이해하려고 노력한다. 때로는 실용적인 의도 없이 개발된 추상적인 수학이론들이 강력한 예측력을 지닌 물리적 모형으로 드러나기도 한다. 그러나 우리는 이런 사실에 너무나 익숙한 나머지 이를 '기이하게' 여기지 않는다. 폴킹혼은 "인간의 생각과 우주가 그토록 뚜렷한 일치를 이루는 것"을 매우 놀라워했다. 수학(우리 안에서 경험하는 합리성)이 우주의 심층구조(우리 밖에서 관찰되는 합리성)와 그토록 밀접하게 일치하는 이유는 무엇일까? 이 기이한 관찰결과를 어떻게 설명할 수 있을까?

한 가지 가능한 설명은 이것이 기적에 가까운 매우 특별한 행운이라는 것이다. 인간의 생각을 자유롭게 탐구한 결과로 생겨난 수학이 우리를 둘러싼 물리적인 세계의 구조와 그런 관계를 맺을 이유가 무엇인가? 어떤 사람들은 너무 깊이 생각할 필요가 없다면서 그런 이치가 통하면 그것으로 족하다고 말한다. 그러나 대다수 사람들은 이 신비를 설명해야 한다고 생각할 것이다. 알베르트 아인슈타인은 "우주와 관련해 가장 이해할 수 없는 사실은 그것을 이해할 수 있다는 것이다."라고 말했다.[38] 아인슈타인은 세상을 이해할 수 있는가에 관한 질문이 과학에 의해 제기되었지만, 다른 도움 없이 과학의 능력만으로는 거기에 대답할 수 없다고 믿었다.

이것은 철학자 루드비히 비트겐슈타인이 주목한 대표적인 난제였다. 그는 체계의 '의미'는 체계 '안에서' 발견되지 않는다고 옳게 지적했다. 과학은 심원한 질문들을 제기하는 데 매우 능하지만, 그에 대한 대답들은 과학적 방법의 한계를 넘어서는 것으로 드러난다. 그렇다면, 위그너가 "그런 작은 그림들을 단일한 단위로 일관되게 통합하는 그림"이라 부른 것이 이러한 관찰결과를 수용할 수 있을까? 어떤 사람들은 설명해야 할 것이 있다는 주장 자체를 의문시할지도 모른다. 그들은 우리가 세상에 의미와 구조를 부과한다는 점에서 수

---

38) Albert Einstein, 'Physics and Reality' (1936); *in Ideas and Opinions*. New York: Crown Publishers, 1954, p. 292.

학이 기본적인 물리학이론에서 차지하는 역할은 단순한 체계화에 불과하다고 주장한다. 우주 자체 안에는 특별한 수학적 질서가 존재하지 않는다. 인간의 정신은 사물들을 체계화하기 좋아한다. 우리는 현실 위에 수학적인 그물을 던져 거기에 우리 자신의 질서를 부여한다. 이 그물이 질서를 창조하고, 부여한다. 그런 질서는 실제적인 것이 아닌 창안된 것이다.

그러나 로저 펜로즈(Roger Penrose)를 비롯한 여러 학자가 지적했듯이, 창안된 질서를 부여한다는 개념은 우리가 이해한 가장 뛰어난 물리이론들이 물질적인 우주의 근본적인 작동방식과 놀라울 정도로 정확하게 일치하는 이유를 설명하지 못한다. 펜로즈는 뉴턴의 중력이론은 이미 놀랍도록 정확했지만, 아인슈타인이 이를 개선해 일반상대성이론으로 발전시켰다고 지적했다. 뉴턴의 이론은 태양계의 작동방식을 거의 100분의 1에 가깝도록 정확하게 묘사했다. 아인슈타인의 이론은 훨씬 더 정확할 뿐 아니라, 블랙홀이나 중력파와 같은 전혀 새로운 결과들을 예측했다.

인간의 정신은 단순히 이미 알려진 것을 설명하는 데 그치지 않고, 아직 발견되지 않은 것을 예측하는 이론들을 발전시킬 수 있다. 이는 대니얼 데닛(Daniel Dennett)이나 리처드 도킨스 같은 저술가들이 매우 설득력이 있다고 생각하는 형이상학적 다윈주의를 고려할 때 특히 더 중요하다. 데닛은 도덕성과 종교를 비롯한 인간의 사고 체계가 과거의 진화과정을 통해 형성되었다고 주장한다. 인간은 그런 사실을 모른 채 유전적인 역사의 포로가 되어 인간의 생존 욕구를 통해 형성된 사고 체계에 갇혀 있다. 데닛은 다윈주의를 "모든 것을 녹이는 산(universal acid)", 곧 종교와 윤리를 부식시켜 현재에 더 이상 존재하지 않는 과거의 유골을 드러내는 자연주의 철학으로 간주했다. 물론, 데닛의 비판자들은 그런 생각이 철학에 부정적인 영향을 미쳤다고 지적했다. 인간의 합리성이 과거의 진화과정에 근거한다면, 그것을 철학적으로 활용해야 할 이유가 무엇인가?

만일 데닛의 부풀린 다윈주의가 옳다면, 인간의 생각은 생존 필요성에 대한 반응으로 진화되었다고 할 수 있다. 그렇다면 생각해 보자. 자신의 유전자를 재생산하려는 목적이 전부라면 단지 치명적인 실수를 너무 자주 저지르는 것만 피하면 될 텐데, 인간의 정신이 굳이 실재에 관한 심오한 지식, 곧 우주의 근본적인 구조와 같은 지식을 습득할 능력을 지닌다고 생각해야 할 이유가 무엇인가? 우리가 지금처럼 풍부하고 복잡한 수학적 이론들을 발전시키고, 우주의 기원에 관해 생각하고, 현실의 심층구조를 수학적으로 나타낼 능력을 지니게 된 이유를 진화론은 설득력 있게 설명하지 못한다.

17세기에 많은 유수한 과학자들이 수학을 "자연적인 언어" 또는 "자연의 언어"로 생각하기 시작했다. 이런 생각이 요하네스 케플러(1571-1630)의 글에서 분명하게 발견된다. 그는 기하학을 마치 그 창조자처럼, 하나님과 같이 영원히 공존하는 우주의 원형으로 간주했다. 그는 『세상의 조화(Harmonices Mundi, 1619)』에서 기하학은 하나님의 생각에서 기원했기 때문에 창조된 질서가 그 형태에 순응할 것이라 예측할 수밖에 없다고 주장했다.

> 기하학은 태초부터, 심지어는 태초 이전부터 신적 사고의 일부였다(왜냐하면, 하나님에게서 나온 것은 무엇이든 다 그분 안에 있는 것일 테니까). 따라서 하나님은 기하학을 세상 창조의 원형으로 이용하셨고, 그분의 형상으로 창조된 인간에게도 그것이 전이되었다.[39]

갈릴레이의 글에서도 이와 비슷한 내용이 발견된다. 그는 우주를 수학이라는 언어로 기록한 책으로 간주했다.

---

39) Johann Kepler, *Gesammelte Werke* (22 vols). Munich: C. H. Beck, 1937-83, vol. 6, p. 233.

우리의 눈앞에 항상 펼쳐진 저 큰 책에 철리(Philosophy)가 기록되어 있다(나는 지금 우주에 관해 말하고 있다). 그러나 그것을 기록한 문자를 해석하고 그 언어를 이해하는 방법을 배우지 않으면 그 이치를 알 수 없다. 우주의 철리는 수학이라는 언어로 기록되었고, 그 문자들은 삼각형과 원형을 비롯한 기하학적 문양들이다. 그것들이 없으면 인간은 그 언어를 단 한마디도 이해할 수 없다.[40]

이 인용문에 명백히 드러난 대로, '자연을 수학화하려는' 경향이 차츰 커진 사실에는 수학이 '자연의 책'을 기록한 언어라는 신념이 반영되어 있다.

르네상스시대의 뛰어난 과학자들 가운데는 신학이 세상을 이해하는 상상력의 틀을 제공한다고 생각했던 사람들이 많았다. 특히 그들은 인간이 '하나님의 형상'을 지니고 있다는 개념이 피조세계 안에서 하나님을 발견하려는 성향이나 능력을 포함한 중요한 인식론적 결과를 가져온다고 믿었다. '하나님의 형상'이라는 성경적 개념은 기독교 신학의 전통 안에서 중요한 발전을 거듭했다. 기독교 신학은 그것을 세상에 관한 유신론적 설명을 뒷받침하는 이성적이고 상상적인 틀로 간주했다. 빅토리아시대의 위대한 경험주의 철학자 윌리엄 휴얼도 이와 비슷한 견해를 취했다. 그의 귀납적인 과학적 방법에는, 과학을 체계화할 때 사용되는 '근본적인 개념들'이 하나님이 물리적인 우주를 창조할 때 사용하셨던 개념들을 닮았다는 그의 신념이 반영되어 있다. 휴얼은 하나님이 인간의 정신을 그런 개념들이 내포되도록 창조하셨기 때문에 "인간의 정신은 세상과 일치할 수 있고, 또 일치해야 한다."고 생각했다.[41]

'사물들을 끼워 맞춰' 그것들이 보다 큰 전체의 상호연결된 부분인 것을 보여주는 이론의 힘(사물을 보는 방법)은 거기에 담긴 진리를 나타낸다고 널리 인정

---

40) Galileo Galilei, *Opere* (20 vols). Florence: G. Barb+ +ra, 1929, vol. 6, p. 232.
41) William Whewell, *On the Philosophy of Discovery: Chapters Historical and Critical*. London: John W. Parker, 1860, p. 359.

받고 있다. 물론 엄밀히 말해 이것이 논리적 또는 수학적 의미에서 그 이론을 증명하는 것은 아니다. 그러나 과학적 설명과 관련된 가장 근본적인 쟁점 가운데 하나는 관찰결과가 특정한 사고 체계 안에 만족스럽게 수용될 수 있느냐는 것이다. 유신론적인 관점만이 말이 된다는 것은 결코 아니다. 다양한 형태의 플라톤주의도 인간의 가장 깊은 정신적 구조를 드러내는 이 놀랍고도 마술과 같은 수학의 능력을 설명하는 틀을 제공할 수 있다. 이것이 수학자들을 위한 기본적인 형이상학적 입장으로 종종 간주되는데, 충분히 그럴 만하다. 그러나 모든 과학자는 모든 관찰결과에 관해 다양한 이론적 해석이 존재한다는 점을 잘 알고 있다. 가능한 설명이 많다. 문제는 그 가운데 무엇을 최상의 것으로 받아들일 수 있느냐는 것이다. 신이라는 개념은 많은 사람들이 세상을 바라보고 그 안에서 수학의 위치를 이해하는 가장 단순하고 정연하고 만족스러운 방법 중 하나다.

물리학: '인류원리'는 종교적인 의미를 지니는가?

과학과 종교의 대화를 위한 가장 중요하고 유익한 가능성 몇 가지가 현대 물리학과 우주론을 통해 제시되었다는 것이 일반적인 견해다. 이번 단락에서는 서로 연관된 두 가지 논제, 즉 '빅뱅'과 '인류원리'에 초점을 맞춰 몇 가지 내용을 살펴볼 생각이다.

앞서 살펴본 대로, 우주에 시작이 있다는 것이 일반적인 견해다. 이는 우주가 창조되었다는 기독교적 개념과 최소한 어느 정도 일치한다. 우주의 시작을 인정하는 것이 반드시 우주가 창조되었다는 의미를 함축하지는 않는다. 그러나 헝가리의 철학자이자 신부인 스탠리 재키(Stanley L. Jaki)와 같은 저술가들은 창조가 기원의 개념을 가장 분명하게 함축한다고 주장한다. 이 논쟁을 다룰 때 특별히 중요한 요소 가운데 하나는 지금부터 살펴보게 될 '인류원리'다.

다양한 저술가들이 다양한 방식으로 '인류원리'라는 용어를 사용하지만, 이 용어는 일반적으로 자연의 질서 안에서 발견되는 놀라울 정도의 '미세조정'을 가리키는 의미로 사용된다. 미국의 물리학자 폴 데이비스는 특정한 기본상수들의 놀랄 만한 수렴은 풍부한 종교적 의미를 지닌다고 주장했다. "자연이 자신의 기본상수에 할당한 수치들의 기적과도 같은 일치성은 우주의 설계를 뒷받침하는 가장 강력한 증거가 아닐 수 없다."

인류원리를 가장 접근하기 쉽게 소개한 내용이 존 배로(John D. Barrow)와 프랭크 티플러(Frank J. Tipler)가 1986년에 펴낸 연구서 『인류 우주 원리(The Anthropic Cosmological Principle)』라는 책에서 발견된다. 이 원리를 뒷받침하는 기본적인 관찰결과가 다음과 같이 진술되었다.

> 20세기 물리학의 가장 중요한 결과 중 하나는, 자연세계와 그 기본요소들의 불변적인 특성이 존재하며, 이는 사실상 모든 구성 요소의 총 크기와 구조를 상당히 필연적인 것으로 만든다는 사실을 점차 깨달은 것이다. 항성과 행성은 물론 사람의 크기도 무작위적이지 않으며, 수많은 가능성 속에서 이루어진 다윈주의의 선택과정의 결과 역시 아니다. 이를 포함해 우주의 다른 총체적인 특징들도 필연성의 결과물이다. 경쟁적으로 끌어당기고 밀어내는 인력과 척력들이 가능하게 한 평행 상태의 발현이다. 이처럼 자연의 통제하는 힘이 가진 고유한 강도는 우리가 '자연의 상수(constants of Nature)'라고 부르는 순수한 수의 신비로운 집합으로 결정된다.

이 요점의 중요성이 버나드 카(B. J. Carr)와 마틴 리스(M. J. Rees)가 1979년에 유력한 과학전문지 「네이처(Nature)」에 발표한 중요한 비평 논문에 잘 드러나 있다. 리스는 자연의 비율, 특히 질량과 길이의 비율은 대부분 몇 개의 물리적 상수에 의해 결정된다고 지적했다. 이들은 "우리가 우주 안에서 진화했다고 알고 있는 생명체의 존재 가능성은 몇 개의 물리적 상수들의 값에 달렸는데, 어떤 면에서는 놀라울 정도로 그 수치에 민감하다."라고 결론지었다. 특히 중요한 역할을 하는 상수들은 전자기 미세구조상수, 중력 미세구조상수, 전자 대 양성자의 질량비 등이다. 기본우주상수의 '미세조정' 사례는 다음과 같다.

1. 만일 강한결합상수가 아주 조금이라도 더 작았다면, 우주에는 수소만 존재했을 것이다. 우리가 알고 있는 생명체의 진화는 탄소의 화학적 속성에 근본적으로 의존하기 때문에 일부 수소가 핵융합을 통해 탄소로 전환되지 않았다면 생명체는 존재할 수 없었을 것이다. 한편, 강한결합상수가 아주 조금이라도(심지어는 2퍼센트만이라도) 더 컸다면, 수소가 헬륨으로 전환되어 오래 지속될 만한 항성들이 전혀 만들어지지 않았을 것이다. 그런 항성들이 생명체의 출현에 근본적인 영향을 미친다는 사실을 고려한다면, 그런 전환은 우리가 아는 생명체의 출현을 불가능하게 했을 것이 분명하다.

2. 만일 약한미세상수가 아주 조금이라도 더 작았다면, 우주의 초창기 역사 동안 수소가 전혀 형성되지 않았을 것이고, 결국 어떤 항성들도 존재하지 못했을 것이다. 한편, 약한미세상수가 아주 조금이라도 더 컸다면, 초신성이 생명체가 필요로 하는 더 무거운 원소들을 방출할 수 없었을 것이다. 어떤 경우든 우리가 알고 있는 생명체가 나타나지 못했을 것이다.

3. 만일 전자기 미세구조상수가 조금이라도 더 컸다면, 항성들이 행성들을 따뜻하게 하기에 충분한 열을 발산하지 못했을 것이고, 결국 우리가 아는 생명체의 형태를 유지할 만큼 충분한 온도가 형성되지 못했을 것이다. 만일 그것이 아주 조금이라도 더 작았다면, 항성들이 너무 빠르게 타버려 행성들 위에서 생명체가 진화하지 못했을 것이다.

4. 만일 중력 미세구조상수가 아주 조금이라도 더 작았다면, 항성과 행성들은 구성 물질의 합성에 필요한 중력 제약 때문에 형성되지 못했을 것이다. 한

편, 만일 아주 조금이라도 더 컸다면, (전자기 미세구조상수의 경우처럼) 형성된 항성들이 너무 빠르게 타버려 생명체의 진화가 불가능했을 것이다.

'미세조정'의 이런 증거들이 지니는 의미는 과학자와 철학자와 신학자들 사이에서 상당한 논의를 불러일으켰다. 이런 식의 조화는 매우 흥미롭고 시사하는 바가 커서 어떤 과학자들은 이런 관찰결과에 대해 종교적인 설명이 가능하다는 입장을 취하기도 한다. 프리먼 다이슨은 "우주에서 우리의 이익을 위해 서로 협력하는 물리학과 천문학의 수많은 우연성을 볼 때, 마치 우주가 어떤 의미에서 우리의 출현을 미리 알았던 것처럼 보인다."라고 말했다. 이런 다이슨의 견해는 창조주의 개념을 지지하는 일부 과학자들에게는 분명 설득력 있게 들릴 것인데도, 과학계 내에서 보편적인 동의를 얻지 못하고 있다.

인류원리는 약한 형태로 진술되었든 강한 형태로 진술되었든 상관없이 유신론적인 관점과 강하게 일치한다. 창조교리를 확고하게 믿는 유신론자(예를 들어 그리스도인)는 우주의 '미세조정' 현상을 자신의 종교적 신념을 확증할, 기대할 만한 증거로 받아들여 기쁘게 여길 것이다. 물론 이것이 하나님의 존재를 입증하는 결정적인 증거는 못 되더라도 앞으로 이 문제를 다루는 일련의 사고를 점진적으로 펼쳐나갈 때 적어도 창조주의 존재와 조화를 이룰 하나의 중요한 단서가 될 수는 있다. 이것이 테넌트(1886-1957)가 『철학적 신학(*Philosophical Theology*, 1930)』이라는 중요한 연구서에서 전개한 논증이다. 많은 사람들은 이 특정한 유형의 철학적 주장을 나타내는 '인류적(anthropic)'이라는 용어가 이 책에서 처음 사용되었다고 믿는다.

> 자연이 지성적인 설계의 결과물이라는 자연의 강력한 암시는, 세상에서 특별한 적응의 사례들이 발견되기 때문도 아니고 다양한 사례들이 발견되기 때문도 아니다.…… 그보다는 연합 또는 상호 작용을 통해 자연의 일반적인 질서

를 생성하고 유지하기 위한 수많은 협력 사례들에 있다. 제한된 사실 영역의 관찰을 기초한 좁은 의미의 이론적 논증은, 포괄적인 설계 논증이 인식 가능한 세계를 개괄한 결과라는 점에서, '광의적 목적론'이라는 용어가 적용될 만한 논증보다 훨씬 더 불안정하다.

이는 위에서 살펴본 요인들이 창조주 하나님의 존재나 성품을 입증하는 명백한 증거라는 뜻이 아니다. 그런 식의 주장을 펼치는 종교사상가들은 거의 없다. 그러나 분명한 것은 그런 요인들이 유신론적 세계관과 일치한다는 것이다. 이 요인들은 유신론적 세계관 안에 가장 자연스럽게 수용될 수 있다. 이미 유신론적 세계관을 신봉하는 사람들은 그것들을 통해 자신의 세계관의 타당성을 강화할 수 있고, 아직 유신론적 입장을 취하지 않는 사람들 앞에서 그것들을 변증의 소재로 활용할 수 있다.

그렇다면 종교적인 관점을 견지하지 않는 사람들은 어떨까? 하나님의 존재나 본질, 우주의 신적 설계 등에 관한 오랜 논쟁에서 '인류원리'는 어떤 위치를 차지할까? 공격적인 반종교적 견해를 지닌 물리 화학자 피터 앳킨스는 세계의 '미세조정'이 기적처럼 보이지만, 좀 더 엄밀하게 살펴보면 자연주의적인 관점에서 충분히 설명할 수 있다고 주장했다.

'다중우주론'은 또 어떨까? 이 논쟁은 해결책의 징후조차 없이 계속되고 있다. 이 논쟁의 핵심은 우주가 하나만 존재하느냐, 아니면 여러 개 존재하느냐 하는 것이다. 다양한 우주의 가능성은 앨런 구스(Alan Guth)가 1981년에 처음 제안한 '인플레이션 우주(inflationary universe)'라는 개념에서 비롯했다. 우주에서 관찰된 속성을 이론적으로 이해하는 한 가지 방식은 우주가 시작될 때 1초의 10조 분의 1도 못 되는 순간에 거대한 팽창을 일으켰다는 것이다. 이는 다양한 우주가 생겨났다는 개념을 끌어들였다. 이런 접근방식에 따르면, 우리가 생물학적으로 우호적인 속성을 지닌 우주에 살게 된 것은 순전히 우연이다.

우리는 이런 조건들이 적용되지 않은 다른 우주들에 거주하지도 않고, 그것들을 관찰하지도 못한다. 우리의 통찰력은 '관찰 선택 효과(observation selection effects)'의 제한을 받는데, 이는 우리가 생명체를 사랑하는 우주에 살기 때문에 마치 온 우주가 그런 속성을 소유하는 줄 착각하는 경향이 있다는 뜻이다. 어떤 사람들은 생명체에 적대적인 우주들이 일반일 것으로 예측된다고 주장한다. 결국 우리는 이례적인 우주에 우연히 존재하게 된 것이고, 우리의 우주가 지니는 속성들을 근거로 일반화를 시도하는 셈이다. 우리의 우주는 인간 친화적인 속성을 지니지만 다른 우주들은 그렇지 않을 수 있다. 이 논쟁은 앞으로도 계속될 것이고, 어떤 결과가 나올지는 불확실하다.

진화 생물학: 자연의 '설계'를 논할 수 있을까?

현대 진화 생물학에서 가장 흥미로운 논쟁 가운데 하나는 '목적론(teleology)'이란 개념과 관련이 있다. '목적, 목표'를 뜻하는 헬라어 '텔로스(telos)'에서 유래된 이 용어는 대개 '어떤 과정이 구체적인 목적을 향해 나아간다는 이론'을 가리키는 의미로 사용된다. 이 개념은 윌리엄 페일리의 『자연신학(1802)』에서 심도 있게 다루어졌다. 그는 자연이 하나님에 의해 특별한 목적을 띠고 '설계되었음(즉 계획되어 건설되었음)'을 암시하는 확실한 특징들을 드러낸다고 주장했다.

이는 지금도 여전히 흥미로운 개념으로 남아 있다. 철학자 앙리 베르그송과 진화 고생물학자 피에르 테일라르 드 샤르댕은 생물학적 진화에 근거한 삶의 철학을 발전시켰고, 그것을 일종의 목적으로 해석했다. 이번 단락에서는 생물학과 관련된 목적론의 개념이 그토록 많은 논란을 일으키게 된 이유와 또 중요한 종교적 의미를 지니게 된 이유를 잠시 살펴볼 것이다.

앞에서 신다원주의 진화론의 기본특징들을 살펴본 바 있다. 이 접근방식은 자연선택을 강조한 다윈의 견해와 그레고어 멘델(Gregor Mendel)의 유전학이론을 결합했다. 이 접근방식에서 가장 많은 논의가 이루어지는 측면 가운데 하나는 진화의 과정에 그 어떤 '목적'도 존재하지 않는다는 암묵적인 주장이다. 진화의 과정은 방향은 있을 수 있지만 목적은 없다. 이런 입장은 여러 가지 중요한 문제를 제기한다.

많은 사람이 세상에 드러난 설계의 외관을 보고 이를 토대로 종교적인 결론을 도출한다. 리처드 도킨스는 『눈먼 시계공(1986)』이라는 널리 논의되는 영향력 있는 책에서 이 문제를 다루며, 그런 결론들은 그럴듯하게 보이지만 실상은 아무 근거가 없는 오류에 지나지 않는다고 주장했다.

> 아마도 이것(설계의 외관)이 지금까지 이 세상에 살았던 수많은 사람들이 모종의 초자연적인 신을 믿는 신념을 갖게 된 가장 중요한 이유일 것이다. 다윈과 월리스가 또 다른 길, 한번 이해하면 훨씬 더 그럴듯해 보이지만 우리의 직관을 거스르는, 곧 복잡한 '설계'가 원시적 단순성에서 이루어졌다는 결론에 이르려면 매우 큰 상상력의 도약이 필요했다.

앞서 언급했듯이 도킨스가 펴낸 책의 제목은 '설계 논증'의 가장 유명한 옹호자인 윌리엄 페일리의 비유에서 영감을 받은 것이다. 페일리는 세상은 시계와 같이 그 설계와 건설의 증거를 보여준다고 주장했다. 시계의 존재가 시계공을 암시하듯이 자연에 드러난 설계의 외관은 설계자를 암시한다. 도킨스는 페일리의 비유를 깊이 음미하고 나서 이는 치명적인 결함을 지녔다고 평가했다. 그는 '설계'나 '목적'이라는 개념이 전혀 적절하지 않다고 생각했다.

> 페일리는 인간의 안구에서부터 시작해서 생명이라는 기계를 해부해 경건한 태도와 아름다운 묘사로 자신의 주장을 관철하려고 시도했다.…… 페일리의 논증은 진지하고 열정적으로 전개되었고, 당시 가장 탁월했던 생물학적 지식

에 근거했지만, 할 말을 잃게 만드는 완전한 오류에 지나지 않는다.…… 다윈이 발견한 자연선택, 곧 맹목적이고 무의식적이고 자동적인 과정, 오직 이것만이 모든 생명체의 존재와 언뜻 목적이 있어 보이는 그들의 형태를 설명해 주는 유일한 길이다. 이 과정은 아무런 목적도 염두에 두지 않으며, 어떤 정신이나 심안(心眼)도 지니지 않고, 미래를 위한 계획도 세우지 않는다. 이 과정은 그 어떤 통찰력과 예지력과 판단력도 없다. 만일 이 과정이 자연 속에서 시계공의 역할을 한다면, '눈먼 시계공'의 역할을 할 뿐이다.

이처럼 자연선택의 과정은 방향도 없고 목적도 없다. 여기에서 '선택'은 어떤 종이 동일한 환경에서 다른 종들과 격렬하게 경쟁하며 생존을 위해 싸우다가 특정한 자연적 요인으로 인해 스스로를 지키지 못하고 사라지는 자연적 경향을 의미한다.

저명한 분자생물학자들이 쓴 책들 가운데서도 목적론을 강력하게 반대하는 내용들이 발견된다. 아마도 그 가운데 가장 중요한 책은 자크 모노(Jacques Monod, 1910-1976)의 『우연성과 필연성(Chance and Necessity, 1971)』일 것이다. 모노는 진화적 변화가 우연히 일어났으며, 필연적으로 영속화되었다고 주장했다. 프린스턴의 생물학자 피텐드리히(C. S. Pittendrigh, 1918-1996)는 "목적 지향성을 인정하고 묘사하는 것"은 목적론을 신봉하는 것과는 아무런 상관이 없음을 강조하기 위해 1958년에 '목적론적 법칙(teleonomy)'이라는 용어를 생물학에 처음 도입했다. 모노는 이 개념을 더욱 발전시켜 진화 생물학에서는 '목적론'이라는 용어 대신 '목적론적 법칙'이라는 용어를 사용해야 한다고 주장했다. 모노는 이 용어를 사용해 진화과정의 기초가 되는 역학구조를 찾아내 분명하게 밝히는 것이 진화 생물학의 목표라는 점을 강조하고자 했다. 진화과정을 지배하는 역학구조는 흥미롭지만 아무런 목적이 없다. 따라서 진화와 관련해 '목적'을 의미 있게 논하기는 불가능하다.

그러나 생물학자이자 철학자인 아얄라(1934년 출생)는 목적론적 설명의 개념이 실제로는 현대 생물학에서 매우 중요하다고 주장했다. 살아 있는 유기체의 지체들이 수행하는 익숙한 기능적 역할을 설명하고, 자연선택에 관한 설명에서 핵심이 되는 생식적 적합성의 목적을 묘사하려면 이 개념이 필요하다.

목적론적 설명은 하나의 체계가 방향성을 띠고 조직화된다는 의미를 함축한다. 그런 점에서 목적론적 설명은 생물학과 인공두뇌학의 영역에서는 적절하지만, 물리학의 돌의 하강과 같은 현상에서는 아무런 의미가 없다. 더욱이 가장 중요한 것은 목적론적 설명이 궁극적으로 그런 목적의 '존재'나 그 목적을 돕거나 그 목적에 이르는 과정을 설명하는 근거가 된다는 점이다. 물고기의 아가미에 관한 목적론적 설명에는 아가미가 호흡이라는 목적에 알맞기 때문에 존재하게 되었다는 의미가 담겨 있다. 만일 이 추론이 정확하다면, 생물학에서 목적론적 설명은 허용될 뿐 아니라 필수불가결하다고 말할 수 있다.

이처럼 아얄라는 생물학의 궁극적인 설명자료인 자연선택 자체를 두 가지 이유에서 목적론적 과정으로 이해했다. 첫째는 자연선택이 생식적 효율성을 증대하려는 목적을 향해 나아가기 때문이고, 둘째는 목적을 지닌 장기들을 만들어내고 그것을 위해 필요한 과정들을 이루어내기 때문이다. 현대 생물학, 특히 진화 생물학을 다룬 철학의 창시자로 널리 인정받는 에른스트 마이어(Ernst Mayr, 1904-2003)는 생물학에 목적론적 설명을 적용하는 것에 대한 전통적인 반론을 네 가지로 정리했다.

1. 목적론적 진술이나 설명은 검증할 수 없는 목적론적 교리나 형이상학적 교리를 과학에 적용한다. 마이어는 베르그송의 "생의 충동(*éllan vital*)"이나 한스 드리슈(1867-1941)의 "엔텔레키(entelechy)"의 개념을 염두에 두고 말했다.

2. 무생물에 똑같이 적용할 수 없는 생물학적 현상에 관한 설명을 받아들이는 것은 곧 물리 화학적 설명을 거부하는 것이다.
3. 미래의 목적이 현재 사건의 원인이라는 가설은 공인된 인과성의 개념과 양립할 수 없다.
4. 목적론적 용어는 부적절한 의인화로 이어지기 쉽다. '목적이 있는', '목적 지향적인'과 같은 용어를 사용하는 것은 목적이나 계획과 같은 인간적 속성들을 유기적 구조물에 전이하는 결과를 낳는다.

이런 반론들을 비롯한 여러 가지 반론들 때문에 생물학에서 목적론적 설명을 사용하는 것은 '반계몽주의의 한 형태'로 널리 간주되었다. 그러나 아이러니하게도 생물학자들은 계속해서 목적론적 용어를 사용하고 있고, 그것이 방법론적 측면에서나 발견을 돕는 측면에서 적절하고 유익하다고 주장한다.

그러나 마이어가 올바르게 관찰한 대로, 자연에는 목적이나 목표에 이르려는 과정과 활동들이 차고 넘친다. 그런 현상들을 어떻게 해석하든 간에 목표 지향적인 행위의 사례들이 자연세계 도처에서 발견된다. "아마도 목적 지향적인 과정이 일어난다는 사실이 살아 있는 체계들로 이루어진 세상의 가장 큰 특징일 것이다." 목적론적 진술을 피하기 위해 비목적론적인 형태로 재진술하면 항상 '무의미한 단조로움'으로 귀결될 수밖에 없다. 마이어는 자신의 결론에 여러 가지 제약을 두었지만, "생물학자들이 이른바 '목적론적' 용어를 사용하는 것은 지극히 정당하다. 그것은 물리 화학적 설명을 배격하거나 비인과적 설명을 함축하지 않는다."라는 결론이 적절하다고 주장했다.

물론, 진화의 과정을 의식이 있는 행위자가 목적과 결과를 염두에 두고 능동적으로 이끌었다거나 모종의 신비로운 힘이 미리 정해진 목표를 향해 나가도록 이끌었다는 개념에 관해 진지한 반론을 제기할 수 있다. 사실, 그런 반론들이 지금까지 줄곧 제기되어 왔다. 그러나 그런 식의 의인화하는 방식을 적용해서 말하고 사고하는 일이 현대 생물학의 일부 영역에서 확인된다는 점도 아울러 지적할 필요가 있다. 리처드 도킨스를 통해 대중화된 '유전자의 눈(gene's eye)'이라는 진화의 개념이 대표적인 사례다. 이 개념은 유전자를 능동적인 행위자로 상상한다. 도킨스는 "유전자를 의식과 목적을 지닌 행위자로 간주해서는 안 된다."라고 주의를 당부하면서도 자연선택의 과정은 "유전자들이 마치 목적을 지닌 것처럼 행동하게끔 만든다."라고 주장했다. 이런 의인화 화법은 복제과정의 능동적인 행위자가 아닌 궁극적으로는 수동적으로 참여하는 실체에 의도성과 능동성을 부여한다.

진화과정의 방향성에 관한 문제는 케임브리지대 진화생물학자인 사이먼 콘웨이 모리스(Simon Conway Morris, 1951년 출생)를 통해 2003년에 새롭게 재개되었다. 콘웨이 모리스는 『생명의 해결책(Life's Solution)』에서 '진화의 종결점(evolutionary endpoints)'은 한정되어 있다고 주장했다. "생명의 테이프를 원하는 만큼 여러 번 되돌려보아도 최종 결과는 거의 동일할 것이다." 『생명의 해결책』은 진화의 결과가 예측 가능하다고 강력하게 옹호한다. 모리스의 견해는 서로 다른 계통의 종들이 제각기 유사한 구조와 기능을 지닌 형태로 진화한다는 '수렴 진화' 현상에 근거한다. 그는 공중에 멈춰 떠 있는 나방들과 벌새들의 공기역학에서부터 거미를 비롯해 일부 곤충들이 실을 만들어 먹이를 잡는 것에 이르기까지 다양한 사례들을 제시했다.

진화는 비교적 적은 숫자의 가능한 결과들로 '수렴하는' 특성을 띤 것으로 보인다. 유전적 가능성은 무한하지만 '수렴 현상'이 만연하다. "진화의 경로는 많지만 목적지는 제한적이다." 어떤 목적지들은 "부적응 생명체라는 황량하고 거친 광야와도 같은 곳"을 지나면서 미리 배제된다. 생물학적 역사는 반복되는 뚜렷한 경향이 있고, 그런 과정에서 생명체도 올바른 해결책을 찾아내는 무시무시한 능력을 거듭해서 보여준다. "생명체는 적응을 시험하는 도전에 반응해 정확한 해결책을 향해 '진행하는' 기묘한 성향을 지니고 있다."

콘웨이 모리스는 이 중요한 요점을 제시하면서 독자들의 이해를 돕기 위해 비생물학적 비유를 한 가지 사용했다. 그는 폴리네시아인들이 약 1,200년 전에 '이스트섬'을 발견한 사실을 언급했다. 이스트섬은 가장 가까운 인구 거주지인 타이티섬과 칠레로부터도 최소한 3,000킬로미터나 떨어진 지구상에서 가장 한적한 장소 가운데 하나다. 그러나 이처럼 광대한 태평양에 둘러싸여 있는 장소인데도 폴리네시아인들에게 발견되었다. 콘웨이 모리스는 "이것을 순전한 우연으로 간주할 수 있을까?"라고 물었다. 그럴 수도 있지만, 아마도 그렇지 않을 것이다. 모리스는 "그것은 폴리네시아인들의 정교한 탐색전략으로 인해" 반드시 이루어질 수밖에 없었던 발견이었다고 말하며, 진화과정에서도 그와 똑같은 현상이 일어난다고 주장했다. "한적한 '섬들'은 부적응이라는 광대한 바다에서 생물학적 가능성의 항구를 제공한다." 이런 "안정된 섬들"이 수렴 진화 현상을 일으킨다.

그렇다면 이런 생각들은 어떤 신학적 의미를 지니고 있을까? 마이어가 지적했듯이, 생물학의 목적성이라는 개념에 근거한 전통적인 반론들은 대부분 과학적 관찰결과와 사고에 '선험적인' 형이상학적(유신론적) 체계가 부여됨으로써 과학적 성격을 왜곡시킨다는 신념을 반영한다. 과학적 방법론의 관점에서 본다면, 목적론에 대한 전통적인 접근방식에서와 같이 목적과 원인에 '선험적' 개념을 부여하는 것은 얼마든지 반박할 만하다. 자연과학은 앞서 형성된 목적론적 체계를 과학적 분석에 슬쩍 적용하는 것에 이의를 제기한다. 그러나 그런 체계들이 관찰결과에 관한 사색의 과정에서 생겨난 것이라면 어떨까? 그것들이 교조적인 '선험적' 가설이 아닌 '후험적' 추론의 결과라면 어떻게 될까? 콘웨이 모리스의 분석은 어떤 형태의 목적론은 관찰된 것에 관한 '최상의 설명'으로서 '후험적'으로 추론될 수 있다고 암시했다. 이를 기독교의 전통적인 섭리교리와 직접 연관시킬 수는 없지만, 개념적으로 서로 겹쳐 공명을 일으키는 것만은 분명하다.

그러나 진화과정에서 '목적'(매우 형이상학적인 개념)을 식별하고 여기서 하나님의 존재를 추론하는 문제는 주목할 만하지만 꼭 필요한 것은 아니다. 이것은 다만 종교적인 이론과 관찰결과가 상통하는 측면이 있다는 뜻이다. 헨리 뉴먼(John Henry Newman)은 은 이와 비슷한 개념을 이야기했다. "나는 하나님을 믿기 때문에 설계를 믿는 것이지, 설계의 흔적을 발견했기 때문에 하나님을 믿는 것이 아니다." 더욱이, '창조'의 개념을 단회적인 사건으로 해석할 필요는 없다. 오늘날 많은 사람이 옳게 지적하는 대로, 창조는 방향성이 있는 과정으로 이해될 수 있다. 이는 히포의 아우구스티누스(354-430)가 제시한 창조관이다. 그는 하나님이 발전하고 진화하는 내재적 능력을 지닌 세상을 창조하셨다고 말했다. 영국의 성직자 찰스 킹즐리도 1871년에 비슷한 견해를 피력했다. 그는 "하나님이 만물을 창조하실 수 있을 만큼 지혜로운 분이시라는 것은 옛적부터 잘 알려진 사실이다. 그러나 보라, 그분은 심지어 그보다 더 지혜로운 분이셔서 만물이 스스로를 창조해 나가도록 만드실 수 있다." 다시 말하지만, 지금 우리는 아직도 갈 길이 먼 논쟁을 다루는 중이다.

종교 심리학: 종교란 무엇인가?

최근 일련의 경험적 연구를 통해 특히 종교적 믿음이 행복과 관련해 중요하고 긍정적인 역할을 한다고 드러났다. 이로 인해 종교 심리학이 갈수록 중요한 분야로 부상하고 있는데, 이 학문은 전통적으로 종교적 신앙이 발전하고 성장해온 과정, 종교적 신앙이 유익할 수도 있고 해로울 수도 있는 이유, 다양한 인격적 기질과 관련된 서로 다른 종교적 반응, 종교적 경험의 기초가 되는 뇌 역학과 같은 문제들을 탐구한다.

종교에 관한 심리학적 연구는 심리학이 설명적 환원주의를 목표로 한다는 우려, 곧 종교적 신념들을 심리학으로 축소하거나 단순한 심리 현상으로 설명해 버린다는 우려 때문에 종교계 안에서 상당한 저항을 받는다. 종교에 대한 과도한 환원주의적 접근방식에서 그런 경향이 더러 확인되는 것은 틀림없는 사실이다. 잠시 후에 살펴볼 지그문트 프로이트(1865-1939)의 접근방식이 대표적인 경우다. 그러나 반드시 그런 것만은 아니다. 윌리엄 제임스(1842-1910)를 비롯한 많은 심리학자가 종교를 인정받고 존중받아 마땅한 그 자체의 진실성과 독특성을 갖춘 현상으로 간주한다. 프로이트는 종교적 신념이 깊이 뿌리박힌 망상에서 기원했다고 확신했지만, 제임스는 종교에 대해 좀 더 긍정적이고 통찰력 있는 접근방식을 제시했다.

심리학과 종교는 서로 다른 차원의 설명을 제시한다고 보는 편이 알맞다. 인간 인식과정의 몇몇 측면이 종교적 개념들이 발생하거나 유지되는 과정을 설명하는 데 도움을 준다는 주장은 어느 정도 가능하다. 그러나 심리학자 프레이저 와츠(Fraser Watts)가 지적한 대로, 그와 관련해 다양한 원인들이 있음을 인정해야 한다. 어떤 과학자들은 "A의 원인이 무엇인가? X인가, Y인가?"라고 묻는 습관에 물들어 있다. 그러나 인문과학에서는 일반적으로 다양한 원인이 가능하다. 예를 들자면, "우울증의 원인은 물리적인 요인들인가, 사회적인 요인들인가?"라는 문제를 생각해 보자. 대답은 '두 가지 모두'이다. 와츠가 지적했듯이, 그런 탐구의 역사는 "신의 계시가 실제로 존재하는지, 아니면 인간의 사고과정이나 뇌의 작동과정의 관점에서 자연스럽게 설명되는 것인지 물을 때는 신중해야 한다."라고 일깨워준다. 간략히 말하자면, 하나님, 뇌의 작동과정, 문화적 상황, 심리적 과정이 모두 인간의 종교적 경험의 원인이 될 수 있다.

지금부터는 종교에 관한 심리학적 접근방식을 몇 가지 다루면서 특히 이 분야에서 가장 중요하고 흥미로운 두 저술가, 즉 윌리엄 제임스와 지그문트 프로이트에게 초점을 맞춰 그 방식들이 이 책의 주제와 관련해 어떤 중요성을 지니는지 잠시 살펴볼 생각이다.

윌리엄 제임스는 하버드대에서 수학했고, 나중에 그곳의 심리학 교수를 거쳐(1887-1879) 철학 교수를 역임했다(1887-1897). 에든버러대의 기포드 강연을 토대로 저술한 그의 가장 영향력 있는 저서가 1902년에 『종교적 경험의 다양성(The Varieties of Religious Experience)』이라는 제목으로 출판되었다. 제임스는 이 획기적인 연구서에서 광범위한 자료와 개인들의 증언을 토대로 종교적인 경험들을 다루면서 그것을 액면 그대로 받아들여 고찰했다. 신비주의에 관한 제임스의 논의를 통해 종교적 경험들의 네 가지 특성이 드러났다.

1. **표현 불가능성**: 종교적 경험은 '표현이 불가능하다.' 그것은 말로 적절히 묘사할 수 없다. "그것의 성질은 직접 경험해야 알 수 있고, 다른 사람들에게 전달하거나 전할 수 없다."
2. **이지적 특성**: 종교적 경험은 권위를 지니며, 오래도록 지속되는 심오한 진리에 관한 통찰력과 지식을 일깨운다. "추론적인 지성으로는 파악할 수 없는 심오한 진리에 관한 통찰력"은 "비록 불분명하기는 하지만 풍성한 의미와 중요성을 지닌 조명, 또는 계시"로 이해될 수 있다.
3. **일시성**: "신비로운 상태는 오래 유지되지 않는다." 종교적 경험은 또다시 재현될 때는 분명히 알 수 있지만, 대개는 몇 초나 몇 분에 불과하고, 그 속성을 정확하게 기억하기 어렵다. "그런 속성은 사라지고 나면 기억 속에 불완전하게 남아 있을 뿐이다."
4. **수동성**: "신비로운 경험의 시작은 앞서 행한 자의적 활동으로 촉진될 수 있지만", 일단 시작되면 마치 "초자연적 능력에 온전히 사로잡힌 것처럼" 통제력을 잃은 듯한 느낌을 받는다.

제임스는 마지막 두 가지 특성이 상대적으로 덜 두드러지지만, 그것도 종교적 경험을 다룰 때 반드시 고려해야 할 필수요소라고 간주했다.

앞서서 슐라이어마허(F. D. E. Schleiermacher, 1768-1834)와 같은 저술가들이 종교적 경험의 문제를 다루었지만, 그들은 분석적이고 경험적인 사고방식을 좀 더 엄격하게 적용했다. 그러나 제임스는 경험이 공적으로 쉽게 드러내기 어려운 사적인 문제라는 사실을 분명하게 의식했다. 종교적 경험이라는 현상에 경험적 연구방식을 적용한 제임스의 선구적인 노력은 권위와 균형과 정밀한 관찰을 토대로 종교적 경험을 연구한 사례로 지금도 널리 인정받는다.

제임스는 제도와 연관된 종교적 경험이 아닌, 개인적인 종교적 경험에 일차적 관심이 있음을 분명히 밝혔다. "종교적 현상의 가치를 비평적으로 평가하려면 개인적, 인격적 의식으로서의 종교와 제도적, 집단적, 종족적 산물로서의 종교를 구별하는 것이 중요하다." 그렇다면 어떤 경험이 종교적인지 아닌지를 결정하는 요인은 무엇일까? 제임스는 종교적 경험은 다른 형태의 경험과 질적으로 다르다고 주장하며 이 중요한 질문에 대답했다. "종교적 경험의 본질, 곧 그것을 판단할 궁극적인 기준은 우리가 다른 어디에서도 겪을 수 없는, 그 경험들에만 있는 요소나 자질이어야 한다." 제임스는 종교적 경험은 삶에 새로운 속성을 부여한다고 간주했다. 그는 종교적 경험이 "우리의 개인적인 활력의 중심부"를 일깨워 "다른 방식으로는 얻을 수 없는 재생 효과"를 일으킨다고 말했다. 하나님은 "정신적 인격체의 형태라는 관점에서 생각할 수 있는" "우주의 가장 심원한 능력"으로 간주될 수 있다.

『종교적 경험의 다양성』은 종종 종교 심리학의 초석을 놓은 저서로 여겨진다. 요즘 사람들이 기대하는 분석적인 엄격함이 분명 부족하지만, 제임스의 이 대표작은 두 가지 근본적인 원리를 근거하고 있다. 첫째, '하나님'이나 '신성한 것'에 관한 경험은 본질적으로 개인의 갱생, 또는 재생을 일으키는 변화의 힘을 지닌다. 둘째, 이런 경험을 공식화하거나 규명하려고 시도하면 그것들을 정당하게 다룰 수 없다. 그런 경험에 대한 다양한 지성적 반응은 가능하지만, 그것을 온전하게 나타낼 만한 것은 아무것도 없다.

그렇다면, 제임스의 견해는 과학과 종교에 어떤 영향을 미칠까? 그의 연구를 통해 드러난 한 가지 중요한 주제는, 제도화된 종교가 종교적 경험에 관심이 있는 사람들에게 제공할 만한 것이 거의 없다는 사실이다. 제도화된 종교는 '간접적인 경험'을 취급하는데, 새롭고 생생한 경험은 탐구대상이기는 하지만 종종 제도화된 종교의 안정된 방식을 위협한다고 여겨졌다.

> 직접 체험한 참된 종교적 경험은…… 그것을 목격하는 사람들에게 비정통처럼, 곧 외톨이 광인과도 같은 선지자처럼 보이기 십상이다. 그의 교리가 다른 사람들에게 확산될 만큼 충분한 영향력을 지닌 것으로 드러나면 확실히 분명하게 이단으로 낙인찍힌다. 그러다가 그것이 박해를 견디고 승리할 만큼 충분한 영향력을 지닌 것으로 드러나면 정통으로 간주된다. 종교가 정통으로 확립되면 내적 성찰의 시기는 끝나고, 원천은 말라붙는다. 그러면 충실한 신자들은 전적으로 간접적인 차원의 삶을 살며, 이번에는 그들이 선지자들을 향해 돌을 던진다.

이는 종교적 경험에 관한 경험적 연구가 제도화된 종교의 영역 밖에서 가장 잘 이루어질 수 있다고 암시한다. 이 주장은 종교적 경험에 관한 과학적 연구에 상당한 영향을 미쳤다. 나중에 이루어진 경험적 연구들은 이 주장의 실효성을 입증하지 못했지만, 제임스의 접근방식이 이 분야의 연구를 촉진하는 중요한 자극제가 된 것은 분명하다. 제임스의 연구에서 가장 중요한 측면 가운데 하나는 종교적 경험을 사회적 혹은 심리적 범주로 축소하지 않고, 그런 경험의 순전함을 존중하며, 나타난 현상을 있는 그대로 묘사하려고 시도한 것이다. 이것이 지금부터 살펴보려고 하는 프로이트와 제임스의 다른 점이다.

종교에 관한 지그문트 프로이트의 논의는 과학과 종교 분야와 관련해 그가 이룬 가장 큰 공헌 가운데 하나라는 것이 일반적인 견해다. 앞에서 지적한 대로, 프로이트는 과학적 진보를 통해 인간의 자긍심에 세 가지 큰 '자기애적 상처'가 가해졌다고 말했다. 코페르니쿠스적 혁명은 인간이 우주의 중심에 서 있다는 개념을 무너뜨렸고, 찰스 다윈은 인간도 자연적 과정의 결과물일 뿐, 지구상에서 독보적 위치를 차지하는 것은 아니라는 점을 입증해 보였으며, 프로이트는 인간이 심지어는 자신의 운명을 다스리는 주인조차 되지 못한다는 것을 입증했다고 선언했다. 그는 인간이 무의식 속에 숨겨진 심리적 요인들에 속박되어 있고, 그것들을 통해 형성된다고 주장했다.

프로이트는 종교를 정신분석학적으로 설명할 수 있다고 주장함으로써 인간이 내적 욕구의 포로라는 개념을 발전시켰다. 종교는 인간의 창조물, 곧 아버지에 대한 숭배와 의식에 관한 강박관념의 산물이다. "종교의 심리 발생론(psychogenesis of religion)"에 관한 프로이트의 설명은 매몰차기 그지없다. 증거에 입각한 엄격하고 경험적인 근거를 갖추지 못했으며, 매우 강력한 환원주의적 접근방식을 따랐다. 프로이트는 자신의 책『토템과 터부(Totem and Taboo, 1913)』에서 종교가 사회 속에서 어떻게 기원했는지 다루고,『환상의 미래(The Future of an Illusion, 1927)』에서 개인과 관련된 종교의 심리적 기원(프로이트가 종종 '종교의 심리 발생론'으로 일컫는 것)을 다뤘다. 프로이트는 종교적 개념을 "망상, 곧 인류의 가장 오래되고 가장 강하고 가장 긴급한 욕구의 실현"으로 간주했다. 그가 생애 말년에 출판한『모세와 유일신론(Moses and Monotheism, 1939)』에서도 이와 비슷한 견해가 제시된다.

이 점과 관련해 프로이트를 이해하려면 그의 '억압이론'을 살펴볼 필요가 있다. 이 견해는 비평가들과 일반 대중이 크게 관심을 기울이지 않았던『꿈의 해석(The Interpretation of Dreams, 1900)』이라는 책을 통해 최초로 알려졌다. 프로이트의 논점은 꿈이 욕구의 실현이라는 것이다. 꿈은 의식(에고)에 억눌려 무의식 속으로 쫓겨난 욕구의 발현이다. 프로이트는『일상생활의 정신 병리학(The Psychopathology of Everyday Life, 1904)에서 이 억압된 욕구들이 틈틈이 일상생활 속에 침입

한다고 주장했다. 특정한 신경 증세나 꿈, 심지어는 (종종 '프로이트적 실수'로 불리는) 작은 말실수나 글실수도 무의식적인 욕구를 드러낸다.

심리치료사의 역할은 삶에 부정적인 영향을 미치는 억압된 욕구를 밖으로 드러내는 것이다. "정신분석학"(프로이트가 만든 용어)의 목표는 환자를 도와 무의식 속에 있는 처리되지 않은 충격적인 경험들을 의식 속으로 불러내는 것이다. 정신분석가는 끈질긴 질문을 통해 환자에게 부정적인 영향을 미치는 억압된 마음의 상처를 찾아내는 한편, 환자가 그것을 밖으로 꺼내 처리하도록 돕는다.

앞에서 언급한 대로, 종교에 관한 프로이트의 견해는 두 단계로 나눠 생각할 수 있다. 첫째, 종교는 인류 역사의 발전과정에서 기원했다. 둘째, 종교는 개인의 상황 속에서 기원했다. 인류의 보편적 종교의 심리 발생론에 관한 논의는 『토템과 터부』에 제시된 프로이트의 설명에서부터 시작할 수 있다.

프로이트는 종교의식이 신경증 환자들의 강박적 행위와 비슷하다는 초기의 관찰결과를 발전시켜 종교가 왜곡된 형태의 강박적 신경증에 해당한다고 선언했다. '늑대 인간' 사례와 같은 강박증 환자들을 연구한 그는 그런 정신 장애가 '죄책감'과 '불결함'과 관련된 미해결된 발달상의 문제들로 인한 결과라고 주장하기에 이르렀다. 그는 그런 문제들을 유아 발달과정의 '항문기'와 연관시켰다. 그는 (유대교의 정결 의식과 같은) 종교적 행위의 측면들도 그와 비슷한 강박증을 통해 야기될 수 있다고 제안했다.

프로이트는 모든 종교의 핵심 요소에는 아버지에 대한 숭배와 적절한 의식에 대한 관심이 포함된다고 주장했다. 그는 종교의 기원을 오이디푸스 콤플렉스에서 찾았다. 그는 아무런 증거 없이 인류 역사의 어떤 시점에서 아버지가 자기 종족의 여성들에 대한 성적 권한을 독점했다고 주장했다. 아들들은 그런 상황을 못마땅하게 여기고 아버지를 적대시하여 죽여 없앴다. 그 후로 그들은 존속살해의 비밀을 간직한 채 죄책감을 느끼게 되었다. 프로이트는 종교가 그런 선사시대의 존속살해 사건에서 유래했고, 그런 이유로 죄책감이 종교의 주된 동기 요인이 되었다고 주장했다. 그런 죄책감으로 인해 정화 또는 속죄가 필요해졌고, 거기에서 다양한 종교의식이 생겨났다.

기독교가 그리스도의 죽음 및 부활하신 그리스도에 대한 숭배를 강조하는 것이 프로이트에게는 이런 일반원리에 관한 가장 확실한 사례처럼 보였다. "기독교는 '아버지 종교'에서 시작되어 '아들 종교'로 변형되었다. 기독교는 '아버지를 제거해야 하는 운명을 피하지 못했다." 프로이트는 기독교의 성찬식이 '토템 음식(동물을 희생 제물로 잡아 바치고 나서 먹는 음식-역주)'에 대응된다고 주장했다.

종교의 사회적 기원에 관한 프로이트의 설명은 별로 진지하게 다루어지지 않는다. 그것은 특정한 시대의 사고양식을 잘 보여주는 이론, 곧 다윈의 진화론이 일반적으로 수용된 이후에 나타난 매우 낙관적이면서도 다소 단순한 이론으로 취급될 때가 많다. 그러나 종교의 개인적 기원에 관한 그의 설명은 좀 더 중요하게 취급된다. '아버지'에 대한 숭배가 다시금 중요한 주제로 떠오른다. 그런데 흥미롭게도 개인적 차원의 종교 발달에 관한 프로이트의 설명은, 실제 아동기 발달에 관한 신중한 연구를 근거로 한 것이 아니라, 일부 성인들의 신경증과 종교적 신념 및 관습(특히 유대교와 로마 가톨릭교회의 신념과 관습) 사이의 유사성(이런 유사성은 피상적인 것일 때가 많다)을 관찰한 결과에 의존하는 듯 보인다.

프로이트는 레오나르도 다빈치(Leonardo da Vinci)의 어린 시절을 다룬 논문에서 개인적 차원의 종교에 관해 다음과 같이 설명했다.

> 정신분석학을 통해 아버지 콤플렉스와 신을 믿는 신앙이 밀접한 관계를 맺고 있음이 분명해졌다. 심리학에 있어 인격적인 신이란 존중받는 아버지에 지나지 않는다. 아버지의 권위가 무너지자마자 젊은이들이 종교적 신앙을 잃는 것을 날마다 볼 수 있다. 따라서 우리는 종교의 필요성이 부모에 대한 콤플렉스에서 생겨났다는 것을 알 수 있다.

아버지에 대한 숭배는 어린 시절에 생겨난다. 프로이트에 따르면, 오이디푸스 단계를 지나는 어린아이는 어떻게든 아버지에게 벌을 받을지도 모른다는 불안감을 해결해야 한다. 그런 위협에 대한 어린아이의 반응은 아버지를 숭배하고, 아버지와 자신을 동일시하며, 아버지의 뜻으로 아는 것을 초자아의 형태로 투사한다.

프로이트는 『환상의 미래』에서 이상적인 아버지상을 투사하는 것이 어디에서 기원했는지 탐구했다. 종교는 유아기적 행위가 성인이 된 후에도 계속 지속되는 것을 의미한다. 종교적 신앙은 무력감에 대한 미성숙한 대응, 곧 부모의 보살핌에 대한 어린 시절의 경험으로 회귀하는 것이다. 바꾸어 말하면, "아버지가 나를 보호해줄 거야. 아버지가 다 알아서 해줄 거야."라는 생각이다. 인격적인 신을 믿는 신앙은 어린 시절의 환상, 곧 이상화된 아버지상의 투사에 지나지 않는다.

그러나 종교에 대한 프로이트의 부정적인 견해가 이 문제와 관련해 초기 정신분석학계에서 제시된 유일한 견해는 아니었다. 스위스의 목사 아들이었던 카를 구스타프 융(Carl Gustav Jung, 1875-1961)은 1907년부터 프로이트와 밀접한 관계를 맺었다. 융은 1914년에 국제심리학회(the International Psychoanalytical Society) 회장직을 사임함으로써 많은 점에서(특히 리비도를 강조한 프로이트의 견해) 프로이트와 차츰 거리를 두기 시작했다. 앞에서 말한 대로, 프로이트는 종교에 대한 적대적이고 환원적인 접근방식으로 유명했다. 융은 일반적으로 종교에 대해 프로이트보다 좀 더 호의적인 태도를 보였던 것으로 간주된다. 사실 그는 프로이트의 환원주의적 견해와 거리를 두고 싶어 했다. 융은 '신'이 본질적으로 인간의 투사체라는 프로이트의 견해에는 공감했지만, 종교의 기원을 '집단 무의식'에서 찾으려고 시도했다. 인간은 종교적인 본성을 지녔다. 종교는 인간이 '발명한' 것이 아니다. 더욱 중요한 것은 융이 온전함과 충족함을 향한 개인의 인격적 발전과 관련해 종교의 긍정적인 측면을 강조했다는 사실이다.

지금까지 종교 심리학의 지표가 되는 두 기여자의 견해를 살펴보았다. 그렇다면 이 분야의 전반적인 경향은 어땠을까? 미국 종교 심리학계의 주요 인물 중 한 사람인 랠프 후드(Ralph W. Hood)는 종교에 관한 심리학적 견해를 여섯 개의 학파로 나눠 정리했다. 간단한 설명을 덧붙여 소개하면 다음과 같다.

1. 정신분석학적 학파(Psychoanalytical schools)는 위에서 논의한 프로이트의 견해를 근거로 종교적 신념의 무의식적인 동기를 찾아내 드러내려고 시도한다. 프로이트는 종교적 신념을 삶의 스트레스에 대처하려는 자연적인 (궁극적으로는 잘못된) 시도로 축소했지만, 현대 정신분석학적 해석은 종교적 신앙에 꼭 적대적이지만은 않다. 예를 들어, 종교적 신앙에 망상적 과정이 개입했을 수도 있다는 관찰이 곧 종교가 망상이라는 보다 심원한 존재론적 주장의 근거가 되지는 못한다는 인식이 강해지고 있다.
2. 분석적 학파(Analytical schools)는 영적인 삶에 관한 카를 융의 견해에 근거한다. 종교적 신앙에 관한 분석적 접근방식은 엄격한 경험적 근거는 없지만, 목회 상담에 관심이 있는 사람들에 의해 유익한 것으로 드러났다. 인과적이기보다는 해석적인 경향을 띠는 이 접근방식은 종교의 기원보다는 종교적 상황을 조명하는 데 목표를 둔다.
3. 대상 관계 학파(Object relations schools)는 정신분석을 토대로 하지만 아이에 대한 어머니의 영향력에 초점을 맞춘다. 그 결과, 많은 페미니즘 저술가들이 이를 특별히 생산적인 탐구영역으로 받아들인다. 이 학파도 위의 두 가지 접근방식처럼 임상 사례연구를 비롯해 작은 표본에 근거한 기술적(記述的) 방법에 의존하는 경향이 있다.
4. 자아초월 학파(Transpersonal schools)는 다양한 과학적, 종교적 방법을 이용해 영적이거나 초월적인 경험을 액면 그대로 다루려고 시도한다. 대다수 학자가 그런 경험이 존재론적 실재를 반영한다는 가설을 전제로 한다. 어떤 학

자들은 이 접근방식을 '종교 심리학'보다는 '종교적 심리학'으로 일컫는 것이 더 낫다고 생각한다.

5. 현상학적 학파(Phenomenological schools)는 종교적 경험의 기초가 되는 가설들과 그런 경험의 공통성에 초점을 맞춘다. 이 학파는 실험과 측정을 기술하고 비평적으로 성찰하는 것을 강조한다. 이것은 '측정 학파'의 좀 더 경험적 접근방식과 대조된다.

6. 측정 학파(Measurement schools)는 일반적인 심리학적 방법을 사용해 종교적 경험을 연구한다. 탐구의 주요 영역에는 종교적 현상을 측정하는 데 필요한 적절한 장치를 개발하는 것이 포함된다. 이 접근방식은 현상에 대한 설명보다는 그 상관관계를 다룰 때가 많다.

종교적 신앙에 관한 심리학적 설명을 논의하다 보면 몇 가지 중요한 질문이 제기된다. 그 가운데 하나는 인간이 신을 믿으려는 본성적 성향을 지니고 있느냐는 것이다. 이 질문은 종교 인지과학이라는 비교적 새로운 학문을 통해 좀 더 자세하게 다루어졌다. 이번 장의 마지막 단락에서는 이 점을 자세히 살펴볼 생각이다.

종교 인지과학: 종교는 '자연적'인가?

종교 인지과학은 인지 심리학, 발달 심리학, 진화 심리학의 이론과 방법들을 결합해 종교연구에 대한 과학적 접근방식을 개발하고, 민족과 집단들 사이에 나타나는 종교적 현상에 대한 인과적 설명을 탐구한다. 이 접근방식은 인지과학의 이론을 가져와 왜 종교적인 생각과 행동이 인류에게 공통적으로 나타나는지, 그리고 왜 종교적 현상이 관찰되는지에 관한 문제를 탐구한다. 종교의 형이상학적 주장을 잠시 제쳐두면, '종교'로 관찰되는 것은 본질적으로 인간이 보이는 현상의 복합적인 혼합물이라 할 수 있는데, 이는 인간의 자연적인 인식과 인지를 통해 전해지고 통제된다.

이 중요한 연구 분야는 종교적 신념과 행위 안에서 인간의 인지적 과정이 차지하는 역할에 초점을 맞춘다. 비평가들은 이런 방법이 다른 요인들의 중요성을 간과하거나 경시하는 위험을 초래할 수 있다고 생각한다. 예를 들어, 아르민 기어츠(Armin Geertz)는 이 접근방식이 물리적 체화(體化)와 문화적 위치에서 발생하는 문제들을 적절하게 다루지 못한다고 지적했다. 그는 "뇌와 육체에 기반을 두고(뇌화와 체화), 문화에 깊이 의존하며(문화화), 개개의 뇌의 경계를 넘어 확장되고 분포되는 인식의 확대된 관점"을 주장했다.[42]

종교 인지과학은 종교를 인간의 자연스러운 사고양식을 뛰어넘는 것이 아니라 그런 사고양식을 통해 나타나는 자연적인 현상으로 다룬다. 이런 입장은 종교를 평가하는 방식들 가운데 계몽주의적 합리주의의 영향을 받은 방식들, 즉 종교가 "이성이 잠든 사이에"(즉 인간의 정상적인 비평적, 합리적 기능이 중지된 상태에서) 발생했다고 주장하는 견해들에 중요한 도전을 제기한다. '종교의 자연성'에 관한 논의는 크게 세 가지 문제에 초점을 맞춘다.

1. 인간은 어떻게 초자연적인 존재에 관한 개념을 표현하는가?
2. 인간은 어떻게 이런 종교적 개념을 습득하는가?
3. 인간은 종교의식과 같은 종교적 행위를 통해 그런 종교적 개념에 어떻게 반응하는가?

종교 인지과학은 '종교'를 엄격하게 정의하지 않은 상태에서 이론을 전개한다. 물론, 어떤 사람들은 종교에 관한 앞선 이론들의 모호성과 이를 경험적으

---

42) Armin W. Geertz, 'Brain, Body and Culture: A Biocultural Theory of Religion,' *Method & Theory in the Study of Religion*, 22, no. 4 (2010): 304-321; 인용된 부분은 p. 304에 있음.

로 시험할 수 없다는 불만이 이 새로운 접근방식을 가능하게 했다고 주장할지 모른다. 저스틴 배럿(Justin Barrett)은 이렇게 말했다.

> 이 분야의 학자들은 종교의 본질을 상술하고 그것을 온전하게 설명하려고 하기보다는, '종교'로 간주되는 인간의 생각이나 행동 유형을 찾아내 왜 그런 것들이 문화를 초월해 반복되는지 설명하려고 하면서, 점진적이고 단편적인 방식으로 '종교'에 접근한다. 만일 그 설명이 '종교'에 관한 더 큰 설명의 일부로 판명될 때는 그대로 놔두고, 그렇지 않을 때는 인간의 의미 있는 현상들을 계속해서 엄격하게 다루어 나간다.[43]

앤 테이브스(Ann Taves)를 비롯한 여러 학자들은 종교가 '자연종(natural kind)'이 아니라는 비판에 맞서 이런 접근방식을 옹호해왔다. 종교는 경험적 개념이 아닌 사회적 구성물이다. 종교는 사회적으로 형성된 개념이지만, 경험적인 탐구를 시도할 수 있는 방대한 현상들로 구성되어 있다. 이런 종교의 사회적 구성을 '역공학'하여 이를 독특한 현상이나 경험적 탐구가 가능한 '구성요소'로 분해하는 도구로 '분류(fractionation)'가 사용되었다. 조나선 종(Jonathan Jong)은 신앙을 분류하는 인지적 방법을 통해 종교를 과학적인 평가가 가능한 개별적인 원인과 결과를 지닌 독특한 현상들로 분해할 수 있다고 주장했다.

또 다른 중요한 요소는 종교가 우선적으로 하나님의 전능하심이나 삼위일체 교리와 같은 '신학적인' 개념들에 관한 것이 아니라는 인식이다. 종교적 통찰력은 그런 신학적 개념들보다 훨씬 더 단순하고 '자연적이다.' 어떤 사람들은 종교적 신념이 인간에게 부과되었다고 주장하지만, 종교 인지과학은 신을 믿는 자연스러운 성향이 존재한다고 제안한다. 이런 입장을 표명한 주제들

---

43) Justin Barrett, 'Cognitive Science of Religion: What Is It and Why Is It?' *Religion Compass*, 1 (2007): 1-19; 인용된 부분은 p. 1에 있음.

가운데 특별히 중요한 두 가지는 '최소 반직관성 개념(minimally counterintuitive concepts)'과 '행동 과잉탐지 장치(HADD, hyperactive agency detection device)'이다.

파스칼 보이어(Pascal Boyer)는 종교적 신념들은 '최소 반직관성 개념'이라 할 수 있는 관념의 종류에 해당한다고 주장했다. 이는 종교적 신념이 한편으로는 (사람이나 물체와 같은) 대상에 대한 직관적 가설들을 충족시키는 동시에, 다른 한편으로는 그 가설들 가운데 일부를 부정함으로써 그 결과에서 얻어진 개념들을 특별히 흥미롭게 하거나 기억하기 좋게 한다는 의미를 지닌다. 다시 말해, 종교적 신념들은 그럴듯하고 기억하기 쉽다. 종교적 신념들은 일상의 세계와 구별되는 동시에 또한 그곳에 속해 있다. 그러나 보이어의 주장이 반직관은 모든 종교의 보편적인 특징이라거나, 그것이 '종교적' 신념의 적절한 판단기준이라는 의미인지는 확실하지 않다.

종교 인지과학 분야에서 활동하는 많은 연구가들이 '행동 과잉탐지 장치'를 인간성의 일반적 특징으로 제시한다. 초창기에 이 개념을 진술한 내용이 스튜어트 거스리(Stewart Guthrie)의 『구름 속의 얼굴들(Faces in the Clouds, 1993)』에서 발견된다. 그는 이 책에서 '행동 탐지'라는 개념을 인간의 인식 기능 중 하나로 제시했다. 그러나 저스틴 배럿과 같은 저술가들은 이 개념을 좀 더 인지적인 관점에서 새롭게 발전시켰다.

> 사람들이 신, 유령, 정령을 믿는 한 가지 이유는 우리의 생각, 특히 우리의 행동 탐지 장치(ADD)의 기능이 작동하는 방식 때문이다. 우리의 행동 탐지 장치는 고도로 예민하게 작동하기 때문에 적당한 증거만 주어지면 초자연적인 존재들을 비롯한 동인들을 주위에서 찾아내려는 경향이 있다. 이런 경향이 신이라는 개념의 발생과 확산을 촉진한다.[44]

---

44) Justin L. Barrett, *Why Would Anyone Believe in God?* Lanham, MD: AltaMira Press, 2004, p. 31.

진화 심리학에서 파생된 이 주장은, 인간이 자연선택에 의한 행동 탐지기관을 가지고 있다는 것인데, 이는 포식하는 동물이나 적대적인 인간과 같은 동인의 위협을 가리키는 환경의 단편적인 정보에 반응한다. '행동 과잉탐지 장치'의 진화적 기능은 본래 포식자들을 탐지해 피하는 것이었다. 이로부터 주변 환경에서 포착된 소음과 움직임에서 초자연적인 존재들을 추론하려는 민감한 속성이 진화적 부산물로 생겨났다.

그러나 어떤 사람들은 '행동 과잉탐지 장치'의 경험적 근거를 의문시했다. 네일 판 레이우엔(Neil van Leeuwen)과 미힐 판 엘크(Michiel van Elk)는 증거가 될 만한 근거가 부족하다고 지적하며 종교적인 신념이 형성된 과정에 대해 다른 설명을 제시했다. 그들의 '상호적 종교 경험 이론(interactive religious experience model)'은 행동에 대한 직관력이 종교적 신념의 주된 원인이 아니며, 초자연적 존재에 대한 일반적인 믿음이 사람들로 행동을 직관하게 하며 이와 관련된 경험을 촉발하는 상황을 찾게 한다고 주장한다.

그렇다면 이 의견들은 우리를 어디로 인도할까? 한 가지 분명한 질문은 "종교적 신념에 대한 '최소 반직관성' 접근방식은 이 개념과 신념이 지시하는 대상의 존재 여부를 함축하거나 내포하는가?"이다. 종교 인지과학자들 대부분은 이 접근방식이 그 이론을 내포하지 않는다고 언급하지만, 이 분야에서 활동하는 스콧 아트란(Scott Atran)과 파스칼 보이어와 같은 학자들은 '최소 반직관성' 이론이 자료에 대한 초자연적인 해석을 배제하거나 배제하는 경향이 있다고 말하고, 저스틴 배럿과 같은 학자들은 그렇지 않다고 주장한다. 이는 종교에 관한 설명에 자신의 무신론적 입장을 적용한 지그문트 프로이트에게까지 거슬러 올라가는 한 가지 질문을 제기한다. 바로 "종교 인지과학자들의 세계관은 자료에 관한 그들의 해석에 영향을 미치는가?"이다.

그렇다면 기독교 신학은 인간이 하나님을 믿는 성향을 지닌다는 견해에 어떻게 반응해야 할까? 많은 신학자들이 이것은 단지 오랫동안 신학적 사실로 간주되어온 것을 과학적으로 묘사한 것에 지나지 않는다고 생각한다. 인간이 하나님을 찾는 성향을 띤다는 개념은 많은 신학적 전통 안에 깊숙이 뿌리를 내리고 있다. 하나님이 "사람들에게 영원을 사모하는 마음을 주셨다"(전 3:11)라는 성경 말씀은 이 개념을 표현한 대표적인 사례다. 히포의 아우구스티누스가 드린 유명한 기도도 마찬가지다. "하나님이 자기를 위해 저희를 지으셨으니 저희의 마음은 주님 안에서 안식하기 전까지는 안식을 누릴 수 없나이다." 여기에는 좀 더 살펴볼 만한 흥미로운 가능성들이 몇 가지 더 있다.

그러나 고려해야 할 거북한 문제들이 있는 것도 사실이다. 종교적인 저술가들 중에는 종교 인지과학이 유신론적 신앙을 최소한 암묵적으로나마 지지하는 듯 보인다고 생각하는 사람들이 많다. 그러나 이를 의문시하는 사람들도 있다. 예를 들어 조나선 종, 크리스토퍼 카바나(Christopher Kavanagh), 아쿠 비살라(Aku Visala)는 그런 인식적 과정이 세계 안의 실재들을 신격화함으로써 유신론만이 아닌 우상 숭배로 이끌 가능성이 짙다고 지적했다.

> 그 고전 신학자의 비극은 정확히 정통주의보다는 우상 숭배를 떠올리기가 더 쉽다는 데 있다. 인간과 비슷한 강력한 존재들, 곧 이런저런 현실적인 이유 때문에 호소할 수도 있고 달랠 수도 있는 신들이, 유대교와 기독교와 이슬람교와 같은 고전적인 유신론 신학의 전통이 신봉하는 신보다 대다수 사람들에게 훨씬 더 설득력 있게 와닿는다.[45]

여기에서 말하려는 요점은 종교 인지과학으로부터 고전적인 유신론에 이르는 과정이 험난하고 불확실하다는 것이다. 그보다는 다신론이나 우상 숭배에

---

45) Jonathan Jong, Christopher Kavanagh, and Aku Visala, 'Born Idolaters: The Limits of the Philosophical Implications of the Cognitive Science of Religion.' *Neue Zeitschrift f+ +r sys tematische Theologie und Religionsphilosophie*, 57, no. 2 (2015): 244-266.

이르는 과정이 더 단순하고 직관적이다. 이것은 신학자 존 칼빈이 16세기에 이미 지적한 사실이다. 칼빈은 기독교 신앙의 기본적인 구조를 통해 깨달음을 얻어 올바로 인도되지 않으면, 인간의 자연적인 본능은 자연질서의 배후에 계신 하나님이 아닌, 자연질서 자체를 숭배하는 데로 치달을 수밖에 없다고 주장했다.

그렇다면 종교 인지과학은 과학과 종교의 대화에 어떤 빛을 드리울 수 있을까? 우리는 몇 가지 이유에서 이 새로운 학문이 둘의 관계를 분명하게 규명하는 데 도움을 준다고 생각할 수 있다. 로버트 맥컬리(Robert N. McCauley)는 종교적 신념은 자연적인 것이라고 주장했다. 맥컬리는 신념이나 행위를 "익숙하고 명백하고 자명하고 직관적일 뿐 아니라 반사적으로 이루어지거나 주장되는가?"라는 관점에서 볼 때, 곧 "사건의 일반적인 진행으로 보이는가?"라는 관점에서 볼 때 "자연적인 것"으로 간주할 수 있다고 말했다.

이처럼 맥컬리에 따르면, 하나님이나 초자연적인 존재를 믿는 신앙은 전적으로 자연적이다. 그러나 그는 그런 초자연적인 존재들에 관해 '무엇을' 믿는지를 자세히 설명하는 과정에서 매우 부자연스러운 사고양식이 빠르게 나타날 수 있다는 한 가지 중요한 요점을 제시했다. 곧 기본적으로 하나님이나 신적 존재를 믿는 믿음이 그런 믿음에서 비롯한 신학적 진술보다 훨씬 더 자연스럽다(물론, 맥컬리는 정확하게 이런 식으로 표현하지는 않았다).

그렇다면 자연과학은 어떨까? 맥컬리는 자연과학을 "익숙하고 명백하고 자명하고 직관적일 뿐 아니라 반사적으로 이루어지거나 주장되는가?"라는 관점에서 볼 때, 항상 그렇지는 않더라도 종종 부자연스러워 보이는 방법들, 가설들, 결과들을 포함하기 때문에 부자연스러운 것으로 경험된다고 주장했다. 그는 여러 가지 방식으로, 특히 혁신적인 과학이론의 반직관적인 특성에 초점을 맞춰 이를 구체적으로 설명했다.

과학은 우리의 직관과 상식에 거듭 도전을 제기한다. 새로운 이론이 승리를 거두면 과학자들은 물론, 때로는 일반 대중까지 생각을 재조정해야 한다. 지구가 움직인다거나 미생물이 인간을 죽일 수 있다거나 단단한 물체들이 대부분 공간이 비어 있다거나 하는 주장이 처음 제기되었을 때는 양자역학의 가장 반직관적인 결과들이 20세기를 사는 우리에게 증명해 보인 것만큼이나 강력하게 우리의 직관과 상식을 거슬렀다.[46]

맥컬리가 암시한 대로, 이는 양자역학의 반직관적인 개념들과 씨름해본 사람이라면 누구나 잘 아는 내용이다. 그런데 심지어는 뉴턴을 몹시 괴롭힌 '원격 작용'이라는 고전적인 물리적 개념조차도 상식에 어긋나는 듯 보인다. 과학이 부자연스럽게 보이는 이유가 하나 더 있다. 맥컬리는 과학적 작업은 자주 평범한 세상과 다소 거리가 있어 보이는 사고나 행동 습관을 포함한 광범위한 훈련과 준비를 요구한다고 주장했다.

과학적 지식은 인간이 자연적으로 습득하는 것이 아니다. 더욱이 과학적 지식을 다 습득했다고 해서 과학을 하는 방법을 알 것이라는 보장도 없다. 과학은 지난 4세기 동안 놀라운 업적을 이루었는데도 여전히 너무나도 낯선 활동이 아닐 수 없다. 이 점은 심지어 과학의 영향력이 상당히 큰 문화권에서는 물론, 대다수의 박식한 사람들에게도 마찬가지다.

물론, 맥컬리는 자연과학이 '부자연스럽다'라고 말했지만, 자연과학이 틀렸다고는 주장하지 않았다. 그는 단지 자연과학이 자명한 사실과는 무관한 특정

---

[46] Robert N. McCauley, 'The Naturalness of Religion and the Unnaturalness of Science,' in *Explanation and Cognition*, F. Keil and R. Wilson 편집. Cambridge, MA: MIT Press, 2000, pp. 61-85; 인용된 부분은 pp. 69-70에 있음.

한 사고양식을 발전시키기를 요구할 뿐 아니라, 종종 일상적인 경험이나 상식과 정면으로 충돌하는 듯 보인다고 말했을 뿐이다.

그렇다면 이런 개념들은 과학과 종교의 분야와 관련해 어떤 의미를 지닐까? 맥컬리의 분석에는 과학과 종교가 아닌 과학과 '신학' 사이에서 대화가 이루어진다는 의미가 담겨 있다. 과학과 신학 모두 종교의 전형적인 특징인 자연스럽고 일상적인 사고 습관에서 최소한 한 단계 동떨어진 사고양식을 대변한다. 토머스 토렌스의 경우는 약간 다른 근거를 내세워 이 점을 옹호하기도 했다. 그는 기독교 신앙의 '종교적' 성격보다는 삼위일체와 성육신이라는 신학적 근간을 강조함으로써 기독교적 현실관의 특이성을 강조했다.

결론

이 책의 목표는 몇 가지 중요한 주제들을 개괄하고, 특별한 관심을 자극하는 일련의 제한된 논제들에 초점을 맞춤으로써 과학과 종교라는 방대한 분야를 소개하는 것이다. 따라서 불가피하게도 많은 것이 제외될 수밖에 없다. 나는 첫 장에서 체스보드 비유를 사용해 일부만을 다룰 수밖에 없다고 말했다. 그러나 이 책에서 논의한 내용이 이 방대한 분야에 관한 탐구 방향을 설정하는 데 도움을 준다면 더 바랄 것이 없겠다. 이 책은 일반적인 논제들, 특히 종교 철학과 과학 철학에서 비롯한 논제들에 초점을 맞추었고, 주로 기독교적 관점에서 종교적 주제들을 논의했다. 이 책의 그런 한계는 이슬람교와 유대교와 같은 다른 종교적 전통들을 참여시키고, 여기에서 논의한 것보다 더 많은 자연과학의 주제들을 다룬다면 쉽게 극복될 수 있을 것이다.

Science & Religion

이해를 돕는 용어 설명

생의 약동 elan vital

베르그송이 『창조적 진화』에서 종래의 기계론적 진화론 또는 목적론적 진화론에 반대하여 이용한 기본적 개념이다. 유기체의 진화와 발달에 대한 가설적인 설명으로, 베르그송은 이를 의식, 즉 경험에 대한 직관적 인식과 내적 시간의 흐름과 밀접하게 연결했다. (참고. 위키백과)

엔텔레키 entelechy

라이프니츠가 『단자론』에서 사용한 용어로, 감각이 없고 단순한 지각만을 가진 단자를 엔텔레키라고 부르고, 이에 반해 감각을 가진 단자를 영혼이라고 부른다. (참고. 서울대학교철학사상연구소)

늑대 인간 wolf man

프로이트의 정신분석치료를 받은 러시아인 환자. 3세 무렵에 꿈에서 본 늑대에 대한 공포증을 호소한 까닭에 '늑대 인간'으로 불린다. 그의 증상은 3세 정도에 발병한 유아공포증이 10세에 이르는 동안 종교적 성향을 지닌 강박신경증으로 바뀌었고, 그 뒤 10년간 거의 정상으로 지내다가 청년기에 재발했는데, 이는 불완전하게 치유된 강박신경증의 후속 상태로 판단되었다. 현재의 진단으로는 경계사례에 해당한다. (참고. 간호학대사전)

자연종 natural kind

일반적으로, 인간의 인식 여부와 관계없이 존재하는 진리와 현실의 일부 구조를 식별하기 위한 분류를 말한다. (참고. 위키백과)

역공학 reverse engineering

구조를 분석하여 장치 또는 시스템의 기술적인 원리를 발견하는 과정이다. 종종 대상을 조각내서 분석하는 것을 포함한다. (참고. 위키백과)

최소 반직관성 개념 minimally counterintuitive concepts

동인의 범주와 같은 범주의 몇 가지 존재론적 기대를 위반하는 개념은 직관적이며 최대 반직관성(MXCI) 개념보다 더 기억에 남는다는 보이어의 주장이다. (참고. 위키백과)

원격 작용 action at a distance

서로 떨어져 있는 두 물체가 중간 매질을 통하지 않고 순간적으로 힘을 주고받는 현상을 말한다. (참고. 두산백과)

Science & Religion

더 깊은 이해를 위한
참고문헌

Science & Religion

01 과학과 종교의 관계를 모색하다

Barbour, Ian G. *Issues in Science and Religion*. Englewood Cliffs, NJ: Prentice Hall, 1966.

Cantor, Geoffrey, and Chris Kenny. 'Barbour's Fourfold Way: Problems with His Taxonomy of Science-Religion Relationships.' *Zygon*, 36, no. 4 (2001): 765-781.

Coulson, C. A. *Science and Christian Belief*. London: Oxford University Press, 1955.

Dallal, Ahmad S. Islam, *Science, and the Challenge of History*. New Haven, CT: Yale University Press, 2010.

Ecklund, Elaine Howard, David R. Johnson, Christopher P. Scheitle, Kirstin R. W. Matthew, and Steven W. Lewis. 'Religion among Scientists in International Context: A New Study of Scientists in Eight Regions.' *Socius*, 2 (2016): 1-9.

Evans, John H., and Michael S. Evans. 'Religion and Science: Beyond the Epistemological Conflict Narrative.' *Annual Review of Sociology*, 34 (2008): 87-105.

Fitzgerald, Timothy. 'A Critique of Religion as a Cross Cultural Category.' *Method and Theory in the Study of Religion*, 9, no. 2 (1997): 91-110.

Freely, John. *Aladdin's Lamp: How Greek Science Came to Europe through the Islamic World*. New York: Alfred A. Knopf, 2009.

Gould, Stephen Jay. 'Nonoverlapping Magisteria.' *Natural History*, 106 (1997): 16-22.

Hardin, Jeff, Ronald L. Numbers, and Ronald A. Binzley. *The Warfare between Science and Religion: The Idea That Wouldn't Die*. Baltimore: Johns Hopkins University Press, 2018.

Harrison, Peter. '"Science" and "Religion": Constructing the Boundaries.' *Journal of Religion*, 86, no. 1 (2006): 81–106.

Harrison, Victoria. 'The Pragmatics of Defining Religion in a Multi Cultural World.' *International Journal for Philosophy of Religion*, 59 (2006): 133–152.

Howell, Kenneth J. *God's Two Books: Copernican Cosmology and Biblical Interpretation in Early Modern Science*. Notre Dame, IN: University of Notre Dame Press, 2002.

Iqbal, Muzaffar. *Studies in the Making of Islamic Science: Knowledge in Motion*. Burlington, VT: Ashgate, 2012.

Livingstone, David N. 'Darwinism and Calvinism: The Belfast Princeton Connection.' *Isis*, 83 (1992): 408–428.

McGrath, Alister E. *Enriching Our Vision of Reality: Theology and the Natural Sciences in Dialogue*. London: SPCK, 2016.

McGrath, Alister E. 'Multiple Perspectives, Levels, and Narratives: Three Models for Correlating Science and Religion,' Louise Hickman and Neil Spurway 편집. *Forty Years of Science and Religion*. Newcastle: Cambridge Scholars, 2016, pp. 10–29.

Peters, Ted. 'Science and Religion: Ten Models of War, Truce, and Partnership.' *Theology and Science*, 16, no. 1 (2018): 11–53.

Potochnik, Angela. 'Levels of Explanation Reconceived.' *Philosophy of Science*, 77, no. 1 (2010): 59–72.

Stolz, Daniel A. *The Lighthouse and the Observatory: Islam, Science, and Empire in Late Ottoman Egypt*. Cambridge: Cambridge University Press, 2018.

Tanzella Nitti, Giuseppe. 'The Two Books Prior to the Scientific Revolution.' *Annales Theologici*, 18 (2004): 51–83.

Walbridge, John. *God and Logic in Islam: The Caliphate of Reason*. Cambridge: Cambridge University Press, 2011.

Watts, Fraser, and Kevin Dutton 편집. *Why the Science and Religion Dialogue Matters*. Philadelphia: Templeton Foundation Press, 2006.

이언 바버의 연구에 관한 도서

Cantor, Geoffrey, and Chris Kenny. 'Barbour's Fourfold Way: Problems with His Taxonomy of Science-Religion Relationships.' *Zygon*, 36, no. 4 (2001): 765–781.

McFague, Sallie. 'Ian Barbour: Theologian's Friend, Scientist's Interpreter.' *Zygon*, 31, no. 1 (2005): 21–28.

Polkinghorne, John. *Scientists as Theologians: A Comparison of the Writings of Ian Barbour, Arthur Peacocke and John Polkinghorne*. London: SPCK, 1996.

Russell, Robert John 편집. *Fifty Years in Science and Religion: Ian G. Barbour and His Legacy*. Aldershot: Ashgate, 2004.

Russell, Robert John. 'Assessing Ian G. Barbour's Contributions to Theology and Science.' *Theology and Science*, 15, no 1 (2017): 1–4.

02 논의의 출발점: 몇 가지 획기적인 역사적 사건

일반적인 주제

Brooke, John Hedley. *Science and Religion: Some Historical Perspectives*. Cambridge: Cambridge University Press, 1991.

Dixon, Thomas. *Science and Religion: A Very Short Introduction*. Oxford: Oxford University Press, 2008.

Dyson, Freeman. 'The Scientist as Rebel.' In *Nature's Imagination: The Frontiers of Scientific Vision*, John Cornwell 편집. Oxford: Oxford University Press, 1995, pp. 1–11.

Ferngren, Gary B. 편집. *Science and Religion: A Historical Introduction*. Baltimore: Johns Hopkins University Press, 2002.

Harrison, Peter. 'Introduction.' In *The Cambridge Companion to Science and Religion*, Peter Harrison 편집. Cambridge: Cambridge University Press, 2010, pp. 1–18.

Harrison, Peter. *The Territories of Science and Religion*. Chicago: University of Chicago Press, 2015.

James, Frank A. J. L. 'An "Open Clash between Science and the Church"? Wilberforce, Huxley and Hooker on Darwin at the British Association, Oxford, 1860.' In *Science and Beliefs: From Natural Philosophy to Natural Science*, David M. Knight and Matthew D. Eddy 편집. Aldershot: Ashgate, 2005, pp. 171–193.

Lindberg, David C., and Ronald L. Numbers. *God and Nature: Historical Essays on the Encounter between Christianity and Science*. Berkeley: University of California Press, 1986.

Moritz Joshua M. 'The War that Never Was: Exploding the Myth of the Historical Conflict Between Christianity and Science.' *Theology and Science*, 10, no. 2 (2012): 113–123.

Russell, Colin A. 'The Conflict Metaphor and its Social Origins.' *Science and Christian Belief*, 1 (1989): 3–26.

Welch, Claude. 'Dispelling Some Myths About the Split between Theology and Science in the Nineteenth Century.' In *Religion and Science: History, Method, Dialogue*, W. Mark Richardson and Wesley J. Wildman 편집. New York: Routledge, 1996, pp. 29–40.

중세 종합의 출현

Cantoni, Davide, and Noam Yuchtman. 'Medieval Universities, Legal Institutions, and the Commercial Revolution.' *Quarterly Journal of Economics*, 129, no. 2 (2014): 823–887.

Cook, William R., and Ronald B. Herzman. *The Medieval World View: An Introduction*, 3rd ed. Oxford: Oxford University Press, 2012.

Evans, G. R. *The Medieval Theologians*. Oxford: Blackwell, 2001.

Feingold, Mordechai, and V ctor Navarro Brotons. *Universities and Science in the Early Modern Period*. Dordrecht: Springer, 2006.

Ferruolo, Stephen. *The Origins of the University: The Schools of Paris and their Critics, 1100-1215*. Stanford, CA: Stanford University Press, 1998.

Grant, Edward. *The Foundations of Modern Science in the Middle Ages: Their Religious, Institutional, and Intellectual Contexts*. Cambridge: Cambridge University Press, 1996.

Hannam, James. *God's Philosophers: How the Medieval World Laid the Foundations of Modern Science*. London: Icon, 2010.

Henry, John. *Religion, Magic, and the Origins of Science in Early Modern England*. London: Routledge, 2016.

Killeen, Kevin, and Peter J. Forshaw. *The Word and the World: Biblical Exegesis and Early Modern Science*. Basingstoke: Palgrave Macmillan, 2007.

Marrone, Steven P. *A History of Science, Magic and Belief: From Medieval to Early Modern Europe*. London: Macmillan, 2015.

Martin, Craig. *Subverting Aristotle: Religion, History, and Philosophy in Early Modern Science*. Baltimore: Johns Hopkins University Press, 2014.

Osler, Margaret J. *Reconfiguring the World : Nature, God, and Human Understanding from the Middle Ages to Early Modern Europe*. Baltimore: Johns Hopkins University Press, 2010.

Park, Katharine, and Lorraine Daston. *Early Modern Science*. Cambridge: Cambridge University Press, 2016.

코페르니쿠스와 갈릴레이와 태양계

Blackwell, Richard J. *Galileo, Bellarmine and the Bible*. Notre Dame, IN: University of Notre Dame Press, 1991.

Boner, Patrick. *Kepler's Cosmological Synthesis: Astrology, Mechanism and the Soul*. Leiden: Brill, 2013.

Brooke, John Hedley. 'Matters of Fact and Faith: The Galileo Affair.' *Journal of the History of Astronomy*, 27 (1996): 68–74.

Finocchiaro, Maurice A. *Defending Copernicus and Galileo: Critical Reasoning in the Two Affairs*. New York: Springer, 2010.

Moss, Jean Dietz. *Novelties in the Heavens: Rhetoric and Science in the Copernican Controversy*. Chicago: University of Chicago Press, 1993.

Numbers, Ronald L. 편집. *Galileo Goes to Jail and Other Myths About Science and Religion*. Cambridge, MA: Harvard University Press, 2009.

Omodeo, Pietro Daniel. *Copernicus in the Cultural Debates of the Renaissance: Reception, Legacy, Transformation*. Leiden: Brill, 2014.

뉴턴: 기계론적 우주관과 이신론

Hall, A. Rupert. *Isaac Newton: Adventurer in Thought*. Cambridge: Cambridge University Press, 1996.

Harrison, Peter. 'Natural Theology, Deism, and Early Modern Science.' In *Science, Religion, and Society: An Encyclopedia of History, Culture and Controversy*, Arri Eisen and Gary Laderman 편집. New York: Sharp, 2006, pp. 426-433.

Hudson, Wayne. *Enlightenment and Modernity: The English Deists and Reform*. London: Routledge, 2015.

Iliffe, Rob. *Priest of Nature: The Religious Worlds of Isaac Newton*. Oxford: Oxford University Press, 2017.

Snobelen, Stephen D. 'The Myth of the Clockwork Universe: Newton, Newtonianism, and the Enlightenment.' In *The Persistence of the Sacred in Modern Thought*, Chris L. Firestone and Nathan Jacobs 편집. South Bend, IN: University of Notre Dame Press, 2012, pp. 149-184.

다윈과 인류의 생물학적 기원

Ayala, Francisco J. 'Intelligent Design: The Original Version.' *Theology and Science*, 1 (2003): 9-32.

Brooke, John Hedley. *Science and Religion: Some Historical Perspectives*. Cambridge: Cambridge University Press, 1991.

Dennett, Daniel C. *Darwin's Dangerous Idea: Evolution and the Meaning of Life*. New York: Simon & Schuster, 1995.

McGrath, Alister E. *Darwinism and the Divine: Evolutionary Thought and Natural Theology*. Oxford: Wiley Blackwell, 2011.

Peterfreund, Stuart. *Turning Points in Natural Theology from Bacon to Darwin: The Way of the Argument from Design*. New York: Palgrave Macmillan, 2012.

Peters, Ted. 'The War Between Faith and Fact.' *Theology and Science*, 14, no. 2 (2016): 143-146.

Roberts, Jon H. *Darwinism and the Divine in America: Protestant Intellectuals and Organic Evolution, 1859-1900*. Madison, WI: University of Wisconsin Press, 1988.

'빅뱅': 우주의 기원에 관한 새로운 통찰

Bakker, Frederik A., Delphine Bellis, and Carla Rita Palmerino. *Space, Imagination and the Cosmos from Antiquity to the Early Modern Period*. Cham, Switzerland: Springer, 2018.

Brown, William. *The Seven Pillars of Creation*. New York: Oxford University Press, 2010.

Harrison, Edward Robert. *Cosmology: The Science of the Universe*, 2nd ed. Cambridge: Cambridge University Press, 2000.

Kragh, Helge. *Conceptions of Cosmos: From Myths to the Accelerating Universe: A History of Cosmology*. Oxford: Oxford University Press, 2007.

Kroupa, Pavel. 'The Dark Matter Crisis: Falsification of the Current Standard Model of Cosmology.' *Publications of the Astronomical Society of Australia*, 29 (2012): 395–433.

Merritt, David. 'Cosmology and Convention.' *Studies in History and Philosophy of Modern Physics*, 57 (2017): 41–52.

Rees, Martin J. *New Perspectives in Astrophysical Cosmology*, 2nd ed. Cambridge: Cambridge University Press, 2000.

Scott, Douglas. 'The Standard Cosmological Model.' *Canadian Journal of Physics*, 84 (2006): 419–435.

Walton, John H. *Genesis 1 as Ancient Cosmology*. Winona Lake, IN: Eisenbrauns, 2011.

03 과학철학과 종교: 과학철학은 종교적인 논의들과 어떤 관련이 있는가?

일반적인 주제

Clayton, Philip. *Explanation from Physics to Theology: An Essay in Rationality and Religion*. New Haven, CT: Yale University Press, 1989.

Dear, Peter R. *The Intelligibility of Nature: How Science Makes Sense of the World*. Chicago: University of Chicago Press, 2006.

Lipton, Peter. *Inference to the Best Explanation*, 2nd ed. London: Routledge, 2004.

McGrath, Alister E. *The Territories of Human Reason: Science and Theology in an Age of Multiple Rationalities*. Oxford: Oxford University Press, 2019.

Prevost, Robert. *Probability and Theistic Explanation*. Oxford: Clarendon Press, 1990.

Swinburne, Richard. *The Existence of God*, 2nd ed. Oxford: Clarendon Press, 2004.

실재론과 도구론

Allen, Paul. *Ernan McMullin and Critical Realism in the Science Theology Dialogue*. Aldershot: Ashgate, 2006.

Alston, William P. 'Realism and the Christian Faith.' *International Journal for Philosophy of Religion*, 38 (1995): 37–60.

Byrne, Peter. *God and Realism*. Aldershot: Ashgate, 2003.

Cashell, Kieran. 'Reality, Representation and the Aesthetic Fallacy: Critical Realism and the Philosophy of C. S. Peirce.' *Journal of Critical Realism*, 8, no. 2 (2009): 135–171.

Chakravartty, Anjan. *A Metaphysics for Scientific Realism: Knowing the Unobservable*. Cambridge: Cambridge University Press, 2007.

Losch, Andreas. 'On the Relationship of Ian Barbour's and Roy Bhaskar's Critical Realism.' *Journal of Critical Realism*, 16, no. 1 (2017): 70–83.

Moore, Andrew and Michael Scott 편집, *Realism and Religion: Philosophical and Theological Perspectives*. Aldershot: Ashgate, 2007.

Polkinghorne, John. *Reason and Reality*. London: SPCK, 1991.

Putnam, Hilary. *Naturalism, Realism, and Normativity*. Cambridge, MA: Harvard University Press, 2016.

Russell, Robert John. 'Ian Barbour's Methodological Breakthrough: Creating the "Bridge" Between Science and Theology.' *Theology and Science*, 15, no. 1 (2017): 28–41.

Torrance, Thomas F. *Reality and Evangelical Theology: The Realism of Christian Revelation*, 2nd ed. Downers Grove, IL: InterVarsity Press, 1999.

Wright, Crispin. *Realism, Meaning and Truth*. 2nd ed. Oxford: Blackwell, 1993.

과학과 종교의 설명

Akeroyd, F. Michael. 'Mechanistic Explanation Versus Deductive Nomological Explanation.' *Foundations of Chemistry*, 10, no. 1 (2008): 39–48.

Bangu, Sorin. 'Scientific Explanation and Understanding: Unificationism Reconsidered.' *European Journal for Philosophy of Science*, 7, no. 1 (2017): 103–126.

Bartelborth, Thomas. 'Explanatory Unification.' *Synthese*, 130 (2002): 91–108.

Clayton, Philip. *Explanation from Physics to Theology: An Essay in Rationality and Religion*. New Haven, CT: Yale University Press, 1989.

Craver, Carl F. 'The Ontic Account of Scientific Explanation.' *In Explanation in the Special Sciences: The Case of Biology and History*, M.I. Kaiser, O.R. Scholz, D. Plenge, and A. Hüttemann 편집. Dordrecht: Springer, 2014, pp. 27–52.

Dawes, Gregory W. *Theism and Explanation*. New York: Routledge, 2014.

Glass, David H., and Mark McCartney. 'Explaining and Explaining Away in Science and Religion.' *Theology and Science*, 12, no. 4 (2014): 338-361.

Harman, Gilbert. 'The Inference to the Best Explanation.' *Philosophical Review*, 74 (1965): 88-95.

Keil, Frank C. 'Explanation and Understanding.' *Annual Review of Psychology*, 57 (2006): 227-254.

Magnani, Lorenzo. *Abduction, Reason, and Science: Processes of Discovery and Explanation*. New York: Plenum Publishers, 2001.

O'Connor, Timothy. *Theism and Ultimate Explanation: The Necessary Shape of Contingency*. Oxford: Wiley Blackwell, 2012.

Reichenbach, Bruce R. 'Explanation and the Cosmological Argument.' In *Contemporary Debates in the Philosophy of Religion*, Michael Peterson and Raymond van Arragon 편집. Oxford: Wiley Blackwell, 2004, pp. 97-114.

Trout, D. J. 'Scientific Explanation and the Sense of Understanding.' *Philosophy of Science*, 69, no. 2 (2002): 212-233.

Woody, Andrea. 'Re Orienting Discussions of Scientific Explanation: A Functional Perspective.' *Studies in History and Philosophy of Science*, 51, no. 1 (2015): 79-87.

비환원적 물리주의와 설명

Bennett, Karen. 2008. 'Exclusion Again.' In *Being Reduced. New Essays on Reduction, Explanation, and Causation*, Jakob Hohwy and Jesper Kallestrup 편집. New York: Oxford University Press, 2008, pp. 280-305.

Bielfeldt, Dennis. 'Nancey Murphy's Nonreductive Physicalism.' *Zygon*, 34 (1999): 619-628.

Clayton, Philip. 'Shaping the Field of Theology and Science: A Critique of Nancey Murphy.' *Zygon*, 34 (1999): 609-618.

Gendler, Tamar, and John Hawthorne. *Conceivability and Possibility*, Oxford: Clarendon Press, 2004.

Gillett, Carl. 'Understanding the New Reductionism: The Metaphysics of Science and Compositional Reduction.' *Journal of Philosophy*, 104, no. 4 (2007): 193-216.

Kim, Jaegwon. *Physicalism, Or Something Near Enough*. Princeton, NJ: Princeton University Press, 2005.

Marras, Ausonio. 'Kim's Supervenience Argument and Nonreductive Physicalism.' *Erkenntnis*, 66, no. 3 (2007): 305-327.

Tiehen, Justin. 'How Counterpart Theory Saves Nonreductive Physicalism.' *Mind*, 128, no. 509 (2019): 139-174.

검증주의와 반증주의

Ayer, A. J. *Probability and Evidence*. New York: Columbia University Press, 2006.

Baker, Gordon P. *Wittgenstein, Frege, and the Vienna Circle*. Oxford: Blackwell, 1988.

Davis, Stephen T. 'Theology, Verification and Falsification.' *International Journal for Philosophy of Religion*, 6 (1975): 23–39.

Díez, Jose. 'Falsificationism and the Structure of Theories: The Popper-Kuhn Controversy about the Rationality of Normal Science.' *Studies in History and Philosophy of Science*, 38 (2007): 543–554.

Jeffrey, R., 'Probability and Falsification: Critique of the Popper Program.' *Synthese*, 30 (1975): 95–117.

Misak, C. J. *Verificationism: Its History and Prospects*. London: Routledge, 1995.

Pigliucci, Massimo, and Maarten Boudry 편집. *Philosophy of Pseudoscience: Reconsidering the Demarcation Problem*. Chicago: Chicago University Press, 2013.

Plantinga, Alvin. *God and Other Minds*. Ithaca, NY: Cornell University Press, 1967, pp. 156–168.

Richardson, A. and T. Übel 편집, *The Cambridge Companion to Logical Empiricism*, New York: Cambridge University Press, 2007.

Sarkar, Sahotra. *The Emergence of Logical Empiricism From 1900 to the Vienna Circle*. New York: Garland Publishing, 1996.

04 종교철학과 과학: 종교철학은 과학적 통찰력을 어떻게 활용하는가?

일반적인 주제

Abraham, William J., and Frederick D. Aquino 편집. *The Oxford Handbook of the Epistemology of Theology*. Oxford: Oxford University Press, 2017.

Adams, Marilyn McCord. *Horrendous Evils and the Goodness of God*. Ithaca, NY: Cornell University Press, 1999.

Adams, Robert Merrihew. *The Virtue of Faith and Other Essays in Philosophical Theology*. New York: Oxford University Press, 1987.

Buchak, Laura. 'Rational Faith and Justified Belief.' In *Religious Faith and Intellectual Virtue*, Laura Frances Callahan and Timothy O'Connor 편집. Oxford: Oxford University Press, 2014, pp. 29–48.

Callahan, Laura Frances, and Timothy O'Connor. 'Well Tuned Trust as an Intellectual Virtue.' In *Religious Faith and Intellectual Virtue*, Laura Frances Callahan and Timothy O'Connor 편집. Oxford: Oxford University Press, 2014, pp. 246–274.

Draper, Paul, and J. L. Schellenberg 편집. *Renewing Philosophy of Religion: Exploratory Essays*. Oxford: Oxford University Press, 2017.

Evans, C. Stephen, and R. Zachary Manis. *Philosophy of Religion: Thinking about Faith*. Downers Grove, IL: InterVarsity Press, 2006.

Moser, Paul K. *The Elusive God: Reorienting Religious Epistemology*. Cambridge: Cambridge University Press, 2008.

Plantinga, Alvin. *Warranted Christian Belief*. Oxford: Oxford University Press, 2000.

Swinburne, Richard. *The Existence of God*, 2nd ed. Oxford: Clarendon Press, 2004.

Taliaferro, Charles, and Chad Meister 편집. *The Cambridge Companion to Christian Philosophical Theology*. Cambridge: Cambridge University Press, 2009.

Ward, Keith. *The Christian Idea of God: A Philosophical Foundation for Faith*. Cambridge: Cambridge University Press, 2013.

Wolterstorff, Nicholas. *Reason within the Bounds of Religion*. Grand Rapids, MI: Eerdmans, 1976.

Wynn, Mark R. *Renewing the Senses: A Study of the Philosophy and Theology of the Spiritual Life*. Oxford: Oxford University Press, 2013.

Yandell, Keith E. *The Epistemology of Religious Experience*. Cambridge: Cambridge University Press, 1993.

신의 존재에 관한 논증

Collins, Robin. 'A Scientific Argument for the Existence of God: The Fine Tuning Design Argument.' In *Reason for the Hope Within*, Michael J. Murray 편집. Grand Rapids, MI: Eerdmans, 1999, pp. 47–75.

Copan, Paul, and William Lane Craig. *The Kal m Cosmological Argument: Scientific Evidence for the Beginning of the Universe*. New York: Bloomsbury Academic, 2018.

Craig, William Lane. 'In Defense of Theistic Arguments.' In *The Future of Atheism*, Robert B. Stewart 편집. London: SPCK, 2008, pp. 67–96.

De Cruz, Helen. 'The Enduring Appeal of Natural Theological Arguments.' *Philosophy Compass*, 9, no. 2 (2014): 145–153.

Evans, C. Stephen. *Natural Signs and Knowledge of God : A New Look at Theistic Arguments*. Oxford: Oxford University Press, 2010.

Gale, Richard M., and Alexander R. Pruss. 'A New Cosmological Argument.' *Religious Studies*, 35, no. 4 (1999): 461–476.

Glass, David H. 'Darwin, Design and Dawkins' Dilemma.' *Sophia*, 51, no. 1 (2012): 31–57.

Glass, David H. 'Can Evidence for Design Be Explained Away?' In *Probability in the Philosophy of Religion*, J. Chandler and V. Harrison 편집, pp. 79–102. Oxford: Oxford University Press, 2012, pp. 79–102.

Gliboff, Sander. 'Paley's Design Argument as an Inference to the Best Explanation, or, Dawkins' Dilemma.' *Studies in History and Philosophy of Biological and Biomedical Sciences*, 31 (2000): 579-597.

Holder, Rodney D. *God, the Multiverse, and Everything: Modern Cosmology and the Argument from Design*. Aldershot: Ashgate, 2004.

Johnson, Jeffery L. 'Inference to the Best Explanation and the New Teleological Argument.' *Southern Journal of Philosophy*, 31 (1991): 193-203.

Khamara, Edward J. 'Hume Versus Clarke on the Cosmological Argument.' *Philosophical Quarterly*, 42, no. 1 (1992): 34-55.

Koons, Robert C. 'A New Look at the Cosmological Argument.' *American Philosophical Quarterly*, 34, no. 2 (1997): 193-211.

Loke, Andrew Ter Ern. *God and Ultimate Origins: A Novel Cosmological Argument*. New York: Palgrave Macmillan, 2017.

Lustig, Abigail. 'Natural Atheology.' In *Darwinian Heresies*, Abigail Lustig, Robert J. Richards, and Michael Ruse 편집. Cambridge: Cambridge University Press, 2004, pp. 69-83.

McGrath, Alister E. 'Arrows of Joy: Lewis's Argument from Desire.' In *The Intellectual World of C. S. Lewis*. Oxford: Wiley Blackwell, 2013, pp. 105-128.

Oderberg, David S. 'Traversal of the Infinite, the 'Big Bang' and the Kalām Cosmological Argument.' *Philosophia Christi*, 4 (2002): 304-334.

Oppy, Graham. 'Hume and the Argument for Biological Design.' *Biology and Philosophy*, 11 (1996): 519-534.

Peterfreund, Stuart. *Turning Points in Natural Theology from Bacon to Darwin: The Way of the Argument from Design (part of the Nineteenth Century Major Lives and Letters series)*. New York: Palgrave Macmillan, 2012.

Reichenbach, Bruce. 'Explanation and the Cosmological Argument.' In *Contemporary Debates in the Philosophy of Religion*, Michael Peterson and Raymond van Arragon 편집. Oxford: Wiley Blackwell, 2004, pp. 97-114.

Roberts, Noel K. 'Newman on the Argument from Design.' *New Blackfriars*, 88 (2007): 56-66.

Ruse, Michael. 'The Argument from Design: A Brief History.' In *Debating Design: From Darwin to DNA*, William A. Dembski and Michael Ruse 편집. Cambridge: Cambridge University Press, 2004, pp. 13-31.

Schlosshauer, Maximilian, Johannes Kofler, and Anton Zeilinger. 'A Snapshot of Foundational Attitudes toward Quantum Mechanics.' *Studies in the History and Philosophy of Modern Physics*, 44 (2013): 220-230.

Sosa, Ernest. 'Natural Theology and Naturalist Atheology: Plantinga's Evolutionary Argument against Naturalism.' In *Alvin Plantinga*, Deane Peter Baker 편집. Cambridge: Cambridge University Press, 2007, pp. 93-106.

Wielenberg, Erik. 'Dawkins's Gambit, Hume's Aroma, and God's Simplicity.' *Philosophia Christi*, 11, no. 1 (2009): 113-127.

세상에서 이루어지는 하나님의 행위

Clayton, Philip. 'Towards a Theory of Divine Action That Has Traction.' In *Scientific Perspectives on Divine Action: Twenty Years of Challenge and Progress*, Robert John Russell, Nancey Murphy, and William R. Stoeger 편집. Vatican City: Vatican Observatory, 2008, pp. 85-110.

Crain, Steven Dale. *Divine Action and Indeterminism: On Models of Divine Action That Exploit the New Physics*. Notre Dame, IN: University of Notre Dame, Dissertation, 1993.

Gregersen, Niels H. 'Special Divine Action and the Quilt of Laws: Why the Distinction between Special and General Divine Action Cannot Be Maintained.' In *Scientific Perspectives on Divine Action: Twenty Years of Challenge and Progress*, Robert John Russell, Nancey Murphy, and William R. Stoeger 편집. Vatican City: Vatican Observatory, 2008, pp. 179-199.

Koperski, Jeffrey. 'Divine Action and the Quantum Amplification Problem.' *Theology & Science*, 13, no. 4 (2015): 379-394.

McGrath, Alister E. 'Hesitations About Special Divine Action: Reflections on Some Scientific, Cultural and Theological Concerns.' *European Journal for Philosophy of Religion*, 7, no. 4 (2015): 3-22.

Nelson, James S. 'Divine Action: Is It Credible?' *Zygon*, 30 (1995): 267-280.

Polkinghorne, John. 'Natural Science, Temporality, and Divine Action.' *Theology Today*, 55 (1998): 329-343.

Russell, Robert John. 'Does the "God Who Acts" Really Act: New Approaches to Divine Action in Light of Science.' *Theology Today*, 54 (1997): 43-65.

Russell, Robert John, Nancey Murphy, and C. J. Isham 편집, *Quantum Cosmology and the Laws of Nature: Scientific Perspectives on Divine Action*. Berkeley, CA: Center for Theology and Natural Sciences, 1993.

Russell, Robert John, Nancey Murphy, and Arthur Peacocke. *Chaos and Complexity: Scientific Perspectives on Divine Action*. Vatican City: Vatican Observatory and Berkeley, CA: Center for Theology and Natural Sciences, 1995.

Saunders, Nicholas. *Divine Action and Modern Science*. Cambridge: Cambridge University Press, 2002.

Silva, Ignacio. 'John Polkinghorne on Divine Action: A Coherent Theological Evolution.' *Science and Christian Belief*, 24, no. 1 (2012): 19-30.

Smedes, Taede A. *Chaos, Complexity, and God: Divine Action and Scientism*. Louvain: Peeters, 2004.

Stoeger, William R. 'God and Time : The Action and Life of the Triune God in the World.' *Theology Today*, 55 (1998): 365–388.

Tracy, Thomas. 'Scientific Perspectives on Divine Action? Mapping the Options.' *Theology and Science*, 2 (2004): 196–201.

Tracy, Thomas F. 'Special Divine Action and the Laws of Nature.' In *Scientific Perspectives on Divine Action: Twenty Years of Challenge and Progress*, Robert John Russell, Nancey Murphy, and William R. Stoeger 편집. Vatican City: Vatican Observatory, 2008, pp. 249–283.

Vanhoozer, Kevin J. *Remythologizing Theology: Divine Action, Passion, and Authorship*. Cambridge: Cambridge University Press, 2010.

Wildman, Wesley J. 'The Divine Action Project, 1988–2003.' *Theology and Science*, 2 (2004): 31–75.

기적과 자연법칙

Collins, Jack. 'Miracles, Intelligent Design, and God of the Gaps.' *Perspectives on Science and Christian Faith*, 55 (2003): 22–29.

Cziko, Gary. *Without Miracles: Universal Selection Theory and the Second Darwinian Revolution*. Cambridge, MA: MIT Press, 1995.

Dear, Peter R. 'Miracles, Experiments, and the Ordinary Course of Nature.' *Isis*, 81 (1990): 663–683.

Force, James E. 'Providence and Newton's Pantokrator: Natural Law, Miracles, and Newtonian Science.' In *Newton and Newtonianism: New Essays*, James E. Force and Sarah Hutton 편집. Dordrecht: Kluwer, 2004, pp. 65–92.

Harrison, Peter. 'Newtonian Science, Miracles, and the Laws of Nature.' *Journal of the History of Ideas*, 56 (1995): 531–553.

Harrison, Peter. 'The Development of the Concept of Laws of Nature.' In *Creation: Law and Probability*, Fraser Watts 편집. Aldershot: Ashgate, 2008, pp. 13–36.

Holder, Rodney D. 'Hume on Miracles: Bayesian Interpretation, Multiple Testimony, and the Existence of God.' *British Journal for the Philosophy of Science*, 49 (1998): 49–65.

Hughes, Christopher, and Robert Merihew Adams. 'Miracles, Laws of Nature and Causation.' *Aristotelian Society Supplement*, 66 (1992): 179–224.

Kistler, Max, 'Laws of Nature, Exceptions and Tropes.' *Philosophia Scientiae*, 7, no. 2 (2003): 189–219.

Mavrodes, George I. 'Miracles and the Laws of Nature.' *Faith and Philosophy*, 2 (1985): 333–352.

Miller, Jon. 'Spinoza and the Concept of a Law of Nature.' *History of Philosophy Quarterly*, 20, no. 3 (2003): 257–276.

Millican, Peter. 'Earman on Hume on Miracles.' In *Debates in Modern Philosophy: Essential Readings and Contemporary Responses*, Stewart Duncan and Antonia LoLordo 편집. New York: Routledge, 2013, pp. 271–284.

Pannenberg, Wolfhart. 'The Concept of Miracle.' *Zygon*, 37, no. 3 (2002), 759–762.

Shaw, Jane. *Miracles in Enlightenment England*. New Haven, CT: Yale University Press, 2006.

Ward, Keith. 'Believing in Miracles.' *Zygon*, 37, no. 3 (2002), 741–750.

진화론적 반론

De Cruz, Helen, and Johan De Smedt. *A Natural History of Natural Theology: The Cognitive Science of Theology and Philosophy of Religion*. Cambridge, MA: MIT Press, 2015.

Dow, James W. 'The Evolution of Religion: Three Anthropological Approaches.' *Method & Theory in the Study of Religion*, 18, no. 1 (2006): 67–91.

FitzPatrick, William J. 'Debunking Evolutionary Debunking of Ethical Realism.' *Philosophical Studies*, 172 (2015): 883–904.

Jong, Jonathan, and Aku Visala, 'Evolutionary Debunking Arguments against Theism, Reconsidered.' *International Journal for Philosophy of Religion*, 76 (2014): 243–258.

Kahane, Guy. 'Evolutionary Debunking Arguments.' *Noûs*, 45, no. 1 (2011): 103–126.

Lustig, Abigail. 'Natural Atheology.' In *Darwinian Heresies*, Abigail Lustig, Robert J. Richards, and Michael Ruse 편집. Cambridge: Cambridge University Press, 2004, pp. 69–83.

Nola, Robert. 'Do Naturalistic Explanations of Religious Beliefs Debunk Religion?' In *A New Science of Religion*, Gregory W. Dawes and James MacLaurin 편집. Abingdon: Routledge, 2013, pp. 162–188.

Sosa, Ernest. 'Natural Theology and Naturalist Atheology: Plantinga's Evolutionary Argument against Naturalism.' In *Alvin Plantinga*, Deane Peter Baker 편집. Cambridge: Cambridge University Press, 2007, pp. 93–106.

Street, Sharon. 'A Darwinian Dilemma for Realist Theories of Value.' *Philosophical Studies*, 127, no. 1 (2006): 109–166.

자연신학

Adams, Edward. 'Calvin's View of Natural Knowledge of God.' *International Journal of Systematic Theology*, 3, no. 3 (2001): 280–292.

Barr, James. *Biblical Faith and Natural Theology*. Oxford: Clarendon Press, 1993.

Brooke, John Hedley. 'Science and the Fortunes of Natural Theology: Some Historical Perspectives.' *Zygon*, 24 (1989): 3–22.

Brooke, John Hedley, Russell Re Manning, and Fraser Watts 편집. *The Oxford Handbook of Natural Theology*. Oxford: Oxford University Press, 2013.

Craig, William Lane, and James Porter Moreland 편집. *The Blackwell Companion to Natural Theology*. Malden, MA: Wiley Blackwell, 2009.

Fisher, Philip. *Wonder, the Rainbow, and the Aesthetics of Rare Experiences*. Cambridge, MA: Harvard University Press, 1998.

Harrison, Peter. 'Physico Theology and the Mixed Sciences: The Role of Theology in Early Modern Natural Philosophy.' In *The Science of Nature in the Seventeenth Century*, Peter Anstey and John Schuster 편집. Dordrecht: Springer, 2005, pp. 165–183.

Joyce, George Hayward. *Principles of Natural Theology*. London: Longmans, Green and Co., 1922.

Lane, Belden C. 'Jonathan Edwards on Beauty, Desire and the Sensory World.' *Theological Studies*, 65, no. 1 (2004): 44–68.

Mandelbrote, Scott. 'The Uses of Natural Theology in Seventeenth Century England.' *Science in Context*, 20 (2007): 451–480.

McGrath, Alister E. *Re Imagining Nature: The Promise of a Christian Natural Theology*. Oxford: Wiley Blackwell, 2016.

Peterfreund, Stuart. *Turning Points in Natural Theology from Bacon to Darwin: The Way of the Argument from Design*. New York: Palgrave Macmillan, 2012.

Polkinghorne, John. 'The New Natural Theology.' *Studies in World Christianity*, 1, no. 1 (1995): 41–50.

Vidal, Fernando, and Bernard Kleeberg. 'Knowledge, Belief, and the Impulse to Natural Theology.' *Science in Context*, 20 (2007): 381–400.

Webb, C. C. J. *Studies in the History of Natural Theology*. Oxford: Clarendon Press, 1915.

Wildman, Wesley J. 'Comparative Natural Theology.' *American Journal of Theology and Philosophy*, 27, no. 2–3 (2006): 173–190.

05 모형과 비유: 과학과 종교는 보이지 않는 실재를 어떻게 시각화하는가?

일반적인 주제

Bezuidenhout, Anne. 'Metaphor and What is Said: A Defense of a Direct Expression View of Metaphor.' *Midwest Studies in Philosophy*, 25, no. 1 (2001): 156–186.

Black, Max. *Models and Metaphors: Studies in Language and Philosophy*. Ithaca, NY: Cornell University Press, 1962.

Boys Stones, G. R. 편집, *Metaphor, Allegory, and the Classical Tradition: Ancient Thought and Modern Revisions*, Oxford and New York: Oxford University Press, 2003.

Davidson, Donald. 'What Metaphors Mean.' *Critical Inquiry*, 5, no. 1 (1978): 31–47.

Donoghue, Denis. *Metaphor*. Cambridge, MA: Harvard University Press, 2014.

Feldman, Karen S. 'Conscience and the Concealments of Metaphor in Hobbes's Leviathan.' *Philosophy and Rhetoric*, 34, no. 1 (2001), 21–37.

Geary, James. *I is an Other: The Secret Life of Metaphor and How it Shapes the Way We See the World*. New York: HarperCollins, 2011.

Gibbs, Raymond W. *The Poetics of Mind: Figurative Thought, Language, Understanding*. New York: Cambridge University Press, 1994.

Lakoff, George, and Mark Johnson. *Metaphors We Live By*. Chicago: University of Chicago Press, 1980.

Macagno, F., D. Walton, and C. Tindale. 'Analogical Arguments: Inferential Structures and Defeasibility Conditions.' *Argumentation*, 31 (2017): 221–243.

Walton, D., and C. Hyra. 'Analogical Arguments in Persuasive and Deliberative Contexts.' *Informal Logic*, 38, no. 2 (2018): 213–261.

과학과 종교의 모형과 비유들

Barbour, Ian G. *Myths, Models and Paradigms: A Comparative Study in Science and Religion*. New York: Harper & Row, 1974.

Burgess, Andrew J. 'Irreducible Religious Metaphors.' *Religious Studies*, 8 (1972): 355–366.

Cantor, Geoffrey, and Chris Kenny. 'Barbour's Fourfold Way: Problems with His Taxonomy of Science Religion Relationships.' *Zygon*, 36 (2001): 765–781.

Gehart, Mary, and Allan M. Russell. *Metaphoric Process: The Creation of Scientific and Religious Understanding*. Fort Worth: Christian University Press, 1984.

Godfrey Smith, Peter. 'Theories and Models in Metaphysics.' *Harvard Review of Philosophy*, 14 (2006): 4–19.

Godfrey Smith, Peter. 'Metaphysics and the Philosophical Imagination.' *Philosophical Studies*, 160 (2012): 97–113.

MacCormac, Earl R. 'Scientific and Religious Metaphors.' *Religious Studies*, 11 (1975): 401–409.

Sullivan Clarke, Andrea. 'Misled by Metaphor: The Problem of Ingrained Analogy.' *Perspectives on Science*, 27, no. 2 (2019): 153–170.

Yob, Iris M. 'Religious Metaphor and Scientific Model: Grounds for Comparison.' *Religious Studies*, 28 (1992): 475–485.

과학의 모형과 비유들

Godfrey Smith, Peter. 'The Strategy of Model Based Science.' *Biology and Philosophy*, 21 (2006): 725-740.

Hesse, Mary B. 'The Explanatory Function of Metaphor.' In *Logic, Methodology and Philosophy of Science: Proceedings of the 1964 International Congress*, Yehoshuah Bar Hillel 편집. Amsterdam: North Holland Publishing, 1965, pp. 249-259.

Hesse, Mary B. *Models and Analogies in Science*. Notre Dame, IN: University of Notre Dame Press, 1966.

Keller, Evelyn Fox. *Making Sense of Life: Explaining Biological Development with Models, Metaphors, and Machines*. Cambridge, MA: Harvard University Press, 2002.

Marchitello, Howard. 'Telescopic Voyages: Galileo and the Invention of Lunar Cartography.' In *Travel Narratives, the New Science, and Literary Discourse, 1569-1750*, Judy A. Hayden 편집. Burlington, VT: Ashgate, 2012, pp. 161-178.

Meheut, Martine. 'Designing a Learning Sequence about a Pre Quantitative Kinetic Model of Gases: The Parts played by Questions and by a Computer Simulation.' *International Journal of Science Education*, 19, no. 6 (1997): 647-660.

Odenbaugh, Jay. 'Idealized, Inaccurate but Successful: A Pragmatic Approach to Evaluating Models in Theoretical Ecology.' *Biology and Philosophy*, 20 (2005): 231-255.

Paton, R. C. 'Towards a Metaphorical Biology.' Biology and Philosophy, 7, no. 3, (1992): 279-294.

Petersen, Arthur C. *Simulating Nature: A Philosophical Study of Computer Simulation Uncertainties and Their Role in Climate Science and Policy Advice*. Boca Raton, FL: CRC Press, 2012.

Petruccioli, Sandro. *Atoms, Metaphors and Paradoxes: Niels Bohr and the Construction of a New Physics*. Cambridge: Cambridge University Press, 1993.

Spranzi, Marta. 'Galileo and the Mountains of the Moon: Analogical Reasoning, Models and Metaphors in Scientific Discovery.' *Journal of Cognition and Culture*, 4, no. 3-4 (2004): 451-483.

Weisberg, Michael. *Simulation and Similarity: Using Models to Understand the World*. Oxford: Oxford University Press, 2013.

Wells, R. S. 'The Life and Growth of Language: Metaphors in Biology and Linguistics.' In *Biological Metaphor and Cladistic Classification*, H. H. Hoenigswald and L. F. Wiener 편집. Philadelphia: University of Pennsylvania Press, 1987, pp. 39-80.

Young, Robert M. *Darwin's Metaphor: Nature's Place in Victorian Culture*. Cambridge: Cambridge University Press, 1985.

종교의 모형과 비유들

Avis, Paul D. L. *God and the Creative Imagination : Metaphor, Symbol, and Myth in Religion and Theology*. London: Routledge, 1999.

Barbour, Ian G. *Myths, Models and Paradigms: A Comparative Study in Science and Religion*. New York: Harper & Row, 1974.

Brower, Jeffrey E., and Michael C. Rea. 'Material Constitution and the Trinity.' *Faith and Philosophy*, 22 (2005): 57–76.

Colijn, Brenda B. *Images of Salvation in the New Testament*. Downers Grove, IL: IVP Academic, 2010.

Gunton, Colin E. *The Actuality of Atonement: A Study of Metaphor, Rationality, and the Christian Tradition*. Grand Rapids, MI: Eerdmans, 1989.

Harwood, John T. 'Theologizing the World: A Reflection on the Theology of Sallie McFague.' *Anglican Theological Review*, 91, no. 1 (2015): 111–126.

McFague, Sallie. *Metaphorical Theology: Models of God in Religious Language*. Philadelphia: Fortress, 1985.

McKinnon, Andrew M. 'Metaphors in and for the Sociology of Religion: Towards a Theory after Nietzsche.' *Journal of Contemporary Religion*, 27, no. 2 (2012): 203–216.

Ramsey, Ian T. *Models for Divine Activity*. London: SCM Press, 1973.

Rensburg, F. J. J. van. 'Metaphors in Soteriology in 1 Peter: Identifying and Interpreting the Salvific Imageries.' In *Salvation in the New Testament: Perspectives on Soteriology*, J. G. Van der Watt 편집. Leiden: Brill, 2005, pp. 409–435.

Shoemaker, Karl. 'The Devil at Law in the Middle Ages.' *Revue de l'Histoire des Religions*, 4 (2011): 567–586.

Wood, William. 'Modeling Mystery.' *Scientia et Fides*, 4, no. 1 (2016): 39–59.

06 오늘날의 몇 가지 중요한 논쟁

도덕철학: 과학과 도덕

Allhoff, Fritz. 'Evolutionary Ethics from Darwin to Moore.' *History and Philosophy of the Life Sciences*, 25, no. 1 (2003): 51–79.

Ellis, George. 'Can Science Bridge the Is Ought Gap? A Response to Michael Shermer.' *Theology and Science*, 16, no. 1 (2018): 1–5.

Hunter, James Davison. *Science and the Good: The Tragic Quest for the Foundations of Morality*. New Haven, CT: Yale University Press, 2018.

Kaufman, Whitley R. P. 'Can Science Determine Moral Values? A Reply to Sam Harris.' *Neuroethics*, 5 (2012): 55–65.

MacIntyre, A.C., 'Hume on "Is" and "Ought."' *Philosophical Review*, 68 (1959): 451–468.

Michalos, Alex C. 'Einstein, Ethics, and Science.' *Journal of Academic Ethics*, 2, no. 4 (2004): 339–354.

Richerson, Peter J. and Robert Boyd, 'Darwinian Evolutionary Ethics: Between Patriotism and Sympathy.' In *Evolution and Ethics: Human Morality in Biological and Religious Perspective*, Philip Clayton and Jeffrey Schloss 편집. Grand Rapids, MI: Eerdmans, 2004, pp. 50–77.

Shermer, Michael. 'Scientific Naturalism: A Manifesto for Enlightenment Humanism.' *Theology and Science*, 15, no. 3 (2017): 220–230.

Tancredi, Laurence R. *Hardwired Behavior: What Neuroscience Reveals About Morality*. New York: Cambridge University Press, 2005.

과학철학

Forrest, Barbara. 'Methodological Naturalism and Philosophical Naturalism: Clarifying the Connection.' *Philo*, 3, no. 2 (2000): 7–29.

Kidd, Ian James. 'Receptivity to Mystery: Cultivation, Loss, and Scientism.' *European Journal for Philosophy of Religion*, 4, no. 3 (2012): 51–68.

McMullin, Ernan. 'Plantinga's Defense of Special Creation.' *Christian Scholar's Review*, 21, no. 1 (1991): 55–79.

McMullin, Ernan. 'Varieties of Methodological Naturalism.' In *The Nature of Nature: Examining the Role of Naturalism in Science*, Bruce L. Gordon and William A. Dembski 편집. Wilmington, DE: ISI Books, 2011, pp. 82–94.

Pigliucci, Massimo. 'New Atheism and the Scientistic Turn in the Atheism Movement.' *Midwest Studies in Philosophy*, 37, no. 1 (2013): 142–153.

Stenmark, Mikael. 'Should Religion Shape Science?' *Faith and Philosophy*, 21, no. 3 (2004): 487–505.

Williams, Richard N., and Daniel N. Robinson 편집, *Scientism: The New Orthodoxy*. London: Bloomsbury, 2015.

트랜스휴머니즘

Cole Turner, R. 편집, *Transhumanism and Transcendence: Christian Hope in an Age of Technological Enhancement*. Washington, DC: Georgetown University Press, 2011.

Crysdale, Cynthia S.W. 'Playing God? Moral Agency in an Emerging World.' *Journal of the Society of Christian Ethics*, 23, no. 2 (2003): 243–259.

Harris, John. *Enhancing Evolution: The Ethical Case for Making Better People*. Princeton, NJ: Princeton University Press, 2007.

Hefner, Philip. *The Human Factor: Evolution, Culture, Religion*. Minneapolis, MN: Fortress Press, 1993.

Hefner, Philip. *Technology and Human Becoming*. Minneapolis, MN: Fortress Press, 2003.

Hefner, Philip. 'The Animal that Aspires to be an Angel: The Challenges of Transhumanism.' *Dialog*, 48. no. 2 (2009): 158-167.

Herzfeld, Noreen. *In Our Image: Artificial Intelligence and the Human Spirit*. Minneapolis, MN: Fortress Press, 2002.

Herzfeld, Noreen (2009). *Technology and Religion: Remaining Humans in a Co-created World*. West Conshohocken, PA: Templeton Foundation, 2009.

Lorrimar, Victoria. 'The Scientific Character of Philip Hefner's 'Created Co Creator.' *Zygon*, 52. no. 3, (2017): 726-746.

O'Donnell, Karen. 'Performing the imago Dei: Human Enhancement, Artificial Intelligence and Optative Image Bearing.' *International Journal for the Study of the Christian Church*, 18, no. 1 (2018): 4-15.

Peters, Ted. 'Playing God with Frankenstein.' *Theology and Science*, 16, no. 2 (2018): 145-150.

Peters, Ted. 'Imago Dei, DNA, and the Transhuman Way.' *Theology and Science*, 16, no. 3 (2018): 353-362.

Sandel, Michael. *The Case Against Perfection: Ethics in the Age of Genetic Engineering*. Cambridge, MA: Harvard University Press, 2007.

Zylinska, Joanna. 'Playing God, Playing Adam: The Politics and Ethics of Enhancement.' *Journal of Bioethical Inquiry*, 7, no. 2 (2010): 149-161.

수학

Illiffe, Rob. 'Newton, God, and the Mathematics of the Two Books.' In *Mathematicians and Their Gods: Interactions between Mathematics and Religious Beliefs*, Snezana Lawrence and Mark McCartney 편집. Oxford: Oxford University Press, 2015, pp. 121-144.

Livio, Mario. *Is God a Mathematician?* New York: Simon & Schuster, 2009.

Palmerino, Carla Rita. 'The Mathematical Characters of Galileo's Book of Nature.' In *The Book of Nature in Early Modern and Modern History*, Klaas van Berkel and Arie Johan Vanderjagt 편집. Louvain: Peeters, 2006, pp. 27-44.

Plantinga, Alvin. 'Theism and Mathematics.' *Theology and Science*, 9, no. 1 (2011): 27-33.

Richards, Joan. 'God, Truth and Mathematics in Nineteenth Century England.' *Theology and Science*, 9, no. 1 (2011): 53-74.

Voss, Sarah. 'Mathematics and Theology: A Stroll through the Garden of Mathaphors.' *Theology and Science*, 4, no. 1 (2006): 33-49.

Wigner, Eugene. 'The Unreasonable Effectiveness of Mathematics in the Natural Sciences.' *Communications on Pure and Applied Mathematics*, 13 (1960): 1-14.

물리학

Barrow, John, and Frank J. Tipler. *The Anthropic Cosmological Principle*. Oxford: Oxford University Press, 1986.

Carr, Bernard 편집, *Universe or Multiverse?* Cambridge: Cambridge University Press, 2007.

Davies, Paul. *The Goldilocks Enigma: Why Is the Universe Just Right for Life?* London: Allen Lane, 2006.

Gribbin, John R., and Martin J. Rees. *Cosmic Coincidences: Dark Matter, Mankind and Anthropic Cosmology*. New York: Bantam Books, 1991.

Holder, Rodney D. *God, the Multiverse, and Everything: Modern Cosmology and the Argument from Design*. Aldershot: Ashgate, 2004.

McGrath, Alister E. *A Fine Tuned Universe: Science, Theology and the Quest for God*. Louisville, KY: Westminster John Knox Press, 2009.

Rees, Martin J. *Just Six Numbers: The Deep Forces That Shape the Universe*. London: Phoenix, 2000.

진화 생물학

Ayala, Francisco J. 'Teleological Explanations in Evolutionary Biology.' *Philosophy of Science*, 37 (1970): 1-15.

Conway Morris, Simon. *Life's Solution: Inevitable Humans in a Lonely Universe*. Cambridge: Cambridge University Press, 2003.

Dawkins, Richard. *The Blind Watchmaker: Why the Evidence of Evolution Reveals a Universe without Design*. New York: W. W. Norton, 1986.

Mayr, Ernst. *Toward a New Philosophy of Biology: Observations of an Evolutionist*. Cambridge, MA: Harvard University Press, 1988.

Monod, Jacques. *Chance and Necessity: An Essay on the Natural Philosophy of Modern Biology*. New York: Alfred A. Knopf, 1971

종교 심리학

Fuller, Andrew R. *Psychology and Religion: Classical Theorists and Contemporary Developments*, 4th ed. Lanham, MD: Rowman & Littlefield, 2008.

Hood, Ralph W. 'Psychology of Religion'. In W. H. Swatos and P. Kvisto 편집, *Encyclopedia of Religion and Society*. Walnut Creek, CA: Altamira, 1998, pp. 388-391.

Kenny, Dianna T. *God, Freud and Religion: The Origins of Faith, Fear and Fundamentalism*. London: Routledge, 2015.

Lamberth, David C. *William James and the Metaphysics of Experience*. Cambridge: Cambridge University Press, 1999.

Paloutzian, Raymond F., and Crystal L. Park. *Handbook of the Psychology of Religion and Spirituality*. New York: Guilford, 2005.

Rydenfelt, Henrik, and Sami Pihlström. *William James on Religion*. Basingstoke: Palgrave Macmillan, 2013.

Sharvit, Gilad, and Karen S. Feldman. *Freud and Monotheism: Moses and the Violent Origins of Religion*. New York: Fordham University Press, 2018.

Spilka, Bernard, Ralph W. Hood, Bruce Hunsberger, and Richard Gorsuch, *The Psychology of Religion: An Empirical Approach*, 3rd ed. New York: The Guilford Press, 2003.

Taylor, Charles. *Varieties of Religion Today: William James Revisited*. Cambridge, MA: Harvard University Press, 2002.

Vanden Burgt, R. J. *The Religious Philosophy of William James*. Chicago: Nelson Hall, 1981.

Watts, Fraser N. *Psychology, Religion, and Spirituality: Concepts and Applications*. Cambridge: Cambridge University Press, 2017.

Wulff, David W. 'Rethinking the Rise and Fall of the Psychology of Religion.' In, A. L. Molendijk and P. Pels 편집, *Religion in the Making: The Emergence of the Sciences of Religion*. Leiden: Brill, 1998, pp. 181-202.

종교 인지과학

Atran, Scott. *In Gods We Trust: The Evolutionary Landscape of Religion*. Oxford: Oxford University Press, 2002.

Barrett, Justin L. *Why Would Anyone Believe in God?* Lanham, MD: AltaMira Press, 2004.

Barrett, Justin L. 'Cognitive Science of Religion: What Is It and Why Is It?' *Religion Compass*, 1 (2007): 1-19.

Boyer, Pascal. *Religion Explained: The Evolutionary Origins of Religious Thought*. New York: Basic Books, 2001.

Geertz, Armin W. 'Brain, Body and Culture: A Biocultural Theory of Religion.' *Method & Theory in the Study of Religion*, 22, no. 4 (2010): 304-321.

Guthrie, Stewart. *Faces in the Clouds: A New Theory of Religion*. New York: Oxford University Press, 1993.

Jong, Jonathan. 'On (Not) Defining (Non)Religion.' *Science, Religion and Culture*, 2, no. 3 (2015): 15–24.

Jong, Jonathan, Christopher Kavanagh, and Aku Visala. 'Born Idolaters: The Limits of the Philosophical Implications of the Cognitive Science of Religion.' *Neue Zeitschrift für Systematische Theologie und Religionsphilosophie*, 57, no. 2 (2015): 244–266.

Maij, David L. R., Hein T. van Schie, and Michiel van Elk. 'The Boundary Conditions of the Hypersensitive Agency Detection Device: An Empirical Investigation of Agency Detection in Threatening Situations.' *Religion, Brain & Behavior*, 9, no. 1 (2017): 53–71.

McCauley, Robert N. 'The Naturalness of Religion and the Unnaturalness of Science.' In *Explanation and Cognition*, F. Keil and R. Wilson 편집. Cambridge, MA: MIT Press, 2000, pp. 61–85.

Pyysiäinen, Ilkka. 'The Cognitive Science of Religion.' In *Evolution, Religion, and Cognitive Science: Critical and Constructive Essays*, Fraser Watts and Léon P. Turner 편집. Oxford: Oxford University Press, 2014, pp. 21–37.

Taves, Ann. *Religious Experience Reconsidered: A Building Block Approach to the Study of Religion and Other Special Things*. Princeton, NJ: Princeton University Press, 2011.

van Leeuwen, Neil, and Michiel van Elk, 'Seeking the Supernatural: The Interactive Religious Experience Model.' *Religion, Brain & Behavior*, 9, no. 3 (2019): 221–251.

Visala, Aku. Naturalism, *Theism, and the Cognitive Study of Religion: Religion Explained?* Farnham: Ashgate Publishing, 2011.

이 책을 닫기 전에
: 그리스도인 독자를 위한 가이드

임준섭
미국 샬롯츠빌한인교회 교육목사
총신대학교 신학과 철학박사(Ph.D.)
서울대학교 분자생물학 이학박사(Ph.D.)

4차 산업혁명과 인공지능, 인구 감소와 초고령화 사회, 지구온난화와 대체에너지, 그리고 심각한 환경 파괴와 오염 문제 등, 세기의 전환과 함께 기독교는 이전에 경험하지 못했던 다양한 분야의 시대적 질문과 요청에 직면하고 있습니다. 특히 한국교회는 거세지는 세속화의 물결 속에서 밖으로는 하나님이 없다는 무신론적 사상과 안으로는 잘못된 이단적 신학들의 도전으로 적잖은 혼란을 겪고 있습니다.

과학자이며 목사로서 이러한 도전과 혼란들을 가만히 살펴보면, 상당히 많은 이슈가 급속히 발달하는 과학기술과 관련된 것을 알 수 있습니다. 현대 기독교가 당면한 이런 여러 가지 시대적 질문과 요청을 제대로 이해하고 대응하기 위해서는 과학에 대한 충분한 선(先)이해와 정당한 평가, 그리고 적절한 관계 설정이 필요해진 것입니다. 그런 의미에서 알리스터 맥그래스의 『과학과 종교』가 출간된 것은 반가운 소식이 아닐 수 없습니다.

먼저, 이 책의 저자인 알리스터 맥그래스의 학문적, 신학적 배경을 알아두면 이 책을 이해하는 데 도움이 될 것입니다. 현재 영국 옥스퍼드대 교수인 알리스터 맥그래스는 옥스퍼드대에서 화학과 생화학을 전공한 과학자인데, 원래 무신론자였다가 회심하여 그리스도인이 되었다고 알려져 있습니다. 그는 회심 후, 옥스퍼드대에서 신학을 전공하고 영국 성공회 사제 서품까지 받습니다. 이러한 그의 학문적 여정은 과학(이학박사, 분자생물물리학 전공)과 신학(신학박사, 역사 및 조직신학 전공)에 멈추지 않고, 비교적 최근인 2013년에는 '과학과 종교'를 주제로 한 인류역사학 연구를 통해 문학박사 학위를 취득하기에 이릅니다.

이처럼 신학 이외의 다양한 학문적 배경이 있기는 하지만, 알리스터 맥그래스의 주요 저작은 대체로 신학에 천착되어 있습니다. 따라서 그는 현재 '과학과 종교'라는 주제를 가장 잘 다룰 수 있는 기독교 지성의 한 사람으로 손색이 없다는 평입니다. 그 때문인지 국내에도 이미 그의 많은 책들이 역간되어 관련 주제에 관심이 있는 독자라면 그의 이름이 매우 익숙할 것입니다.

그런데 과학과 종교에 관한 주제를 다룰 때, 꼭 기억해야 할 것이 있습니다. 과학과 종교가 충돌하는 것처럼 보일 때, 첫 번째로 고려해야 할 중요한 기준은 성경이라는 것입니다. 우리는 과학이 제시하는 증거들을 성경의 권위보다 더 높이거나 혹은 동등하게 다뤄서는 안 됩니다. 하나님의 말씀으로 주신 성경의 권위는 다른 그 어떤 학문적 증거나 주장보다 높습니다. 우리가 경험하는 모든 현상과 사실에 대한 해석과 이해의 첫 번째 틀은 성경이며, 학문적인 어떤 영역도 하나님의 주권을 벗어날 수 없다는 것이 정통 개혁주의 기독교의 굽힐 수 없는 입장입니다. 과학과 기독교(혹은 신학)는 모든 부분에서 동일할 수 없지만, 결국 만물의 창조주이시며 주권자이신 하나님을 밝히 드러내는 데에 서로 다른 역할을 통해 더욱 풍성하고 영광스럽게 사용될 수 있습니다.

이런 면에서 필자가 안타까운 점은 우리가 '과학과 종교'의 모든 문제를 '창조와 진화'와 관련된 논쟁으로 지나치게 축소, 환원하는 경향이 있다는 것입니다. 과학과 진화론은 동의어가 아닙니다. 진화론은 과학의 전체 영역에서 매우 지엽적인 부분일 뿐입니다. 심지어 과학계의 모든 과학자가 진화론을 입증된 과학적 진리라고 여기는 것도 아닙니다. 어떤 교리적인 면에서 기독교가 과학을 볼 때 진화론이 중요한 이슈 중에 하나인 것은 맞지만, 과학은 그보다 훨씬 더 광범위하게 기독교가 관심을 기울여야 할 영역과 교집합을 가지고 있습니다.

따라서 과학과 종교에 관련된 훨씬 더 많은 주제와 이슈들이 서로의 대화를 요구합니다. 특히 처음에 언급했던 현대사회의 당면한 많은 문제들은 과학이 주는 여러 유익들에 대한 기독교의 정당한 평가를 요구합니다. 또 기독교가 주는 보편적인 가치와 의미에 대해 과학의 겸손하고도 수용적인 태도가 절실히 요구됩니다. 따라서 과학과 기독교가 너무 편향된 한두 가지의 논쟁으로 갈등하며 서로 으르렁대는 적대적인 관계로 귀결되어서는 안 될 것입니다. 이는 마치 목욕물을 버리겠다며, 씻긴 아기마저 버려버리는 어리석고도 안타까운 일입니다.

그런 점에서 본 책이 유익한 것은 과학과 종교에 대한 내용이 '비교적' 편향성 없이 잘 다뤄졌다는 점입니다. 어떤 곳에서는 성경의 권위를 높이기도 하고, 또 예컨대 과학주의를 다루는 곳에서는 잘못된 과학이 얼마나 비이성적인지 잘 드러내고 있습니다. 또한 하나님 계시의 '두 권의 책'으로 알려진 성경과 자연, 그리고 이를 다루는 신학과 과학이라는 두 학문의 역사적, 철학적 흐름과 이에 영향을 받은 다양한 학문 분야, 예컨대 심리학 등에 대한 저자의 광범위한 지식이 '과학과 종교'라는 주제의 다층적, 다면적 접근을 가능하게 합니다. 사실 관련 주제에 대해서 이만큼 폭넓은 지식과 정보를 작은 책 한 권에 비교적 치우침 없이 담아낸 전례는 찾아보기 쉽지 않습니다.

한편 저자가 이 책을 통해서 독자에게 전달하려는 의도를 읽어내는 것도 중요합니다. 알리스터 맥그래스는 서두부터 인용하는 이언 바버와 비슷한 입장으로, 과학 혹은 종교 어떤 한 편을 들어 갈등을 조장하는 것이 아니라, 오히려 과학과 종교의 관계에 대한 오해를 해소하기 위해 갖은 노력을 합니다. 특히 저자는 역사적으로 과학과 종교가 충돌하는 것처럼 보이는 사건들을 중심으로, 그런 논쟁들에 영향을 미쳤던 요인이 무엇인지, 단지 과학과 신학이라는 학문적인 관점뿐 아니라 당시의 정치, 사회적인 배경까지 다양하게 다루고 있습니다. 더 나아가 과학철학적 흐름과 기독교 신·철학의 역사적 흐름을 매우 논리정연하게 풀어내면서, 과학과 종교의 관계를 오해하는 독자들에게 다시 한번 생각해 보기를 권면하고 있습니다.

물론 이 책을 읽는 독자들이 알리스터 맥그래스와 입장을 늘 같이해야 한다는 것은 아닙니다. 어떤 주제를 어떤 층위에서, 그리고 어떤 목적과 이유에서 대화를 해야 하는지는 신학적 입장에 따라서 다를 수 있습니다. 너무도 당연한 말이지만, 이 책 한 권을 통해서 '과학과 종교'라는 이 엄청난 주제를 모두 이해할 수는 없습니다. 따라서 이 책을 유심히 읽은 독자라면 당연히 더 많은 질문과 의문을 가질 것입니다. 관심사에 따라 참고할 수 있도록 말미에 추천도서들을 첨부합니다. 아쉬운 점은 이 책을 비롯해 추천한 책들이 전문성이 강한 학문적 용어와 문체를 사용하기 때문에 배경 지식이 많지 않은 독자들에게는 접근이 쉽지 않을 수 있습니다. 밀려드는 정보는 많지만, 그 정보들을 잘 분별할 수 있는 바람직한 기준, 특히 하나님의 말씀인 성경을 통해서 볼 수 있는 적절한 기준을 일반 독자들도 쉽게 얻을 수 있는 그런 책이 출간되었으면 하는 바람을 가져봅니다.

마지막으로 미국을 넘어 전 세계 보수 복음주의 기독교 지도자였던 빌리 그레이엄 목사님의 이야기로 글을 마무리하고자 합니다. 뉴밀레니엄의 시작을 코앞에 둔 1998년, 빌리 그레이엄 목사님은 눈부시게 발전하는 과학기술의 영향력과 과학기술로 변하는 세상을 주제로 한 TED 컨퍼런스에 특별 연사로 초청이 되었습니다. 그레이엄 목사님은 "기술과 믿음, 그리고 인간 한계"를 주제로 한 연설에서, 발달된 과학 시대에도 여전히 인류가 겪고 있는 악과 고통, 그리고 죽음에 대한 심각성을 통렬하게 지적합니다. 그러나 영적으로 예민한 사람이라면 누구나 쉽게 눈치 챌 수 있듯이 그레이엄 목사님이 정말 하고 싶었던 말은 과학의 한계가 아닌 인간의 한계입니다. 그레이엄 목사님은 이렇게 일갈합니다. "문제는 기술이 아니고, 그것을 사용하는 사람이나 혹은 사람 그 자체입니다!"

이 문장을 포함한 연설의 내용도 무척 감명 깊었지만, 개인적으로 놀라웠던 것은 그 현장의 분위기였습니다. 사실 그레이엄 목사님이 지적한 인간 한계의 일차적인 대상은 현장에 있던 과학기술 관련 종사자들입니다. 좀 과장해서 표현하자면 그곳은 기독교와 과학이 충돌하는 현장이었습니다. 하지만 그 분위기는 서로에 대한 진지함은 물론이고 무엇보다 상대에 대한 관용과 존중이 가득했습니다. 그레이엄 목사님은 기독교 지도자가 연사로 서기에는 다소 어울리지 않는 과학기술 컨퍼런스에 초청되면서 자신이 겪은 몇 가지 일화를 유쾌하게 풀어냅니다. 청중은 그레이엄 목사님의 유머에 박장대소하다가도 적나라하게 드러나는 자신들의 한계 앞에 한없이 진지해집니다. 그리고 어쩌면 과학기술과는 아무런 접점이 없을 것 같은 기독교의 노(老) 목사가 진심으로 전하는 탁월하고도 성숙한 조언에 기립 박수로 경의를 표합니다.

아직까지 국내에서는 '과학과 종교'라는 주제가 얼마든지 충돌이 생기고 논쟁이 벌어질 수 있는 예민한 주제입니다. 아무쪼록 이 책의 출간을 계기로, 다소 경직된 이 주제에 대한 논의가 1998년 TED 컨퍼런스에서 있었던 빌리 그레이엄 목사님의 연설 현장처럼 좀 더 유쾌하고 유익하며 상호 간에 성숙하게 이루어지기를 기대합니다. 그리고 무엇보다도 이 책이 만물의 주인이신 하나님의 영광을 밝히 드러내는 데 기쁘게 사용되기를 소망합니다.

"이는 만물이 주에게서 나오고 주로 말미암고 주에게로 돌아감이라 그에게 영광이 세세에 있을지어다 아멘"(롬 11:36).

이 주제에 대한 독서를 확장하기 원한다면

● 과학과 종교의 관계에 대해
『과학이 종교를 만날 때』 이언 바버 지음, 이철우 옮김, 김영사 출판.
『과학과 성경의 대화』 버나드 램 지음, 박지우 옮김, IVP 출판.
『과학과 종교, 상생의 길을 가다』 존 호튼 지음, 구자현 옮김, 코기토 출판.

● 과학 또는 과학기술을 기독교적인 관점에서 접근한 책
『과학, 과학주의 그리고 기독교』 J. P. 모어랜드 지음, 황을호 옮김, 생명의말씀사 출판.
『기술 체계』 자끄 엘륄 지음, 이상민 옮김, 대장간 출판.
『기술의 불안한 미래』 에그버트 스휴르만 지음, 최용준, 손화철 옮김, 비아토르 출판.

● '창조와 진화'를 균형 있게 이해하고 싶다면
『창조, 진화, 지적 설계에 대한 네 가지 견해』 켄 햄, 휴 로스, 데보라 하스마, 스티븐 마이어 지음, 소현수 옮김, 부흥과개혁사 출판.
『인간의 타락과 진화』 윌리엄 T. 카바노프, 제임스 K. A. 스미스 지음, 이용중 옮김, 새물결플러스 출판.
『유신진화론 비판(상하)』 J. P. 모어랜드, 스티븐 마이어, 크리스토퍼 쇼, 앤 게이저, 웨인 그루뎀 지음, 소현수, 현창기, 배성민, 김병훈 옮김, 부흥과개혁사 출판.

사명선언문

너희가 흠이 없고 순전하여······세상에서 그들 가운데 빛들로
나타내며 생명의 말씀을 밝혀 _ 빌 2:15-16

1. 생명을 담겠습니다
만드는 책에 주님 주신 생명을 담겠습니다.
그 책으로 복음을 선포하겠습니다.

2. 말씀을 밝히겠습니다
생명의 근본은 말씀입니다.
말씀을 밝혀 성도와 교회의 성장을 돕겠습니다.

3. 빛이 되겠습니다
시대와 영혼의 어두움을 밝혀 주님 앞으로 이끄는
빛이 되는 책을 만들겠습니다.

4. 순전히 행하겠습니다
책을 만들고 전하는 일과 경영하는 일에 부끄러움이 없는
정직함으로 행하겠습니다.

5. 끝까지 전파하겠습니다
모든 사람에게, 땅 끝까지, 주님 오시는 그날까지
복음을 전하는 사명을 다하겠습니다.

서점 안내

광화문점	서울시 종로구 새문안로 69 구세군회관 1층 02)737-2288 / 02)737-4623(F)
강남점	서울시 서초구 신반포로 177 반포쇼핑타운 3동 2층 02)595-1211 / 02)595-3549(F)
구로점	서울시 동작구 시흥대로 602, 3층 302호 02)858-8744 / 02)838-0653(F)
노원점	서울시 노원구 동일로 1366 삼봉빌딩 지하 1층 02)938-7979 / 02)3391-6169(F)
일산점	경기도 고양시 일산서구 중앙로 1391 레이크타운 지하 1층 031)916-8787 / 031)916-8788(F)
의정부점	경기도 의정부시 청사로47번길 12 성산타워 3층 031)845-0600 / 031)852-6930(F)
인터넷서점	www.lifebook.co.kr